في تعليم اللغة العربية
لغير الناطقين بها

al-Kitab al-asasi

fi ta'lim al-lugha al-'arabiya
li-ghayr al-natiqin biha

Volume 3 الجزء الثالث

El-Said Badawi
Muhammad Hamasa Abd al-Latif
Mahmud al-Rabi'i

The American University in Cairo Press
Cairo New York

تأليـــف

السّعيـد محمـد بَـدوي

محمّـد حماسة عبد اللطيف

محمـــود الربّيعي

قام بالتنقيح والمراجعة للطبعة الأولى

أحمــــد العـــايـــد

عبد اللطيـف عبـيد

خليــــل النحـــوي

قام بالمراجعة والتنقيح للطبعة الحالية النهائية

أحمــــد العـــايـــد

السّعيــد بـــــدوي

عبد اللطيـف عبـيد

محمّـــد مـــواعـــدة

المنصـف الجــزار

تَعَلَّمُوا العَرَبِيَّةَ
وَعَلِّمُوهَا النَّاسْ

This edition published in Egypt in 2008 by
The American University in Cairo Press
113 Sharia Kasr el Aini, Cairo, Egypt
420 Fifth Avenue, New York 10018
www.aucpress.com

This edition published by arrangement with the Arab League Educational, Cultural and Scientific Organization (ALECSO)

Dar el Kutub No. 14083/08
ISBN 978 977 416 233 6

Dar el Kutub Cataloging-in-Publication Data

Badawi, El-Said
al-Kitab al-asasi fi ta'lim al-lugha al-'arabiya li-ghayr al-natiqin biha / El-Said Badawi et al.—Cairo: The American University in Cairo Press, 2008
Vol. 3 cm.
ISBN 977 416 233 1
1. Arabic language—study and teaching I. Title
492.707

2 3 4 5 6 7 8 19 18 17 16 15

Printed in Egypt

تصديـــر

إن اهتمام المنظمة العربية للتربية والثقافة والعلوم بتعليم اللغة العربية لغير الناطقين بها يندرج ضمن أهدافها الأساسية، وخططها الاستراتيجية التي قامت بإعدادها، وتعمل على تنفيذها منذ تأسيسها إلى اليوم. ولذلك فإننا نلاحظ التنصيص على هذا الاهتمام، والتأكيد عليه في جميع الوثائق الصادرة عن المنظمة انطلاقا من "ميثاق الوحدة الثقافية العربية" و"دستور المنظمة" إلى " الخطة الشاملة للثقافة العربية"، وأخيرا إلى " خطة العمل المستقبلي 2005 ـ 2010". يضاف إلى ذلك المقرّرات والتوصيات الصادرة عن المؤتمرات والندوات العلمية التي عقدتها المنظمة في المجالات الثقافية والتربوية.

وقد قامت المنظمة في إطار تنفيذ التوجهات والبرامج المتّصلة بتعليم اللغة العربية لغير الناطقيـــن بها بـ :

1) ـ تأسيس "معهد الخرطوم الدولي للغة العربية " عام 1974. وقد تمثّلت مهمّة هذا المعهد في تكوين المدرّسين المتخصّصين في تعليم اللغة العربية لغير الناطقين بها، والقيام بدراسات وبحوث لغويّة في المجالات التطبيقيّة وفي مجال المقارنة بين اللغات.

2) ـ تنظيم ندوات ودورات تدريبيّة، في مناطق عديدة من العالم تتعلّق بتعليم اللغة العربية لغير الناطقين بها.

3) ـ إصدار سلسلة من الكتب لتعليم اللغة العربية لأبناء الجاليات العربية والمسلمة في المهاجر.

4) ـ إصدار " الكتاب الأساسّي في تعليم اللغة العربية لغير الناطقين بها " بأجزائه الثلاثة وذلك خلال السنوات 1983 ـ 1993.

5) ـ إصدار أدوات تعليميّة مساندة تساعد الدارس على الاستفادة الكاملة بهذا الكتاب وهي :

أ. التسجيلات الصوتيّة

ب. المعجم العربي الأساسّي

ج. المعجم العربي الميسّر

د. المعجم المساعد لدارسي " الكتاب الأساسيّ في تعليم اللغة العربية لغير الناطقين بها "
(عربيّ - فرنسيّ - إسبانيّ - ألمانيّ - إنجليزيّ)

هـ. دليل المعلم

ويجد المعلّم والمتعلّم في كل جزء من الأجزاء الثلاثة للكتاب الأساسيّ، المقدّمة المنهجيّة التي تحدّد الأساليب والأهداف والبرامج المخصّصة لكل مستوى من هذه المستويات. وقد اتّبع المؤلفون والخبراء الذين أعدّوا هذا الكتاب وملحقاته، التدّرج التصاعديّ سواء في المجال المعجميّ واللغويّ أو في المضمون الحضاريّ.وقد وقع اعتماد هذا المنهج في كل جزء من الأجزاء الثلاثة ثم في توالي الأجزاء أيضا.

والهدف من اعتماد هذا التوجّه هو تمكين الدارس تدريجيا من إتقان المهارات اللغوية الأربعة: الاستماع - الحديث - القراءة - الكتابة والتحرير، وتمكينه في آخر المطاف من امتلاك رصيد لغويّ كاف لاستعمال اللغة العربية في مختلف المجالات الحيويّة والثقافيّة المعاصرة، ومن التعرّف على تراثنا العربيّ والإسلاميّ وأبرز كنوزه ومآثره، والقدرة على مواصلة البحث والتعمّق في جوانبه المختلفة.

وتجدر الإشارة - بهذه المناسبة - إلى أن " الكتاب الأساسيّ " حظي منذ صدور جزئه الأوّل سنة 1983، باهتمام كبير وانتشار واسع في العديد من الجامعات والمؤسّسات العلمية، وخاصّة منها المعنيّة بتعليم اللغة العربيّة لغير الناطقين بها. فاعتمدته هذه المؤسّسات في برامجها، كما أولاه الباحثون فيها عناية خاصة وأعدّوا في جوانب عديدة منه أطروحات وشهادات عليا متميّزة.

ونتيجة لهذا الاهتمام، تزايد الطلب على الكتاب وتزايد اعتماده في مجال تدريس اللغة العربيّة لغير أصحابها. وقد أدّى ذلك إلى إعادة طبعه ونشره وتوزيعه، وهو ما تقوم به المنظمة العربيّة للتربية والثقافة والعلوم حاليا.

على أن الظروف التي تصدر فيها هذه الطبعة الجديدة، هي ظروف نحتاج إلى إبراز أهمّها :

1) - يشهد العالم حاليا حالة من الاضطراب الحضاريّ قلّما عرفتها البشريّة طيلة مراحل تاريخها الطويل. وفي إطار هذا الاضطراب تتعرّض حضارتنا وثقافتنا العربيّة الإسلاميّة إلى أشدّ أصناف التهجّم والمضايقات والتزوير والتشويه. والأطروحة التي يتبنّاها بعض المفكّرين الغربيّين، والتي تحمل شعار "صدام الحضارات والثقافات"، تعني أساسا مواجهة الحضارة العربيّة الإسلاميّة. ولهذا الاعتبار حدّدت المنظمة العربيّة للتربية والثقافة والعلوم استراتيجيّة مضادّة تواجه " الصدام والصراع " بالحوار والتفاعل والتحالف.

ومن المعلوم أن اللغة هي من أهم الجسور وأقواها لتنظيم الحوار بين الحضارات وتنشيطه وتفعليه. ولا ينحصر ذلك في مجال التخاطب فقط، بل وبالخصوص بما تحمله اللغة من مضامين ثقافيّة وعقائديّة وإنسانيّة. وانطلاقا من هذا التصوّر، وضمن خطط المنظمة الاستراتيجية، تبذل منظمتنا الجهود الملائمة والمكثّفة للمزيد من نشر اللغة العربيّة ونشر استعمالها والتعامل بها.

وغنيّ عن التأكيد أن المثقّف الأجنبيّ الذي يدرس اللغة العربيّة ويتقن استعمالها ويحسن التعرّف على تراثها الفكريّ والعلميّ وما تحمله من قيم إنسانيّة نبيلة، سيكون خير رسول وأقوى جسر يربط بين حضارتنا والحضارة التي ينتمي إليها، كما سيكون أيضا خير مدافع وأنجع أداة لتعميق ثقافة الحوار ومواجهة ثقافة الصراع والصدام.

2) ـ يشهد عالمنا حاليا ثورة تكنولوجيّة عارمة وشاملة تجعلنا نؤكد على أن البشريّة دخلت منعرجا جديدا، وأن الحضارة الإنسانيّة تعيش تطوّرا حاسما أعمق وأشمل من التطوّر الذي شهدته في المرحلة الصناعيّة. إنّنا نعيش عصر مجتمع المعلومات ومجتمع المعرفة، هذا المجتمع الذي أصبح فيه العالم قرية كونيّة واحدة تجاوزت حدود المكان والزمان، وأصبح فيه الأمّي ليس من يجهل القراءة والكتابة وإنّما من يجهل استعمال الحاسوب والسباحة في مجال الإنترنت ومجال الفضاءات الافتراضيّة.

3) ـ لقد أحدث هذا التطوّر التكنولوجيّ الشامل ثورة في مختلف المجالات وفي مقدّمتها مجالات التربية والتعليم، وضمنها تقنيات تعليم اللغات. فلم يبق القلم والورقة وما اتّصل بهما هو أساس التعلّم ووسيلته الوحيدة، بل أصبح القرص الضوئيّ وما يتّصل بالحاسوب والإنترنت وهذه الوسائل الحديثة والمتسارعة الحداثة، هو الأساس في التربية والتعليم في جميع المستويات.

لكلّ هذه الاعتبارات الحضاريّة والتكنولوجّية، وحرصا من المنظمة على ضرورة المراجعة والتحديث ومتابعة حاجيات العصر ومطامح الدارسين، قمنا بتكليف مجموعة من الخبراء والمختصّين في المجالات اللغويّة والمعجميّة ومجال تعليم اللغة العربيّة لغير الناطقين بها، للقيام بهذا العمل في أقرب الأوقات وعلى أفضل صورة.

وقد قامت هذه المجموعة بعملية التطوير والتحيين الشامل مما سيعطي " للكتاب الأساسّي في تعليم اللغة العربيّة لغير الناطقين بها " صورة جديدة وفي شكل أقراص ضوئية مكتنزة تدعم أسلوب التعلّم الذاتيّ للدارس إضافة إلى الأسلوب الجماعيّ.

وأغتنم هذه المناسبة لتأكيد تقديرنا اللاّمتناهيّ للخبراء والباحثين ولكلّ الذين أسهموا في إصدار هذا الكتاب على هذه الصورة المشرّفة.

والمرجو أن يجد هذا العمل الحظوة التي يستحّق، حتّى يتواصل انتشار لغتنا العربيّة ومن خلالها حضارتنا العربيّة الإسلاميّة، وهو ما عاهدنا الله وأمّتنا على مواصلة الجهد من أجل تحقيقه وإنجازه.

والله وليّ التوفيق

د. المنجي بوسنينة

المدير العام

في المنهـــج

هذا الجزء هو الحلقة الثالثة والأخيرة من «الكتاب الأساسي في تعليم اللغة العربية لغير الناطقين بها». وبإتمام دراسة الأجزاء الثلاثة يكون الطالب قد حقق لنفسه مستوى من الكفاءة في اللغة العربية يؤهله - كما قلنا في مقدمة الجزء الأول - للاستقلال بنفسه في تعلم اللغة بمستوياتها المختلفة بدون حاجة إلى الاعتماد على تعليم أو معلّم.

وقد صيغت سلسلة الكتاب الأساسي - كما قلنا في مقدمتي الجزء الأول والثاني - في ثلاث حلقات متساندة يخدم كل منها هدفا مختلفا من النواحي الحضارية ومتدرجا من النواحي اللغوية:

تناول الجزء الأول - كما رأينا - الحياة اليومية وموضوعاتها من خلال التعامل التلقائي باللغة مع أبناء المجتمع العربي، ومن خلال مواقف طبيعية يترابط فيها النمط اللغوي بالظرف الاجتماعي المناسب، سواء أكان شفاهيا أم كتابيا، مع التركيز أساسا على مهارتي الاستماع والحديث باعتبارهما المدخل الطبيعي والفعال لدراسة اللغة الحية.

ثم تناول الجزء الثاني - كما رأينا أيضا - موضوعات الحضارة والثقافة العربية المعاصرة من خلال عرضه لألوان من التراث الفكري الذي يعايشه المثقف العربي اليوم، وهو تراث يرتبط تلقائيا بنوعية خاصة من اللغة والأساليب والتعبيرات والألفاظ العربية، ويجد عن نفسه تعبيرا مناسبا في قوالب بنائية ذات تركيب نحوي مواز في تقدمه وتنوعه لعمق هذا التراث وتنوعه.

واليوم يجيء الجزء الثالث لينتقل بالطالب إلى المرحلة الأخيرة، وهي مرحلة ذات أهداف لغوية وحضارية وفكرية متشابكة - شأنها في ذلك شأن المرحلتين السابقتين - وإن كانت بالضرورة مختلفة في المحتوى عنهما:

إن الهدف من الجزء الثالث هو - بصفة أساسية - تقديم الطالب الراغب في التخصص إلى لغة التراث العربي الإسلامي في عصوره المشرقة. وتقوم الخطة هنا - كما كان الحال في الجزأين السابقين - على تقديم هذه النوعية من اللغة - وهي لغة التراث - من خلال نماذج فكرية وثقافية تمثل خصائصها وترتبط بها ارتباطا تلقائيا وواقعيا. ولما كانت هذه النوعية من اللغة - على العكس من نوعية اللغة في الجزأين السابقين - خارجة بالتعريف عن دائرة الكفاءة اللغوية الكاملة (بمهاراتها الأربع) للمثقف العربي المعاصر، كان من الضروري أن تُنتقى النصوص اللغوية المستخدمة في الجزء الثالث من المصادر الأصلية لهذا التراث وتنوعاتها المختلفة على قدر الإمكان.

ولكي يتحقق هذا الهدف الأساسي :

أولا : جرى اعتماد تقسيم التراث إلى مجالاته الكبرى التي حددها له الباحثون من القدماء على وجه الخصوص، وهي مجالات (أو علوم) التفسير والحديث والسيرة النبوية واللغة والأدب والفلسفة والتصوف والطب والتشريح والصيدلة والكيمياء والجبر والفلك والرحلات وغيرها.

ثانيا : اختير من كل مجال عالم من المشهود لهم بالبراعة أو السبق فيه، كابن بطوطة في الرحلات، وابن سحنون في التربية الإسلامية، والخوارزمي في الجبر، وابن خلدون في علم الاجتماع، والشامي في السيرة النبوية، وبديع الزمان الهمذاني في المقامات، وابن كثير في التفسير، وهكذا.

ثالثا : اختير لكل من هؤلاء العلماء أهم ما يمثله من المؤلفات التي اشتهر بها، كالجبر والمقابلة للخوارزمي، وتفسير القرآن العظيم لابن كثير، والمقدمة لابن خلدون، والسيرة الشامية لمحمد الشامي، وآداب المعلمين لابن سحنون، وكتاب الخراج لأبي يوسف، وهكذا.

رابعا : اختير من كل واحد من هذه المؤلفات نص ذو موضوع متكامل على قدر الإمكان، ويكون من الطول بحيث يكشف الخصائص الموضوعية واللغوية والفكرية والمنهجية للمجال الذي يمثله. فمثلا من تفسير القرآن العظيم لابن كثير اختير الجزء الخاص بتفسير الآيات التي تروي في سورة يوسف قصة رؤيا ملك مصر وتفسير يوسف عليه السلام لها بعد أن فشل غيره في ذلك، ومن كتاب الخراج لأبي يوسف في الفقه الإسلامي اختير النص الخاص بحقوق السجناء وما ينبغي لهم من المعاملة، ومن السيرة الشامية لمحمد الشامي في السيرة اختير النص الذي يتحدث عن الوحي وأنواعه، ومن الموسوعة الكبرى في الأدوية والأغذية لابن البيطار اختير الفصل الذي يتحدث عن العسل وخصائصه، وهكذا.

وفي معالجة النصوص المختارة، اتبع معدّو الكتاب منهجا وسطا لم يتركوا فيه الطالب وحده تماما كما لم يحاولوا التعمق الشديد أو الإحاطة الوافية بجميع خصائص هذه النصوص، إذ لم يكن كل هذا ممكنا في حيّزي المكان والزمان المتاحين. ولكنهم حاولوا أن يفتحوا للطالب مغاليق هذه النوعية من اللغة، وأن يساعدوه في التعرف على طبيعة كل واحد من هذه المجالات المختارة، وأهدافه ومصادره، وأيضا في التعرف على حياة المبرزين من علماء التراث ونشأتهم وخاصة ما يتعلق بطرق التربية والتعليم في العصور الإسلامية الأولى، وكيفية انتقال العلم العربي من السابق إلى اللاحق، ومن الأستاذ إلى الطالب عن طريق ما أصبح يسمى فيما بعد «بالأخذ والتحمّل»، أي أخذ العلم عن الأستاذ، وتحمل مسؤولية الحفاظ عليه، وتنميته ـ ما أمكن ـ ثم نقله إلى أهل الثقة من تلاميذ المستقبل.

أما خطة الدروس ذاتها فقد صممت في أربعة أقسام متتابعة ومتكاملة هي كالتالي :

1 – البدء بتقديم **تعريف شديد الاختصار بالمجال أو العلم الذي أخذ منه النص**، كالفقه، أو أدب الحيوان، أو الدراسات اللغوية. ويوضع هذا التعريف داخل إطار على رأس الدرس.

2 – يتبع ذلك قسم خاص «**بمداخل إلى دراسة النص**» في ثلاثة أقسام :

أ – تعريف بالكاتب الذي أخذ من مؤلفاته النص موضوع الدراسة، وتعريف بدراساته، وأساتذته، وظروف نشأته، وأهم أعماله العلمية، وتأثره بغيره من العلماء، ومنزلته بين معاصريه، ومدى تأثيره في غيره من اللاحقين، وفي تطور العلوم من بعده، إذا كان كل ذلك ينطبق عليه.

ب – تعريف بالكتاب الذي أخذ منه النص، والمنهج العلمي الذي سار عليه، والموضوعات التي تناولها، وقيمته العلمية، ومكانته بين مؤلفات هذا العلم، وأهميته في الماضي والحاضر، وأهم طبعاته، وترجماته إلى اللغات الأخرى إن وجدت.

ج – تعريف بالنص المختار : موضوعه، ومكانه من الكتاب وارتباطه بما قبله وبما بعده من موضوعات الكتاب، ومنهج العرض الذي سار عليه، وغير ذلك من القضايا التي قد تساعد على فتح مغاليقه دون أن تضيع على الطالب لذة الكشف، أو تحرمه من التذوق الشخصي للنص.

3 – يأتي بعد ذلك **تقديم النص ذاته**، كما ورد في المصدر الأصلي ودون أي تغيير للغته، مع تقديم شرح بين قوسين لما قد يرد فيه من كلمات يرى معدّو الكتاب أنها مما يحتاج إلى شرح.

وفي حالة الاضطرار إلى حذف بعض الأجزاء منعا للتطويل، وضعت نقاط دليلا على موضوع المحذوف. ولم يضبط النص بالشكل إلا بالقدر الضروري.

4 – وفي الختام تأتي المرحلة الأخيرة من الدرس **وهي مرحلة التدريبات**، وهذه لا تحتاج إلى شرح سوى ما يتعلق منها بأمور ثلاثة :

أ ـ **الأمر الأول** : الملاحظات النحوية، وقد جرى التركيز فيها على ما يكثر وروده في لغة التراث من الأساليب التركيبية كأساليب التعجب والاختصاص والتعبيرات النحوية التي تخلصت منها الفصحى المعاصرة كإضافة الجملة إلى ظرف الزمان مثلا، وطرق الربط بين الجمل، وغير ذلك.

ب ـ **الأمر الثاني** : المهارات التي توجّـهت التدريبات إلى تنميتها. وسيلاحظ القارئ أنه قد جرى التركيز على مهارة الاستيعاب والفهم للمقروء بجميع أنواعه ـ باعتبارها العلاقة الأساسية بين هذا المتعلم وبين لغة التراث بصفة عامة ـ ثم تلا ذلك مهارة الكتابة ولكن بأسلوب يقع في منزلة وسط بين لغة التراث ولغة العصر.

ج – **الأمر الثالث** : وقد ترك أخيرا لأهميته القصوى، التعبيرات الاصطلاحية، وخاصة ما يتعلق منها بمصطلحات العلوم العربية والإسلامية (مثل : قيام الليل، إقامة الحدود، الدليل النقلي، حد فيه شبهة، النوافل، وغيرها) ؛ إذ تقع هذه بين الأهداف الرئيسية لهذا الجزء من الكتاب الأساسي. وقد عالج معدّو الكتاب هذا النوع في مواضع كثيرة من كل درس، وأفردوا له تدريبا خاصا في قسم التدريبات، وينبغي أن يجري عليه التركيز من الطالب والمدرس.

أما النصوص الشعرية فإن القارئ يلاحظ كثرتها من ناحية، واختلاف منهج تناولها من ناحية أخرى :

أما كثرة النصوص الشعرية (18 نصا) فترجع إلى أن الشعر يحتل مكانة خاصة في التراث العربي قبل الإسلام وبعده، مما جعل النقاد العرب يصفونه بأنه «**ديوان العرب**» أي مستودع ثقافتهم ودليل حضارتهم. ولذلك لم يكن من المنهجي ـ والهدف بيان طبيعة الثقافة العربية الإسلامية من خلال اللغة ـ الاقتصار على مقطوعة من الشعر أو مقطوعتين.

أما طريقة تناول النصوص الشعرية فإنها تقوم على ما يراه معدّو هذا الكتاب من أن فهم معاني الشعر ومراميه مهمة متروكة لكل طالب حسبما يرى لنفسه. وما دامت كلمات القصيدة وتراكيبها

اللغوية مفهومة للطالب، فينبغي أن يترك وشأنه كي يستخرج منها ما يشاء وكما يشاء، وهو رأي يتفق مع القول بأن «**المعنى في بطن الشاعر**». ولهذا يجد الطالب مع كل نص شعري مجرد معينات على دراسته وحده : بيان «البحر» الذي صيغت منه، وتعريف بالشاعر، وشرح الكلمات والتعابير الصعبة، وخاصة ما يتصل منها «**باللغات الخاصة**» مثل لغة الصوفية والعشق الإلهي في النص الشعري رقم 6. ويرى معدّو هذا الجزء الثالث من الكتاب الأساسي ـ كما يرى كثير غيرهم ـ أن حفظ مقطوعات من الشعر التراثي ـ وخاصة ما يتفق وذوق الشخص ذاته ـ من أفضل الوسائل للاقتراب من لغة التراث، واستبطان خصائصها.

إن ما اصطلح على تسميته بالتراث العربي الإسلامي غني ومتشعب ويمتد على محور الزمان أكثر من 14 قرنا، ويمتد على محور المكان من القارة الهندية شرقا إلى إسبانيا والأطلسي غربا، ومن أوزبكستان وكازاخستان شمالا إلى أواسط إفريقيا في الجنوب، كما أنه يغطي من فروع المعرفة ما يصعب حصره في هذه المساحة. وليس من الممكن دراسة خصائص لغة هذا التراث في كتاب دراسي واحد أو حتى بضعة كتب. ولهذا فانتهاء الطالب من دراسة الجزء الثالث من الكتاب الأساسي يعني فقط كونه على استعداد لبدء رحلة التخصص مع لغة التراث، وهي رحلة طويلة زادُها القراءة المتواصلة، والبحث في التراث ؛ فلا **يفسر التراث مثل التراث نفسه**. ولا بد من أن يركز الطالب اهتمامه في بداية الأمر في مجال بعينه، وربما في مؤلفات عالم بعينه. ولعله يجد في منهج تناول النصوص الذي اتبع هنا نموذجا يعينه على أن يصل إلى مرحلة الاستقلال بنفسه.

وتغتنم المنظمة العربية للتربية والثقافة والعلوم هذه المناسبة لتقديم الشكر لكل من ساهم في إعداد هذا الكتاب وفي مراجعته حتى يكون على هذه الصورة العلمية والتقنية الملائمة.

المنظمة العربية للتربية والثقافة والعلوم

الـدَّرْسُ الأوَّلُ

دَعْـوَةٌ إلَـى الـدَّرْسِ

مَرْحَبًا بكم مع الجزءِ الثالثِ من الكتاب الأساسيّ في تعليم اللّغة العربيّة لغير الناطقين بها. لقد أكملتم بنجاح، والحمدُ لله، دراسةَ الجزء الثاني، كما أكملتم من قبله دراسة الجزء الأول.

في الجزء الثاني

درستم موضوعات عن الحضارة والثقافة العربيّة المعاصرة :

– قرأتم عن الوطني العربيّ، وأقطاره وعواصمه وأعلامه ونظم الحكم والإدارة فيه، وموقعه على خريطة العالم، وأهميّته من النواحي الجغرافيّة والاقتصاديّة والتاريخيّة والروحيّة والفكريّة. وعرفتم أن **فهم الحياة العربيّة يساعد على فهم اللّغة العربيّة**.

– وقرأتم عن الفنون العربيّة: الشعر، وحفظتم منه نصيبًا، والمسرح الشّعريّ ودرستم نموذجا من أشهر مسرحيّة عربيّة هي مسرحيّة «مجنون ليلى» للشاعر أحمد شوقي، والعمارة الإسلامية والتخطيط الوظيفيّ لمدينة صنعاء، والخطّ العربيّ وأنواعه واستخداماته، وعرفتم أن **الخطّ العربيّ سيّد الفنون الإسلاميّة، وأنه يتطوّر ليعبّر عن نوعيّة حضارة كلّ عصر**.

– وقرأتم عن مشكلة الغذاء في العالم، والحوار بين الشعوب، وخاصة بين شعوب الشمال وشعوب الجنوب، وقمر الاتّصالات العربيّة «عربسات».

واكتسبتم أيضا مهارات لغويّة أساسيّة :

- تعلّمتم مهارة استخدام القاموس العربيّ.
- وتعلّمتم وصف الألوان والأصوات والطعوم والملموسات والمشمومات والأشكال الهندسيّة.
- وتعلّمتم كتابة الرّسائل الشخصيّة والرّسميّة.
- وتعلّمتم قراءة الجريدة، وعرفتم أنّ :

قراءة الجريدة بانتظام وسيلة ناجحة لدراسة اللّغة العربيّة التي تعبّر عن المجتمع العربيّ.

ودرستم أيضا اللّغة التي تستخدمها الحضارة العربية المعاصرة :

- درستم النّظام الاشتقاقيّ لكلمات اللّغة : الجذر، والمصدر، واسم الفاعل، واسم المفعول، والصّفة المشبّهة، وسائر المشتقّات.
- ودرستم نظام الجملة وأنواع الجمل في اللّغة العربّية : **الجملة الاسميّة، والجملة الفعليّة المبنيّة للمعلوم، والجملة الفعليّة المبنية للمجهول، وجملة كان وأخواتها، وجملة إنّ وأخواتها، وغيرها...**
- ودرستم بعض الأساليب العربيّة : أسلوب الشّرط، وأسلوب الاستفهام، وأسلوب التعجّب، وأسلوب التّفضيل، وغيرها...

وحفظتم أيضا عشرات من التّعبيرات اللغويّة الحديثة، وعرفتم كيفية استخدامها في المحادثة والكتابة :

- عرفتم تعبيرات مثل: نظام الحكم، مجلس الوزراء، المساكن الشعبيّة، المعاهدات الدّوليّة، سوق استهلاكيّة، السلطة القضائيّة، الحاجة المشتركة، أسعار الفائدة، الغاز المسيل للدموع، ظاهرة عالميّة، من المقرّر أن ...، من حيث المبدأ...، وعشرات غيرها.

لقد كان **الهدف** من الكتاب الثّاني، كما رأيتم، هو دراسة اللّغة العربية في صورها المعاصرة.

أمــا في الجزء الثــالث

فإنّ الهدف هو دراسة اللّغة العربيّة، كما سترون، في صورها التراثيّة، وهي صور ترتبط بصيغ حضارية وفكريّة اختصّت بها الحضارة العربيّة الإسلاميّة في الماضي.

ولتحقيق هذا الهدف :

– ستدرسون **نماذج من المؤلّفات** العربيّة التي تمثّل نصوص التّراث العربيّ الإسلاميّ:

– ستدرسون **نصوصا** من الفقه الإسلاميّ للفقيه الشهير أبي يوسف (توفّي 182هـ/ 898م)، ومن التصوّف الإسلاميّ في محبّة الله لابن الحسن الديلميّ (400هـ (؟) / 1009م)، وفوائد العسل للصّيدليّ الأندلسيّ الشّهير ابن البيطار (توفّي 646هـ/1248م)، وفي العمران البشريّ لابن خلدون منشئ علم الاجتماع (توفّي 808هـ/1406م)، وفي تشريح العين لطبيب العيون الشّهير حنين بن اسحق (توفّي 264هـ/877م)، ومن رحلات ابن بطّوطة الرّحالة العربيّ الذائع الصيت (توفّي 779هـ/1377م)، ومن السّيرة النبويّة عن صفات الوحي لأبي الحسن الشاميّ (توفّي 942هـ/1535م)، ومن المقامات لبديع الزمان الهمذانيّ (372هـ/982م)، ومن ابن سحنون (توفّي 256هـ/869م) في التربية الإسلامية، ونصوصا أخرى.

– وستدرسون مختارات من العلوم العربيّة الإسلاميّة : الفقه، والكيمياء، والتفسير، وعلم الاجتماع، والطبّ، والتصوّف، والفلسفة، وعلم الحيوان، والرحلات، وغيرها... وستعرفون مجالاتها، وتنوّعها وأصولها التاريخيّة، ودورها في الحفاظ على علوم الأمم السّابقة ومعارفها، ثمّ ما قامت به من تنمية هذه العلوم والمعارف وترقيتها والدّور الذي قامت به في بناء المدنيّة الحديثة.

– وستتعرّفون على مجموعة من علماء التراث العربيّ، وعلى الطريقة التي تعلّموا بها، والظروف التي ساعدت على نبوغهم وتفوّقهم، والدّور الذي أدّوه لإبقاء شعلة المعرفة مضيئة.

- وستجدون بين الدرس والذي يليه مقطوعة من الشّعر العربيّ، وهو أهمّ جنس أدبيّ في تاريخ الأدب العربيّ. وسيسبق كل مقطوعة اسم شاعرها، والموضوع الذي قيلت فيه، والبحر الشعري الذي تجري عليه. ثم يليه تعريف قصير بالشّاعر، وشرح لبعض ما بها من صعوبات. ومن دراستكم هذه المقطوعات ستعرفون ميول الشعراء العرب وأحلامهم، وطرقهم في التّعبير، والمجالات التي وجدوا فيها منفذا لمشاعرهم. وستعرفون عددا من نوابغ هذا الفنّ الأصيل.

- وستكتسبون مهارات لغويّة جديدة، وستقتربون من نوعية اللّغة المستخدمة في كلّ من علوم التّراث، وستدرسون جانبا من المصطلحات العربيّة العلميّة، فتلمسون الفرق بين طرق التّعبير اليوم وطرق التّعبير في الماضي.

وتذكّروا :

- ان تقرأوا النصوص المأخوذة من كتب التراث، والمستخدمة في هذا الكتاب بعناية ودقّة، وتستخدموا القواميس وغيرها من المساعدات الدراسية في إدراك معاني هذه النصوص، وفهم الإشارات الواردة فيها، والوقوف على مقاصدها البعيدة والقريبة. **ولا تنسوا أنّ هذه النصوص هي، في الحقيقة، الموضوع الأساسيّ لهذا الكتاب.**
- أن تقرأوا المقطوعات الشعريّة الواردة في الكتاب قراءة صحيحة تحافظ على الضبط اللغويّ وموسيقى الشعر العربيّ، وليكن ذلك بمساعدة الأستاذ. ثم بعد ذلك ينبغي أن تحفظوها وتحاولوا الاستشهاد بها في كتابتكم وفي الحديث مع الآخرين.
- أن تنجزوا كلّ التدريبات اللّغويّة الواردة في الكتاب .
- أن تتحدّثوا بالعربيّة الفصحى كلّما سنحت الفرصة.
- أن تكتبوا رسائل بالعربية إلى من تعرفون من العرب.
- أن تبحثوا عن الكتب العربيّة التي أخِذت منها النصوص الواردة في هذا الكتاب، وان تقرأوا منها موضوعات إضافيّة.

1- أسئلــة حــول النــصّ :

1. ما الذي قرأته عن الوطن العربيّ في الجزء الثاني ؟
2. هل فَهْمُ الحياة العربيّة يساعد على فهم اللّغة العربيّة ؟
3. عن أيّ الفنون قرأت في الجزء الثاني ؟
4. ما أشهر مسرحيّة عربيّة ؟
5. ما المدينة التي قرأت عن تخطيطها الوظيفيّ ؟
6. ما الذي تعرفه عن الخطّ العربيّ ؟
7. ما هي المهارات اللّغويّة الأساسيّة ؟
8. ما أنواع الجمل العربيّة التي درستها ؟
9. ماذا حفظت من الشّعر العربيّ ؟
10. ماذا كان الهدف من الجزء الثاني ؟
11. ما الهدف من الجزء الثالث ؟
12. ما موضوع نصّ ابن البيطار ؟
13. من طبيب العيون الذي ستقرأ له نصّا في الجزء الثالث ؟
14. ما موضوع نصّ ابن سحنون ؟
15. من منشئ علم الاجتماع ؟
16. ماذا فعل علماء التّراث العربيّ الإسلاميّ بالعلوم التي وصلت إليهم من السّابقين؟
17. أين ستجد المقطوعات الشعريّة ؟
18. ما الذي سيسبق كلّ مقطوعة ؟
19. وما الذي سيلي كلّ مقطوعة ؟
20. ماذا ستتعلّم من دراسة هذه المقطوعات ؟
21. كيف ستلمس الفرق بين طرق التعبير اليوم وطرق التعبير في الماضي ؟
22. كيف ينبغي أن تتعامل مع نصوص التراث الموجودة في الكتاب ؟
23. كيف ينبغي أن تتعامل مع المقطوعات الشعريّة الموجودة بين كلّ نصّ وآخر ؟
24. لماذا يجب أن تستعين بالأستاذ في قراءة الشعر بصفة خاصّة ؟

25. لماذا ينبغي أن تتحدّث بالفصحى ؟

26. ماذا ينبغي أن تفعل بالنسبة إلى كتب التراث التي أُخذت منها نصوص الكتاب؟

2- املأ الفراغ في كلّ جملة بالكلمة المناسبة :

1. ندرس الآن .... الثالث من الكتاب الأساسيّ.

2. العالم العربيّ مهمّ من النواحي ....و..............و..................و................ .

3. فهم ....العربيّة يساعد على ....اللّغة العربيّة.

4. الشعر من ....العربيّة المهمّة.

5. الحوار بين الشعوب، وخاصّة بين .... الشمال وشعوب..........حوار ضروريّ.

6. تناول الشاعر أحمد شوقي في شعره كثيرا من الموضوعات الوطنيّة والقوميّة، وكتب أيضا .... الشعريّة، ومن أشهر هذه المسرحيّات مسرحيّة ....

7. من المهارات اللّغويّة مهارة .... القاموس العربيّ.

8. من الأشياء التي يصعب وصفها بدقّة وصف ....وكذلك وصف.............. الهندسيّة.

9. تهدّد مشكلة الغذاء كثيرا من السكّان خاصّة في ....

10. تساعد قراءة الجريدة العربيّة بانتظام على .... المجتمع العربيّ.

11. يشتمل النّظام الاشتقاقيّ لكلمات اللّغة العربيّة على ....

12. هناك نوعان من التقويم في العالم العربيّ : التقويم .... والتقويم............ .

13. هدف الجزء الثاني كان دراسة اللّغة العربيّة في صورها........................ .

14. هدف الجزء الثالث هو دراسة اللّغة العربيّة في صورها...................... .

15. ستدرسون نصّا من .... للفقيه أبي يوسف.

16. ستدرسون نصّا من السّيرة النبويّة في.................... .

17. ستدرسون نصّا من .... لبديع الزمان الهمذاني.

18. ستدرسون نصّا في ....لابن سحنون.

19. سيسبق كلّ مقطوعة شعريّة اسم .... الذي قالها والموضوع الذي .... فيه.

20. يجب أن تتحدّثوا بالفصحى كلّما ....الفرصة.

3- حَوِّل الجملة الاسميّة إلى جملة فعليّة والجملة الفعليّة إلى جملة اسميّة فيما يأتي :

تذكّر أن الجملة الاسميّة هي التي تبدأ باسم نتحدّث عنه ويكون مرفوعا، وتذكّر أنّ الجملة الفعليّة هي التي تبدأ بفعل.

1. المثل يتحدّث عن علاقة الإنسان بالنّاس الذين يتعامل معهم.
2. النّقد سهل والفنّ صعب.
3. الوحدة خير من جليس السّوء.
4. درست اللّغة العربيّة التي تعبّر عن الحضارة العربيّة.
5. يرتّب القاموس العربيّ عادة حسب حروف الجذر.
6. أكتب إليك هذه الرسالة من أول عاصمة عربية أزورها.
7. قال الأستاذ لطلّابه : «الجذر في اللّغة العربيّة مثل جذر الشجرة».
8. توجد مدن عربيّة إسلاميّة كثيرة على حالتها الأصليّة حتّى اليوم.
9. يزدهر الاقتصاد بالتخطيط المتقن.
10. لا تُؤَجِّل عمل اليوم إلى الغد.
11. فهم الحياة العربيّة يساعد على فهم اللّغة العربيّة.
12. كلّ جريدة لها نظام ثابت في تبويبها.

4- **أدخل «كان» أو إحدى أخواتها على كلّ جملة ممّا يأتي وغيّر ما يلزم:**

تذكّر أنّ «كان» وأخواتها تدخل على المبتدأ والخبر فيبقى المبتدأ مرفوعا ويسمّى اسمها، وينصب الخبر ويسمّى خبرها. وتذكّر أنّ من أخوات كَانَ: أَصْبَحَ، أَضْحَى، أَمْسَى، ظَلَّ، بَاتَ، صَارَ، لَيْسَ، مَازَالَ.

1. الجزء الثاني من الكتاب الأساسيّ مفيد.
2. المهارات اللّغويّة متنوّعة.
3. مشكلة الغذاء في العالم مشكلة مؤرّقة.
4. مهارة استخدام القاموس ضروريّة لمتعلّم اللّغة .
5. الشعر فنّ مهمّ من الفنون العربيّة.
6. الخطّ العربيّ سيّد الفنون الإسلاميّة.
7. نظام الجملة في اللّغة العربيّة نظام سهل.
8. قراءة الجريدة العربيّة بانتظام وسيلة ناجحة لدراسة المجتمع العربيّ.
9. الروابط العربيّة الإفريقيّة قديمة قدم التاريخ.
10. بين الوطن العربيّ وأوربا مشاكل ناشئة عن فقدان الثّقة.
11. اللّغة العربّية مفيدة لمن يتعلّمها.
12. العلماء العرب قدّموا الكثير إلى المعرفة الإنسانيّة.

5- **اجعل الجمل الآتية منفيّة بإدخال أداة نفي مناسبة :**

تذكّر أن من أدوات النفي :

لَيْسَ : تنفي الجملة الاسمية، وهي من أخوات كان.

مَا : تنفي الجملة الاسمية والجملة الفعلية.

لاَ : تنفي الجملة الفعليّة وبعض الجمل الاسميّة.

لَنْ : تنفي الجملة الفعليّة ذات الفعل المضارع، وتنصب الفعل.

لَمْ : تنفي الجملة الفعليّة ذات الفعل المضارع، وتجزم الفعل.

1. الجامعات مفتوحة للجميع.

2. نتّفق مع هؤلاء في الرّأي.

3. قمر الاتصالات يغطّي بخدماته الوطن العربيّ كلّه.

4. ستتحسّن الأوضاع الاقتصاديّة قريبا.

5. تنخفض درجة الحرارة هذا الصّيف.

6. يصل القادمون في الموعد.

7. فائدة الخطّ العربيّ جماليّة فقط.

8. فنّ العمارة هو سيّد الفنون الإسلاميّة.

9. يستخدم الخطّ المغربيّ في إسبانيا الآن.

10. تهتمّ الجرائد كلّها بقضايا الأدب والثقافة.

6- اختر العبارات المناسبة للجمل الآتية (أ، ب، ج)

1- أصبحت أجيد اللّغة العربيّة لأنّي :

أ- أستطيع الكشف عن الكلمات في القاموس.

ب- أعرف استخدام الخطّ العربيّ.

ج- أستطيع القراءة والكتابة والحديث بها.

2- التقويم الهجريّ يبدأ :

أ- بتاريخ مَوْلِدِ النبيّ محمّد.

ب- بتاريخ هجرة النبيّ محمّد إلى المدينة.

ج- بانتصار المسلمين على الكفّار في مكّة.

3- ترتبط كثير من الكلمات في العربيّة بجذر واحد :

أ- لأنّ اللّغة العربيّة لغة اشتقاقيّة.

ب- لأنّ الكلمات في العربيّة كثيرة.

ج- لأنّ معاني الكلمات متقاربة.

7- **أكمل الجمل الآتية بمصدر مؤوّل مناسب :**

تذّكر أنّ المصدر المؤوّل يتكوّن من (أَنْ) **والفعل**، أو (أَنَّ) **واسمها وخبرها**، أو (مَا) **والفعل**، أو (كَيْ) **والفعل**، أو (لَوْ) **والفعل**.

1. من المقرّر ....

2. من المفيد في المستقبل ....

3. أحبّ ....

4. أودّ.......................................

5. نظرًا إلى ....

6. من المستحسن ....

7. يستحبّ ....

8. من المتّفق عليه ....

9. ممّا يسعد البشريّة...

10. ممّا يعمل على التقارب بين النّاس ....

11. يجب على كلّ فرد ....

12. سرّني كثيرا...

13. من الضّروريّ جدّا في هذه المرحلة..............................

8- **استفهم عن الموضوعات الآتية مستخدما أداة الاستفهام المناسبة:**

1. عدد دروس الكتاب الثاني.

2. اللّغة العربيّة لغة اشتقاقيّة.

3. طريقة دراستك للّغة العربيّة.

4. مكان دراستك للّغة العربيّة.

5. الوقت الذي تحبّ أن تشاهد فيه المسرحيّة.

6. الشّخص الذي تحبّ أن يصاحبك.

7. الشيء الذي يقرؤه صديقك.

8. طريقة قدوم صديقك إليك.

9. سبب تأخّره عن موعده.

10. الكتاب الذي تحبّ أن تقرأه.

11. الموضوعات الّتي درستها في الكتاب الثاني.

12. نماذج المؤلفات العربيّة في العصور الذهبيّة.

تذكّر أن أدوات الاستفهام هي : الهمزة (أ)، هَلْ، كَيْفَ مَتَى، أَيْنَ، لِمَاذَا، أيّ، مَنْ، مَا، كَمْ.

9- اربط بين كلّ جملتين ممّا يأتي بأداة الشرط المناسبة :

1. يعرف تنظيم الجريدة – يستطيع قراءتها بسهولة.

2. تخلو الجريدة من الأخبار المهمّة – لا يقبل عليها القرّاء.

3. أصيبت السيّارة في حادث – تقوم شركة التّأمين بالتعويض.

4. تسافر إلى الشّرق – نسافر معا.

5. يسافر كثيرا – تزداد خبرته.

6. يفهم الحياة العربيّة – يتعلّم اللّغة العربيّة.

تذكّر أنّ أدوات الشرط التي درستها هي : إِذَا، لَوْ، مَنْ، إِنْ.

10- اِقرأ أبيات الشّعر الآتية، وأجب عن الأسئلة التي تليها :

إذا كنتَ في كلّ **الأمورِ مُعاتبًا**   صَديقَكَ لمْ تلقَ الذي لا تُعاتِبُهْ
وإن أَنْتَ لم تَشْرَبْ مِرارًا على القَذَى   ظَمِئْتَ، وَأَيُّ النَّاسِ تَصْفُو **مشَارِبُهْ**
فَعِشْ وَاحدًا أو صِلْ أخَاكَ فَإِنَّهُ   **مُقَارِفُ** ذَنْبٍ مَرّةً ومُجَانِبُهْ

أ- حدّد أجزاء أسلوب الشّرط في الأبيات.

ب- هاتِ منها أسلوب استفهام.

ج- هاتِ الأفعالَ المنفيّة فيها.

د- بينّ سبب ضبط الكلمات المكتوبة بالخطّ السميك.

11- تعبير كتابي:

اكتب فقرة تتضمّن معاني هذه الأبيات، واضبطها بالشّكل التامّ.

الـدَّرْسُ الثَّانِــي

أبو حـاتمِ الرّازي يتحدّث عن :

فَضْلُ اللّغة العربيّة

تكاد تكون دراسة اللّغة العربيّة أقدم العلوم العربيّة الإسلاميّة.فقد ظهرت أوّل نبتة لها في القرن الأول الهجرّي على يد أبي الأسود الدّؤلي(16 ق.هـ- 69 هـ/606–688 م) للحفاظ على اللّغة العربيّة باعتبارها لغة القرآن، ثم قويت وثبتت جذورها على يد الخليل بن أحمد (100–175 هـ/ 718 –791م) واضع قاموس «العين» ومنشئ علم العروض (موسيقى الشعر وأوزانه)، وتلميذه سيبويه (129–180هـ/746–796م) صاحب المؤلف الشهير المسمّى بـ «الكتاب». ثمّ تفرّعت دراسة اللّغة إلى مجالات عدّة من أهمّها **الأصوات والصرف** (دراسة صيغة الكلمة) **والنحو** (دراسة بناء الجملة) **والمعاجم** (القواميس) **وفقه اللّغة** (دراسة خصائصها وطبيعتها وتطوّرها التاريخي...الخ) **والمعاني** (دراسة الدّلالات الحقيقية والمجازيّة للاستعمال اللغويّ) وغيرها. و «كتاب الزينة» أحد الكتب الّتي اهتمّت بدراسة التطوّر التاريخيّ لدلالة الألفاظ. أمّا النصّ الذي أخذناه منه فهو يدرس فضل اللّغة العربيّة وخصائصها.

مداخل إلى دراسة النّصّ

1- عن الكاتب :

- هو أبو حاتمِ أحمد بن حمدان الرّازي.

- ولد في أواخر القرن الثالث الهجري (التاسع الميلادي) ولكنّ أحدًا لا يعرف تاريخ ميلاده بالضبط، **شأنه في ذلك شأن** كثير من العلماء الذين ولدوا في **بيئات متواضعة** ثمّ حقّقوا لأنفسهم **من الشهرة ما خلّد أسماءهم في التاريخ. توفّي عام 322 هـ / 933 م.**

- **يختلف العلماء في مسقط رأسه** : بعضهم يقول إنه ولد في الرّيّ بفارس (ولذلك سمّي الرّازي أي المنسوب إلى الرّيّ) ثمّ عاش فترة من الزمن في بلاد المغرب في وقت كانت فيه الدّعوة للفاطميّين **على أشدّها.**

والفاطميّون طائفة من الشيعة، ينتسبون إلى السيدة فاطمة بالذّات وهي بنت النبيّ صلّى الله عليه وسلّم وأيضا زوجة عليّ بن أبي طالب .والشيعة فرقة إسلاميّة تشايع (أي تناصر وتتبع) عليّا بن أبي طالب ابن عمّ النبيّ وزوج ابنته فاطمة.

والبعض الآخر يقول بعكس ذلك، أي إنّه ولد في المغرب ثم انتقل إلى الرّيّ بعد صباه.

- نشأ أبو حاتم بين علماء العربيّة وأهل الحديث ورجال العقيدة **فأخذ عنهم** وأصبح من **أهل الفضل** والأدب والمعرفة باللّغة والحديث النبويّ ومسائل الألوهيّة والنبوّة.

- أثّر اتّصالُه بالمغرب (ما يسمّى الآن المغرب العربيّ) في تكوينه الفكريّ والدينيّ، فنشأ على حبّ الفاطميّين، وأصبح أحد المدافعين عن فكرتهم أو من **الدّعاة** الفاطميّين كما كانوا يُلَقّبون.

منصب الدّاعي في نظام الدّعوة الفاطميّة يصل إليه الشخص بعد فهمه لحقيقة الدّعوة وفلسفتها والإيمان بها إيمانا ثابتا والثّقة بها، وبعد فترة تدريب واختبار شاقّ.

- عاش أبو حاتم في وقت اشتدّت فيه الاضطرابات في العالم الإسلاميّ: ففي **المشرق** كانت الدولة العباسية تتعرّض للانهيار، وفي **المغرب** كانت الدعوة الفاطميّة تحاول الاستفادة من هذه الظروف لبناء دولتها على أنقاض الخلافة العبّاسيّة.

- أظهر أبو حاتم نشاطا سياسيّا ودينيّا كبيرا في طبرستان وأذربيجان والدّيلم وأصفهان والرّيّ، واستطاع أن يحوّل عددا من قادة عصره إلى دعوة الأئمّة الفاطميّين.

- اشتهر أبو حاتم **بمناظراته** مع فلاسفة عصره حول **الخالق والنبوّة والروح والمادّة والمكان والزمان**.

- كان الرّازي سلفيّا محافظا في آرائه الدينيّة والكلاميّة واللغويّة، وقد ألّف كتبا كثيرة من أهمّها كتاب «أعلام النبوّة» وكتاب «الإصلاح» وكتاب «الرّجعة» وكتاب «الزّينة» الذي أخذنا منه هذا النصّ.

2- عن الكتاب :

- كتاب «الزينة في المصطلحات الإسلامّية العربّية» أوّل مرجع عربيّ يتضمّن الكلمات العربيّة التي استخدمت في القرآن الكريم للدلالة على معان جديدة لم تكن تدلّ عليها من قبل، مثال ذلك كلمة «الأعراف» التي كانت تعنى أوّلاً المكان المرتفع، ثمّ جاءت في القرآن بمعنى مكان بين الجنّة و النار.

- حاول المؤلّف في كتابه **الزينة** أن يفسّر الألفاظ التي تغيّرت معانيها ومدلولاتها في العصر الإسلاميّ عمّا كانت عليه في العصر الجاهليّ.

- الكتاب بهذه الصورة يضع أساس علم لغويّ هام هو «علم **المصطلحات الإسلامّية**».

- جمع المؤلّف في كتابه بعض الألفاظ التي وردت في القرآن، وبعض الألفاظ التي اصطلح عليها المسلمون، وذكر معانيها ومدلولاتها **الجاهليّة والإسلاميّة**، وقدّم شواهد على هذه المعاني من الشّعر المعروف، وأورد ما قاله علماء العربيّة وعلماء تفسير القرآن في تفسير كلّ كلمة . فمن الكلمات التي يتناولها مثلا كلمة عرش، التي جاءت في القرآن في قوله تعالى «وَتَرَى المَلَائِكَةَ حَافِّينَ مِنْ حَوْلِ العَرْشِ» (سورة الزُّمر، الآية 75). يذكر الرّازي المعاني التي جاءت لهذه الكلمة في اللّغة العربيّة وهي: السّرير أو الكرسيّ الذي يجلس عليه الملك، وكذلك المظلّة أو السّقف أو السّطح، أو أربعة كواكب متلازمة، أو القوّة والعزّة...الخ.

- يذكر المؤلِّف أنّ غرضه من تأليف الكتاب تفسير كلمات جاءت في القرآن والشريعة، لكنّه يذهب إلى أوسع من ذلك، فهو يفسّر كلمات موجودة في الطبيعة مثل **السّماء والأرض والإقليم والجزيرة**، وكلمات دار حولها نقاش بين علماء المسلمين مثل **القضاء والقدر واللّوح والقلم**.
- لا نعرف بالتحديد متى وأين ألّف الرّازي كتاب «الزينة»، والغالب أنّه ألّفه قبل عام 310 هـ.
- نجح الرّازي في تناول موضوعات الكتاب تناولا لغويّا موضوعيّا، ونجح في أن يجعل كتابه نافعا للأديب والفقيه، وللعامّة والخاصّة طوال قرون عديدة.
- كتاب «الزينة» أوّل كتاب يسجّل تأثير التغييرات الاجتماعيّة في الألفاظ اللغويّة، وهو أيضا أوّل كتاب من نوعه في اللّغة العربيّة يدرس معاني الألفاظ وتطوّرها ويقدّم الأمثلة التي تؤيّد هذه المعاني، ويرتّبها ترتيبا تاريخيّا معظم الأحيان.
- يبدو الرّازي في كتابه لغويّا **أكثر من كونه فقيها** : فهو يطيل الكلام على الجانب اللّغويّ للألفاظ التي يشرحها، ويختصر الحديث في الجانب الدّينيّ.
- يتبع المؤلف في آرائه اللّغويّة مذهب أهل السّنة، ولعلّه بذلك يحاول أن ينفي عن نفسه صفة التشيّع، ويخفي كونه من دعاة **الفاطميّين** بالمشرق الإسلامي.
- يتّبع أبو حاتم في كتابه طريقة **الاشتقاقيّين**، وهم الذين يربطون بين الألفاظ ومعانيها ربطا وثيقا، ثمّ يحاولون إرجاع الألفاظ المشتركة في حروفها إلى معنى أصليّ عامّ اشتقّت منه هذه الكلمات.
- طُبع الكتاب في القاهرة عام 1956م بتحقيق الدكتور حسين الهمداني.

3- عـن النّـص :

- موضوع النصّ الذي اخترناه هو فضل لغة العرب . ويظهر في هذا النص مدى حبّ أبي حاتم للّغة العربيّة **شأنه في ذلك شأن غيره** من علماء العربيّة عموما.
- يرى أبو حاتم أنّ اللّغة العربيّة تسمو على كلّ لغات البشر، فهي في القمّة على حين تحتلّ العبريّة والسُّريانيّة والفارسيّة مراتب أدنى.أما اليونانيّة والهنديّة فلا يرى لهما أيّ فضل.

- يحتجّ أبو حاتم لفضل اللّغة العربّية بأنّها استكملت الحروف والأصوات، وعنده أنّ ما في اللّغة الفارسيّة من حروف لا وجود لها في اللّغة العربّية إنمّا هي حروف مولّدة لا خير فيها.
- يضع أبو حاتم اللّغة العربيّة فوق لغته الأصليّة وهي الفارسيّة، شأنه في ذلك شأن كثير من العلماء المسلمين من غير العرب.

النـــص

فضل لغة العرب

أَفْضَلُ أَلْسِنَةِ الأمم كلِّها أربعةٌ : العربيّةُ، والعبرانيّةُ، والسُّريانيّةُ، والفارسيّةُ، لأنَّ **الله**-عزَّ وَجلَّ -أنزلَ كُتُبَه على أنبيائه -عليهمُ السّلامُ-آدمَ ونوحٍ وإبراهيمَ وَمَنْ بَعْدَهُمْ من أنبياءِ بني إسرائيلَ- بالسّريانيّة والعِبْرَانِيّة، وأنزل القرآنَ على محمّد- صلّى **الله** عليه وسلّم-بالعربيّة. وذُكرَ أَنَّ المجوسَ كان لهم نبيّ وكتابٌ، وأنَّ كتابَه كان بالفارسيَّة.هذا ما اتّفق عليه أصحابُ الشرائع. وقال قومٌ بِفَضْلِ اللّغة اليونانيّةِ والهنديّة، لأنّ كتُبَ الفلاسِفَةِ والأطبّاءِ وأصحابِ النّجومِ والهندسَةِ والحسابِ بها. وهذا قولٌ منبوذٌ عندَ **أهلِ المِلَلِ**.

وقلنا : إنّ أَفْضَلَ اللغاتِ الأربع لغةُ العربِ.وهي أَفْصَحُ اللّغاتِ وأكملُها، وأتمُّها وأعْذَبُهَا وأبْيَنُهَا، ولم **يَحْرِصْ** النّاسُ على تعلّم شَيْءٍ منَ اللُّغاتِ في دَهْرٍ من الدّهور، ولا في وقْت من الأوقاتِ، **كَحِرْصِهم** على تعلّم لغةِ العرب، ولا رَغبُوا في شيءٍ من القرونِ والأزمنةِ رَغبةَ هَذِهِ الأمّةِ في لسانِ العرب منْ بَيْنِ الألسنةِ، حتّى إنّ جميعَ الأمم فيها راغِبون، وعليها مُقبلون، ولها بالفضلِ مُقرُّون، وبفصاحتها مُعْتَرِفُون، وحتّى نَقَلُوا الكتبَ المنزّلَةَ مثلَ التوراةِ والإنجيلِ والزَّبورِ وسائرِ كتبِ الأنبياءِ من السّريانيّةِ والعبرانيّةِ إلى العربيّةِ، ونَقلُوا ما قَالَتْهُ حكماءُ العَجَم منَ الفارسيَّةِ إلى العربيّةِ. وحَرَصَتْ كلُّ أمّة على تعلّمِ العربيةِ لِيُتَرْجِمُوا ما في أيديهم بها. ولم يَرْغَبْ

أهلُ القرآنِ والكتابِ العربيِّ في نقله إلى شَيْء من اللّغاتِ، ولا قَدرَ أَحدٌ من الأمم أن يُترجمَه بشيءٍ من الألْسنة. ولو قدَرُوا عليه لَفَشا ذلك فيهم، وَجرَتْ الألسنةُ به عندهُم، ولكنْ تعذّر ذلك عليهم لِكمالِ لغةِ العربِ ونُقصانِ سائرِ اللّغاتِ.

فَإنْ قَالَ قَائلٌ : لمْ يفعلُوا ذَلك زهدًا فيه ورغبةً عَنْهُ، أَكْذبَهُ العِيَانُ، وأوْهَن حُجّتَه ما جُبِلَ عَلَيْه أشرافُ النّاسِ من المحبّةِ لمعرفةِ الأشياءِ والعلْمِ بها وَلِنزَاعِ نفوسِ ذوي الإقْدَامِ والرِّفْعَةِ إلى الوقوفِ على جميعِ الآدابِ، فإنّ المُلُوكَ وأهلَ الشّرفِ من كلِّ أمّةٍ قد رَغبُوا في نَقْلِ كتبٍ لَهَا مِقْدارٌ صغيرٌ وخَطَرٌ يسيرٌ إلى لغتِهم، شَوْقًا مِنْهم إلى معرفتِها، وعِشْقًا للوقوفِ على حقائقِها والعلم بها والبصيرةِ فيها. فكيف القرآنُ الذي عَظَّمَ اللّـهُ شَأْنَهُ، وأخْضعَ رِقَابَ الأمم لِسُنّتِه، وَأَمْضَى عَلَيْهم ما شَرَع فيه مِنْ أَحْكَامِه؟ وَقَدْ حَاوَلَ كثير منَ النّاسِ ذلك، فَعَسُر عليه نَقْلُهُ وتعذَّر تَرْجَمَتَهُ. فتَرْجَمُوا مِنْهُ شَيْئًا يَسيرًا، مِثْلَ بِسْمِ الله الرَّحْمَنِ الرَّحِيمِ، وَمثلَ سُورةِ الحَمْد، على اسْتِخْرَاجٍ شَدِيدٍ وَنَقْلٍ بَعِيدٍ.

وَرَوَى التِّرْمذيُّ عنْ مُحمّدِ بْنِ المُنْذرِ الهرَويّ عَنْ محمّدِ بْنِ عَبْدِ الله العُتْبيِّ قَالَ : قَالَ عليّ –كَرّمَ اللّـهُ وَجْهَهُ–: كلامُ العربِ كالميزانِ الّذي يُعْرَفُ به الزّيادةُ والنُّقْصانُ. وهُو أعْذَبُ منَ الماءِ وأرقُّ مِنَ الْهوَاءِ، إنْ فَسَّرْتَهُ بِذاتِهِ اسْتَصْعَبَ، وَإِنْ فَسَّرْتَهُ بِغَيْرِ مَعْنَاهُ اسْتَحَالَ، فالعَرَبُ أشجارٌ وكلامُهم ثِمارٌ، يُثْمِرونَ والناسُ يَجْنُونَ، بِقَوْلِهِمْ يَقُولُونَ وإِلَى عِلْمِهم يَصِيرُونَ.

* * * *

فعَلَى هَذا لُغَةُ العربِ مُمْتَنِعَةٌ عَلَى سَائرِ اللُّغَاتِ، وَاللُّغَاتُ كُلُّهَا منقادةٌ لها.وَلَوْ ذَهَبْنَا نَصِفُ اللغاتِ كلَّهَا عَجزْنَا عَنْ تَنَاوُلِ مَا لَمْ يُعْطِهُ أحدٌ قَبْلَنَا، ولكنّا نَذْكر مِنْ ذَلك عَلَى قَدْرِ المَعْرِفَةِ ومِقْدَارِ الطَّاقَةِ، وَنَتَكَلَّمُ بِما عَلِمْنَا مِنْه مَحبَّةً لإيراد فَضْلِ لغةِ الْعَرَبِ، إذْ كَانَ فيه إظهارُ فضيلةِ الإسلامِ على سائرِ المِلَلِ، وإبْرَازُ فَضْلِ مُحمّدٍ (صلّى الله عليه وسلّم) عَلى جميعِ الأنبياءِ والرُّسُلِ عليهمُ الصّلاةُ والسلامُ، وإن كَانَ ذلك ظاهِرًا بنعمةِ اللّـه بارزًا بِحَمْدِ اللّـه، لأَنَّ دينَ الإِسْلَام عربيّ، والقرآنَ عربِيٌّ، وبيانَ الشرائعِ والأَحْكَامِ والفرائضِ والسُّنَنِ بِالْعَرَبِيَّةِ.

* * * *

وَنقوُلُ : إنَّ لغةَ العربِ هي اللّغة التّامَّةُ الحروفِ، الكاملةُ الألفاظِ، لم يَنْقص منها شَيءٌ من الحروفِ فَيَشِينَهَا النقصَانُ، ولم يزدْ فيها شيءٌ فَتَعِيبَهَا الزيادةُ. وسائرُ اللّغات فيها زيادةُ حروفٍ مُولَّدَة، وَينقصُ عنها حروفٌ هي أَصْليَّةٌ. ونَعْتَبِرُ من ذلك باللّغة الْفَارِسيَّة، لأنّا طُبِعْنا عَلَيْهَا وَنشأْنا فيهَا، عَلَى أنّا قدْ تدَبَّرْنا سَائرَ اللّغات، فَوجَدْنا فيها مثلَ ما ذَكرْنَا من الزِّيَادة والنّقصان، الذي هو العيبُ البيِّنُ والشَّيْنُ الظَّاهِرُ. والحروفُ التّامَّةُ كلُّها هي ثمانيةٌ وعشْرُونَ حَرْفًا لا زِيادَةَ فيها ولا نُقْصَانَ. ودارَتْ لغةُ العربِ على هذه الحروفِ، لم يزِدْ عليها حرفٌ. وسائرُ اللغاتِ زَادتْ عَلَيْهَا ونَقَصتْ مِنْهَا.

ولِهذِهِ الحروفِ أَحْيَازٌ مُخْتَلفَةٌ، وَمَدارِجُ بَعْضُها فوْقَ بَعْضٍ: فالحاءُ والخاءُ والعَيْنُ والغَيْنُ والهَاءُ وألفُ الهمزةِ حَيِّزُهَا الحلْق، والقافُ والكافُ حيِّزُهمَا اللَّهَاةُ، والجيمُ والضّادُ والشينُ حَيِّزُهَا شَجَرُ الْفَم، وَالصَّادُ والسِّينُ والزَّايُ حَيِّزُهَا أَسَلَةُ اللِّسَانِ إلى أَطْرَافِ الثَّنَايَا، وَالطَّاءُ والدَّالُ والتَّاءُ حَيِّزُهَا الحَنكُ بِتَطْبِيقِ اللِّسَانِ إلى أطْرافِ الثَّنَايَا، والظَّاءُ وَالذَّالُ وَالثَّاءُ حَيِّزُهَا اللِّثَة.

والرَّاءُ واللاَّمُ والنُّونُ حَيِّزُهَا ذَلَقُ اللِّسَانِ إلى الشَّفَتَيْنِ. وَالفَاءُ والْبَاءُ والْمِيمُ حيِّزُهَا الشَّفَةُ، وَالألفُ وَالْيَاءُ وَالْوَاوُ هَوائِيَّةٌ لَيْسَ لَهَا جَرْسٌ ولا اصْطِكَاكٌ لأنّها تَنْسَلُّ من جَوْفِ الحَنَك. فَهَذِهِ ثمانيةٌ وعشْرُونَ حرفًا مدارِجُهَا وأَحْيَازُهَا على ما قَدْ ذكرْنَا. وَهكذَا بَيَّنَها العلماءُ، وَقَدْ بُنِي عليها اللغاتُ. واشْتَمَلَ على كلّ لغةِ العربِ، حتّى لمْ يَنْقُص عَنْهَا حرفٌ ولم يزدْ عَلَيْهَا حرفٌ، بلْ تَمَّتْ عليها واعتدلتْ فيها.

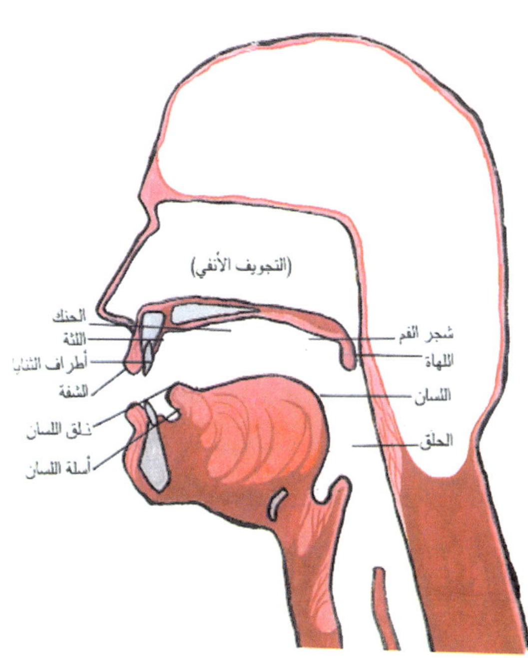

أحياز (مخارج) الأصوات العربيّة، كما وصفها الرّازي، وهي تختلف بعض الشّيء عن الوصف الحديث لها.

* * * *

وسائرُ اللغات نَقصتْ وزادتْ مثْل اللّغة الفارسيّة، فإنّها قصرتْ عن العَينْ والغينْ والحاءِ والقاف والطّاء والظّاء والصّاد والضّاد والذّال والثّاء، حتى لا يوجد في لغتهم الأصليّة كلامٌ يُتكلَّمُ به على هذه الحروف، فإذا اضْطرُّوا إلى أن يَتكلّمُوا بكلمة عربيّة أو مُعرّبَة في بِنْيتها حرفٌ من هذه الأحرف قَلبُوا ذلكَ الحرفَ إلى حرف قريب الحَيِّز والمدرج مِنْه كما قَلبُوا الحاءَ إلى الهاء فقالُوا لمُحمَّد : مُهمَد، وقلبوا العين إلى الألف ممدودةً مهموزةً فأشمّوهَا مَعْنى العَينْ فقالوا لِعَليّ: ألي، وقلبُوا الغيْنَ إلى الواو فقالوا لِلْغُلَام : وُلَام، وقلبُوا القاف إلى الكاف فقالوا للقَمَر: كَمَر، وقلبوا الطّاءَ إلى التّاءِ فقالوا للطّاووس: تَاوُوس، وقلبوا الظّاءَ والضّادَ إلى الدال فقالوا في معنى ضَربه وظَلمه: دَرَبَهُ ودَلَمَهُ، وقلبُوا الصّاد إلى السّين فقالوا للصَّنَم: سَنَم، وقلبوا الذّالَ إلى الدّال فقالوا للذّليل: دليل، والثاءَ إلى التّاءِ فقالوا للْكثير: كَتير.

فَعلَى هذا كلّ ما جَاءَ في لغتهم ممَّا فيه هذه الأحْرُفُ قَلَبُوهَا إلى هذه، فظهرَ فيها هذا النقصانُ القبيحُ. وولَّدُوا أحْرُفا ليستْ بأصليَّة، فولَّدُوا بيْنَ الفاءِ والْباءِ حَرفًا فَقَالُوا للرجل «بَاي» ولِلْبُسْتَانِ «باغ» فالباء التي هي في اسم الرجلِ حَيِّزُها بَيْنَ الْفَاءِ وَالْبَاءِ، والتي في اسم البستان هي الباءُ الأصليّةُ. وهو عَيْبٌ ظاهرٌ في لغتهم الأصليّة، ثمّ خَالَطَتْها لغةُ العرب حينَ أظْهرَ اللّهُ الإسْلَامَ، وأسلمَت العجمُ، وتوالَدُوا على اللّغة العربّية ونشأوا فيها، فَخلطوا بَعْضَها بِبَعْض، ورَاضُوا أنفسَهُمْ بِهَا، ومرنُوا عليْها، فَأَدْخلُوا هذه الأحرفَ في كلامهم، وسَهُلَتْ عَلى ألفاظهمْ، فإذا حاوَلُوا تسطيرَها بكتاباتهم تعذّرَ ذَلك عليْهم، لأنّها لم تُبْنَ علَى هذه الأحْرُف، فأُحوِجُوا إلى الاحْتيَالِ فيه وفي اسْتخْرَاجه. وإذا اعْتبَرْتَ سَائرَ اللغات والكتابات وَجدْتَ فيها من الزيادة والنقصانِ مثلَ هذا أو قريبًا منْه. فَقدْ نَاظرْتُ عليه قومًا عَرَفُوا العبرانيّة والسُّريانيّةَ فوجدْتُ الأمْرَ قريبًا ممَّا ذَكرْنَا، وتَركْنَا الاسْتقْصَاء اقْتصَارًا على ما قد شَرَحْنَاه من لغةِ الفارسيّة، لأنَّا لمْ نُحْكم الأمْرَ في تِلْكَ كَإحْكَامنَا في هَذه اللّغة.

الشّــروح

ألسنة: مفردها لسان، وهو هنا اللّغة.

أصحاب النّجوم: علماء الفلك.

فشا: انتشر.

عيانٌ: مُشاهدة.

أَوْهَنَ: أَضْعَفَ.

جُبِل: طُبِعَ.

أمضى عليهم : نَفَّذَ فيهم.

استخراج شديد: ربط بعيد بين المعاني.

حُرُوفٌ مولَّدةٌ: حروف مُستحدَثة.

حَيِّزٌ: مَكَانٌ، ويعني هنا مجموعة المخارِج المُتقارِبة.

راضَ: دَرَّبَ.

نَاظَرَ : نَاقَشَ.

التدريبات

1- أسئلة حول النصّ :

1- متى عاش أبو حاتم الرّازي ؟

2- ما البلدان التي تنقّل بينها؟

3- ما الخصائص السياسيّة للعصر الذي عاش فيه ؟

4- ما موضوع المناظرات التي أكسبت أبا حاتم شهرته ؟

5- ما أهمّ الموضوعات التي يتناولها كتاب الزّينة ؟

6- أين أقام أبو حاتم بنشاطه السياسيّ ؟

7- من هم الفاطميّون ؟

8- كيف يعالج الاشتقاقيّون الألفاظ؟

9- بم يحتجّ أبو حاتم الرّازي لفضل اللّغة العربيّة؟

10- كم لُغةً ورد ذكرها في النصّ؟

11- لماذا يحرص الناس على تعلّم العربيّة في رأي الرّازي ؟

12- بماذا وصف عليّ بن أبي طالب كلام العرب ؟

13- ما مخارج حروف العربيّة التي ذكرها أبو حاتم ؟

14- لماذا يعتقد الرّازي أنّ اللّغة العربيّة أفضل اللّغات ؟

15- ما رأيك فيما يقوله أبو حاتم عن اللّغة العربية؟

16- وزّع الحروفَ العربيّة على الرّسم طبقا لوصف الرّازي لها.

2- صواب أم خطأ؟

1- يبدو أبو حاتم الرّازي في كتابه فقيها أكثر من كونه لغوياً.

2- يرى مؤلّف كتاب الزينة أن لغة العرب تشبه اللّغة الفارسيّة.

3- الحاء والخاء والعين والهاء والهمزة حيّزها من شجر الفم.

4- الفاء والباء والميم حيّزها الشفة.

5- كتب الفلاسفة والأطبّاء وأصحاب النّجوم والهندسة والحساب كانت باليونانيّة والهنديّة.

6- الفاطميّون هم الذين يتشيّعون لعلي بن أبي طالب وينتسبون إلى السيّدة فاطمة الزهراء بنت النبيّ صلّى الله عليه وسلّم وزوجة علي.

7- كتاب الزينة كتاب يضع أساس علم لغويّ هو علم المصطلحات الإسلاميّة.

8- الاشتقاقيّون هم الذين يحاولون إرجاع الألفاظ المشتركة في حروفها إلى معنى أصليّ عامّ.

9- حاول كثير من الناس ترجمة القرآن فوجدوا ذلك سهلا جدّا.

10- كان أبو حاتم الرّازي متطوّرا في آرائه الدينيّة واللّغويّة والكلاميَّة.

11- تغيّرت معاني الألفاظ ومدلولاتها في العصر الإسلاميّ عمّا كانت عليه في العصر الجاهليّ.

12- يرى أبو حاتم أنّ الحروف التّامة هي ثمانية وعشرون حرفا.

3- املأ الفراغ في الجمل التالية بالكلمة المناسبة وغيّر ما يلزم:

1- يتبع أبو حاتم الرّازي في آرائه اللغويّة ....أهل السنّة.

أ- أوامر ب- مذهب ج- برنامج

2- يرى أبو حاتم الرّازي أنّ اللّغة العربيّة ....على كلّ لغات البشر.

أ- تتحسّن ب- تتجاوز ج- تسمو

3- كثير من الناس ....في تعلّم لغات أخرى.

أ- يحرصون ب- يرغبون ج- يريدون

4- يتّفق أهل ....المختلفة على كثير من الأمور الدينيّة.

أ-العقائد ب-الدّيانات ج-المذاهب

5- لم يحرص الناس على تعلّم شيء كـ..........على تعلّم اللّغة العربيّة.

أ- حبّهم ب- رغبتهم ج- حرصهم

6- يتحدّث الرّازي عن..............اللّغة العربيّة.

أ- فضل ب- كرم ج- أصل

7- المتشيّعون لعلي بن أبي طالب يُسَمَّوْنَ ....

أ- الفاطميين ب- الشّيعة ج- الطالبيّين

8- يحتجّ أبو حاتم الرّازي لفضل اللّغة العربّية بأنّها استكملت الحروف و.....................................

أ- الأصوات ب- الألفاظ ج- الحركات

9- يختلف العلماء في..............رأس أبي حاتم الرّازي.

أ- موضع ب- مسقط ج- مكان

10- ....أبو حاتم الرّازي عن كثير من علماء العربيّة والحديث.

أ- سمع　　ب- أخذ　　ج- جمع

11- جمع الرّازي في كتاب الزّينة الألفاظ التي.......عليها المسلمون.

أ- اصطلح　　ب- اعتمد　　ج- تعاون

4- انْفِ الجملَ الآتية مُستخدِما أداة النفي المناسبة (لم، لن، لا، ما، ليس) وغيّر ما يلزم:

1- استطاع الناس قديما ترجمة القرآن الكريم.

2- يمكن نقل كلّ المعاني من لغة إلى لغة.

3- اتّصال المشرق العربيّ بالمغرب العربيّ اتّصال ضعيف.

4- منصب الدّاعي يحصل عليه كلّ شخص بسهولة.

5- الألفاظ التي تغيّرت معانيها ومدلولاتها قليلة.

6- الكلمات التي يتناولها كتاب الزّينة قليلة الأهمّية.

7- يبدو أبو حاتم في كتاب الزّينة فقيها أكثر من كونه لغويّا.

8- حروف اللّغة العربيّة أقلّ من كلّ اللغات.

9- العرب يستخدمون حروفا تختلف عن حروف اللّغات الأخرى.

10- يسعى أهل كلّ لغة إلى نشر لغتهم بين الناس.

5- أكِّد الجمل الآتية مستخدما (إنّ) وغيّر ما يلزم كما في النموذج:

أ-لغة العرب لغة تامّة الحروف.

ب-إنّ لغة العرب لغة تامّة الحروف.

1- كلام العرب كالميزان يعرف به الزيادة والنّقصان.

2- الحروف التامّة في العربيّة ثمانية وعشرون حرفا.

3- مخرج الحاء والخاء والعين والغين شجر الفم.

4- شأن الرّازي في جهل الناس بتاريخ ميلاده شأن كثير من العلماء.

5- الفاطميّون هم من الشيعة الذين ينتسبون إلى السيّدة فاطمة.

تدخل اللام أحيانا على خبر (إنّ) لتقوية التوكيد مثل :

* إنّ الله لَغَفُورٌ رحيمٌ.

أو على اسمها إذا كان متأخّرا عن خبرها مثل:

* إنّ في ذَلِكَ لَعِبْرَةً.

أو على ضمير بين الاسم والخبر يسمّى ضمير الفصل مثل :

* إنّ هَذَا لَهُوَ الْقَصَصُ الْحقُّ.

6- أَدخِل كان أو إحدى أخواتها على الجمل الآتية، و غيّر ما يلزم كما في النموذج:

أ- كتابُ الزّينة معروفٌ عند علماء اللّغة العربيّة (كان).

ب- كان كتاب الزّينة معروفا عند علماء اللّغة العربيّة.

1- الدّاعيان مهتمّان بنشر دعوتهما سرّا وعلانِيَة (ظلّ).

2- الكلمات التي تناولها كتاب الزّينة كلمات شائعة (ليس).

3- نُطْقُ الأصوات العربيّة من مخارجها الصّحيحة يَحتاج إلى تدريب كبير (مازال).

4- العرب أشجار وكلامهم ثمار (ما فتئ).

5- أبو حاتم الرّازي محبّ للّغة العربيّة (كان).

لاحظ الجملتين التّاليتين :

أ- لو قدر النـاس علـى نقل القرآن إلى لـغة أخرى لفشا ذلك فيـهم.

ب- **لو أنّ النـاس قدروا علـى نقل القرآن إلى لـغة أخرى لفشا ذلك فيـهم.**

-في هـاتين الجملتين نوع من **أسلوب الشّرط.**

– تذكّر أن أسلوب الشرط يتكوّن من ثلاثة أجزاء :

1- أداة الشّرط 2- الشّرط 3- جواب الشّرط

– في الجملة (أ) **أداة الشّرط** هي: **لَوْ**، **والشّرط** هو : قدر الناس على نقل القرآن إلى لغة اخرى، **والجواب** هو : لفشا فيهم .

-لو الشرطيّة: تسمّى «حرف **امتناع** لامتناع»، أي إنها تفيد امتناع حدوث الجواب لامتناع حدوث الشرط.

الجزء الذي يسمّى الشّرط يمكن أن يكون جملة فعليّة كما في الجملة (أ)، ويمكن أن يكون جملة اسمّية كما في الجملة (ب).

الجواب في جملة (لو) يمكن أن تدخل عليه اللام كما في الجملتين السابقتين.

7- **اذكر سبب نصب المكتوب بخطّ سميك في الجمل الآتية** (**تمييز، مفعول به، مفعول لأجله، مفعول مطلق، صفة لمنصوب، معطوف على منصوب**):

1- أظهر أبو حاتم **نشاطا سياسّيا ودينّيا** في طبرستان وأذربيجان.

2- لم يرغب الناس في الماضي في شيء من اللّغات **رغبة** هذه الأمّة في لسان العرب.

3- لم يفعلوا ذلك **زهدا** فيه **ورغبة** عنه.

4- نتكلّم بما علمنا منه **محبّة** لإيراد فضل لغة العرب .

5- حروف الهجاء ثمانية وعشرون **حرفا.**

6- تركنا **الاستقصاء اقتصارا** على ما قد شرحناه.

7- لم نحكم الأمر في تلك اللّغات **إحكامنا** في هذه اللّغة .

8- الملوك وأهل الشرف من كلّ أمّة قد رغبوا في نقل كتب لها مقدار صغير **شوقا** منهم إلى معرفتها، **وعشقا** للوقوف على حقائقها.

9- كتاب الزّينة يفسّر **كلمات موجودة** في العالم مثل السّماء والأرض والإقليم.

10- أورد أبو حاتم **المعاني** التي جاءت لكلمة العرش.

8- أكمل جمل الشّرط الآتية :

1- لو سافرت إلى الشّرق...........

2- لو أنّ القوّتين العظميين- أمريكا وروسيا -اتّفقتا............

3- لو قَرَأْتَ عن اللّغة العربية كثيرا...........

4- لو عَرَفْتَ مخارج الحروف الصّحيحة...............

5- لو...............لـ...............

لاحظ المفرد وجمعه في الجملتين التاليتين :

- كان أبو حاتم الرّازي **داعيا** من **الدّعاة** الفاطميّين.
- ينظر الرّازي إلى فضل اللّغة العربيّة كأنّه **حقيقة** من **الحقائق** الثّابتة.
- **هذا النوع من الجمع اسمه -كما درست سابقا- جمع تكسير.**

9- اجمع المفردات جمع تكسير كما في الجملتين السابقتين :

المفرد	جمع التكسير	المفرد	جمع التكسير
الساعي	....	الراعي	....
القاضي	....	الرامي	....
الغازي	....	الشادي	....
الدقيقة	....	الصحيفة	....
الكتيبة	....	الكنيسة	....

العجوز	....	الغريبة	....
الوثيقة	....	الساري	....
الشاري	....	الداعي	....
العجيبة	....	الضريبة	....
الجريدة	....	الفريدة	....

لاحظ الاسم المكتوب بخطّ سميك في الجملة الآتية :

ولد أبو حاتم أحمد بن حمدان في **الرِّيِّ** بفارس، ومنها اكتسب اسم **الرّازي**.

– **الرّازي** لقب لأبي حاتم أحمد بن حمدان.

– الرّازي منسوب إلى الريّ.

– تذكّر أنّ النسب هو إضافة «ياء» مشدّدة إلى آخر الاسم مع كسر ما قبلها ومعاملة الاسم بعد إضافة «الياء المشدّدة» إليه كأنّ «الياء» جزء منه، مثل:

– القرن الرابع **الهجريّ** (نسبة إلى الهجرة).

– كان الرّازي محافظا **سلفيّا** (نسبة إلى السّلف).

– في آرائه **الدينيّة** (نسبة إلى الدين).

والكلاميّة (نسبة إلى علم الكلام).

واللّغويّة (نسبة إلى اللّغة).

– توجد أسماء ينسب إليها بطريقة مخصوصة، منها :

– الرِّيّ	الرّازي.
مرْو	مَرْوزيّ أو مرويّ.
أذربيجان	أذربيّ أو أذربيجانيّ.
طبرستان	طبرسيّ أو طبرستانيّ.
خوزستان	خوزيّ أو خوزستانيّ.
حضر موت	حضرميّ.
عبد شمس	عبشميّ.

10- أكمل كما في النموذج :

المنتسبون إلى السيدة **فاطمة** من الشيعة يُسَمَّوْن **الفاطميّين**.

1- العصر الذي قبل الإسلام كان عصرا **جاهلا** ولذلك سمّي العصر...........

2- النّشاط الذي يهتمّ **باللّغة** يسمّى النشاط..............

3- الكلام الذي ينسب إلى **النّبي** يسمّى الحديث ....

4- يسمّى الذي ينسب إلى ....**المدنيّ**.

5- النّظام الخاصّ الذي تسير عليه **الكنيسة** يعرف بالنظام ....

6- العالِم الذي يهتمّ **بالتربية** يسمّى العالِم....................

11- أكمل كما في المثال السابق:

1- لم أدرس اللّغة الألمانيّة شأني في ذلك شأن ....

2- تحتاج العربيّة إلى مجهود كبير ....غيرها من اللغات.

3- ....شأننا في ذلك شأن غيرنا من دارسيها.

12- ضع كلّ تعبير ممّا يأتي في المكان المناسب من الجمل التالية:

- على أشدّه-شأنها في ذلك شأن-رغبة عنه-حقّقوا لأنفسهم من الشهرة-فكيف الشعر-مخارج الحروف.

1- لم أترك قراءة الفلك.........................أو كراهية فيه.

2- القراءة الصّحيحة تحافظ على.....................محافظة سليمة.

3- كان القتال ....عندما صدر قرار وقفه في لبنان.

4- اللّغة العربيّة ليست صعبة....................كثير من اللّغات.

5- أحبّ القصّة والرّواية والمسرح ....الذي هو أبو الفنون.

6- إنّ الأدباء العظام قد.....................ما أبقى ذكرهم حيّا.

13- تعبير كتابيّ:

أ- ذكر أبو حاتم أسبابًا رئيسيّة لفضل اللغة العربيّة على غيرها من اللغات. اذكر ثلاثة منها بأسلوبك الخاصّ.

ب- اكتب فقرة لا تقلّ عن عشرة أسطر تتحدّث فيها عن أسباب حبّك للّغة العربيّة أو للغتك.

السنة الهجرّية والسنة الميلادية

إذا كنت تعرف السنة الهجرّية، وأردت معرفة السنة الميلادّية الموافقة لها، فإنّه يمكنك تطبيق المعادلة التالية :

م= هـ × 0،97 +622

حيث م: هي السنة الميلادّية،

هـ : هي السنة الهجرّية،

622م : هي سنة هجرة الرّسول صلّى الله عليه وسلّم من مكّة إلى المدينة.

مثال: السنة الميلادّية الموافقة للسنة الهجريّة 1420 هي :

م = 1420 × 0،97 +622 = 1999،4

أي أنّ م (السنة الميلاديّة الموافقة للسنة الهجرية 1420) هي 1999

أمّا إذا كنت تعرف السنة الميلاديّة، وأردت البحث عن السنة الهجريّة الموافقة لها فإنّه يمكنك تطبيق المعادلة التالية :

هـ = (م- 622) : 0.97

مثال : السنة الهجرّية الموافقة للسنة الميلادّية 1999 هي :

هـ= (1999 -622) : 0.97 =58، 1419

أي إن هـ (السنة الهجرّية الموافقة للسنة الميلادّية 1999) هي 1420.

ملاحظة : نظرا إلى أنّ السنة الهجرّية (القمريّة) تعدّ 354 يومًا وسَاعَات، وَأَنّ السنة الميلاديّة (الشمسيّة) تعدّ 365 يوما، فإنّ القرن الهجرّي يقلّ عن القرن الميلاديّ بثلاث سنوات ميلاديّة، أي إنّ 100 سنة هجرّية= 97 سنة ميلادّية.

من الشعر العربيّ (1)

اقرأ واحفظ

حافِظ ابرهيم ينعى حظّ اللّغة العربيّة بين أهلها

(من بحر الطويل)

[نشرت في سنة 1903م]

رَجعْتُ لنفْسي فاتّهمْتُ حصَاتي وناديْتُ قوْمي فاحْتَسبْتُ حياتِي

رَموْني بعُقْمٍ في الشَّبابِ وليْتَني عقِمْتُ فلَم أجْزعْ لقوْلِ عدُاتِي

وَلدْتُ ولمّا لم أجدْ لعرائسي رجالًا وأكْفاءً وأدْتُ بناتِي

وَسعتُ كتابَ اللهِ لفْظًا وغايةً وما ضِقتُ عن آيٍ به وعِظاتِ

فكيف أضيقُ اليومَ عن وَصْفِ آلةٍ وتَنْسيقِ أسماءٍ لِمُخْترَعاتِ؟

أنا البحْرُ في أحْشائِهِ الدُّرُّ كامِنٌ فهل سألوا الغوَّاصَ عن صَدفاتي...

أرَى كُلَّ يومٍ بالجرائدِ مَزْلقًا منَ القبْرِ يُدْنيني بِغيْرِ أناةِ...

أيهْجُرني قوْمي – عفا اللَّهُ عنهُمُ– إلى لُغةٍ لم تتّصِلْ برواةِ ؟

سرَتْ لُوثةُ الإفْرنجِ فيها كما سرَى لُعابُ الأفاعي في مَسيلِ فُراتِ

فجاءَتْ كثَوْبٍ ضمَّ سبْعينَ رُقْعةً مُشكّلةَ الألْوانِ مُخْتلفاتِ

إلى مَعْشرِ الكُتّابِ والجمْعُ حافِلٌ بسَطْتُ رجائي بَعْدَ بَسْطِ شكاتِي

فإمّا حياةٌ تبْعثُ الميْتَ في البِلى وتُنْبتُ في تِلْكَ الرُّموسِ رُفاتِي

وإمّا مماتٌ لا قِيامةَ بعْدهُ مماتٌ لعَمْري لمْ يُقسْ بمماتِ

الشاعر: شاعر مصريّ معاصر، ولد سنة 1871م وتوفّي سنة 1932م. اشتهر بشعره الاجتماعّي والوطنّي، وله ديوان مطبوع وبعض الكتب الأخرى.

الشـــروح

رجعت لنفسي : أي تأمّلت

والحصاة : الرأي والعقل

واحتسبت حياتي : عددتها عند الله فيما يدّخر – يقول على لسان اللّغة العربية: إنّني عدت إلى نفسي وفكّرت فيما آل إليه أمري، فأسأت الظنّ بمقدرتي، وكدت أصدّق ما رموني به من القصور، وناديت النّاطقين بي أن ينصروني فلم أجد منهم سميعا، فادّخرت حياتي عند الله.

العداة : الأعداء، يقول : اتّهموني بأنّي لا ألد على حين أنّي في ريعان شبابي، وليتني كنت كما قالوا فلا يحزنني قولهم. وكنىّ بالعقم هنا عن ضيق اللّغة وجمودها.

يريد «**بالعرائس**» : الألفاظ المجلوة الحسنة.

ووأد البنت : دفنها حية.

الآي : جمع آية.

لم تتصل برواة : أي لم يأخذها الخلف عن السلف بطريق الرواية التي تحفظها من التّغيير كما هو الشأن في العربيّة. ويشير إلى تلك اللّغة المرقّعة التي كانت مستعملة أيام نشر هذه القصيدة.

اللُّوثة (بالضم) : عدم الإبانة.

ولعاب الأفاعي: سمّها.

والفرات: الماء العذب. ويشير الشاعر هنا إلى مزج اللغة العربية بالألفاظ والعبارات الأجنبيّة الدخيلة.

الشكاة : الشكوى.

تبعث الميت : تحييه:

والرموس: القبور، الواحد رمس.

والرفات: كلّ ما تكسّر وبلي، يريد ما بقي من الجسد بعد الموت.

الـدَّرْسُ الثَّـالِــثُ

من الأدب الجُغرافـيّ العـربيّ:

ابن بطّوطة يجوب العـالَم القديم

اتّسعت رقعة الخلافة الإسلاميّة في القرنين الأول والثاني الهجريّين (الثّامن والتّاسع الميلاديّين)، فغطّت الأراضي الممتدّة ما بين الهند شرقا والمحيط الأطلسيّ غربا.وكانت الدولة تدار مركزيّا من العاصمة بغداد بالعراق. وقد نشأ عن هذا الحكم المركزيّ ضرورة الانتقال السريع للجيوش والتّجار والبريد والأفراد وغير ذلك، ممّا استدعى شقّ الطرق، وتنظيم البريد، وإيجاد نظام لجمع المعلومات عن بلدان الخلافة الإسلاميّة وغيرها من البلدان القريبة منها والبعيدة عنها.

وكان أهمّ سبب للسّفر والانتقال من مكان إلى آخر داخل بلدان الخلافة الإسلاميّة هو أداء فريضة الحجّ في مكّة المكرّمة،وهي فريضة على كلّ شخص مسلم قادر، سواء أكان يقيم قريبا من مكّة، في الجزيرة العربية، أم بعيدا عنها في أقصى مكان في العالَم الإسلاميّ. وقد ترتّب على هذه الحركة النّشِطة داخل الدولة الإسلاميّة وخارجها ما يعرف **بأدب الجغرافيا الوصفيّة**، وهو أدب يرتبط به **أدب الرحلات** ارتباطا وثيقا.

يقوم هذا الأدب على المُزَاوَجَة بين علم الجغرافيا بصورته العلميّة الدقيقة التي نعرفها الآن، وبين **الإبداع الأدبيّ الفنّيّ**. ويحفل تاريخ أدب الرحلات في التراث العربيّ بأسماء خلّدها التاريخ، بعضها حقيقيّ مثل الكلبيّ والمعصوميّ والمقدسيّ وابن جبير وابن بطّوطة، وبعضها خُرافيّ مثل السّندباد البرّيّ والسّندباد البحريّ. ويحفل التراث العربيّ بأسماء مؤلّفات خلّدها التاريخ أشهرها على الإطلاق كتاب رحلة ابن جبير، وكتاب ابن بطّوطة الذي سندرس أحد نصوصه.

مداخل إلى دراسة النصّ

1- عن الكاتب :

- هو شرف الدّين أبو عبد الله محمّد بن عبد الله بن محمّد بن إبراهيم بن يوسف اللّواتيّ، واسمه المشهور به ابن بَطُّوطَة .
- ينتمي ابن بطّوطة إلى منطقة الغرب الإسلاميّ التي كانت تشمل بلاد المغرب العربيّ والأندلس، وهي منطقة أنجبت معظم الرحّالة العرب أمثال ابن جبير، والإدريسي، والطرطوشي، والبكريّ، والقرطبيّ، وغيرهم.
- ولد في مدينة طنجة في 17 رجب سنة 703 هـ(الموافق لـ 24 فبراير سنة 1304م)، وتوفّي سنة 779 هـ (الموافق لِـ 1377 م)، وهو ينتمي إلى قبيلة كبيرة معروفة باشتغالها بالعلم هي قبيلة « لواتة» .
- حفظ القرآن على يد أبيه، ثمّ تلقّى العلوم الشرعيّة من فقه وتفسير وحديث، والعلوم اللّغويّة من نحو وصرف وبلاغة، حتى بلغ العشرين من عمره أو زاد عليها بقليل.
- قضى معظم حياته مسافرا في رحلاته الثلاث الشهيرة .وحين انتهى منها، جلس يتحدّث عنها ويمليها في مسجد فاس، ومن هذا الإملاء صاغ «ابن جزي» قصّة الرحلة كما سيأتي بعد.
- لقد قضى ابن بّطوطة الاثنتين والعشرين سنة الأولى من حياته في التعلّم، والثلاثين سنة التّالية في الرحلة، والجزء الباقي من حياته في التعليم.
- تولّى القضاء في تونس، وفي كثير من البلدان التي زارها. **وكان يجلس للتدريس** في المساجد الجامعة في كثير من المدن والعواصم الإسلاميّة.
- بدأ رحلته الأولى، وهي المشرقيّة التي وصل فيها إلى بلاد الصين، سنة 725 هـ/يونيو 1325 م وعاد منها سنة 750هـ/1349م .وقام برحلته الثانية، وهي الأندلسيّة التي استغرقت وقتا قصيرا، فيما بين 750هـ و 753 هـ /1352م، ثمّ قام

برحلته الثالثة إلى وسط إفريقيا، والتي استغرقت عامين من اليوم الأول من سنة 753 هـ إلى آخر عام 754 هـ/ الموافق 1354 م.

- جاوز تجوال ابن بطّوطة مائة وخمسا وسبعين ألف ميل، فهو بهذا يعدّ منافسا قويّا لمعاصره الأكبر منه سنّا ماركو بولو البندقيّ.

- لا تخلو المقارنة بين ابن بطّوطة وماركو بولو من بعض الطرافة : فالصياغة الأدبيّة لكلا الرحلتين، مثلا، لا ترجع إلى صاحب الرحلة بل إلى شخص آخر، كما أنّ كلا المصنّفين يكمّل أحدهما الآخر بالنسبة إلى معلوماتنا عن آسيا. فالرحّالة البندقيّ عرف الشرق الأقصى خيرا مما عرفه المغربيّ، والرحّالة المغربيّ كان لديه إحساس ذاتيّ بظروف حضارة العالَم الذي يصفه أكثر مما كان لدى البندقيّ.

- كان الحافز الأصليّ لابن بطّوطة للخروج في رحلته الأولى هو الرّغبة في أداء فريضة الحجّ.

2- عن الكتاب :

- عنوان كتاب رحلة ابن بطّوطة الكامل هو : «**تحفة الأنظار في غرائب الأمصار وعجائب الأسفار**».

- يضمّ الكتاب وصفا تفصيليًّا للرحلات الثلاث التي قام بها ابن بطّوطة واستغرقت حوالي ثلاثين سنة.

- لم يكتب ابن بطّوطة الكتاب بنفسه، بل ربمّا لم تخطر فكرة تدوين الرحلة على باله أصلاً.فقد أمر أبو عنان حاكم مدينة فاس كاتبه ابن جزّي أن يقوم بتدوين الرحلة، فكان يجلس في المسجد للاستماع إلى حكاية ابن بطّوطة عن الرحلة، بألفاظ ابن بطوطة نفسه، ومن هذا صاغ ابن جزّي الحكاية بأسلوبه هو، منتهيا من ذلك في عام 756 هـ / 1355م.

- غطّت رحلات ابن بطّوطة الثلاث مساحة من الأرض شملت معظم أجزاء العالَم المعروفة آنذاك.

- **في رحلته الأولى**، وكانت بهدف أداء فريضة الحجّ، خرج وحيدا من طنجة في أقصى الغرب، فمرّ بمدن الشمال الإفريقيّ حتى دخل تونس فاشتغل بالتدريس في جامع الزيتونة الشهير. ثم خرج إلى الإسكندرية فوصف أحياءها وأهلها ومنارتها المعروفة، ومنها قصد القاهرة فمكث فيها زمنا، ووصف كثيرا من أحوالها ومعالمها. ثم سار جنوبا في طريق الصّعيد (القسم الجنوبيّ من مصر) حتى مدينة عيذاب على البحر الأحمر.وحين تعذّر عليه عبور البحر إلى الحجاز عاد مرّة أخرى إلى القاهرة، ومنها سافر إلى الشّام ثم الحجاز حيث أدّى فريضة الحجّ كما أراد.

- ولا تنتهي رحلة ابن بطّوطة هنا، بل يبدو أنّ حبّ السفر كان قد تملّكه، فنراه يتوجّه إلى العراق ثمّ فارس، ثمّ يعود إلى العراق مرّة أُخرى، ومنها إلى مكّة حيث أدّى فريضة الحجّ ثانية. ثمّ يعبر البحر الأحمر ويسافر على طول السّاحل الشرقِيّ لإفريقيا ليعبر البحر مرّة أخرى إلى اليمن. ثمّ لا يلبث أن يعبر البحر مرّة ثالثة راجعا إلى إفريقيا، ومن هناك يعود إلى الجزيرة العربيّة فالبحرين، ثم يجتاز البحر الأحمر للمرّة السادسة ليصل راجعا إلى القاهرة.

- من القاهرة يواصل سفره شمالا فيجتاز الشّام ويدخل آسيا الصغرى متّجها إلى البحر الأ سود فيعبره نازلا بشبه جزيرة القرم عند ميناء كفا(فيدوسيا حاليا).

- ثمّ يتجوّل في أنحاء القرم، وروسيا الجنوبيّة، ليصل إلى أرض البلغار ومنها إلى القسطنطينيّة. ثمّ يعود مرّة أخرى ليعبر نهر الفولغا ويصل إلى بخارى فأفغانستان ويدخل الهند في غرّة المحرّم عام 734هـ/12 سبتمبر 1323 م حيث يتولّى القضاء في مدينة دلهي لمدّة خمس سنوات.

- ثم خرج قاصدا الصّين فعجز عن الوصول إليها برّا، فتوجّه بحرا إلى جزر المالديف حيث قضى عامين في منصب القضاء أيضا، ومنها خرج إلى سيلان والبنغال والهند الشماليّة، ومن هناك اتّجه إلى كانتون في الصين.

- في طريق العودة أخذ السفينة من سومطرة إلى ظُفار في جنوب الجزيرة العربيّة عام 748هـ/1347 م، ومنها عاد إلى التجوّل في أنحاء إيران والعراق والشّام ومصر، ثمّ عاد إلى مكّة حيث أدّى فريضة الحجّ مرّة أخرى.
- ثم ذهب إلى فلسطين وشهد بها الوباء المخيف الذي اجتاحها عام 749 هـ/ 1348م. وهنا ألّحت عليه رغبة العودة إلى الوطن فرجع مارّا بمصر وتونس، وعرّج في طريقه على جزيرة سردينيا، منتهيا إلى مدينة فاس بالمغرب عام 750هـ/1349م.
- ألّحت على ابن بطّوطة رغبة السّفر مرّة أخرى، فخرج **في رحلته الثانية** ليعبر مضيق طارق متّجها إلى غرناطة فيقيم بها بعض الوقت ثم يعود مرّة أخرى إلى المغرب. ويقال إنه قد تعرّف في تلك الرحلة على ابن جزّي الذي دوّن رحلته في صورتها المعروفة لدينا.
- ثم يعاوده الحنين إلى السفر فيخرج **مرّة ثالثة** في غرّة المحرّم عام 753هـ/18 فبراير 1352م في رحلته الإفريقية فيزور سجلماسة وتمبكتو بمملكة مالي (وكانت قد اعتنقت الإسلام منذ وقت قصير) ثمّ يعود عابرا جبال الأطلس شتاء في ظروف قاسية، فيصل إلى فاس في نهاية عام 754 هـ/1353 م، فيقضي بقيّة حياته دون مزيد من الأسفار، **لتوافيه المنيّة** عام 779 هـ/1377م أي بعد حوالي أربعة وعشرين عاما.
- يمتاز كتاب ابن بطّوطة بأنّ مادّته –على النقيض من كتب الغالبيّة من الجغرافيّين العرب –لم تجمع من صفحات الكتب، بل جمعها ابن بطّوطة عن طريق المشاهدة المباشرة والتجربة الشخصيّة، وعن طريق محادثات مع شخصيّات تعرّف عليها خلال رحلاته.
- شغل الاهتمام بالمواضع الجغرافية مكانة ثانويّة لدى ابن بطّوطة، مقارنة باهتمامه بالبشر. فالكتاب خزانة مملوءة بمادّة غزيرة لا في مجال الجغرافيا التاريخية وتاريخ عصره فحسب، بل في جميع أوجه حضارة ذلك العهد. فتراه يعرض جميع الظواهر الاجتماعية بالسرد حتّى تلك التي يهملها المؤرّخون عادة فتمرّ أمام أنظارنا مراسم البلاطات الأجنبية وأزياء الشعوب المختلفة،

وتقاليدها وحرفها وأصناف الأطعمة والأغذية: **ففي مصر** يتحدّث عن زيارات القبور، والطرق الصوفيّة، وهلال رمضان،وخروج المحمل بكسوة الكعبة وغيرها. **وفي الشام** يتحدّث عن المسجد الأقصى، والحياة الاجتماعيّة والفكريّة والمذاهب السائدة، ويصف الطّاعون الذي اجتاح البلاد. وفي **بلاد الهند** يقدّم لنا صورة متحرّكة لعالم الأفيال، ويروي قصصا كثيرة عن ظلم الحكّام وقسوتهم، ويصف طبقات المجتمع والطّوائف الدينيّة وعادات الزواج والطعام وألوان الفنون ووضع المرأة الاجتماعيّ وغيرها.

- لا يمثّل الكتاب وثيقة ممتازة لتجربة فرديّة فحسب، بل يقدّم كذلك نموذجا صادقا لأفكار وتصوّرات مواطن إسلاميّ من أهل القرن الثامن الهجرّي /الرابع عشر الميلاديّ.
- لقد قيل الكثير عن قيمة كتاب ابن بطّوطة باعتباره وثيقة هامّة في تاريخ الإنسانية، ولكنّ أبلغ ما قيل فيه هو في ختام الكتاب: « ولا يخفى على ذي عقل أنّ هذا الشيخ هو رحّال العصر، ومن قال رحّال هذه الملّة لم يبعد»(أي لم يبتعد عن الحقّ).
- طُبع كتاب «رحلة ابن بطّوطة» طبعات كثيرة جدّا في باريس وبيروت وغيرهما، وذلك منذ سنة 1858 م، وترجم إلى لغات أجنبيّة كثيرة منها اللاّتينية والإنجليزيّة والفرنسيّة والألمانيّة والبرتغاليّة والإيطاليّة والتركيّة، واختُصِر وَلُخِّص مرّات عديدة، ورُسمت **خرائطُ** للطّرق التي سلكتها هذه الرّحلة.أمّا الدّراسات التي كتبت عنها **فأكثر من أن تحصى**.

3- عن النصّ:

- يقع هذا النصّ المختار في بداية الجزء الثاني من رحلة ابن بطّوطة الأولى. وهو يصوّر وصوله إلى وادي السّند، أو «بنج آب» (المياه الخمسة، أو الأنهار الخمسة كما ترجمه ابن بطّوطة).
- يبدأ النصّ بمقدّمة يصف فيها ابن بطّوطة مياه وادي السّند، وزروعه، ويشبّهه بوادي النيل.

- يدخل بعد ذلك في الموضوع الأساسيّ للنصّ، وهو كيفيّة حمل البريد وتوصيله.
- يشرح النصّ طريقة توصيل البريد، فيتكلّم عن المسافات وأبعادها، وعلامات الطّريق، وأماكن الانتظار في كلّ مرحلة، وما يحمله عمّال البريد من أدوات، وطريقة عدوهم، والأصوات التي يحدثونها عند اقترابهم من نهاية كلّ مرحلة. و يتحدّث عن سرعة هذه الطّريقة في توصيل البريد، **وكيف أنّها أسرع من استخدام الخيل**.
- يتناول النصّ في نهايته موضوعا طريفا يتعلّق بعادة تبادل الهدايا بين السلطان أبي المجاهد محمّد شاه ملك الهند والوافدين على البلاد من الغرباء، ويصف ابن بطّوطة كيف استغلّ التجار المحليّون هذه العادة في تحقيق المكاسب لأنفسهم بالحيلة .وقد حدث هذا مع ابن بطّوطة ذاته، فعندما وصل ولم يكن معه شيء يهديه–بل لم يكن يدري شيئا عن هذه العادة أصلا– التقطه تاجر عراقيّ من أهل تكريت يسمّى محمد الدّوري فاتّفق معه على أن يعطيه هديّة ثمينة يقدّمها للسّلطان، وبعد أن يردّ عليه السّلطان الهديّة –كما هي عادته– يقتسمها معه التاجر العراقيّ .ويعلّق ابن بطّوطة على ذلك بقوله : «وقد استفاد بسببي فائدة عظيمة، وعاد من كبار التجّار». أمّا ابن بطّوطة فإنّه يقول عن نفسه: «وقد سلبني الكفّار ما كان بيدي فلم ألق منه (أي من هذا المال الذي ربحه) خيرا».
- يتبع هذا النصّ الطّريقة السرديّة المباشرة التي تأخذ شكل القصّة، والتي تبدو فيها الحوادث كأنّها تجري أمامنا في واقع الحياة.
- لغة النصّ لغة سهلة ليس بها تعقيد. وطريقته في الوصف تخلو من المبالغة. ويبدو أنه كان يتكلّم –وهو يملي رحلته–على سجيّته، ويستخدم اللّغة التي يمكن أن تجري على ألسنة العلماء والمثقّفين في أحاديثهم اليوميّة.
- ونبرة الصّدق واضحة في حديثه، ولا نشعر بأيّ نوع من التكلّف ونحن نتابع وصفه لما حدث له، ونحسّ أننا دائما ميّالون إلى تصديق ما يقول.

النــصّ

قال الشيخُ أبو عبد الله بنُ محمّد بْنِ إبراهيمَ اللّوَاتي الطنجيّ المعرُوفُ بابْنِ بطّوطة، رحَمهُ الله تعالى :

وَلمَّا كانَ بتاريخِ الغُرَّةِ منْ شَهْرِ الله المُحَرَّمِ مُفْتَتَحِ عَامِ أربعةٍ وثلاثينَ وسَبْعِمائة وَصَلْنَا إلى وادي السِّنْدِ المعروفِ بِبِنْج آب. ومعنَى ذلك : المياهُ الخَمْسَة. وهذا الوادي من أعظمِ أوديةِ الدّنيا. وهو يَفيضُ في أوانِ الحرّ فيَزْرَعُ أهلُ تلك البلاد على فَيْضِه، كما يفْعَلُ أهْلُ الدِّيارِ المصريّةِ في فَيْضِ النِّيل. وهذا الوادي هُو أوّلُ عَمَالةِ السّلطانِ المعَظَّم مُحمّد شاه ملكِ الهند والسِّند. ولمّا وَصَلْنَا إلى هذا النهرِ جاءَ إلَيْنا أصحابُ الأخبارِ المُوَكَّلُونَ بذلك. وكتبُوا بخبرِنا إلى قُطْبِ المُلْكِ أمير مدينةِ ملْتَان. وكان أميرُ أمراءِ السّند على هذا العهدِ مملوكًا للسلطانِ يُسَمَّى سرتيز، وبَيْنَ يديهِ تُعْرَضُ عساكرُ السّلطان. ومَعْنَى اسمِه: الحادُّ الرَّأْسِ، لأنّ سر هُو الرّأس، وتيز معناه الحادّ. وكان في حينِ قُدُومنا بمدينةِ سيوستانَ منَ السّند. وبيْنَها وبين مِلْتَانَ مسيرةُ عشرةِ أيّام. وبَيْنَ بلادِ السّند وحَضْرَةِ [عاصمةِ] السّلطانِ مدينةِ دَهْلِي [دلهي] مسيرةُ خمسينَ يومًا. وإذا كتبَ المُخبِرونَ إلى السّلطانِ من بلادِ السّند يصلُ الكتابُ إليه في خَمْسَةِ أيّامٍ بالبريد.

ذِكْرُ الْبَرِيــد

وَالبَرِيدُ ببلادِ الهِنْدِ صِنْفَانِ. فأمّا بريدُ الخَيْلِ فَيُسَمُّونَهُ الْوِلَاق، وهو خَيْلٌ تكونُ للسُّلْطَانِ في كلِّ مسافَةِ أربعةِ أمْيَالٍ. وأمّا بريدُ الرَّجَّالَةِ فيكونُ في مسافةِ الميلِ الواحدُ منْه ثلاثُ رُتَبٍ ويسمّونها الدَّاوَةَ. والدَّاوَةُ هِي ثُلُثُ مِيلٍ. وَالميلُ عِنْدَهُمْ يسمَّى الكرْوَة. وترتيبُ ذلك أن يكون في كل ثُلُثِ ميلٍ قريةٌ معمورةٌ. ويكونُ بخارجها ثلاثُ قِبَابٍ يقعُدُ فيها الرِّجال مُستعدّين للحركة، قدْ شَدُّوا أوْسَاطَهم. وعنْدَ كلِّ واحدٍ منْهم مِقْرَعَةٌ مقدارُ ذِراعينْ، بأعلاها جَلاجِلُ نُحاسٍ. فإذا خَرج البريدُ من المدينةِ أخذ الكِتَابَ بأعْلَى يدِه، والمقرعةَ ذاتَ الجلاجلِ باليدِ الأخْرَى، وخرجَ يَشْتَدّ بِمُنْتَهَى جَهْدِه، فإذا سمع الرجالُ الذين بالقِبَابِ صوتَ الجلاجلِ تأهَّبُوا له. فإذا وصلَهُمْ أخَذَ أحَدُهُم الكِتَابَ مِنْ يدِه ومرَّ بأقْصَى جَهْدِه، وهو يحرّكُ المقْرَعَةَ حتَّى يصلَ إلى الدّاوة الأخْرى.

ولا يزالون كذلك حتَّى يصل الكتابُ إلى حَيْثُ يُرادُ منْه. وهذا البريدُ أسْرَعُ من بريدِ الخيْل. وربمّا حملُوا على هذا البريدِ الفواكهَ المُسْتطْرَفَةَ بالهنْد من فواكه خُراسانَ، يَجْعلُونَها في الأطباقِ ويشْتَدُّونَ بها حتَّى تَصِل إلى السُّلْطانِ. وكذلكَ يَحْملُونَ أيْضًا الْكِبار مِنْ ذوِي الْجِنَاياتِ : يَجْعَلُونَ الرجلَ منْهم على سرير، ويرفعُونَه فوقَ رؤوسهم ويسيرونَ به شدًّا. وكذلك يحملُونَ الماءَ لشُرْبِ السلطانِ إذا كانَ بدولةِ أبادَ، يَحْملُونَه مِنْ نَهْرِ الْكَنَك الذي تحجُّ الهنودُ إليه. وهو على مسيرة أربعينَ يومًا منْها. وإذا كتبَ المخبرُون إلى السلطانِ بخَبرِ مَنْ يصلُ إلى بلادِه، استوْعَبُوا الكتابَ وأمْعَنُوا في ذلك وعرَّفُوه أنّه وردَ رجلٌ صورتُه كذا ولباسُه كذا. وكتبُوا عددَ أصحابه وغلْمانه وخُدَّامه ودَوابِّه وترتيبَ حالِه في حركَتِهِ وسُكُونه وجميعِ تَصرُّفَاتِه، لا يُغادرون مِنْ ذلك كلِّه شيئًا، فإذَا وَصَلَ الوَارِدُ إلى مَدينة ملْتان وهي قاعدةُ بلاد السِّنْد، أقامَ بها حتَّى يَنْفُذَ أمرُ السُّلْطَانِ بقُدومِهِ وما يُجرى له من الضِّيافَةِ. وإنمَّا يُكْرَمُ الإنسانُ هنالك بقدْرِ ما يظْهَرُ من أفعالِه وتصرُّفَاته وهمّته، إذْ لا يُعْرَفُ هنالك ما حَسَبُه ولا آباؤُه. ومن عادةِ ملكِ الهنْدِ السلطانِ أبي المُجاهدِ محمّد شاه إكرامُ الغُرباء ومحبّتُهم وتخصيصُهم بالولاياتِ والمراتبِ الرفيعةِ. ومعظمُ خواصِّه وحجّابه ووزرائه وأصْهاره غرباءُ. وَنَفَذَ أمرُه بأَنْ يسمَّي الغرباءُ في بلاده بالأعِزَّةِ. فصارَ لهمْ ذلك اسمًا علَمًا . ولا بدَّ لكلِّ قادم على هذا الملكِ من هديَّةٍ يُهْديها إليه ويقدّمُها وسيلةً بيْنَ يدَيْه. فيكافئُهُ السلطانُ عليها بأضعافٍ مُضاعفَةٍ. وسيَمُرُّ من ذكْرِ هَدايَا الغرباء إليه كثيرٌ. ولمَّا تعوَّدَ الناسُ ذلكَ منْهُ صارَ التُّجَّارُ الذينَ ببلادِ السّنْدِ والهنْدِ يُعْطونَ كلّ قادمٍ على السلطان الآلاف من الدنانير ديْنًا، ويُجهّزونَه بما يُريدُ أن يُهْديَه إليْه أو يصرفَ فيه لنفْسِه من الدّوابِّ للركوبِ والجِمَالِ والأمتعةِ، ويحمُونَهُ بأموالِهِمْ وأنْفُسِهم، ويقفُون بيْنَ يدَيْهِ كالحشَمِ. فإذا وصَل إلى السلطان أعطاهُ العطاءَ الجزيلَ، فَقَضى ديونَهُمْ، ووفّاهم حقوقَهم . فنفَقَتْ تجارتُهم، وكَثُرتْ أرباحُهُم، وصار لهم ذلك عادةً مستمرَّةً.

وَلمَّا وَصلْتُ إلى بلادِ السِّنْد سلكْتُ ذلكَ المنْهج واشتريْتُ من التّجارِ الْخيْلَ والجِمالَ والمَماليكَ وَغيْرَ ذلكَ. ولَقَدْ اشتريْتُ من تاجرٍ عراقيّ من أهل تَكْريت يُعْرَفُ بمحمَّدٍ الدُّرِّيّ بمدينةِ غَزْنَةَ نَحْوَ ثلاثين فرسًا، وجمَلا عَليْه حَمْلٌ منَ النُشّابِ، فإنّه ممّا يُهْدَى إلى السُّلْطَانِ، وذهب هذا التاجرُ إلى خُراسانَ ثمَّ عادَ إلى الهنْد. وهنالِكَ تَقاضَى مِنّي

مالَه، واستفادَ بِسَبَبِي فائدةً عظيمةً، وعادَ من كبارِ التجّارِ. ولقيتُه بمدينةِ حَلَب بَعْدَ سِنِينَ كثيرةٍ وقَدْ سَلَبَنِي الكفّارُ ما كان بِيَدِي فَلَمْ أَلْقَ مِنْهُ خَيْرًا.

الشّـروح

أصحاب الأخبار: المسؤولون عن إبلاغ الأخبار، أي الذين يتعرّفون على أحوال الناس ويبلّغونها الحاكم.

بريد الرّجّالة (جمع رَاجِل أي غير الرّاكب): الذين يحملون البريد جريا على الأقدام.

جلاجلُ: واحدها جُلجُل، وهو الجرَس.

خرج يشتدّ بمنتهى جهده: انطلق يجري بأقصى سرعته.

يسيرون به شَدًّا: يجرون به بأقصى سرعة.

استوعبوا الكتاب وأمعنوا فيه: كتبوا في الخطاب جميع التفاصيل.

لا يغادرون من ذلك كلّه شيئا: لا يهملون من هذه التفاصيل أيّ شيء.

نفقت تجارتهم: باعوا كلّ ما عندهم، فلم يبق من بضاعتهم شيء.

نُشّابٌ: واحدته نُشّابَةٌ، وهي النّبل.

سلبوني ما بيدي: سرقوا منّي كلّ ما أملك.

التدريبات

1- أسئلة حول النّصّ

1- متى ولد ابن بطّوطة؟ وأين؟

2- ما اسمه؟ وما اسم قبيلته؟

3- ما العلوم التي تلقّاها في صدر شبابه؟

4- كم سنة قضاها في رحلاته؟

5- ما المناصب التي تولاّها في حياته؟

6- متى بدأ رحلته الأولى؟ ومتى انتهى من ر حلته الأخيرة؟

7- من أمر بكتابة رحلة ابن بطّوطة؟ ومن كتبها؟

8- متى توفّي ابن بطّوطة؟

9- ما عنوان الكتاب الذي يحتوي على رحلات ابن بطّوطة؟

10 - هل تعرف رحّالة عربا آخرين غير ابن بطّوطة؟ ومن هم؟

11- كم رحلة قام بها ابن بطّوطة؟ وما اسم كلّ رحلة؟

12- من أين بدأت رحلة ابن بطّوطة الأولى؟ وأين انتهت؟

13- ما أهمّ البلدان التي زارها ابن بطّوطة في رحلاته الثلاث؟

14- ماذا كان الهدف الأصليّ لرحلته الأولى؟

15- ما أهمّ ما سجّله ابن بطّوطة في مشاهداته عن مصر؟

16- ماذا وصف في بلاد الشام؟

17- كم مرّة عبر ابن بطّوطة البحر الأحمر؟

18- هل كان يكتفي بوصف المشاهد الجغرافية ؟ وكيف ؟

19- ما الذي شدّ انتباهه في رحلته إلى الهند؟

20- كم مرّة أدّى ابن بطّوطة فريضة الحجّ ؟

21- كم مرّة دخل مصر في رحلاته ؟

22- ما الدليل على اهتمام العالَم بكتاب رحلات ابن بطّوطة ؟

23- بم شرح ابن بطّوطة معنى عبارة «بنج آب»؟

24- ما الفكرة الأساسية في هذا النصّ؟

25- متى دخل ابن بطّوطة بلاد السّند ؟

26- ماذا تعرف عن «عطيّة السّلطان» ؟ ومن هو هذا السلطان؟

27- ماذا أهدى ابن بطّوطة لسلطان وادي السّند؟

28- كيف تصرّف للحصول على هديّة يقدّمها إلى السّلطان ؟

29- كم من أنواع البريد في الهند ذكر ابن بطّوطة ؟

30- ما بريد الولاق ؟

31- ما بريد الرّجّالة؟

32- أيّ البريدين أسرع ؟ ولماذا في رأيك ؟

33- ما صفات ملِك الهند التي ذكرها ابن بطّوطة؟

34- بماذا كان هذا الملك يسمّي الغرباء ؟

35- ما جنسيّة التّاجر الذي حصل منه ابن بطّوطة على هديّة السّلطان؟

36- أين لقيه ابن بطّوطة بعد سنين كثيرة من الحادثة الأولى ؟

37- أين ذهبت الأموال التي ربحها ابن بطّوطة من هديّة السلطان؟

2- صواب أم خطأ؟

1- ابن بطّوطة هو أشهر الرّحالة العرب.

2- بدأ ابن بطّوطة أولى رحلاته وعمره اثنان وعشرون عاما.

3- ابن بطّوطة هو الذي دَوَّن بنفسه رحلاته.

4- مدينة طنجة هي المدينة التي بدأ منها ابن بطّوطة رحلاته.

5- من العادات الاجتماعيّة للمصريّين زيارة القبور والاحتفال بكسوة الكعبة.

6- بريد الخيل أسرع من بريد الرّجّالة.

7- وصف ابن بطّوطة ملك الهند والسند بأنه ظالم طاغية لا يحبّ الغرباء.

8- كان سلطان السّند يفرض على الزّائرين هدايا يقدّمونها إليه.

9- كان البريد الذي وصفه ابن بطّوطة يقتصر على الرسائل.

10- معظم حاشية السّلطان وحجّابه ووزرائه من الغرباء.

11- كان التجّار يكرمون زوّار السّلطان ويقرضونهم خوفا من السّلطان.

12- التّاجر الذي اشترى منه ابن بطّوطة هدايا الملك ردّ إليه الجميل في مدينة حلب.

13- التّاجر الذي اشترى منه ابن بطّوطة هدايا الملك كان من الشّام.

14- كان الملك يهدي زوّاره ويعطيهم أكثر ممّا أعطوه.

15- كان الغريب في بلاد السّند يُكرَم بقدر ما يظهر من أفعاله وتصرّفاته.

16- كان رجال البريد يحملون المذنبين على رؤوسهم.

17- مرحلة بريد الخيل أقصر من مرحلة بريد الرّجّالة.

3- ضع كلّ كلمة أو عبارة ممّا يأتي في مكانها المناسب:

مفتتح – أقصى جهد – ذوو الجنايات – بأضعاف مضاعفة – العطاء الجزيل – تجارة نافقة – الحسب – مسيرة – بقدر ما – غرة – بريد الرجّالة .

1. إذا قُدِّمت إلى السلطان هديّة كافأ عليها ....، وهذا دليل السّخاء.
2. يقدّم ....إلى المحاكمة لينالوا جزاءهم العادل على ما ارتكبوه.
3. بذلت في طلب العلم ....حتّى أحقّق غايتي.
4. وصل ابن بطّوطة إلى وادي السند.................... عام أربعة وثلاثين وسبعمائة.
5. تسبّبت عادة تبادل الهدايا بين السلطان والزّوار في قيام .... في المدينة.
6. يكرم الإنسان بقدر ما يظهر من أفعاله وتصرّفاته لا على أساس .... والنسب والجاه.
7. بين بلاد السند وحضرة السلطان مدينة دهلي...............................خمسين يوما.
8. كان.. أسرع من بريد الخيل في بلاد السند.
9. أوّل العام الهجريّ هو .... المحرّم.
10. ينال المرء في حياته ....يبذل من جهد وعمل.
11. كان الوافدون على السلطان يهدونه وينتظرون منه .... على هداياهم.

لاحظ المفرد وجمعه :

هَدِيَّةٌ ←———— هَدَايَا

4- اجمع الكلمات الآتية على مثال الجمع السابق واستخدم الجمع في جملة مفيدة:

مفرد	جمع	مفرد	جمع
عَطِيّة	....	سَجِيّة (طبيعة)	....
رَزِيّة (مصيبة)	....	خَطيئة (ذنب)	....
سَبِيّة (أسيرة)	....	بَلِيّة (مصيبة)	....
مَطِيّة (الدّابة)	....	قَضِيّة	....
دَنِيّة (رذيلة)	....	مِرآة	....

5- حوّل الجملة إلى مفرد، والمفرد إلى جملة فيما كتب بخطّ سميك:

نـمـــوذج :

يقيم الغرباء عند السلطان **وهم مكرمّون معزّزون**.

يقيم الغرباء عند السلطان **مكرّمين معزّزين**.

1. يقعد فيها الرجالُ **مستعدّين للحركة**.
2. وخرج **يشتدّ بمنتهى جهده**.
3. وربما حملوا على هذا البريد الفواكه المستطرفة بالهند **يجعلونها في الأطباق**.
4. ولقد اشتريت من تاجر عراقيّ **يعرف بمحمّد الدوريّ** نحو ثلاثين فرسا.
5. تعرض عساكر السلطان **وقد ركبوا خيولهم**.
6. خرج رجال البريد **حاملين** الفواكه في الأطباق.
7. جلس الوزراء **يتشاورون** في أمر الهدايا التي يقدّمونها للسّلطان.

لاحظ هذا التركيب :

والبريد ببلاد الهند صنفان : **فأمّا بريد الخيل فيسمّونه الولاق، وأمّا بريد الرجّالة فيكون في مسافة الميل الواحد منه ثلاث رتب.**

- هذا النوع من أسلوب الشرط. والأداة هنا هي **أمّا**، وهي حرف شرط وتفصيل. والشرط في الجملة الأولى هو : **بريد الخيل**، والجواب منها هو: **يسمّونه الولاق**. والشرط والجواب جملة واحدة.
- في هذا النوع من التركيب يجب أن تدخل **الفاء** على الجواب.

6- بينّ الشرط والجواب وأداة الشرط في الجمل الآتية :

1. وأمّا بريد الرّجّالة فيكون في مسافة الميل الواحد منه ثلاث رتب.
2. فَأَمَّا اليَتِيمَ فَلاَ تَقْهَرْ (سورة الضُّحى: الآية 9).
3. وَأَمَّا السَائِلَ فَلاَ تَنْهَرْ (سورة الضُّحى: الآية 10).
4. وَأَمّا بِنِعْمَةِ رَبِّكَ فَحَدِّثْ (سورة الضُّحى: الآية 11).

7- أكمل ما يأتي:

1. زرت بلدانا كثيرة، أمّا ....
2. قرأت عددا من الكتب، أمّا ....
3. عرفتك وعرفت أخاك، أمّا أنت ....
4. شاهدت كثيرا من الآثار القديمة، أمّا ....
5. الحكومات أنواع، أمّا الديمقراطيّة منها ....
6. فصول العام في مصر مختلفة، أمّا شتاؤها ....
7. تتنوّع وسائل المواصلات، فأمّا ....
8. يحتاج الكائن الحيّ إلى الغذاء والهواء، أمّا ....
9. قرأت درسين، أمّا أوّلهما ....

لاحظ هذا التركيب:

ولّما وصلت إلى بلاد الهند سلكت ذلك المنهج.

- هذا نوع من أسلوب الظّرف، والأداة هنا هي (لَـمَّا)، **وجملة الظّرف** هي : **وصلت إلى بلاد الهند.** والجواب هُوَ : **سلكت ذلك المنهج.**

- أداة الظّرف "**لَـمَّا**" هي بمعنى حين أو **وقت**، ولذلك تسمّى في كتب القواعد "لَـمَّا الحينيّة".

- يجب مع أداة الظرف "لَـمَّا" أن يكون كل من **الظّرف والجواب** فعلا ماضيا.

8- أكمل الجمل الظرفيّة الآتية :

1. لمّا فاضت مياه نهر السّند ....

2. لمّا ....أسرعوا بها إلى السّلطان.

3. لمّا ....اتّفق مع تاجر تكريتي.

4. لمّا ....حملوه على رؤوسهم إلى السّلطان.

لاحظ هذا الأسلوب :

ترتيب ذلك أن يكون في ثلث كل ميل قرية معمورة.

- هذه جملة اسميّة **الطّرف الأول** فيها هو : **ترتيب ذلك،** **الطّرف الثّاني** فيها هو : **أن يكون في ثلث كلّ ميل قرية معمورة.**

- الطرف الثاني في مثل هذا التركيب يبدأ بِأَنْ (المصدريّة) يتبعها فعل مضارع.

- أن المصدريّة والفعل الذي يليها، في مثل هذا التركيب، يكوّنان معا ما يسمّى: **المصدر المؤوّل**، وهو يقوم بوظيفة الاسم.

- المصدر المؤوّل مثل : أن يكون، أن يزور، أن يسافر، يقابل المصدر الصريح مثل : كون، زيارة، سفر.

9- أكمل كما في النموذج السابق :

1. علامة انتظام البريد أن ....
2. .... أن تقدّم إليه المساعدة.
3. العادة في حمل الفاكهة ....
4. ....أن يعطيه السّلطان هديّة ثمينة.
5. نظام بريد الرّجّالة أن ....
6. عادة التّجار مع ضيوف السّلطان أن ....
7. .... أن يحرّك المقرعة حتى يصل إلى المرحلة الأخرى.

10- حوّل المصدر الصريح إلى مصدر مؤوّل، والمؤوّل إلى صريح في الأمثلة الآتية (كما في النموذج):

– أرادوا أن **يلحقوا** بالسّلطان.

أرادوا **اللّحاق** بالسلطان.

1. من عادة السّلطان **إكرام** الغرباء.
2. تسبّبت عادة الإهداء في **أن تكثر** أرباح التّجار.
3. من واجب رجال الأخبار أن يكتبوا للسّلطان بكلّ ما يحدث.
4. على التاجر **خدمة** الزوّار و**تقديم** الهدايا، و**الوقوف** بين أيديهم كالحشم (التابعين).
5. يقوم النظام على **أن يصل البريد** في أسرع وقت.

11- تعبير كتابي:

أكتب فقرة لا تقلّ عن خمسة عشر سطرًا تتحدث فيها عن وسائل الاتصال ودورها في الحياة المعاصرة.

من الشعر العربيّ (2)

اقرأ واحفظ

الإمام الشّافعيّ

في فوائد السّفر

(من بحر البسيط)

ما في المُقام لِذي عقلٍ وذي أدبٍ	من راحة فدَعِ الأوطانَ واغتربِ
سافرْ تجِد عوضًا عمّن تُفارِقهُ	وانْصَبْ فإنّ لذيذ العيش في النّصَبِ
إني رأيتُ وُقوفَ الماءِ يُفسدهُ	إن سال طاب وإن لم يَجْرِ لم يطِبِ
والأُسدُ لولا فراقُ الغاب ما قنصَتْ	والسهمُ لولا فِراق القوْس لم يُصِبِ
والشمسُ لو وقفت في الفُلك دائمةً	لَملّها الناسُ من عُجْمٍ ومن عَربِ
والبدرُ لولا أفولٌ منهُ ما نظرت	إليه في كلّ حينٍ عينُ مرتقِبِ
والتِّبرُ كالتُّرْب مُلقًى في أماكنه	والعودُ في أرضه نوعٌ من الحطبِ
فإن تغرّبَ هذا عَزَّ مطلبُه	وإن أقام فلا يعلو على رُتبِ

الشّاعر : هو الإمام أبو عبد **الله** محمّد بن إدريس الشّافعيّ. ولد بغزّة سنة 150هـ/767 م، وتوفّي سنة 204 هـ/820م. أحد الأئمّة الأربعة عند السّنّة، وإليه ينسب الشافعيّة كافّة. كان فقيها متضلّعا في علوم الدّين وشاعرا حكيما.

الشّروح : **اِنْصَبْ** : فعل أمر من نَصِبَ : جدَّ واجْتَهَدَ. **قنَصَت** : صادَت . **التِّبرُ** : فُتاتُ الذّهب أو الفضّة قبل أن يُصاغا.

الـدَّرْسُ الـرَّابِـعُ

من الفلسفة الإلـهيّة :

حيّ بن يقظان يبحث عن الخالِق

من المشاكل التي شغلت فلاسفة المسلمين – ولا تزال تشغلهم إلى الآن – ما أسموه **مشكلة المعرفة**. وتتلخّص هذه المشكلة في محاولة الإجابة عَن السؤال التالي: كيف يستطيع الإنسان أن يكشف عن أسرار ما وراء الطبيعة أو يصل إلى معرفة الخالِق؟

هل يكون ذلك بالعقل ؟ أم إِنّ العقل بطبيعة تكوينه قاصر عن ذلك؟

هل يكون ذلك بالإلهام الناتج عن الرّياضة الرّوحية، وتهذيب النفس، والبعد بها عن المادّيات بحيث تصبح مستعدة لتلقّي النور الإلهيّ الذي يشرق عليها حاملا معه الكشف أو المعرفة الكاملة ؟ أم هل تكون المعرفة عن **طريق النقل عن الأنبياء والرسل** وتنفيذ تعاليمهم ؟ أم أنّ الإنسان لا بدّ له أن يستخدم طاقاته العقليّة والرّوحيّة إلى جانب النقل إذا أراد تحقيق سعادته الكاملة ؟

من المناقشات التي دارت حول هذه الآراء المتعارضة نشأ ما **يعرف بفلسفة الألوهيّة**.

والفيلسوف الأندلسيّ ابن طفيل له رأيه الخاصّ في هذه المشكلة. وقد اتّخذ من قصّة حيّ بن يقظان التي أخذنا منها هذا النصّ، وهي قصّة رمزيّة، وسيلة إلى شرح فكرته .

مداخل إلى دراسة النصّ

1- عن الكاتب:

- هو الطبيب الفيلسوف الأندلسيّ أبو بكر محمّد بن عبد الملك بن محمّد بن طفيل القيسيّ.

- ينتسب ابن طفيل إلى قيس، إحدى قبائل الجزيرة العربيّة الشهيرة، وإن كان قد ولد في وادي آس بالأندلس، وهي بلدة في واد خصيب تبعد عن غرناطة بحوالي ستّين كيلومترا.

- ذكر المؤرّخون أن ميلاده كان قبل سنة 506هـ / 1112 م.

- لم يحفظ التّاريخ شيئا عن طفولته ولا عن شبابه ولا عن مركز أسرته الاجتماعيّ: كيف قضى طفولته ؟ وأين قضاها ؟ وكيف تعلّم؟ وعلى من تعلّم ؟

- ورد ذكر ابن طفيل لأوّل مرة دارسا للطّب، ثم كاتبا لدى حاكم غرناطة، ثم كاتم أسرار الأمير أبي سعيد حاكم طنجة ببلاد المغرب، ثم طبيبا لأبي يعقوب يوسف المنصور الخليفة الموحّدي 559 – 580 هـ / 1163 – 1184 م، ثمّ وزيرا وصديقا مقرّبا له.

- جمع ابن طفيل العلماء من جميع الأقطار في بلاط أبي يوسف، وشجّع الخليفة على إكرامهم، ووجّه نظره إلى الفيلسوف العظيم ابن رشد الذي ذاع صيته وعلا قدره إثر ذلك.

- شجّع ابن طفيل ابن رشد على تلخيص كتب الفيلسوف اليوناني أرسطو وشرحها، وكان ذلك تحقيقا لرغبة شخصيّة من أبي يعقوب في أن يتمّ إنجاز هذا العمل العظيم.

- كتب ابن طفيل، في هذا الفترة الهادئة المطمئنّة من حياته، كتبا في فروع الفلسفة، من الطبيعيّات والإلهيّات وغيرها، ورسالة في النّفس. ويذكر ابن رشد أن ابن طفيل ابتكر نظاما فلكيّا يخالف النّظام الذي وضعه بطليموس، كما ذكر البطروجيّ – عالم الفلك – أنه أخذ قوله في الدوائر الخارجيّة والدوائر الداخليّة عن ابن طفيل.

- لم يصل إلينا من كل ما كتب ابن طفيل سوى رسالة حيّ بن يقظان.

- كان ابن طفيل طبيبا بارعا بدليل عمله في القصر، وفلكيّا مشهودا له من أحد كبار الفلكيّين، وفيلسوفا إلهيّا يشهد له بذلك ما ورد في رسالة حيّ بن يقظان، كما كان أيضا أديبا بارع الأسلوب، أنيق العبارة، سلس التركيب دقيقا في أداء

المعاني، قادرا على توضيح القضايا الصعبة من أقرب سبيل. ولغة رسالة حيّ بن يقظان وتصميمها الفنّيّ خير شاهد على ذلك.

- كان ابن طفيل إلى جانب كلّ ذلك شاعرًا. ومن شعره في اختلاف النّاس من حيث الاستعداد الطبيعيّ لتقبّل المعاني السامية (وهي فكرة من الأفكار الرئيسيّة في رسالة حيّ بن يقظان) قوله (من بحر المنسرح):

مَا كُلُّ مَنْ شَمَّ نَـالَ رَائِحَـةً	لِلنَّاسِ في ذَا **تَبَايُـنٌ** عَجَـبُ
قَوْمٌ لهم **فكرةٌ** تجـول بهـم	بَيْنَ المَعَانِـي، أولئك **النُّجُبُ**
وفرقةٌ في **القُشُورِ** قد وقفوا	وَلَيْسَ يَدْرُونَ لُبَّ ما طَلَبُـوا
لاَ يَتَعَـدَّى **امـرؤٌ** جِبِلّتَـهُ	قَدْ قُسِّمَتْ فِي الطَّبِيعَةِ **الرُّتَبُ**

معاني الكلمات:

تَبايُن : اختلاف	القُشُور : الأمور السّطحيّة
تجول : تدور	اللُّبُّ : القلب، الأمر الباطن
النُّجُب : الأذكياء	جِبِلَّة: طبيعة (خَاصّة الطبيعة الإنسانيّة).

- توفّي ابن طفيل عام 581هـ / 1185م، ودفن في جنازة عظيمة سار فيها الخليفة بنفسه.

2- عن الكتاب:

عنوان الكتاب هو : قصّة حيّ بن يقظان

- تُصوِّر هذه القصّة حكاية رضيع خافت عليه أمّه من القتل، فوضعته في تابوت (صندوق خشب) وأغلقت التّابوت وألقت به على شاطئ جزيرة مهجورة ليس فيها إنسان. ولمّا بكى الطفل من الجوع سمعته غزالة كانت قد فقدت رضيعها فأثار فيها بكاءُ الطفل حنانَ الأمومة، فكسرت غطاء الصندوق، وأرضعته من لبنها.

وبالتدريج أصبح الطفل ابنا لها، وأصبح أيضا عضوا في قطيع الغزلان الذي ترعى معه الأمّ.

- نشأ الطفل في هذه الجزيرة المنعزلة عن العالَم وبعيدا عن صحبة البشر، فأخذ ينظر إلى المخلوقات والدّنيا من حوله، ويتأمّل فيها ويقارن بين أحوالها، ويفكّر في نظام الكون والحياة من حوله. وتدرّج في كل ذلك ليصل من **المحسوس إلى المعقول ومن الجزئيّات إلى الكليّات**، حتى وصل إلى تكوين فكرة عن الخالِق وعن الملأ الأعلى (الملائكة).
- بعد ذلك أخذ في الرياضة الروحيّة وتهذيب نفسه، والالتزام بالتفكير في **الله** وتخصيص وقته للعبادة حتى وصل إلى مقام **الولاية** (حالة من الصّفاء والنّقاء النفسيّ قريبة من مكانة النبوّة). **وقد تمّ له ذلك** بنفسه وبدون مساعدة من أحد من البشر اعتمادا على فطرته (أي طبيعته) التي فطره (أي خلقه) **الله** عليها.
- من الواضح أن ابن طفيل قد جعل هذه القصّة وسيلة لتصوير فلسفته وآرائه في **كيفية الوصول إلى الله**، وتتلخّص هذه الآراء في **أنّ صاحب الفطرة السليمة يستطيع أن يصل إلى وجود الله والإيمان به**. كذلك تهديه فطرته إلى اكتشاف الطريق الذي يوصله إلى **مقام الولاية** أو القرب من **الله**.
- ويرى ابن طفيل أن السّائر في طريق المعرفة يحتاج في المرحلة الأولى إلى **النّظر العقليّ ثم الرياضة الروحيّة** (حتّى تصل به إلى مرتبة الولاية) ثم **النّقل عن الرّسول** لتطابق التجربة الشخصيّة التعاليم السماويّة.
- وقد رمز ابن طفيل لتوفّر الفطرة السليمة عند الطفل عن طريق الاسم الذي أطلقه على بطل القصّة : **فهو** «**حي**» **وأبوه** «**يقظان**» ومن شأن الحيّ المولود من أب متيقّظ أن يستخدم كلّ ما حوله لكي ينمّي جسمه ويرقّي قدراته العقليّة والروحيّة. أمّا طريق الوصول إلى **الله** فهو بالتدريب المتواصل للروح وللعقل لكي تصفو النفس وترقى فتصل إلى معرفة **الله**.
- التدريب النفسيّ يتحقّق، في رأي ابن طفيل، بملازمة التفكير في **الله** كل ساعة، وتركيز الانتباه بحيث لا يشغل الإنسان شيء. وفي سبيل ذلك كان حيّ بن يقظان في القصّة يغمض عينيه، ويسدّ أذنيه فتتغيب عنه جميع المحسوسات.

- وبالمثل تتقوّى الروح عن طريق إضعاف حاجات الجسم، فيقتصر على ما يحفظ الحياة فقط، ولا يتناول طعاما إلا إذا شعر بضعف شديد يقطعه عن بعض الأعمال. ويرى ابن طفيل أنّ خير الأطعمة الفواكه التي تمّ نضجها.
- وعلى الإنسان أن يلتزم النّظافة التّامّة في جسمه، ويستعمل الروائح الطيّبة فتنتعش روحه وترقّ عاطفته.
- كذلك يجب أن يساعد الإنسان غيره. وكان «حيّ» يقوم بمساعدة الحيوان، كما يساعد النّبات على النموّ، **بل يصل به الأمر إلى أن** يعاون الماء في جريانه فيزيل العقبات التي تقف في طريقه.
- تُرجمت قصّة حيّ بن يقظان إلى اللاتينية سنة 1671 م، ثمّ تُرجمت بعد ذلك إلى اللّغة الإنجليزية والروسيّة والإسبانية والألمانية وغيرها.
- يقال إن قصّة حيّ بن يقظان في إحدى ترجماتها هي التي ألهمت دَانْيَالْ دِيفُو (1660/ 1731م) كتابة قصته الشهيرة «رُوبِنْسُونْ كْرُوزُو».
- وللكتاب طبعات كثيرة جدّا، منها تحقيق ودراسة الدكتور عبد الحليم محمود، القاهرة، بدون تاريخ.

3- عن النّصّ:

- يبدأ النصّ الذي اخترناه هنا بعد أن عثرت الظبية على الطفل الرضيع، حي بن يقظان، وأرضعته وبدأت تعتني به.
- ويذكر كيف تعلّم الطفل المشي، وانضمّ إلى قطيع الغزلان، وأصبح واحدا منها، وكيف كانت الغزالة الأمّ تحميه من الوحوش، وتغطّيه من البرد أثناء اللّيل.
- ثم يذكر أنّ الطفل تعلّم أصوات الغزلان وأصوات الطيور، وأدرك معانيها من إنذار ونداء وغيره، وقد قبلته الحيوانات، فأحبّ بعضها وكره البعض الآخر.
- وقد قارن حيّ بن يقظان بين ما لدى الوحوش من أسلحة طبيعية للدفاع عن أنفسها (من قرون ومخالب وأنياب وغيرها) وبين غياب أيّ نوع من الأسلحة لديه.

- ثمّ قارن بين صورة جسمه وصورة أجسام الظباء والحيوانات، مطبّقا المقارنة على كل عضو عنده وعندها، وانتهى إلى ضرورة حصوله على كساء يكسو به جسمه ويحميه مثل غيره من الحيوان، ثم جرّب أوراق الشّجر، ثم الأغصان وأخيرا الرّيش الذي كوّن كسوة طيّبة له.
- ثم تقدّمت الغزالة الأمّ في السنّ وأصابها الهزال، وضعفت في البحث عن غذائها، فأخذ حيّ بن يقظان يساعدها ويجمع لها الطّعام ويطعمها.
- ماتت الغزالة وسكنت حركتها وأصابه الجزع ولم يعرف طبيعة ما حدث لها، فأخذ يبحث في جسمها ليعرف سبب سكونها.
- استخدم عقله في اكتشاف السّبب : بحث في أعضائها الظاهرة عضوا عضوا فلم يجد في واحد منها آفة أو خللا، فانتهى إلى أنّ السبب لا بدّ أن يكون في عضو غائب عنه.
- واهتدي بالاستدلال العقلّي إلى أنّ هذا العضو لا بدّ أن يكون في أحد تجاويف الجسم الثّلاثة : الرّأس أو الصّدر أو البطن.
- اهتدى بالاستدلال العقليّ إلى أنّ هذا العضو لا بدّ أن يكون في **الوسط** أي في تجويف الصدر، فقرّر البحث عنه ليرى ما حلّ به من الضرر، لعلّه يزيله لتعود إلى الغزالة الحياة.
- شقّ حيّ بن يقظان صدر الغزالة، وبعد المقارنة بين محتويات الصدر توصّل إلى أنّ **القلب** هو العضو المطلوب، وأنه أهمّ عضو في هذا التجويف بل في الجسم كلّه.
- شقّ حيّ بن يقظان القلب فرأى فيه فراغين : أحدهما به دم متجمّد والآخر خال لا شيء فيه، فاستنتج أنّ شيئا هامّا كان يسكن هذا البيت، وأنّه رحل عنه لسبب ما.
- واستمرّ تفكيره ليقرّر أنّ هذا الشيء لن يعود إلى مسكنه مرّة أخرى، وأنّه كان هو محرّك القلب بل محرّك الجسم كلّه.
- وينتهي النّصّ ولدى حيّ بن يقظان شوق شديد إلى معرفة حقيقة هذا الشّيء الذي قامت عليه حياة الغزالة.

النّـــصّ

نشأة حيّ بن يقظان:

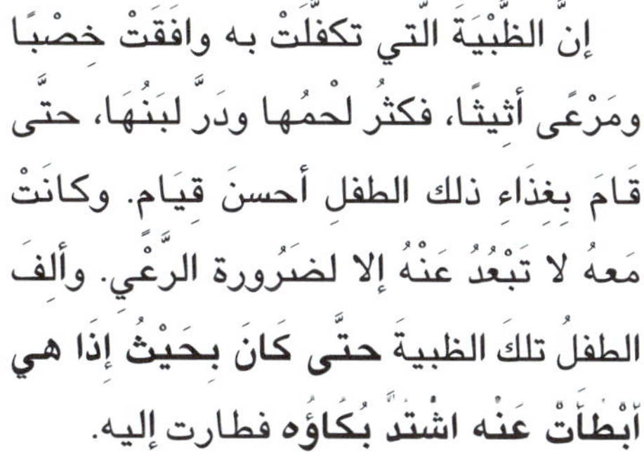

إنَّ الظَّبْيَةَ الّتي تكفَّلَتْ به وافقَتْ خصْبًا ومَرْعًى أثيثًا، فكثُر لحمُها ودَرَّ لبَنُها، حتَّى قَامَ بِغِذَاءِ ذلك الطفلِ أحسنَ قِيَام. وكانَتْ مَعهُ لا تَبْعُدُ عَنْهُ إلا لضَرُورة الرَّعْي. وألِفَ الطفلُ تلكَ الظبيةَ **حتَّى كَانَ بِحَيْثُ إذَا هي ابْطَأَتْ عَنْه اشْتَدَّ بُكَاؤه** فطارت إليه.

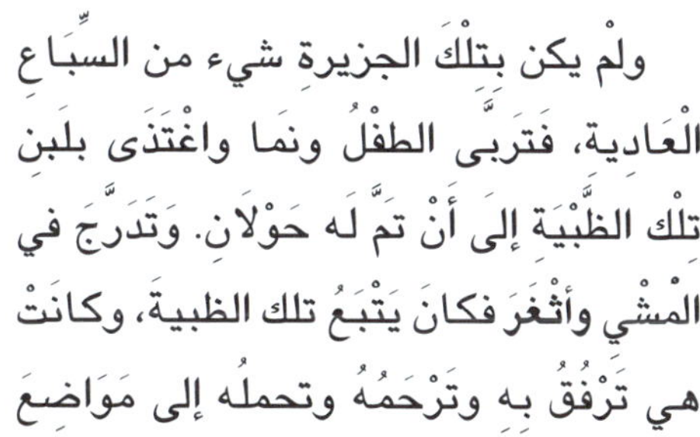

ولَمْ يكن بِتلْكَ الجزيرةِ شيء من السِّبَاعِ العَادية، فَتَرَبَّى الطفْلُ ونَما واغْتَذَى بلَبَنِ تلْك الظَّبْيَةِ إلى أَنْ تمَّ له حَوْلاَنِ. وَتَدَرَّجَ في الْمَشْي **وأَثْغَرَ** فكانَ يَتْبَعُ تلك الظبية، وكانَتْ هي تَرْفُقُ بِهِ وتَرْحَمُهُ وتحملُه إلى مَواضعَ فيها شَجَرٌ مُثْمِرٌ، فكانت تُطْعِمُهُ ما تَساقطَ منْ ثَمراتِها الحُلْوَةِ النَّضيجَةِ، وما كانَ منْها صُلْبَ القِشْرِ كَسرَتْهُ لَهُ بطَواحِنِهَا، **ومتى عادَ إلى اللَّبَنِ أرْوتْه، وَمَتى ظَمِئَ إلى الْماءِ أوْرَدَتْه، وَمَتَى ضَحا ظَلَّلَتْه، ومتى خَصِرَ أَدْفَأَتْهُ. وإذا جَنَّ الليلُ صَرَفَتْهُ إلى مكانِه الأوّلِ**، وجَلَّلَتْهُ بِنَفْسِها وبريشٍ كَانَ هناك، ممّا مُلِئَ به التَّابُوتُ أوَّلا في وَقْتِ وَضْعِ الطِّفْلِ فيه. وكانَ في غُدُوِّهِمَا ورَوَاحِهِمَا قَدْ أَلِفَهُمَا رَبْرَبٌ يَسْرَحُ وَيَبِيتُ مَعَهُمَا حَيْثُ مَبِيتُهُمَا.

حيّ يقلّد الحيوانات:

فَمَا زَالَ الطفلُ مع الظِّبَاءِ عَلَى تلكَ الحالِ : يَحْكي نَغْمَتَها بصوتِهِ حتَّى لا يَكادُ يفرِّقُ بَيْنَهُما، وكَذَلكَ كَانَ يَحْكِي جميعَ مَا يَسْمَعُهُ منْ أَصْواتِ الطيرِ وأنواعِ سائرِ الحَيوانِ، مُحَاكَاةً شديدةً لقوّةِ انْفِعَالِهِ لِمَا يُريدُه، **وأكْثَرُ ما كَانَتْ** مُحَاكَاتُهُ لأصواتِ

الظّباءِ في الاسْتِصْراخ والاستئْلاف والاستدْعَاء والاستدْفاع، إذْ للْحَيوَانَات في هذه الأحْوال المختلفة أصوات مُـخْتَلفةٌ، فَألِفتْهُ الْوُحُوش وألِفها، ولَمْ تُنْكِرْهُ ولا أنْكرَهـا، فلمَّا ثبَت في نَفْسِهِ أمثلةُ الأشْيَاءِ بَعْد مَغِيبِها عَنْ مُشاهَدَتِهِ، حدَث لَهُ نُزُوعٌ إلى بَعْضِهَا، وكراهيةٌ لِبَعْضٍ.

الحاجة تدفعه إلى التّفكير:

وكَانَ في ذلك كلّه يَنظُرُ إلى جميع الحيوَانَات فيرَاهَا كَاسِيةً بالأَوْبَار والأَشْعَارِ وَأنواعِ الرِّيشِ، وكَان يَرى ما لَهَا من العَدْوِ وقُوَّة البَطْشِ، وما لَها من الأسْلِحَة المُعَدَّة لِمُدافَعَةِ مَنْ يُنَازِعُها، مِثْل القُرُونِ والأَنْيابِ وَالْحَوافِرِ و**الصَّيَاصي** والمَخالِبِ، ثُمّ يَرْجِعُ إلى نَفْسِهِ **فيرى مَا بِهِ من العُرْيِ، وَعَدَمِ السِّلاحِ، وضَعْف العَدْوِ، وقلّة البَطْشِ** عندما كانت تُنَازِعُه الوُحُوشُ أَكْلَ الثَّمَرَاتِ، **وَتَسْتَبِدُّ بِهَا دُونَه**، وتَغْلِبُهُ عَلَيْهَا، فلا يستطيعُ المدافعةَ عن نَفْسِهِ، ولا الفِرَارَ عَنْ شَيْءٍ مِنْها.

وكَانَ يرَى أتْرَابَهُ من أوْلَادِ الظّبَاءِ قَدْ نَبَتَتْ بِهَا قُرُونٌ بَعْدَ أَنْ لَمْ تكُنْ، وصارَتْ قويَّةً بَعْد ضَعْفِهَا في العَدْوِ. ولم يرَ لِنَفْسِهِ شَيْئًا مِنْ ذَلِكَ كُلِّه، فكَانَ يُفَكِّرُ في ذلك ولا

يَدْري ما سَبَبُهُ. وكانَ يَنْظُرُ إلى ذَوي الْعاهاتِ والخَلْقِ النَّاقِصِ فَلا يجِدُ لِنَفْسِه شَبِيهًا فيهِمْ. وكانَ أيْضًا يَنْظُرُ إلى مَخارِجِ الفُضُولِ مِنْ سائِرِ الحَيوانِ، فيراها مَسْتُورَةً، أمَّا مخارِجُ أغْلَظِ الْفَضْلَتَيْنِ فبالأذْنابِ، وأمّا مَخْرَجُ أرقِّهما فبالأوْبارِ وما أشبهَها. ولأنَّها كانَتْ أيضا أخْفَى قُضْبانًا منْه، فكانَ ذلك يُكْرِبُه ويَسُوؤُه. فلمَّا طالَ هَمُّهُ في ذلك كلِّه، وهو قَدْ قارَبَ سَبْعَةَ أعْوامٍ، ويئِسَ مِنْ أنْ يكْمُلَ له ما قَدْ أضرَّ بِه نَقْصُه، اتّخذ من أوراقِ الشَّجرِ العريضَةِ شيْئًا جَعَلَ بَعْضَهُ خَلْفَهُ وبَعْضَهُ قُدَّامَهُ، وعَمِلَ من الخُوصِ والحَلْفَاءِ شبهَ حزامٍ عَلَى وَسَطِه، عَلَّقَ بِه تلكَ الأوراقَ، **فَلَمْ يَلْبَثْ إلاَّ يَسيرًا حتّى ذَوَى** ذلك الورقُ وجَفَّ وتساقَطَ. فما زالَ يتّخذُ غيْرَهُ ويخْصِفُ بَعْضَها ببعْضٍ طاقَاتٍ مُضاعَفَةً، وربّما كانَ ذلك أطْوَلَ لبَقائِه، إلا أنَّهُ على كلِّ حالٍ قصيرُ المُدَّةِ، واتَّخَذَ منْ أغْصانِ الشَّجرِ عصيًّا وَسوّى أطْرافَها وعدلَ مَتْنَها. وكان يهُشُّ بها على الوُحوشِ المُنازِعَةِ لَهُ فَيَحْمِلُ على الضعيفِ منْها، ويقاوِمُ القويَّ منْها، **فَنَبُلَ بذلك قَدْرُهُ** عِنْدَ نَفْسِه بَعْضَ نَبالَةٍ، ورأى أنّ لِيَدَيْه فَضْلاً كثيرًا على أيْديها، إذْ أمْكَنَ لهُ بِهِما منْ سَتْرِ عَوْرَتِه واتِّخاذِ الْعِصِيِّ التي يُدافِعُ بِها عَنْ حَوْزَتِهِ، ما اسْتَغْنَى بِهِ عمَّا أرادَهُ من الذَّنَبِ والسِّلاحِ الطَبيعيِّ.

وفي خلالِ ذلكَ ترَعْرَعَ وأرْبَى على السّبعِ سنِينَ، وطالَ بِه العَناءُ في تَجْديدِ الأوْراقِ الّتي كان يَسْتَتِرُ بها. فكانَتْ نَفْسُه عندَ ذلك تُنازِعُهُ إلى اتّخاذِ ذَنَبٍ منْ أذْنابِ الوُحوشِ الميّتةِ ليعلّقَهُ على نَفْسِه، إلا أنّه كانَ يَرى أحْياءَ الوحوشِ تَتحامَى ميِّتَها وتفرُّ عَنْهُ فلا يَتأتَّى له الإقدامُ على ذلك الفعلِ، إلى أنْ صادَفَ في بعْضِ الأيّامِ نَسْرا ميِّتًا فَهُدِيَ إلى نَيْلِ أمَلِه منْهُ، واغْتنَمَ الفرصةَ فيه، إذْ لَمْ يرَ للوحوشِ عَنْه نُفْرَةً فأقْدَمَ علَيْه، وقطعَ جَناحَيْه وذَنبَهُ صِحاحًا كمَا هِيَ، وفتَحَ ريشَها وسوَّاها، وسلخَ عنه سائرَ جِلْدِه، وفصلَهُ على قِطْعَتَيْنِ : ربَطَ إحداهُما على ظَهْرِه، والأخرى على سُرّتِه وما تَحْتَها، وعَلَّقَ الذَّنَبَ من خَلْفِه، وعَلَّقَ الجَناحَيْنِ على عَضُدَيْه، فأكسبَهُ ذلك سَتْرًا ودِفْئًا ومَهابَةً في نفُوسِ جميعِ الوُحُوشِ، حتّى كانَتْ لا تُنازِعُهُ ولا تُعارِضُهُ، فصارَ لا يَدْنُو إليه شيءٌ منْها سوى الظَّبْيَةِ الّتي كَانَتْ أرْضَعَتْهُ وربّتْه، فإنّها لَمْ تفارِقْهُ ولا فارقَها إلى أنْ أسَنَّتْ وضَعُفَتْ، فكانَ يرْتادُ بِها الْمَراعِيَ الخِصْبَةَ، ويَجْتَني لها الثَّمراتِ الْحُلْوَةَ ويُطْعِمُها.

العاطفة باعث قويّ على التّفكير والتّجربة:

ومازَال الهزالُ والضَّعْفُ يَسْتَوْلي علَيْها ويتَوالى، إلى أن أدْرَكَها الموتُ، فسكنَتْ حركاتُها بالجُمْلَةِ، وتعطَّلَتْ جميعُ أَفْعَالِهَا. فلمَّا رآها الصبيُّ على تلك الحالةِ جَزِعَ جَزَعًا شَدِيدًا، **وكَادتْ نَفْسُه تفيضُ أَسَفًا علَيْها**. فكَان يُنادِيها بالصَّوْتِ الذي كانَتْ عادَتُها أن تُجِيبَهُ عِنْدَ سَماعه، ويصيحُ بأشدِّ ما يَقْدِرُ علَيْهِ، فَلا يَرى لَها عِنْدَ ذلك حَرَكَةً ولا تَغْيِيرًا، فكانَ يَنْظرُ إلى أُذُنَيْها وإلى عَيْنَيْهَا فَلا يَرى بها آفَةً ظاهرةً، وكذلك كان ينظرُ إلى جميعِ أَعْضائِهَا فلا يرى بِشَيْءٍ مِنْهَا آفَةً. فكان يَطْمَعُ أن يَعْثُرَ على موضعِ الآفَةِ فَيُزِيلَها عَنْهَا، **فَتَرْجِعَ إلى ما كَانَتْ علَيْه، فلَمْ يَتَأَتَّ له شَيْءٌ** من ذلكَ ولا استطاعهُ. وكانَ الذي أَرْشَدَهُ لهذا الرَّأْيِ ما كان **قد اعْتَبَرَهُ في نَفْسِه** قَبْلَ ذَلك، لأَنَّهُ كَانَ يَرَى أنّه إذا غمّض عَيْنَيْهِ أو حاجبهما بشيء لا يُبْصر شيْئًا حتّى يزول ذلك العائقُ، وكذلكَ كانَ يَرَى أَنَّهُ إذا أدْخل أُصْبُعَيْه في أُذُنَيْهِ وسدَّهما لا يسْمَعُ شيئًا حَتَّى يزولَ ذلكَ العارِضُ، وإذَا أَمْسَكَ أَنْفَهُ بيدِهِ لا يَشُمُّ شيئًا من الروائحِ حتَّى يَفْتَحَ أَنْفَهُ، فاعْتَقَدَ مِنْ أَجْلِ ذلك أَنَّ جَميعَ ما لَه من الإدراكاتِ والأَفْعالِ قد تَكُونُ لها عوائقُ تَعُوقُها، فإذا أُزيلَتْ تِلْكَ العوائقُ عادتِ الأَفْعَالُ.

فَلَمَّا نظرَ إلى جميعِ أَعْضائِهَا الظَّاهِرَةِ ولَمْ يرَ فيها آفَةً ظَاهِرَةً وكانَ يَرَى مع ذلكَ العَطالَةَ قد شَمِلَتْهَا ولم يَخْتَصَّ بها عُضْوٌ دُونَ عُضْوٍ، وَقَعَ في خاطرِه أَنّ الآفَةَ التي نَزَلَتْ بها إنمَّا هي في عُضْوٍ غائبٍ عَنِ العِيانِ، **مُسْتَكِنٍّ** في باطِنِ الجَسَدِ، وأنَّ ذلك العضوَ لا يُغْني عنه في فِعْلِه شيء من هذه الأعضاءِ الظّاهرة. فلما نزلتْ به الآفَةُ عمّتِ المَضَرَّةُ، وشَمِلَتْ العُطْلَةُ، وطمع لَوْ أَنَّهُ عثَرَ على ذلك العضوِ وأزالَ عنه ما نزلَ به، لاستقامَتْ أَحْوالُه، وفاضَ على سائرِ البدَنِ نَفْعُهُ، وعادتِ الأَفْعَالُ إلى ما كانَتْ علَيْه.

وكانَ قَدْ شاهَد قَبلَ ذلك في الأشباحِ الميِّتَةِ من الوحوشِ وسواها أنَّ جميعَ أَعْضائِهَا مُصْمَتَةٌ لا تَجْويفَ فيها إلا القِحْفَ، والصَّدْرَ، والبَطْنَ، فَوَقَعَ في نَفْسِه أَنَّ العُضْوَ الذي بتلْكَ الصِّفَةِ لَنْ يَعْدُوَ أحدَ هذهِ المَواضعِ الثّلاثَةِ، وكانَ يَغْلِبُ على ظَنِّه

غلبةً قويَّةً أنه إنمّا هو في الْمَوْضِعِ المتوسِّطِ منْ هذه المَواضعِ الثلاثةِ : إذْ كانَ قد اسْتَقرَّ في نَفْسِهِ أنَّ جَمِيعَ الأَعْضَاءِ مُحْتَاجَةٌ إليْه وأنَّ الواجبَ بِحَسَبِ ذلك أن يكونَ مَسْكَنُه في الوَسَطِ. وَكَانَ أيضًا إذا رَجَعَ إلى ذاتِه شَعَرَ بمثل هذا العُضْوِ في صَدْرِه، لأنّه كانَ يَعْتَرِضُ سائرَ أَعْضَائِه كاليَدِ، والرِّجْلِ، والأذُنِ، والأَنْفِ، والعَيْنِ، ويقدّرُ مفَارقَتَها، فيتأتَّى له أنّه كانَ يَسْتَغْنِي عَنْهَا، وكانَ يُقدِّرُ في رأْسه مثلَ ذلك ويظنُّ أنَّهُ يَسْتَغْنِي عَنْهُ، فإذا فكَّرَ في الشيءِ الَّذي يَجِدُهُ في صَدْرِهِ لم يَتَأَتَّ له الاستغْنَاءُ عَنْهُ **طَرْفَةَ عينْ**. وكَذَلك كانَ عنْدَ مُحارَبَتِهِ الوحوشَ أكثَرَ ما كانَ يَتَّقِي من صَيَاصِيهم عَلَى صَدْرِهِ، لشعُورِه بالشَّيْءِ الّذِي فيه. فلمَّا جَزَمَ الحكمَ بأنَّ العُضْوَ الّذي نزلتْ به الآفَةُ إنّما هو في صَدْرِهَا أجْمَعَ عَلَى الْبَحْثِ عَلَيْهِ والتّنْقِيرِ عَنْهُ، لَعَلَّهُ يَظْفَرُ به، ويَرى آفَتَهُ فيُزيلَهَا. ثمّ إنّه خافَ أن يكونَ نَفْسُ فِعْلِهِ هذا أعظمَ من الآفةِ الّتي نزلَتْ بِها أوّلا فيكونَ سَعْيُهُ عَلَيْهَا.

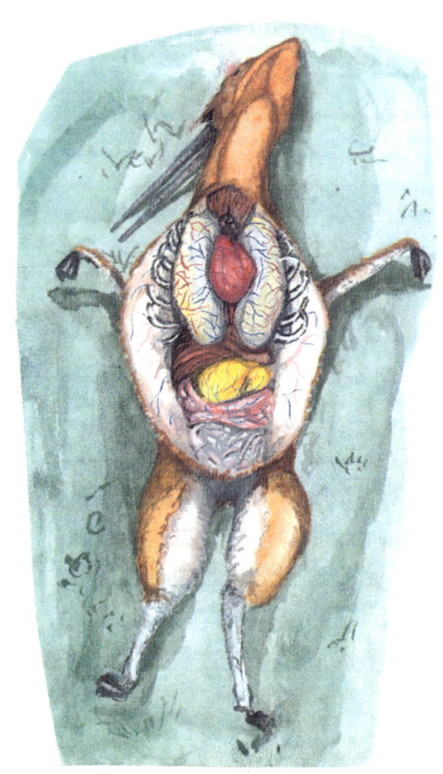

ثُمَّ إنّه تَفكَّرَ هَلْ رَأَى من الوحوشِ وسِواهَا، مَنْ صَارَ في مثل تلْكَ الْحَالِ، ثم عَادَ إلى مِثْلِ حالِه الأوّلِ؟ فلَمْ يجدْ شيْئًا، فحصلَ له منْ ذلك اليأسُ من رُجوعِها إلى حالِها الأولى إنْ هو تركها، وبقِيَ لهُ بعضُ رجاء في رجوعها إلى تلك الحالِ إنْ هُوَ وَجدَ ذلك العُضْوَ وأزَالَ الآفَةَ عنْه.

أخْذُه في التَّشريحِ ومعرفتُهُ بالقلْب :

فَعزَمَ عَلَى شَقِّ صَدْرِها وتَفْتيشِ ما فيه فاتّخذَ من كُسُورِ الأحجارِ الصَّلْدَةِ، وشُقُوقِ القَصبِ اليابسَةِ، أشباهَ السَّكاكين، وشقَّ بها بَيْنَ أضْلاَعِها حتّى قطعَ اللّحْمَ الذي بيْنَ الأضلاعِ، وأفْضَى إلى الحِجَابِ المُسْتَبْطِنِ للأضْلاَعِ فرَآهُ قوِيّا، فقَوِيَ ظنُّهُ بأنَّ مثْلَ ذلك الحجابِ لا يكونُ

إلا لمِثْل ذلك العُضو، وطمعَ بأنّه إذا تجاوزهُ ألْفى مَطْلوبَهُ فحاولَ شقَّهُ، فصعُبَ عليْه لعدم الآلات، ولأنّها لم تكُنْ إلا منَ الحِجارةِ والقَصَبِ، فاسْتَجدَّها ثانيةً واستجدَّها وتَلَطَّفَ في خَرْقِ الحجابِ حتَّى انْخرَقَ له، فأفْضَى إلى الرِّئةِ فظنَّ أوَّلاً أنَّها مَطْلوبُهُ، فما زالَ يُقلِّبُها ويطلُبُ مَوْضِعَ الآفةِ بِهَا.

وكانَ أوّلاً إنّما وجدَ منْها نصْفَها الّذي هو في الجانبِ الواحدِ. فلمَّا رآها مائلةً إلى جهةٍ واحدةٍ، وكانَ قد اعْتقَدَ أنّ ذلك العضوَ لا يكونُ إلاّ في الوسطِ في عَرضِ البَدَنِ، كَمَا هو في الوَسَطِ في طوله، فمازالَ يُفتِّشُ في وسطِ الصّدْرِ حتّى ألْفى «الْقَلْبَ» وهو مُجلَّلٌ بِغشاءٍ في غايَةِ القُوَّةِ مَرْبُوطٍ بعَلائِقَ في غايَةِ الوَثاقةِ، والرِّئةُ مُطيفَةٌ به من الجهةِ الّتي بدأَ بالشقِّ منْها، فقال في نفسه : إنْ كانَ لهذا العضوِ من الجهةِ الأخرى مثلُ ما لَه منْ هذه الجِهَةِ، فهُو في حقيقةِ الْوَسَطِ، ولا مَحالَةَ أنه مَطْلوبي، لا سيَّما مَعَ مَا رَأى له مِنْ حُسْنِ الْوَضْعِ، وجَمالِ الشَّكْلِ، وقِلّةِ التَّشَتُّتِ، وقُوَّةِ اللَّحْمِ، وأنَّهُ مَحْجُوبٌ بمثلِ هذا الحِجابِ الّذي لَمْ أرَ مِثْلَهُ لِشيءٍ منَ الأعْضاءِ.

فَبحَثَ عن الجانبِ الآخرِ من الصَّدْرِ، فَوجَدَ فيه الحِجابَ المُسْتَبْطِنَ للأضْلاعِ، ووَجدَ الرِّئةَ كمِثْلِ ما وَجدَهُ منْ هذهِ الجْهَةِ، فَحكَمَ بأنَّ ذلكَ العُضْوَ هو مطلوبُهُ، فحاولَ هتْكَ حجابِهِ، وشقَّ شِغافِهِ، فبكَدٍّ واسْتكْراهٍ ما قدرَ علَى ذلك بَعْدَ اسْتِفْراغِ مَجْهُودِهِ.

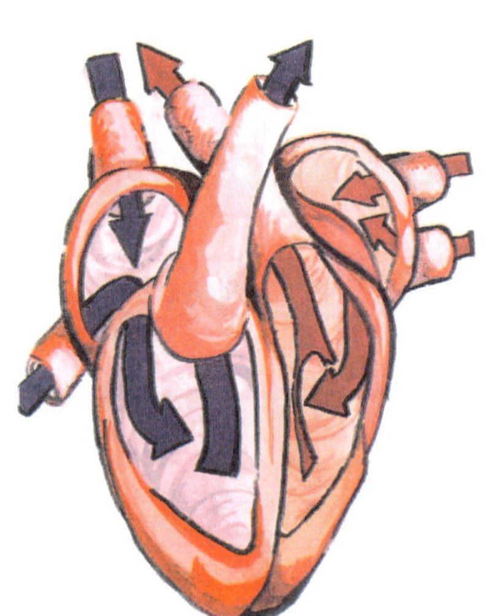

وَجرَّدَ القلبَ فرآهُ مُصْمَتا مِنْ كُلِّ جِهَةٍ، فَنظَرَ : هَلْ يَرَى فيهِ آفةً ظاهرةً ؟ فلمْ يرَ فيه شَيئًا. فَشدَّ علَيْهِ يَدَهُ فتبَيَّنَ لهُ أنّ فيه تَجْويفًا، فقال : لعَلَّ مَطْلُوبي الأقْصى إنمّا هُو داخلَ هَذا العُضْوِ، وأنا حتَّى الآنَ لمْ أَصلْ إلَيْهِ. فشقّ علَيْه، فَألْفى فيه تَجْويفَيْنِ اثْنَيْنِ: أحدُهما من الجهةِ اليُمْنَى، والآخرُ من الجهةِ اليُسْرَى، والّذي من الجهةِ اليُمْنَى مَمْلُوءٌ بِعَلَقٍ مُنْعقِدٍ، والّذِي من الجهةِ اليُسْرَى خَالٍ لا

شَيْء فيه. فقال : لنْ يَعْدُو مَطْلَبِي أنْ يكُون مَسْكَنُهُ أحَدَ هَذَيْنِ الْبَيْتَيْن. ثمّ قال : أمَّا هذا البَيْتُ الأيْمَن، فلاَ أرى فيه غَيْرَ هَذَا الدّم المُنْعَقِد، ولا شكَّ أنه لم يَنْعَقِدْ حَتَّى صَارَ الجَسَدُ كلُّه إلى هذا الْحَالِ، إذْ كان قَدْ شَاهَدَ أنَّ الدِّمَاءَ مَتَى سالَتْ وخَرجَتْ انْعَقَدَتْ وجَمُدَتْ، ولَمْ يكُنْ هذا إلاّ دمًا كَسَائِرِ الدّماء، وأنا أرى أنَّ هذا الدّم موجودٌ في سائِرِ الأعضاءِ لا يخْتَصُّ به عُضْوٌ دُونَ آخَرَ، وأنا ليْس مطلوبي شيْئًا بهذهِ الصِّفة، إنَّمَا مَطْلُوبي الشيْءُ الّذِي يُخْتَصُّ به هذا الموضعُ الّذِي أجِدُني لا أَسْتَغْنى عَنْهُ طَرْفَةَ عينٍ، وإليهِ كان انْبِعَاثِي مِن أوّل. وأمَّا هَذَا الدَّمُ فكمْ مرّةً جرحَتْني الوحوشُ في المُحَارَبَةِ فسَالَ منّي كثيرٌ منه فما ضرَّني ولا أفْقَدَنِي شَيْئًا من أفْعَالي، فهذا بَيْتٌ ليس فيه مَطْلُوبي. وأما هذا البَيْتُ الأيْسَرُ فأراهُ خاليا لا شَيْء فيه، وما أرى ذلك لِبَاطِلٍ، فإنِّي رأيْتُ كُلَّ عُضْوٍ منَ الأعضاءِ إنّما هو لِفِعْلٍ يُخْتَصُّ به، فكَيْفَ يَكُونُ هذا البيتُ على ما شَاهَدْتُ مِنْ شَرَفِهِ بَاطلاً ؟ مَا أَرَى إلاّ أنّ مَطْلُوبي كانَ فيه فارْتَحل عَنْهُ وأَخْلاَهُ. وعِنْدَ ذَلِكَ طرَأَ عَلَى هَذَا الْجَسَدِ من الْعُطْلَةِ مَا طرَأَ، ففَقَدَ الإدْراك وعَدِمَ الْحراك.

فلمَّا رَأَى أنّ السَّاكِنَ في ذلكَ الْبَيْتِ قد ارْتَحل قَبْلَ انْهدامِهِ وتَرَكَهُ وهُو بِحَالِه، تَحقَّقَ أنَّهُ أحْرَى أنْ لا يَعُودَ إِلَيْهِ بَعْدَ أنْ حَدَثَ فِيه مِنَ الْخَرَابِ والتَّخْرِيق مَا حَدَثَ فَصَارَ عِنْدَهُ الجسدُ كلُّه خسيسًا، لا قَدْرَ لَهُ بالإضافَةِ إلى ذلكَ الشيءِ الّذِي اعتقدَ في نَفْسِهِ أنه يسْكُنُهُ مدّة ويرحلُ عَنْه بعد ذلكَ. فاقْتَصَرَ على الْفِكْرَةِ في ذلكَ الشيء ما هُو ؟ وكيفَ هوَ ؟ وما الذي ربطه بِهذا الْجَسَدِ ؟ وما السببُ الذي أزْعَجَهُ إنْ كَانَ خرجَ كَارِهًا ؟ وما السّبب الّذِي كَرَّهَ إليهِ الجسدَ، حتّى فارَقَهُ إنْ كَانَ خرج مُخْتَارًا.

وتشتَّت فكرُه في ذلك كُلِّه، وَسَلاَ عَنْ ذلكَ الجسدِ، وطَرَحَهُ وعَلِمَ أنَّ أُمَّهُ الّتِي عَطَفَتْ عَلَيْهِ وأَرْضَعَتْهُ إنّما كَانَتْ ذلك الشّيءَ المُرْتَحِل، وعَنْهُ كَانَتْ تَصْدُرُ تلك الأفعالُ كلُّها، لا هذا الجَسَدَ العاطلَ، وأنَّ هذا الجَسَدَ بجُمْلَتِه إنّما هو كالآلَةِ وبمنزلَةِ الْعِصِيِّ الّتي اتَّخَذَهَا هو لِقِتَالِ الوُحُوشِ. فانْتَقَلَتْ عَلاَقَتُهُ من الْجَسَدِ إلى صَاحِبِ الْجَسَدِ ومُحَرِّكِهِ، ولَمْ يَبْقَ لَهُ شَوْقٌ إلاَّ إِلَيْهِ.

الشّـــروح

خَصِرَ : اشتدّ عليه البرد.

رَبْرَبٌ : قطيع من الظّباء ومن البقر الوحشيّ ... (لا واحد له).

استصراخٌ : استغاثة، طلب المساعدة.

استئلافٌ : طلب الإلف أي الصّحبة.

استدفاعٌ : طلب المساعدة في الدفاع.

الصَّيَاصي : واحدها صِيصَة، وهي قرن البقر ونحوه.

تستبدّ بها دونَه : تأخذها لنفسها وتحرمه منها.

خَصَفَ : خصف العُرْيَانُ الورَقَ على بدَنِهِ : ألزَقه به.

هَشَّ بعصًا على الوحوش : صال بها عليها ليطردها.

نَبُلَ : عَظُم وشرُفَ.

أسنّ : كبرت سنُّهُ أي عُمرُهُ.

عَطالةٌ : فقْدُ الحرَكَة.

قِحفٌ : أحد أقحافٍ ثمانية تُكوِّن علبة عظميّة هي الجمجمة، وفيها الدّماغ.

طرفة عين : غمضة عين، سريعًا جدًّا.

صَلْدٌ : صُلْبٌ.

أَلْفَى : وَجَدَ.

اسْتَجَدَّ الشيءَ : استحدثَه وَصَيَّرَهُ جديدًا.

هَتَكَ الحجاب : جَذَبَهُ فأزاله من موضعه، أو شَقَّ منه جُزْءًا فبدا ما وراءه.

سَلاَ الشّيءَ وَسَلاَ عَنْه : نَسِيَهُ وطابت نفسُه بعد فراقه.

التدريبات

1- أسئلة حول النصّ:

1. ما اسم مؤلّف قصّة حيّ بن يقظان ؟ وما كنيته ؟ وما لقبه ؟
2. في أيّ قرن عاش ابن طفيل ؟ وبم اشتهر ؟

3. لماذا أهمل التاريخ طفولة ابن طفيل ؟

4. لمن اشتغل ابن طفيل كاتم أسرار ؟

5. لمن اشتغل طبيبا ؟

6. ما الجميل الذي أسداه ابن طفيل إلى الفيلسوف ابن رشد ؟

7. لماذا تُرجمت رسالة حيّ بن يقظان إلى كثير من اللغات الأجنبيّة؟

8. متى توفّي ابن طفيل ؟ وما دلالة سير الخليفة في جنازته ؟

9. ما الذي تصوّره رسالة حيّ بن يقظان ؟

10. ما الهدف من هذه القصّة ؟

11. ما الذي يوحي به اسم «حيّ بن يقظان» ؟

12. من ربّى حيّ بن يقظان ؟

13. كيف كانت الظبية تطعم الطفل ؟

14. ما الأصوات التي كان الطفل يحاكيها ؟

15. لماذا ألف الوحوش وألفته ؟

16. ما لاحظ الطفل من المقارنة بينه وبين الحيوانات ؟

17. متى فكّر الطفل في ستر جسده ؟

18. كيف اهتدى إلى اتخاذ ما يستره ؟

19. كيف اهتدى إلى اتخاذ ما يدافع به عن نفسه ؟

20. كيف استفاد من النّسر الميّت ؟

21. متى بدأ يطعم الظبية ويرعاها ؟

22. ما حدث له عندما ماتت الظبية ؟

23. لماذا كان يفتش في أعضائها وهي ميّتة ؟

24. كيف قارن بين حواسّه وحواسّ الظبية ؟

25. ما الذي فكّر فيه حين رأى خلوّ أعضائها الظاهرة من العَطَل؟

26. لماذا فكّر في أن هناك عضوا مهمّا غائبا ؟

27. ما المكان الذي تصوَّره مناسبا لهذا العضو المهمّ الغائب ؟

28. متى عزم على شقّ صدر الغزالة وتفتيشِ ما فيه ؟

29. مِمّ اتخذ آلات الشقّ والتشريح ؟

تذكّر أنّ حروف الجرّ إذا دخلت على «**ما**» **الاستفهامية** تسقط منها الألف فتصبح كالتالي :

مِنْ + مَا = مِمَّ، فِي + مَا = فِيمَ، عَلَى + مَا = عَلَامَ، بِـ + مَا = بِمَ

عَنْ + مَا – عَمَّ، إِلَى + مَا = إِلَامَ، حَتَّى + مَا = حَتَّامَ.

30. ماذا قال لنفسه عندما رأى القلب ؟

31. ماذا رأى في القلب؟

32. ما الفكرة التي اهتدى إليها بعد أن عرف فساد القلب ؟

33. ما الطريق إلى معرفة الله في رأي ابن طفيل ؟

34. ما الحاجة إلى النقل عن الرّسل في نظر ابن طفيل ؟

35. هناك مثل عربّي يقول : «الحاجة تفتق الحيلة». هات من نصّ ابن طفيل ما يؤكّد صحّة هذا المثل.

2- صواب أم خطأ ؟

1. يلقّب ابن طفيل بالقيسيّ لأنه كان ينتسب إلى قبيلة قيس.
2. جمع ابن طفيل العلماء في بلاط الخليفة لينافسهم.
3. أعظم شارحي أرسطو هو الفيلسوف ابن رشد.
4. حفظ التاريخ كتب ابن طفيل كلّها.
5. استفاد البطروجيّ من النظريّات الفلكيّة لابن طفيل.
6. لم تترجم «حيّ بن يقظان» إلى اللّغات العالَميّة إلاّ في العصر الحديث.

7. كان ابن طفيل، إلى جانب كونه فيلسوفا وطبيبا، أديبا شاعرا.
8. لم يقلّد الطفل أصوات الحيوانات والطيور.
9. حاجة الطفل إلى الكساء والدفاع عن النفس دفعته إلى التفكير.
10. كانت الوحوش تخاف منه بعد أن اكتسى ثوب الريش.
11. قصّة حيّ بن يقظان قصّة حقيقيّة رواها ابن طفيل.
12. تهدف قصّة حيّ بن يقظان إلى تشريح الجسد ومعرفة أجزائه.
13. يستطيع الإنسان السويّ أن يعرف الله معتمدا عقله وحده.
14. ابن طفيل هو الذي لخّص كتب الفيلسوف اليوناني أرسطو.
15. عاش ابن طفيل في القرن الحادي عَشَرَ الميلادي.

3- أكمل الجمل الآتية بما يناسبها:

1. ابتكر ابن طفيل نظاما .... يخالف النظام الذي وضعه بطليموس.

أ- هندسيّا   ب- طبّيّا   ج- فلكيّا

2. ترجمت رسالة حيّ بن يقظان سنة 1681 .... إلى اللاتينية.

أ- هجريّة   ب- ميلاديّة   ج- قبطيّة

3. ربّت الطفل حيّ بن يقظان .... كانت قد فقدت رضيعها.

أ- غزالة   ب- زرافة   ج- نعامة

4. تدرّج الطفل في الهداية من .... إلى المعقول.

أ- المعروف   ب- المحسوس   ج- المدروس

5. يستطيع .... الفطرة السليمة أن يصل إلى الله وحده.

أ- صديق   ب- صاحب   ج- زميل

6. أحسن الأطعمة في رأي ابن طفيل .... التي تمّ نضجها.

أ- اللحوم   ب- الأسماك   ج- الفواكه.

7. استعمل ابن طفيل اسم (يقظان) ليدلّ على أنّ الطفل ....

أ- مُتنبِّه ب- سريع ج- قَلِق

8. يتحقّق التدريب النفسيّ بملازمة .... الله كلّ ساعة.

أ- الرضوخ لـ ب- التفكير في ج- التوكّل على

9. تتقوّى الروح عن طريق .... حاجات الجسم.

أ- إشباع ب- إضعاف ج- إرضاء

10. اهتدى حيّ إلى القلب عن طريق .... جثّة الظبية.

أ- تمزيق ب- تقطيع ج- تشريح

4- أعد قراءة الأبيات الآتية وأجب منها عمّا يليها من الأسئلة

(ملحوظة : هذه الأبيات من بحر المنسرح)

مَا **كُلُّ** مَنْ شَمَّ نَالَ رَائِحَةً ... لِلنَّاسِ فِي ذَا تَبَايُنٌ **عَجَبُ**

قَوْمٌ لَهُمْ **فِكْرَةٌ** تَجُولُ بِهِمْ ... بَيْنَ المَعَانِي، أولئكَ **النُّجُبُ**

وَفِرْقَةٌ فِي القُشُورِ قَدْ **وَقَفُوا** ... وَلَيْسَ يَدْرُون لُبَّ مَا طَلَبُوا

لاَ يَتَعَدَّى **امْرُؤٌ** جِبِلَّتَهُ ... قَدْ قُسِّمَتْ فِي الطَّبِيعَةِ **الرُّتَبُ**

أ- الأسماء المطبوعة بالخطّ السميك مرفوعة. بيّن سبب رفع كلّ منها.

(فاعل- نائب فاعل - مبتدأ - صفة).

ب- استخرج من الأبيات جملا تعبّر عن المعاني الآتية:

1. «يختلف الناس في درجات إدراكهم للأشياء».
2. «العقلاء هم الذين يهتمّون ببواطن الأمور لا بظواهرها».
3. «الناس مختلفون في تناولهم للأمور».
4. «لا يستطيع الإنسان أن يتجاوز طبيعته التي فطره الله عليها».
5. «هناك من الناس من يأخذ الأمور بظواهرها ولا يفكّر في بواطنها».

5- إبحث عن هذه الكلمات في المعجم:

الاستدعاء – تنازعه – اتّخاذ – يرتاد – مستكنّ – مسكن – المرتحل – الاهتداء– الاستدفاع.

6- لخّص قصة حيّ بن يقظان بأسلوبك، واستخدم هذه التعبيرات:

وضعه في تابوت – وبالتدريجِ – يستنتج نظام الكون – متى عاد – إذا جُنّ الليل – ترعرع – إلى أن أَسنّت وضعفت.

لاحظ التركيبين التاليين:

1. متى عاد إلى اللّبن أَرْوَتْهُ.
2. إذا جُنّ الليل صرفته إلى مكانه الأوّل.

– هذان التركيبان هما نوعان من أسلوب الشرط: **الأول** أداته «مَتَى»، **والثاني** أداتُه «إِذَا».

– **في التركيب الأول الأداة متى،** و**الشرط** عاد إلى اللبن، و**الجواب** أروته.

– في التركيب الثاني الأداة **إذا**، «**والشرط**» جُنَّ الليل، و**الجواب** صرفته إلى مكانه الأول.

– «متى» أداة شرط تجزم الفعل المضارع إذا وقع في مكان **الشرط** ومكان **الجواب** مثل : مَتَى يَشْعُرْ بِالبَرْدِ تُدْفِئْهُ.

– «إذا» أداة شرط غير جازمة، وهي للزمان المستقبل.

– ستجد أن الفعل الذي يقع موقع الشرط في جملة «إذا» هو من نوع الماضي غالبا.

7- أكمل الجمل الآتية مستخدما فيها أداة الشرط متى مرّة، وأداة الشرط إذا مرّة أخرى، مع وضع فعل الشرط وفعل الجواب في الصورة المناسبة لكلّ منهما:

1. (الأداة) يعود إلى اللبن ....
2. (الأداة) .... تلبسه.
3. (الأداة) يجد الثمرة صلبة ....

4. (الأداة) يظمأ إلى الماء..

5. (الأداة) يتّخذ من أوراق الشجر كساء.

لاحظ هذا الأسلوب :

وَأَلِفَ الطفلُ تلك الظَّبْيَةَ حتى كان بِحَيْثُ إذا هي أَبْطَأَتْ عنه اِشْتَدّ بُكاؤه.

8- أكمل الجمل التالية مستعينا بالمثال السابق :

1. تعوّد ابن بطّوطة على الرّحلة حتّى كان بحيث ....

2. .... حتّى كان بحيث إذا لم يكن لدى القادم على السلطان مال أقرضه التجّار.

3. أحبّ علماء المسلمين اللّغة العربيّة حتّى كانوا بحيث...................................

4. ....حتّى كانت بحيث إذا ظمئ أروته.

5. ....حتّى كانت بحيث ....

لاحظ هذا الأسلوب :

كان يحكي جميع ما يسمعه من أصوات، وأكثرُ ما كانت محاكاته لأصوات الظِّباء.

9- أكمل العبارات التالية على نسق المثال السابق:

1. كان ابن بطّوطة مهتمّا بوصف كلّ ما تقع عليه عينه وأكثر ما كان يهتمّ به ....

2. .... وأكثر ما كان يُفضِّلُهُ اللّغة العربيّة.

3. كان حيّ بن يقظان يَأْلَفُ الحيوانَ وأكثرُ ما كان ....

4. .... وأكثرُ ما كانت زيارتُه لمكّة.

5. .... وأحلى ما كان يسْتَطْعِمُهُ..................................

10- تعبير كتابي: أكتب فقرة لا تقلّ عن خمسة عشر سطرًا تتحدث فيها عن بعض مظاهر تطوّر الطبّ في العصر الحديث.

من الشعر العربيّ (3)

اقرأ واحفظ

أبو القاسم الشابّي في إرادة الحياة

(من بحر المتقارب)

إذا الشعــبُ يومًا أرادَ الحيــاة — فلا بُدّ أنْ يسْتَجيبَ القَــدَرْ
ولا بُــدَّ لِلَّيْــلِ أنْ يَنْجَـلِــي — ولا بُدَّ للقَيْدِ أن يَنْكَسِــرْ
ومَنْ لَمْ يُعَانِقهْ شَوْقُ الحيــاة — تَبخَّرَ في جوِّهـا وانْدَثَــرْ
فَوَيْلٌ لِمَــنْ لَمْ تَشُقْـهُ الحيــاة — من صفعةِ العَدمِ المُنْتَصِــرْ
كذلك قالـتْ لــي الكائنــات — وحدّثني روحُها المُسْتَتِــرْ

×××

وَدَمْدَمَتِ الرِّيــحُ بين الفِجــاجِ — وفوقَ الجِبَالِ وَتَـحْتَ الشَّجَرْ:
«إذا ما طمَحْــتُ إلى غايــةٍ — رَكِبْتُ المُنَى ونسيتُ الحَـذَرْ
ولم أتجنَّبْ وُعــورَ الشِّعَــابِ — ولا كُبَّةَ اللَّهَــبِ المُسْتَعِــرْ
وَمَنْ لَا يُحِبُّ صُعُودَ الجبــالِ — يَعِشْ أبَدَ الدَّهْرِ بَيْنَ الحُفَـرْ»
فَعَجَّـتْ بقلبي دِمَاءُ الشّبــابِ — وضَجَّتْ بِصَدْري رِيَاحٌ أُخَرْ
وَأَطْرَقتُ أُصغي لقصفِ الرُّعودِ — وعزفِ الرِّياحِ، ووقْعِ المطَرْ

الشاعر : شاعر تونسيّ يُعَدّ من مشاهير الشّعراء العرب المعاصرين، ولد سنة 1909م وتوفّي سنة 1934م وهو في رَيْعان شبابه. له ديوان شعر مطبوع سمّاه

«أغاني الحياة»، وشعره رومنسيّ يزخر بالعاطفة الجيّاشة ووصف الطبيعة والوطنيّة الثائرة على الاستعمار والجمود.

الشروح

انجلى : انكشف وذهب.

اندثر : بَلِيَ وامَّحى.

شاقَ إلى الشيء : نزَعَت نفسه إليه أي مالت إليه.

صَفعة : ضربةٌ بالكَفِّ مبسوطةً.

دَمْدَمَ : غَضِبَ.

فِجَاجٌ : مفرده فجّ، وهو الطريق الواسع البعيد.

شِعابٌ : مفردُهُ شِعْبٌ، وهو الانفِراج بين جَبلَيْن.

كُبَّةٌ : الدَّفعةُ في القتال والجري.

عجَّت الرّيحُ : اشتدّ هبوبُها، وعجّ الطريق: امتلأ بالنّاس.

أَطْرَقَ : سَكَتَ ولم يتكلّم.

الـدَّرْسُ الخَـامسُ

يَحْيَى بن مَـاسَوَيْه يتحدّث عن :

اللّؤلؤُ والـغـوْصُ عليـه

صناعة صيد اللّؤلؤ وتجارته من ألوان النشاط الحضاريّة الكبرى في حياة المجتمع العربيّ، وهي تُعَدّ من المعالم الأساسيّة في التراث، مثل نظم الشعر وإنشاده، وتربية الخيل والاعتزاز بها... لذلك لا نعجب أن نرى كثيرا من الأدباء والمؤرّخين وعلماء الاجتماع والحيوان والكيمياء والطبيعة يولون هذا الموضوع قدرا كبيرا من اهتمامهم. فالشّاعر العربيّ يحبّ أن يشبّه المحبوبة باللّؤلؤة النادرة التي تُتعِب الصيّادين وتستعصي عليهم، بل تقضي على الكثير منهم، انتظارا للصائد الماهر الذي تؤهّله صفاته لاصطيادها. وعلماء الحيوان يصفون الحيوان الذي داخل الصّدفة، ويوضّحون أعضاءه وتأثير كلّ عضو على الصدف الذي يتكوّن بداخله. والكيمائيّون يقدّمون تحليلا للّؤلؤ وأنواعه وألوانه ومدى تماسكه والموادّ التي يتكوّن منها. أمّا علماء الاجتماع فيرسمون صورة حيّة لمجتمع صيّادي اللّؤلؤ، وطرقهم في الغوص، وملابسهم، وأنواع الطعام الذي يتناولونه، والأدوات التي يستخدمونها، والأصوات التي تصدر عنهم، ودرجاتهم، وطرق التدريب التي يتبعونها.

ونصّنا هذا مأخوذ من أحد الكتب التي خصّصت لوصف الجواهر النفيسة، ومن بينها اللّؤلؤ، وكيفيّة استخراجها، وقيمتها العلميّة والتجاريّة.

مداخل إلى دراسة النّصّ

1- عن الكاتب:

- هو أبو بكر يحيى (أو يوحنّا) بن مَاسَوَيْه الخُوزِيّ (المنسوب إلى خوزستان).

- كان كبير أطبّاء الخلفاء **العباسيّين في** القرن الثّالث الهجريّ (التّاسع الميلاديّ)، وأحد أعلام عصره في الطبّ والتّأليف والترجمة.

- يقال إنّ أباه ماسويه الخوزيّ كان أُمّيًا، غير أنّه اشْتَغَلَ دقّاقا للأدوية في بيمارستان جنديسابور في خوزستان، وكان مستشفى مشهورا، فأصبح خبيرا بمعرفة الأمراض وعلاجها، وبانتقاء الأدوية، ثمّ توصّل إلى أن يكون طبيب هارون الرشيد وأفراد بيته.

- أشرف **ماسويه على تعليم ابنه يحيى** وتهذيبه **تهذيبا عاليًا**، وجلب له المدرّسين، فنشأ يحيى نابها مثقّفا، **قد أخذ بأسباب** العلوم، وبخاصّة الطبّ واللّغات القديمة.

- ظهر نبوغ يحيى في عهد المأمون بن هارون الرشيد الذي عيّنه أمينا على ترجمة الكتب الإغريقية القديمة التي كان يجلبها معه من جولاته العديد ة في بلاد الروم **خاصة** منها حملة عام 215 هـ /830 م.

- خدم يحيى بطبّه من الخلفاء العبّاسيين المأمون 198 هـ(813 م) ثم الواثق 227 هـ (842 م) ثم المتوكّل 232 هـ (847 م) ونال لدى كلّ منهم مكانة عظيمة.وكان الخلفاء وأسرهم يطمئنّون إليه ويقرّبونه إليهم حتّى إنهم كانوا لا يتناولون شيئا من أطعمتهم إلاّ **بحضرته**. وكان يقف على رؤوسهم **ومعه الأوعية المملوءة** بالموادّ الهاضمة والمقوّية للحرارة الغريزيّة في الشتاء، والأشربة الباردة في الصّيف.

- جمع ابن ماسويه في شخصه جوانب عدّة : فهو تارة شمّاس في الكنيسة، وتارة أخرى نديم الخلفاء والملوك وأنيسهم.ثمّ إنه أديب له مجلس أدب وفكر حافل، وأستاذ طبّ ماهر «يدرّس **ويجتمع إليه** تلاميذ كثيرون»، **فضلاً عن كونه** صاحب تآليف عديدة في مختلف فروع الطبّ وفنونه .وما كتابه في الجواهر وصفاتها إلاّ مثال آخر على تعدّد اهتماماته العلميّة وتنوّعها.

- كان ابن ماسويه رائداً في أكثر من ضرب من ضروب الطبّ، وذُكر أنّه أوّل من ألّف في **علم التشريح**، واعتمد في تأليفه على تشريح قرد كان يربّيه لهذه الغاية،

وأوّل من كتب في **أمراض العين**، وأوّل من وضع الشّروح على **الجذام والحميات والموادّ الطبّيّة والسُّموم**.

- من مؤلفاته الأخرى : كتاب **المعدة**، وكتاب **تركيب خلق الإنسان وأجزائه وعدد أعضائه ومفاصله وعظامه وعروقه ومعرفة أسباب الأوجاع**، وكتاب **الماليخوليا وأسبابها وعلامتها وعلاجها**، وكتاب **في خواصّ الأغذية والبقول والفواكه والألبان**، وكتاب **محنة الطبيب**، وكتاب **ماء الشعير** وغيرها.
- كانت وفاة ابن ماسويه في يوم الأحد الثاني من جمادى الآخرة سنة 243 هـ / 25 سبتمبر 857م. أما تاريخ ميلاده فلم يُعْنَ بتسجيله أحدٌ، شأنه في ذلك شأن أبي حاتم الرّازيّ.

2- عن الكتاب:

عنوان الكتاب: **الجواهر وصفاتها وفي أيّ بلد هي وصفة الغوّاصين والتجّار**

- هو من أوّل ما كتب العرب في علم الحجارة النفيسة، لذلك فهو وثيقة هامّة تكشف عن بداية اهتمام العرب بهذا العلم وتأليفهم فيه.
- ألّف الكتاب في القرن الثالث الهجريّ / التاسع الميلاديّ حين ظهرت البداية الحقيقيّة لاشتغال العرب بالعلوم التجريبيّة، فلمع عدد كبير من الباحثين منهم يعقوب الكنديّ، وأبو بكر الرّازيّ، وبنو موسى بن شاكر، وبنو الصباح، والفارابي، والتبّانيّ، وغيرهم .فوضعوا بذلك أسس الثقافة القويّة التي استند ت إليها حضارة العرب في القرن الرابع الهجريّ / العاشر الميلاديّ، وهو العصر الذي شبّه بعصر النهضة الأوروبيّة في نهاية القرون الوسطى.
- شمل اهتمام العلماء في هذه الفترة مجالات واسعة من المعرفة، فألّفوا في الفلك والهندسة والموسيقى والحساب والكيمياء والطبيعة والطبّ والحيل (الميكانيكا) والبيطرة والحيوان والنبات وغيرها من العلوم.
- أدّى الاهتمام المبكّر بدراسة علم الكيمياء إلى ظهور فروع متخصّصة منه، فألّف علماء العرب الأوائل في المعادن وخواصّها، وطرق استخراجها وصهرها وتغيّر

تركيبها. ثم اتّصلت جهود الكيميائيّين بجهود الباحثين عن الأحجار الكريمة وجهود الأطبّاء والصيادلة المهتمّين بما ينسب إليها من منافع طبّيّة علاجيّة، فتحوّل الاهتمام بهذه الأحجار إلى علم قائم بذاته، وتفرّعت الدراسة لتشمل التركيب الكيميائيّ والأحجار وصفاتها وخواصّها، ومواطن استخراجها، وطرق صقلها، وتقدير أثمانها، وإمكان استخدامها في علم الصيدلة، وغير ذلك من الفوائد الجمّة.

- يشتمل الكتاب على معلومات حضاريّة تتّصل بتجارة الجواهر من لآلئَ وأحجار، والغوّاصين على اللّؤلؤ وطرقهم في استخراجه، ومواطن استخراج الحجارة في الشرق القديم، وأثمان الحجارة، وأوزانها المختلفة، وأوصاف كلّ نوع منها ومزاياه وخصائصه التي يختصّ بها عن غيره، وما يذكره من أسماء ومصطلحات جغرافيّة كالبحار والجبال والمدّ والجزر، ومصطلحات فنّيّة تتعلّق بعلم الجواهر الكريمة في ذلك العصر.
- أسلوب ابن ماسويه في كتابه هذا كأسلوبه في كتبه الأخرى، يعتمد الإيجاز الشديد، وتركيز المعاني بأقلّ الألفاظ، لذلك فهو لا يهتمّ بالنصوص الأدبيّة المتّصلة بموضوعه، ولا ينقل كلام الأدباء عند حديثه عن نوع من الجواهر. ومادّة ابن ماسويه في كتابه علميّة محض لا أَثَرَ لروح العصر الأدبيّة فيها البتّة.
- من آثار هذه النزعة العلميّة التي غلبت على الكتاب أنه جاء خالياً من ذكر التأثيرات الطِّبيّة والمنافع الصحّيّة التي كانت تنسب إلى الأحجار الكريمة، من مثل ما نجده في كتاب «الجماهر في معرفة الجواهر» للعالم الموسوعيّ الكبير أبي الريحان محمد بن أحمد البيروني المتوفّى سنة 440 هـ / 1048 م.
- حقّق الكتابَ تحقيقًا قيّما وطبعه بالقاهرة عام 1977م الدكتور عماد عبد السلام رؤوف.

3- عن النّصّين:

- لدينا نصّان واردِان في موضعين مختلفين من الكتاب : النصّ الأوّل عنوانه **صفة اللّؤلؤ وموضعه**، ويتناول وصف اللّؤلؤ وأنواعه، ووصف الأصداف التي يوجد فيها، وتوزّع أنواعه داخل الأصداف .

- والنصّ الثاني عنوانه **صفة الغوّاصين والغاصة** (جماعة الغوص)، وهو يتناول وصف الغوّاصين الذين يصطادون اللّؤلؤ، وطرقهم في الغوص، ودرجاتهم في المعرفة، وطرق تدريبهم.

في النصّ الأوّل: يذكر ابن ماسويه أنّ اللّؤلؤ يتكوّن من دابّة تعيش داخل صدفتين ملتصقتين ولها فم وأذنان .والصغير من الأصداف يسمّى **البلبل** والكبير يسمّى **الصَّدَف**. ثم يصف حياة الأصداف في البحر وأجزاء كلّ صدفة والمواضع التي يوجد فيها اللّؤلؤ داخل الصدفة، وتأثير ذلك على حجم اللّؤلؤ ولونه وشكله، فأحسنه الذي يوجد بجانب الفم، وأردؤه الذي يكون ملتصقا باللحم الأسود، وأوسطه الذي يكون داخل الأذن.

وفي النصّ الثاني: يبينّ ابن ماسويه أعداد الرجال في كلّ سفينة، ووظائفهم، والطعام الذي يتناولونه، وأدوات الغوص، وطرق استخدامها، وأعماق الغوص وطرقه، وزمانه، وعدد الغوصات ومدى تتابعها، وأخطار الغوص وكيفيّة البحث عن الأصداف في البحر، وطريقة استخراجها وكيفيّة استخراج اللّؤلؤ منها.

النّصّ الأوّل

صفة اللّؤلؤ وموضعه

اللؤْلؤُ يكُون في دابّةٍ في البحْرِ جِلْدَتها صَدَفتَان مُلْتزقَتَانِ بلَحْم أَسْوَد، ذَاتِ فم وأذُنينْ، ولها شَحْمٌ يَلي الفَمَ من داخلٍ في عامّةِ الصَّدَفَتَينْ، والْبَاقِي رَغْوَةُ ماءٍ. وهي تكونُ صِغَارًا ثمّ تَنْتَشِرُ وَتَعْظُمُ حتّى تَنْتَهِيَ إلى الغايَةِ من العِظَم.

والصِّغَارُ الذّي صارَ فيه اللّؤلؤُ يسمّى البُلْبُلَ، وهو يَسْبَحُ ويرعى بالليْلِ مُجْتَمِعًا لاَ يَتفرَّقُ، وَبعْضُهُ إلى جانبِ بَعْضٍ وفَوْقَ بَعْضٍ كَجَمْعِ الجَرَادِ.

وَالكِبَارُ يُسَمَّى الصدَفَ، ويَكُونُ في البحرِ متفرّقاً، ويلتصقُ بالحشَرَاتِ في قرارِ البحرِ، وشَحْمُهُ أقلُّ من شَحْمِ البُلْبُلِ .وإذَا كانتْ أمطارُ السَّنَةِ في أوّلها كان البلبلُ

في تلك السَّنة كبيراً، واللّؤلؤ في الصّدف حولَه. كما يدُورُ [اللّؤلؤ] مع جُزْءٍ في الصَّدَفتَيْنِ، ممَّا يَلي اللَّحم الأَسْوَدَ، مِمَّا يَلِي الشَّحْمَةَ والْفَمَ والأذُن. فَمَا كَانَ مِنَ اللُؤْلؤ دونَ الْحَرْفِ الأسودِ منْ داخِلِ صَحِيحٌ، وما كَانَ ملتزقًا بالسَّوادِ كانَ أسفلُه سَقِيما طِينيّاً ومُتكسِّرًا، وما كان منْه يلي الفمَ فهو مُدحْرجٌ، ويقال إنّها مُدحْرجَةٌ بفِيها.

واللُّؤْلُؤَةُ التي تلي الفمَ هي الجيدّةُ البالِغةُ، وأكبرُها مِثْقَال ودانِقٌ وهي الدُّرَّةُ. وما كان منها يَلِي الفَمَ، فهي التي تُسَمَّى الطَّوْرَ، وهي الصُّلْبَةُ الشبيهةُ بالعظْمِ، لَها وَجْهٌ حَسَنٌ شَبيهٌ بالحَجَرِ، وَتزِنُ ما بين دانِقٍ إلى خمسة مثاقيلَ، ويبلغ أكبرُها ألفَ دينارٍ، وليس لها اليوم ثمَنٌ، وهي توجدُ في جانِبٍ واحد من الصدف، وليْستْ تَكُونُ إلاّ في الفرد، وما كانَ داخلَ الأذنِ [أذُنُ الحيوانِ الذي يُكَوِّن اللّؤلؤَ داخل الصدفة] يَنْتَثِرُ منه شيءٌ، إذا تقشرَّ الجلدُ عَنْه، مِثْلَ الرَّملِ، ثم يَخْرُج بعدَه لؤلؤ جيّدٌ تُسَاوِي الحَبَّةُ مائةَ دينارٍ، وإنّما يكون في أذنٍ واحدةٍ، وليس هذا كلُّه في البلبل. وربمَّا غاصَ الجماعةُ من الغُوّاصِ في النَّاحيةِ التي فيها بلبلٌ فَيسْتَوِي وَزْنُ جميعِ مَا يَجِدُونَ فيه من اللّؤلؤ بالقَرارِيط لأنَّ البلبلَ رُبَّمَا ماتَ في البحرِ وينتشرُ ما فيه من اللّؤلؤِ فيفسُد.

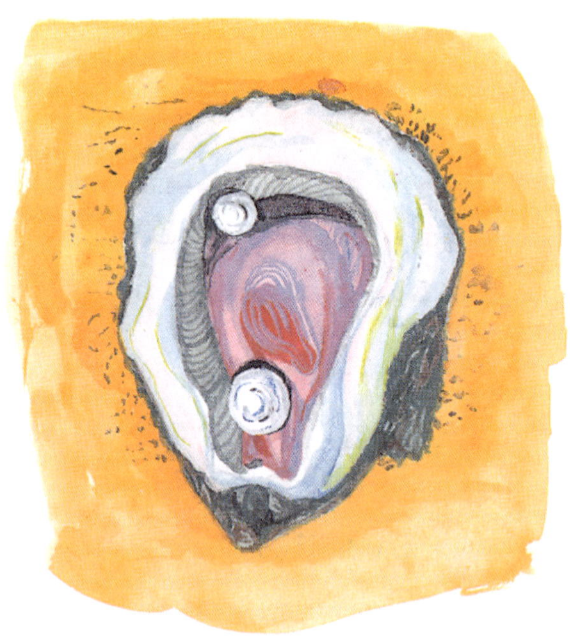

نصفهم غاصة ونصفهم يمسكون الحبال ... وفي طرف الحبل حجر معلَق ...فيضع الغائص قدمه عليه وينحدر في الماء عريان وعليه فوطته ومعه مخلاة محمولة في عنقه...فإذا صاروا إلى القرار فإذا وجدوا البلبل ملأوا مخاليهم منه.

النّصّ الثاني

صفة الغوّاصين والغاصَة

الْغَاصَةُ يَرْكَبُ منهمُ السّفينةَ ما بَيْنَ السِّتَّةِ نَفرٍ إلى اثْنَيْ عَشَرَ رَجُلاً، نِصفُهُمْ غاصَةٌ وَنِصْفُهُمْ يُمْسِكُونَ الحبالَ على الْغَاصَةِ، كلُّ رجلٍ لرجُلٍ، وإنّما يستأجِرُهم التّجَّارُ مُشاهَرَةً. وفي كلِّ سَفِينَةٍ أمينٌ مِنْ قِبَلِ التَّاجِرِ، ولهم حِبالٌ مِنْ كتَّانٍ طولُها ما بَيْنَ الْعِشْرِينَ ذِراعًا إلى الخمْسِينَ.

****

وغوْصُ الْبَحْرِ أكثرُه على أرْبَعَةَ عَشَرَ قيمَانًا، وكانَ فيما مضَى يبلغُ عِشرينَ قيمَاناً، وإنمَّا هو على قدْرِ الصَّبْرِ في الماءِ، وكلّما عمُقَ كانَ أشدَّ علَيْهِمْ وأكثرَ لإفادتهِ.

****

وفي طرفِ الحبْلِ حجرٌ مُعلّق يكونُ نَحْوَ ثلاثين مَنًّا، فيضَعُ الغائصُ قدمَه عليه ويَنْحدِرُ في الْماءِ إلى قَرارِ البحرِ عُرْيَانَ وَعلَيْه فُوطَتُه ومَعَه مِخْلاةٌ من شَرِيطٍ محمولةٌ في عُنقِهِ، ولَهُ مَلازِمُ مِنْ ذَبْلٍ أو عاجٍ أو قُرُونٍ يُلْزِمُهُ أنْفَهُ لئلاَّ يَدْخُلَهُ الماءُ، ولا يُعَدُّ الغائصُ في الغاصةِ حتَّى يَنْخرِقَ مَا بَيْنَ أُذُنَيْهِ وَحلْقِهِ **فَيَنْبَعِثَ دماً** ثمّ يتمزّقُ ويستمرّ فيكونُ فيه تَنَفُّسٌ ضَعِيفٌ.

****

والمبتدئُون في التَّعْليم إذَا انحدرُوا بالأَرْسَانِ صارُوا إلى الْقَرَارِ، فإذا وجدُوا الْبُلْبُلَ مَلأُوا مَخاليهُمْ منْهُ، ثُمَّ يُحرِّكُونَ الْحِبالَ فيُجَرُّونَ حتَّى يَظْهروا فَوقَ الْماءِ، ثمّ يَسْبَحُونَ إلى المرْكَبِ. وإنْ لَمْ يَجِدْ أحدُهم البلبلَ ترك حَجرَهُ ودارَ في الْبَحْرِ، ويتبعُ الصَّدَفَ الْكِبَارَ وهي مُلْتَصِقَةٌ بالحَشْرِ فَيَقْلَعُهُ بيدِه حتى يملأَ مِخْلاتَه ويتباعَدَ مِنْ حَجرِه مِقدارَ دَعْوَةٍ، ويصيرَ تحتَ الماءِ نِصْفَ ساعَةٍ. وإنْ أعْجلَهُ أمْرٌ عن الحجرِ أوْ ضَلَّ عَنْ مَوْضِعِهِ ذلك، ظَهرَ فَوْقَ الماءِ ثُمَّ سَبَحَ إلى سَفِينَتِهِ أوْ يُلْقُونَهُ بِسَفِينَةٍ أخْرى

أَوْ سَبَحُوا إليه فـاسْتَنْقَذُوهُ وإلاّ قد انْبَهَر وبَقِيَ. ولـه إذا خَرَج صَيْحَةٌ للتَنَفُّسِ على قَدْرِ إبْطائِهِ والشِدَّةِ عَلَيْهِ أو السّهولـةِ، فيستريحُ قليلاً ثم يرجِعُ إلى غَوْصِهِ.

****

ويغوصُ في اليوم ثلاثَ غَوْصَاتٍ ما بَيْنَهُ وَبْين انْتِصَافِ النَّهارِ وَلَمْ يَطْعَمْ طعَاماً إلا تمرات، فـإذَا خَرَجَ مِنْ غَوْصِهِ طَعِمَ. وأَكْلُهم السمكُ الْمالحُ والطريُّ والتَّمْرُ، وربمَّا نـالُوا الخُبْزَ القَليلَ. فَإذَا فرَغُوا مِنْ غَوْصِهم أَخَذُوا في شَقِّ الصَّدَفِ، فما خرجَ من شيءٍ دفَعُوه إلى الأمينِ .ويموتُ الصّدفُ في السفينةِ إذا خَرَج من الماء، فإذا مات انشقَّ فُوهُ وانفتحَ فَسَهُلَ شَقُّهُ وإذا كـانَ حيّاً اشْتَدَّ شَقُّـهُ.

****

ومرجعُهم إلى مَوْضِعِ الجهازِ فيما بَيْـنَ ثَلاثَةِ أيّام إلى أربعين يَوْماً على قَدْرِ قُرْبِ المَغَاصِ وَبُعْدِه، يتردَّدُون لهذِهِ ويغُوصون علَى طريقَتِهم في ذَهَابِهِمْ وجِيئَتِهِمْ، الغَوْصَةَ بَعْدَ الغَوْصَةِ، فَرُبّـمـا أَصَابُوا في بعضِ الغَوْصاتِ الصّدفةَ فيها الحبّةُ الفائقةُ النادرةُ، وربمَّا اتّفَقَ منْهُم الاثنـانِ والثلاثةُ في قرارِ الْبَحْرِ فيَقْتَتِلون على الصّدفِ في المَاءِ.

****

وفي البحْرِ سَمَكٌ مَعروفٌ، فربَّما ضربَ الغائصَ فيَقُدُّه باثْنَتَين، وَرُبَمَّا ابْتَلعَهُ. ومواضعُ السَّمَكِ معروفةٌ، فَلَهُمْ إذا صارُوا في قرارِ البَحْرِ نُباحٌ مثل نُباحِ الْكَلْبِ يَفِرّ مِنْهُ السمَكُ، وإذا نجا أَحَدُهُمْ بادرَ لِلْخُروجِ وترَكَ الحجرَ مَوْضِعَهُ.

الشروح

مُدَحْرَجٌ: كُرويّ تـامّ الاستدارة.

مِثْقَالٌ: وَزْنٌ مِقْداره 4،49 غ.

دانِـقٌ: وَزْنٌ مِقْداره 0،74 غ.

قِيـرَاطٌ: وزنٌ قدره 0،2232 غ.

مُشاهَرَةٌ: مُعَامَلَةٌ بالشَّهْرِ.

قِيمَانٌ : قَامَاتٌ، أي جمع : قَامَة، وهي مِنَ الإِنْسَان طُولُهُ .وتُطلق أيضًا على وحدة قياس طولها ست أقدام تُسْتَخْدَمُ عَادَةً في قِيَاسِ أَعْمَاقِ البَحْرِ.

مَنٌّ ج أَمْنَان : مِعْيَارٌ قَدِيمٌ كَانَ يُكَالُ بِهِ أَوْ يُوزَنُ، وَقَدْره إِذ ذَاكَ رَطْلاَن بَغْدَادِيَّان، والرَّطْلُ عِنْدَهُم اثْنَتَا عَشَرَةَ أُوقِيَةً بِأَوَاقِيهِم.

مَلاَزِمُ: مُفْرَدُهُ مِلْزَمٌ، وهْيَ أَدَاة تُشْبِهُ مِشْبَكَ الغَسِيلِ.

ذَبْلٌ: جِلْدُ السُّلْحَفَاةِ البرِّيَّةِ أَوْ البَحْرِيَّة، يُتَّخَذُ مِنْهُ الأَسْوِرَةُ وَالأَمْشَاطُ.

انْخَزَقَ : انْشَقَّ.

أَرْسَانٌ: مُفْرَدُهُ رَسَنٌ، وَهُوَ مَا كَانَ مِنَ الأَزِمَّةِ عَلَى الأَنْفِ. وَالمَقْصُودُ هُنَا الحِبَال الَّتِي يُشَدُّ إِلَيْهَا المُبْتَدِئُون في تَعَلُّمِ الغَوْصِ.

حَشْرٌ: قِشْرَةُ القَاعِ.

انْبَهَرَ : اخْتَنَقَ.

قَدّ: شقَّ.

التدريبات

1- أسئلة حول النص:

1- في أيّ قرْنٍ عاش ابن ماسويه؟ اذكر الهجريَّ منه والميلاديَّ

2- بَم اشتهر في عصره ؟ وما أهمّ مؤلّفاته؟

3- بم كان أبوه يشتغل ؟

4- مَن هم الخلفاء الذين خدمهم يحيى بن ماسويه؟

5- مَن أبرز العلماء العرب الذين اشتغلوا بالعلوم التجريبيّة اعتمادا على مداخل النّصّين؟

6- ما أهمّ العلوم التي اهتمّ بها العلماء في عصر ابن ماسويه؟

7- ما أهمّ المعلومات التي اشتمل عليها كتاب ابن ماسويه؟

8- لماذا خلا كتاب ابن ماسويه من التّأثيرات الطّبيّة والمنافع الصحّيّة التي كانت تنسب إلى الأحجار الكريمة؟

9- ما الفرق بين البلبل والصدف؟

10- متى يفسد اللّؤلؤ ؟

11- كم رجلا يكونون على سفينة الغوص؟

12- كيف كان يوزّع العمل على الرّجال في سفينة الغوص؟

13- ماذا يفعل الغائص إذا ضلّ عن موضعه؟

14- كم غوصة يقوم بها الغائص في اليوم؟

15- ما الأخطار التي يتعرّض لها الغوّاصون على اللّؤلؤ؟

16- ماذا يفعل الغاصة إذا هاجمهم السمك؟

17- متى يُعَدّ الرّجل في الغوّاصين؟

2- صواب أم خطأ؟

1- كتاب الجماهر في معرفة الجواهر من تأليف أبي زكرياء يحيى بن ماسويه.

2- يعتمد أسلوب ابن ماسويه على الإيجاز الشّديد.

3- حفل كتاب ابن ماسويه بالقصص والأبيات الشعريّة المتّصلة بالجواهر.

4- يتبع كتاب ابن ماسويه في تأليفه النزعة العلمية المجرّدة.

5- يتكوّن اللّؤلؤ من حيوان يعيش داخل الأصداف.

6- أَحسنُ اللّؤلؤ هو ما كان ملتصقا باللحم الأسود.

7- يكون البلبل كبيرا إذا كانت أمطار السّنة في أوّلها.

8- كلّما عمق الغوص كان أصعب وأكثر فائدة.

9- أحيانا يتقاتل الغوّاصون على الصّدف في الماء.

10- الدرّة هي اللّؤلؤة التي تلي الفم.

11- لابدّ أن يأكل الغائص جيّدا قبل أن يغوص في الماء.

12- لا يغوص الغائص إلاّ غَوْصَة واحدة في اليوم.

13- المبتدئون في الغوص هم الذين يصيدون «البلبل».

14- لؤلؤ الأذن يكون في الأذنين معا.

3- املأ فراغات الجمل الآتية باللفظ المناسب:

1- إذا دخل ماء البحر إلى الدّرّ فإنّه ....لونه.

أ-يحمرّ ب-يصفرّ ج-يخضرّ

2- كلّما كثر عدد الدّرّ في الصدف كان ....جسما.

أ- أكبر ب- أصغر ج- أحسن

3- كتاب الجواهر وصفاتها كتاب في..

أ- الفلك ب- الطبّ ج- الأحجار الثّمينة

4- ألّف .... كتاب الجماهر في معرفة الجواهر.

أ- يحيى بن ماسويه ب- يعقوب الكندي ج- أبو الريحان البيروني

5- كان يحيى بن ماسويه .... على رؤوس الخلفاء ومعه الأدوية الهاضمة.

أ- يقعد ب- يقف ج- يجلس

6- أكثر غوص البحر على .... قامة من قامة الرجل.

أ- أربع عَشَرَة ب- عِشرين ج- خمس عَشَرَة

7- ربما اتّفق غائصان أو ثلاثة في قرار البحر .... على الصدف في الماء.

أ- فيقتسمون ب- فيقتتلون ج- فيصطادون

8- كان من صفات ابن ماسويه أنّه .... الملوك والخلفاء.

أ- مطرب ب- طبيب ج- بيطريّ

4- ضع كل عبارة ممّا يأتي في المواضع المناسبة من الجمل الآتية:

فضلًا عن- وبخاصّةٍ- وخاصّةً- يجتمع إليه- أخذ بأسباب- بِحَضْرة.

تذكّر أن الاسم بعد (بخاصّةٍ) يكون مرفوعا، وبعد (خاصّةً) يكون منصوبا.

1- كان ابن سينا شاعرا وطبيبا.....................كونه فيلسوفا.

2- كان الجلوس ....الخلفاء يحتاج إلى مؤهّلات مخصوصة.

3- كان ابن ماسويه بارعا في علوم الطبّ ....علم التشريح.

4- لم يهتمّ أحد بتسجيل تاريخ ميلاد الناس قديما ....غير العلماء والحكّام.

5- كان القرن الرابع الهجريّ قمّة الحضارة الإسلاميّة لأنّه .... العلم.

6- كان كلّ عالمٍ مشهور ....تلاميذ كثيرون يأخذون عنه.

7- أحبّ قراءة الأدب ....الشعر العربيّ القديم.

8- من..............................العلم ناله.

9- كتب ابن ماسويه مهمّة ....كتابه في الجواهر.

5- ائت بالنّسب والمنسوب إليه في كلّ نسب ممّا في الجمل الآتية:

1- كان أبو زكريا يحيى بن ماسويه الخوزيّ كبير أطبّاء الخلفاء العبّاسيّين في القرن الثالث الهجريّ/ التاسع الميلاديّ.

2- جعل الخليفة المأمون يحيى بن ماسويه أميناً على ترجمة الكتب الإغريقيّة القديمة.

3- كان الخلفاء يتناولون الموادّ الهاضمة المقوّية للحرارة الغريزيّة في الشّتاء مع أطعمتهم.

4- تعاونت جهود الكيميائيّين وجهود الباحثين عن الأحجار الكريمة وجهود الأطبّاء والصيادلة المهتمّين بما ينسب إليها من منافع طبيّة علاجيّة فكوّنت علما بذاته.

5- ألّف العالم الموسوعيّ الكبير أبو الريحان البيرونيّ كتاب «الجماهر في معرفة الجواهر»، وألّف عمر بن الورديّ الحمويّ كتاب «جريدة العجائب وفريدة الغرائب».

6- حوّل كلّ جملة مما يأتي كما في(أ) و (ب):

أ- نشأ يحيى **نَابِهًا مُثقَّفا** (حال مفرد)

ب- نشأ يحيى وهو **نابِهٌ مُثقَّفٌ** (حال جملة)

1- ظهر نبوغ يحيى **صغيرا**.

....

....

2- كان التلاميذ يجتمعون إلى العلماء **راغِبين** في العلم.

....

....

3- اشتغل العرب بالعلم **مُخلِصين** لخدمته.

....

....

4- جاء كتاب ابن ماسويه **خاليا** من التأثيرات الطبّيّة والمنافع الصحّيّة.

....

....

5- ينحدر الغائص في الماء إلى قرار البحر **عُرْيَانَ**.

....

....

لاحظ التركيب التالي :

إذا كان الثّامِنَ عَشَرَ من شهر أبريل خرجت الأصداف من قعور البحار.

1- **كان** : في مثل هذا التركيب تعني **حَدَث**، أو **جَاء**، أو **وَقَع**. وهي لا تحتاج إلى خبر وتسمّى هنا : «كان التامّة».

- **كان التامّة** :تختلف عن كان التي تحتاج إلى اسم وخبر (والتي تسمّى كان الناقصة) مثل : كان الثامن عَشَرَ من أبريل يَوْمًا خرجت فيه الأصداف من البحر.

2- **الثّامِنَ عَشَرَ** : عدد مركّب من كلمتين، وهو مبنيّ على فتح الجزأين أي إنه يكون بالفتحة دائما وفي جميع المواضع (كما هو هنا) ومثله : الحَادِيَ عَشَرَ، والثّانِيَ عَشَرَ، والثَالِثَ عَشَرَ، والرَّابِعَ عَشَرَ، والخَامِسَ عَشَرَ، والسَّادِسَ عَشَرَ، والسَّابِعَ عَشَرَ، والتَّاسِعَ عَشَرَ. وهذا العدد يسمّى **العدد الترتيبيّ**.

- أيضا تبنى الأعداد التالية على فتح الجزأين : أحد عَشَرَ (إحدى عَشَرَةَ)، ثلاثةَ عَشَرَ(ثلاثَ عَشَرَةَ)، أربعةَ عشرَ (أربعَ عَشَرَةَ)، خمسةَ عَشَرَ (خمسَ عَشَرَةَ)، ستةَ عَشَرَ (ستَّ عَشَرَةَ)، سبعةَ عَشَرَ (سبعَ عَشَرَةَ)، ثمانيةَ عَشَرَ (ثمانِي عَشَرَةَ)، تسعةَ عَشَرَ (تسعَ عَشَرَةَ). وهذا العدد هو **العدد الأصلي**.

- اِثْنَا عَشَرَ واثْنَتَا عَشْرَةَ : الجزء الأول فيهما يكون مثل المثنّى والجزء الثاني مبنيّ على الفتح.

7- أكمل الجمل الآتية بحيث تكون (كان) فيها تامّة:

مثال : إذا كان الشتاءُ اشتدَّ البردُ.

1- إذا كان ....صام المسلمون.

2- لمّا كانت غرّة المحرّم ....

3- حيث يكون اللّؤلؤ ....

4- ولمّا كان....................قصد ابن بطّوطة مكّة لأداء الحجّ.

5- متى كان....................انتهى يوم الغوّاصين على اللّؤلؤ .

قارِن بين التراكيب التالية:

1- كتاب ابن ماسويه في الجواهر وصفاتها دليلٌ على تعدُّد اهتماماته.

2- **مَا** كتاب ابن ماسويه في الجواهر وصفاتها **إِلاَّ** دليلٌ على تعدّد اهتماماته.

3- **إنّما** كتاب ابن ماسويه في الجواهر وصفاتها دليلٌ على تعدّد اهتماماته.

- الجملتان رقم 2 و 3 نوع ممّا يسمّى **أسلوب الحصر** في اللّغة العربيّة.

- في الجملة رقم 2 **أسلوب الحصر** مكوّن من : مَا (.............) إِلاَّ (.............)

وفي الجملة رقم 3 **أداة الحصر** هي : إِنَّمَا (...............) (..........)

- في الجملة رقم 2 يمكن أن يحلّ محلّ **ما النافية** أدوات نفي أخرى مثل **ليس**، أو أدوات استفهام وهي التي تفيد الإنكار أو النفي مثل « هل هذا إلاّ بشرا مثلكم؟» أي ليس هذا إلّا بشر مثلكم.

8- **حوّل الجمل فيما يأتي إلى أسلوب حصر مستخدما النفي و «إلّا»، أو «إنّما»:**

1- تزداد حرارة الجوّ في مصر في شهر أغسطس.

2- يصيد اللّؤلؤ القادرون على الغوص في عمق البحر.

3- تعتمد الزّراعة في مصر على نهر النّيل.

4- توجد آثار البابليّين في العراق.

5- أدّى استغلال الموارد الطبيعيّة في الوطن العربيّ إلى ارتفاع مستوى المعيشة.

6- الدّعوة الإسلاميّة أكبر الأحداث في تاريخ العرب.

7- تحتوي صادرات السّعوديّة على كمّيات كبيرة جدّا من النّفط.

8- الأديان العالميّة الثلاثة ظهرت في الشّرق الأوسط.

9- استخدم ما يأتي في جمل مفيدة:

تارة......وتارة- أمّا......وأمّا......-السَّادِسَ عَشَرَ-فضلاً عن-الأحجار الكريمة-صيد اللّؤلؤ -لو أنّ-حيث يكون-إنّما ....-ليس ......إلاّ-سبعةَ عَشَرَ.

لاحظ هذه الكلمات:

أ- مَنَافِعُ-جَوَاهِرُ-لآلِئُ-مَوَاطِنُ-خَصَائِصُ-مَوَاضِعُ

ب- جَمَاهِيرُ-أَسَالِيبُ-مَثَاقِيلُ-مَوَاعِيدُ-عَنَاقِيدُ.

- الكلمات الموجودة في «أ» هي صيغ جمع تكسير على وزن (مَفَاعِلُ).

والكلمات الموجودة في «ب» هي صيغ جمع تكسير على وزن (مَفَاعِيلُ).

- كلّ جمع يكون على صيغة «مَفَاعِلُ» أو «مَفَاعِيلُ» يعرف بأنّه على صيغة **منتهى الجموع**.

والمقصود به كلّ جمع ثالثه ألف بعدها حرفان أوّلهما مكسور، أو ثلاثة وسطها ساكن.

- إذا كان الاسم على صيغة منتهى الجموع، مُنِعَ من الصّرف فلا يُنَوَّنُ، ويُجَرُّ بالفتحة بدلا من الكسرة.مثل : تزن الدّرّة ما بين دانق إلى خَمْسَةِ **مَثَاقِيلَ**.

- الاسم الممنوع من الصّرف إذا دخلت عليه(ال) أو إذا كان مضافا جُرّ بالكسرة مثل:

  - اهتمّ كتاب ابن ماسويه بصفةِ **الجواهِرِ** والغواصين عليها.
  - لم يهتمّ الصيادلة **بمنافعِ** الجواهرِ المنسوبةِ إليها.

10- ضع كلّ اسم ممّا يأتي في موضعه الملائم مع ضبط آخره ضبطًا صحيحًا.

حقائق - منافع - عناقيد - جرائد - عجائب الآثار - كنائس- مساجد - مواثيق - معاهد العلم - عصافير - بلابل.

1- نشر هذا الخبر في.......................كثيرة.

2- للأحجار الكريمة.....................متعدّدة فضلاً عن التزيّن بها.

3- عرفنا.................كثيرة عن اللّؤلؤ وصيده.

4- في اللّؤلؤ ....وأصداف، وكلاهما يختلف عن الآخر.

5- تتجمّع حبّات العنب في..........................جميلة.

6- زرنا الأقصر فوجدنا فيها من........................ما أدهشنا.

7- اتّفقت الأمم المتّحدة على ....معيّنة تحترمها كلّ دولة.

8- تدرس اللّغة العربية الآن في بعض ....في أنحاء العالَم.

9- عند باعة الطيور عثرت على.......................جميلة.

10- تقوم في القاهرة دور للعبادة المختلفة من .... و.............. جنبا إلى جنب.

11- تعبير كتابي: صف الطريقة القديمة للغوص على اللّؤلؤ والأخطار التي كان يتعّرض لها الغاصة بعبارتك.

من الشعر العربيّ (4)

اقرأ واحفظ

الأعشى في الغوْص على اللّؤلؤ

(من بحر الكامل)

كجُمَانَةِ الْبَحْرِيِّ جاء بهـا		غَوَّاصُها مِنْ لُجَّةِ الْبَحْـرِ
صُلْبُ الفُؤادِ رئيس أربعَـةٍ		مُتَخالِفي الألْوانِ والنَّجْـرِ
فتنازعوا حتّى إذا اجْتمعُوا		ألْقَوْا إلَيْه مَقالِدَ الأمْـرِ
وَعلَتْ بهِمْ سَجْحاءُ خادِمَة		تَهْوي بِهِمْ في لُجَّةِ الْبَحْـرِ
حَتَّى إذا ما ساءَ ظَنُّهُـم		وَمَضى بِهِمْ شَهْرٌ إلى شَهْرِ
ألْقى مَراسِيَه بِتَهْلُكَـةٍ		ثَبتَتْ مَراسِيها فَما تَجْـرِي
فانْصبَّ أسْقَفُ رَأْسُهُ لِبَدٌ		نُزِعَتْ رَباعِيتاهُ للصبْـرِ
أشْغَى يمُجُّ الزيتَ مُلتمِسٌ		ظمآنُ ملتهبٌ من الفقْـرِ
قتلَتْ أباهُ فقال أتْبَعُـهُ		أو أستفيدُ رغيبةَ الدَّهْـرِ
نَصَفَ النهارُ الماءُ غامِـرُهُ		وشَرِيكه بالْغَيْبِ ما يَـدْرِي
فأصابَ مُنْيَتَهُ فجاءَ بِهـا		صَدَفِيَّةً كمُضِيئَةِ الجَمْـرِ
يُعْطى بِها ثَمَنًا ويَمْنَعُهـا		ويقولُ صاحِبُهُ ألَا تَشْرِي !
وتَرَى الشَّوارِي يَسْجُدُونَ لها		ويَضُمُّها بِيَدَيْهِ لِلنَّحْـرِ

الشّاعر : الأعشى شاعر جاهليّ غزير الشعر، وهو أحد أصحاب المعلّقات، ويسمّى «صنّاجة العرب» (أي قيثارة الشّعر) لأنّ شعره كان حلوا جدّا. توفّي سنة 8 هـ/ 629م. تنسب القصيدة أيضا إلى المسيب بن علس خال الأعشى.

الشّروح

الجُمانة : حبّة من الفضّة على شكل الدرّة

لُجّة البحر : عمق البحر

صُلْب الفؤاد : قويّ القلب

النَّجر : الأصل

ألقوا إليه مقاليد الأمر : سلّمُوه شؤون القيادة

السَّجْحَاء : في أصل اللّغة هي الناقة، وأراد بها هنا السفينة

انصبّ: رمى بنفسه في البحر

أَسْقَفُ : طويل مُنحَنٍ

رأسٌ لبدٌ : متلبّد الشّعر

نُزِعَتْ رَبَاعِيَتَاهُ: مثنّى رَبَاعية، والرباعية من الأسنان هي المتوسطّة بين الناب والسنّ الأمامية. وقد نزعت (أي خُلِعت الرباعيتان)

للصّبْرِ : ليطول صبره تحت الماء

أشغى : متخالف الأسنان

رَغِيبَة الدهر : فرصة العمر

مُنْيَتَهُ : هدفه

الجَمْر: قطع النار المتوهّجة

ألا تَشْرِي : ألا تبيع (إلحاح في طلب الشراء)

الشوارِي : الحريصون على الشراء – **النّحر**: الرّقبة.

الدَّرْسُ السَّادِسُ

محمّد بن سَحنون يؤلّف في :

أُصولُ التربية الإسلاميّة

التعليم من أهمّ الأسس التي يقوم عليها المجتمع الإسلاميّ؛ فأوّل كلمة نزلت من القرآن الكريم كانت كلمة اِقْرَأْ. وفي أوّل معركة انتصر فيها المسلمون على كفّار قريش (وهي غزوة بدر) اشترطوا لتحرير هؤلاء الأسرى أن يعلّم كلّ من يستطيع الكتابة منهم عَشَرَة من أطفال المسلمين القراءة والكتابة. والنّصّ الذي سندرسه مأخوذ من كتاب هو أقدم وثيقة معروفة تسجّل لنا الأسس التربويّة التي قام عليها تعليم الأطفال المسلمين منذ أوّل العصر الإسلاميّ.

مداخل إلى دراسة النصّ

1- عن الكاتب:

- هو محمّد بن سَحنون، وأبوه سحنون بن سعيد بن حبيب بن ربيعة التنّوخيّ، الفقيه المشهور صاحب « المُدَوَّنَة»، وهو كتاب مشهور يعتمد عليه الدارسون في الفقه المالكيّ.
- ولد محمّد بن سَحنون بالقيروان سنة 202 هـ /817 م، وتوفّي سنة 256 هـ /869م.

- نظرا إلى شهرة أبيه فإنّه لا يختلف أحد في مولده ولا في تربيته وتعليمه تحت رعاية والده الذي توسّم فيه منذ الصغر ذكاء فطرياً واستعدادا واضحا للعلم.

- كان والده يقول لمعلّمه : «لا تؤدّبه إلاّ بالمدح ولطيف الكلام، ليس هو ممّن يُؤدَّب بالضرب والتعنيف، فإنّي أرجو أن يكون **نسيج وحده**، **وفريد أهل زمانه**، وأخاف أن يكون عمره قصيرا».

- بعد أن حفظ القرآن وتعلّم العلوم الضروريّة انتقل إلى الدراسة العالية، **فسمع من أبيه**، وتفقّه على يديه، وكان يناظره في شتّى المسائل العلميّة.

- كان الناس يدرسون عليه بعض كتب أبيه في حياته، فإذا دخل أبوه على المجلس تنحّى الابن وقعد مع الناس يسمع معهم من أبيه.

- ألّف بعض كتب في حياة أبيه، وكان –بالإضافة إلى اهتمامه بالبحث العلميّ والتأليف–مواظبا على التدريس ونشر العلم بجامع عقبة بن نافع بالقيروان وفي داره، وخاصة بعد وفاة أبيه عام 240هـ /854 م .فقد أخذ محلّ أبيه الراحل فأصبحت القيروان مقصد الطّلاب من كلّ ناحية.

- كان ابن سَحنون حجّة في تفسير القرآن وإماما في الفقه، وعالما بالحديث والتاريخ والعقيدة والمناظرة والطبقات (تاريخ المشاهير في العلوم الإسلامية) والسّير (تاريخ حياة النبيّ وصحابته والدعوة الإسلامية). وقد ألّف في جميع فنون العلم كتبا كثيرة تبلغ مائتي كتاب منها : «كتاب التاريخ» في 6 أجزاء، و«طبقات العلماء» في 7 أجزاء، و «تفسير الموطّأ» (موطّأ الإمام مالِك بن أنس في الحديث النبويّ) في 4 أجزاء، و «مسائل الجهاد» في 20 جزءا، و «كتاب الأشربة» (الأحكام المتعلّقة بشرب الخمر) في 3 أجزاء، و«كتاب الإمامة» .ولمّا وصل هذا الكتاب إلى بغداد كُتب بالذهب وأُهدي إلى الخليفة.

- صحّت مخاوف والده فمات ابن سَحنون وعمره 54 عاما فقط وذلك سنة 256 هـ /869 م.ولمّا خرج الناس لدفنه أغلقت الكتاتيب والحوانيت من أجله، وصلّى عليه أمير البلاد ابراهيم بن أحمد بن الأغلب بنفسه، وضربت على قبره قبّة (خيمة كبيرة) وضربت الأخبية (الخيام) حول قبره، وأقام الناس فيها شهورا

كثيرة، حتى قامت الأسواق والبيع والشراء حول قبره نحوا من سنة، فخاف من ذلك الأمير ابن الأغلب، فبعث إلى ابن عمّ لابن سَحنون ففرّق الناس .ويقال إنّ الناس لم يفرّقهم إلاّ هجوم الشتاء.

2- عن الكتاب:

عنوان هذا الكتاب «آداب المعلِّمين»

- أُلّف هذا الكتاب في أوائل القرن الثالث الهجريّ /أوائل التاسع الميلاديّ، وهو من الكتب الرائدة في التربية والتعليم، بل هو أقدم كتاب معروف لنا يبحث في أصول التربية الإسلاميّة.
- يقدّم محمّد بن سَحنون في كتابه الأسس التربويّة التي نصّت عليها تعاليم الدِّين الإسلاميّ، أو أخلاقيّات التعليم من وجهة نظر المبادئ الإسلاميّة، خاصّة ما ورد منها في الأحاديث النبويّة، وما يرويه العلماء من أقوال الصحابة والتابعين. ولا يذكر آراءه الشخصيّة على الإطلاق، وعلى هذا فالكتاب وثيقة هامّة تسجّل الأوضاع التي كانت عليها المدارس الإسلاميّة في صدر الإسلام (عصر النبيّ والخلفاء الراشدين) والعصر الأمويّ على وجه الخصوص .
- يتحدّث الكتاب عن ضرورة تعليم القرآن الكريم، وضرورة أن يكون هناك معلّمون يعلّمون الأطفال، ويقرّر أن التعليم مهمّة أخلاقيّة في المقام الأوّل، ويذكر أنّ الأجر الذي يتناوله المعلّم ليس عوضا عن مجهوده من حيث المبدأ، ولكنّه مورد رزق له .أمّا التعليم ذاته فلا يقابل بالمال.
- يقرّر الكتاب أيضا ضرورة المساواة بين الأطفال داخل المدرسة لا فرق بين أولاد الفقراء وأولاد الأغنياء.
- ينظّم الكتاب أيام العمل وأوقاته وأيام العُطَل، ومتى يجوز للمعلّم أن يأذن للأطفال بالعودة إلى منازلهم.
- ينهى الكتاب عن استخدام الأطفال في قضاء حوائج المعلّم، أو الذهاب لاستدعاء الأطفال الغائبين وغير ذلك ممّا يضيع وقت الطفل ويبعده عن التعليم.

- كذلك يبينّ الكتاب القواعد التي ينبغي اتّباعها عند توقيع العقاب البدنيّ على الأطفال، ويبينّ أنواع الأخطاء، ودرجة العقوبة المسموح بها لكلّ نوع، والأعضاء التي لا يجوز توجيه الضربات إليها.ويبين بالتفصيل حدود مسؤولية المعلّم عن الأضرار البدنيّة التي قد يلحقها بالطفل.

- كذلك يذكر الكتاب أنواع الموادّ الدراسية التي **يجب أن يتعلّمها** الأطفال، والموادّ التي **يُستَحَبّ** لهم أو **يجوز** لهم أو التي **يُكْرَهُ** لهم أن يتعلّموها.

- ويؤكّد الكتاب على ضرورة انصراف المعلّم إلى تعليم الأطفال بنفسه، ويقرّر أنّه من الجائز أن يسمح للأطفال أن يُمْلِيَ بعضهم بعضا بشرط أن يكون في ذلك فائدة لهم.

- وأخيرا فالكتاب يبينّ الأخلاقيّات الإسلاميّة للتعليم، كما تقرّرها الأحاديث النبويّة والنصوص الدينيّة الموثّقة.

- طبع الكتاب في الجزائر عام 1969م بتحقيق ودراسة الدكتور محمود عبد المولى.

3- عن النّصّ:

- النصّ الذي سندرسه مأخوذ من مواضع متفرّقة من كتاب « آداب المعلمين» .

- بدأ النّصّ بحديث نبويّ عن أفضليّة تعليم القرآن وتعلّمه، ثم بينّ أفضل الأعمار للتعلّم، فكلّما كان الإنسان صغير السنّ كان التعلّم أسرع وأكثر ثباتا.

- ثم انتقل النّصّ إلى بيان ضرورة وجود معلّمين يعلّمون الأطفال، وإلاّ ذهب العلم والتراث الإنسانـيّ.

- وبينّ النصّ أنّ أجر المعلّم هو لمعيشته وليس للتعلّم ذاته، لأنّ التعليم في الإسلام عمل أخلاقيّ لا يجوز للإنسان أن يتلقّى عليه أجرا.

- ثم تناول ابن سَحنون قضيّة هامّة جدّا وهي ضرورة المساواة بين أولاد الفقراء وأولاد الأغنياء داخلَ المدرسة، لأهمّيّة ذلك بالنسبة إلى نفسيّة الأطفال.

- ثم انتقل ابن سَحنون ليعالج مسألة تأديب الأطفال وضربهم، وبيّن ان استخدام القسوة حرام، وأنّ الضرب ينبغي أن يتبع نظاما واضحا : فالضرب يجوز على عدم حفظ القرآن وعلى سوء الأدب، ولكنّ الضرب على عدم الحفظ ينبغي أن لا يتجاوز ثلاث ضربات حتّى لا يكره الطفل القرآن، كما أنّ الضرب يكون في أماكن معيّنة من الجسم، ولا يشمل الرّأس أو الوجه.

- ثم بينّ أن المعلّم لا يجوز له أن يطلب من الأطفال شيئا فوق الأجرة، ولا يجوز له أن يرغم الأطفال على إعطائه هدايا، فكلّ هذا عند الله حرام.

- وتأتي بعد ذلك مسألة الإجازات والأعياد وأوقات الدراسة، فيبينّ ابن سَحنون تعاليم الإسلام في كلّ هذا.

- ثم تناول قضية التعليم ذاتها، فقرّر أنّ على المعلّم أن يعلّم الأطفال بنفسه إلاّ في حالات محدّدة.

- وتناول المؤلف مسألة هامّة جدّا هي وجوب تفرّغ المعلّم لمهمّة تعليم الأطفال، فقرّر أنّ الإسلام يوجب على المعلّم أن يجلس مع الأطفال ويعلّمهم طول الوقت، ولا يجوز له أن يتحدّث مع آخرين، ولا ينشغل بالتّأليف أو ينسخ الكتب أو يغيب عنهم حتى لزيارة المرضى أو للسير في الجنازات.

- ويحدّد الكتاب الموضوعات التي يعلّمها المعلّم للأطفال، ويبينّ درجاتها في القبول من وجهة نظر الدين الإسلاميّ .فإلى جانب تعليم القرآن ينبغي أن يعلّمهم الحِساب والشِّعر، وقواعد اللّغة العربيّة، والخطّ والألفاظ اللّغويّة، والقراءة الحسنة، والخطابة.

- وفي الوقت ذاته يرى ابن سَحنون أنه لا يجوز للمعلّم أن يعلّمهم الغناء في قراءة القرآن.

- ويذكر النصّ أيضا أنّ على المعلّم أن يأمر الأطفال بأداء الصّلاة.

- وأخيرا ينتهي النصّ عند قضيّة هامّة يكثر ظهورها في مدارس الأطفال وهي اعتداء الأطفال على بعضهم البعض. كيف يتولّى الحكم فيها ؟ وهل يأخذ بشهادة المعتدى عليه أم بشهادة جمع من الأطفال ؟

لا بدّ للناس من معلّم يعلّم أولادهم ولولا ذلك لكان الناس أمّيّين.

النـصّ

عَنْ عُثْمَانَ بْنِ عفَّانَ –رضِيَ الله تَعالَى عَنْهُ– أنَّ رَسُولَ الله صلَّى اللهُ عَلَيْهِ وسَلَّمَ قَالَ : « **أَفْضَلُكُمْ مَنْ تَعلَّمَ الْقُرْآنَ وعَلَّمَهُ** ».

وعَنْ أَبِي هُرَيْرَةَ قَال : قَالَ رَسُولُ الله صَلَّى اللهُ عَلَيْهِ وَسَلَّمَ : «**مَنْ تعلَّمَ الْقُرْآنَ في شَبيبَتِه اخْتَلَطَ الْقُرْآنُ بلَحْمِه ودَمِهِ،ومَنْ تَعلَّمَهُ في كِبرِهِ وَهُوَ يَتفلَّتُ مِنْهُ ولا يَتْرُكُه فَلَهُ أَجْرُهُ مرَّتَيْنِ**»(...)

وَحدَّثُونَا عَنْ سُفْيَانَ الثَّوْرِيِّ، عَنْ عَلاَء بن السَّائِبِ قَال : «قَالَ ابْنُ مَسْعُودٍ : ثَلاَثُ لاَ بُدَّ لِلنَّاسِ مِنْهُمْ: لابُدَّ لِلنَّاسِ مِنْ أَميرٍ يحكمُ بَيْنَهُمْ ولولا ذلك لأكَلَ بعضُهم بعْضًا، ولا بدَّ لهم مِنْ شِرَاءِ المَصَاحِفِ وبَيْعِها ولولا ذَلِكَ لَقلَّ كتابُ الله، ولا بدَّ للناسِ من مُعَلِّمٍ يُعلِّمُ أولادَهُمْ، وَيأْخُذُ على ذَلِكَ أجرًا، ولوْلا ذَلِكَ لكانَ النَّاسُ أُمِّيِّينَ» (...).

وعَنْ ابْنِ وَهْبٍ، وعن ابن جُرَيْجٍ قال : قلتُ لعطاءٍ :**أآخُذُ الأجْرَ عَنْ تَعْليمِ الكتابِ (القرآن)؟أعلِمْتَ أنَّ أحداً كرِهَهُ ؟ قالَ:لا**.(...)

وَقال مَالِكٌ : «لاَ بَأْسَ بِمَا يأْخُذُ المعلِّمُ عَلَى تَعْلِيمِ القرْآنِ وإنِ اشْتَرطَ شَيْئاً كانَ لَهُ حَلالاً جَائِزاً»(...)

حَدَّثَنا آدمُ بْنُ بهْرَامَ بْنِ إياسٍ، عَن الرَّبيعِ، عَنْ صبيحٍ عَنْ أَنَسِ بْنِ مَالِكٍ قَال : قَالَ رَسُولُ اللَّهِ صَلّى اللَّهُ عليْهِ وَسلَّم : «أيُّمَا مُؤدِّبٍ وَلِيَ ثَلاثَةَ صِبْيَةٍ مِنْ هَذِهِ الأُمَّةِ فَلَمْ يُعلِّمْهُمْ بِالسَّوِيَّةِ، فقيرَهُمْ مع غَنيِّهِمْ، وغنيَّهم مع فقيرِهِمْ، حُشِرَ يومَ القِيَامَةِ مَعَ الخَائِنينَ»(...)

عَنْ عُبَيْدِ بْنِ اسْحَاقَ، عَنْ سَيْفِ بْنِ مُحمَّدٍ قال : كنتُ جَالِسًا عِنْدَ سعْد الخَفَّاف فجاءه ابنُهُ يبْكِي فَقَالَ: يا بُنَيّ، مَا يُبْكِيكَ ؟ قَالَ: ضَربَنِي المُعلِّمُ .قَالَ : **أمَا واللَّهِ لأُحدِّثَنَّكُمُ اليَوْمَ** : حَدَّثَنِي عِكْرِمَةُ، عَنِ ابْنِ عبّاسٍ قَال : قَالَ رسولُ اللَّهِ –صَلّى اللَّهُ عَلَيْهِ وَسَلَّمَ–: «**شِرَارُ أُمَّتِي مُعلِّمُو صِبْيَانِهِم، أَقلُّهُمْ رَحْمَةً لِلْيَتِيمِ وأَغْلَظُهُمْ عَلَى المِسْكِينِ**».

قال محمدٌ وإنّما ذلك لأنّه **يضْربهُم إذا غضب، ولَيْس علَى مَنافعهمْ.** ولا بأْس أنْ يضْرِبَهُم علَى مَنافعهمْ. ولا يجاوزُ بالأدب ثلاثا إلاّ أنْ يأْذَن الأبُ في أكْثر منْ ذَلك إذا أذى أَحَدًا. ويُؤَدِّبُهُمْ علَى اللَّعبِ والبَطالَةِ ولا يجاوزُ بالأدبِ عشْرةً.وأمَّا قراءةُ القرآنِ فلا يجاوزُ أدبُهُ ثلاثًا(...)

ولاَ يحلُّ للمُعَلِّم أنْ يُكلِّفَ الصِّبْيَانَ فوْقَ أُجْرَته شيْئًا، منْ هَديَّة وغيْرِ ذلك، ولا يسألُهم في ذَلك، فإنْ أهْدَوْا إليْه علَى ذَلكَ فهو حرَامٌ، إلاّ أنْ يُهْدُوا إليه منْ غيْرِ مَسْألَة، إلاّ أن تكُونَ المسألةُ على وَجْهِ المعْرُوف. فإنْ لمْ يفعلُوا فلا يضْرِبُهم في ذلك. وأيْضًا إنْ كانَ يهدِّدُهُمْ في ذَلك فلا يحلُّ لهُ ذلك، لأنَّ التَّخْلِيَة داعيةٌ إلى الْهَديَّة، وهْو مكروهٌ. قلتُ له : (لوالدي سَحنون) كمْ ترَى أنْ يأْذَنَ لهُمْ [المعلّم للصبيانِ] في الأعْيادِ ؟ قال الفطرُ يوْمًا واحدًا. ولا بأْس أنْ يأذَنَ لهم ثلاثةَ أيّامٍ، والأضحى ثلاثةَ أيّام.ولا بأْس أنْ يأْذنَ لهم خَمْسَةَ أيَّامٍ.

قلت : أفيُرْسلُ الصبيَانَ بعضَهم في طلَبِ بعْضٍ ؟ قال : لا أرَى ذَلك يجوزُ له، إلاّ أنْ يأذنَ لهُ آباؤُهُمْ أو أولياءُ الصِّبيانِ في ذلكَ، أو تكونَ المواضعُ قريبةً لا يَشْتَغلُ الصبيُّ في ذَلكَ. ولْيَتعَاهَدِ الصبيانَ هو بنَفْسهِ في وَقْتِ انْقلاَبِ الصِّبْيَانِ ويُخْبرْ أولياءَهُمْ أنَّهُمْ لَمْ يَجيئُوا(...)

قال: وأُحبُّ للمعلِّم أن لا يوليَ أحدا من الصّبيانِ الضربَ، ولا يجعلَ لَهُم عريفًا منْهم، إلاّ أن يكونَ الصبيُّ قدْ ختَمَ وعَرفَ القرآنَ وهو مُسْتغْنٍ عن التّعليم، فلا بأسَ بذلكَ، وأن يُعينَهُ فإنَّ ذلكَ منفعةٌ للصَّبيِّ، ولا يحلُّ أن يأمرَ أحدًا أن يعلِّمَ أحدًا منْهم إلاّ أن يكونَ في ذلك منفعة للصبيّ في تَخْريجهِ أو يأذَنَ والدُه في ذلك .ولْيَلِ هو ذَلكَ بنَفْسهِ أو يستأجرْ مَنْ يُعينُهُ إذا كانَ في مثل كفالَته(...)

ولاَ يحلُّ للْمُعَلِّمُ أن يَشْتَغلَ عَنِ الصِّبْيانِ إلاَّ أنْ يكونَ في وقْتٍ لا يَعْرضُهُمْ فيه فلا بأس أن يتحدَّثَ [إلى الآخرين] وهو في ذلك ينظرُ إليْهم ويتفقَّدُهُمْ(...)

قال: ولْيَلْزَم المعلّمُ الاجتهادَ، وليتفرَّغْ لهم، ولا يجوزُ له الصّلاةُ على الجنائزِ إلا فيما لا بدَّ منْه ممَّنْ يلْزَمُه النّظرُ في أمْرِه، لأنَّهُ أجيرٌ لا يدَعُ عملَهُ، ولاَ يتَّبعُ الجَنائزَ، ولاَ عيادَةَ المرْضَى...

وَيَنْبَغِي لَهُ أَنْ يَجْعَلَ لَهُم وقْتًا يعلِّمُهُم فيه الكَتْبَ ويجعلهم يَتَخَابَرُونَ لأَنَّ ذَلِك ممَّا يُصْلِحُهْم وَيُخرِّجُهُمْ ويبيحُ لهمْ أدبَ بَعْضِهم بعْضًا، ولاَ يُجَاوِزُ ثَلاَثًا.ولا يجوزُ لَهُ أن يضْرِبَ رأْسَ الصَّبيّ ولا وجهَهُ. ولا يجوزُ له أن يمنعَه من طعامِه وشرابِه إذا أُرْسِلَ وراءَهُ(...)

قُلْتُ : **فهَلْ تَرَى لِلْمُعَلّم أن يكتُبَ لنَفْسه كُتُبَ الفقْه ولغَيْرِه** ؟ **قَالَ** : أمَّا في وَقْتِ فَرَاغِه مِنَ الصبيِّانِ فلا بَأْسَ أَنْ يَكْتُبَ لِنَفْسِه ولِلنَّاسِ، مِثْلَ أَنْ يَأْذَنَ لَهُمْ في الانْقِلاَبِ، وَأَمَّا مَا دَامُوا حولَه فَلا، أي لا يجوزُ لَه ذلك. وكيْفَ يجوزُ له أن يَخْرُجَ ممَّا يَلْزَمُهُ النَّظرُ فيه إلى مَا لاَ يلْزَمُه ؟ ألاَ ترَى أنَّه لا يَجُوزُ أن يُوكِلَ تَعْلِيمَ بَعْضِهِمْ إلى بَعْضٍ، فَكَيْفَ يَشْتَغِلُ بِغيْرِهِمْ ؟(...)

قُلْتُ : فَيَأْذَنُ للصَّبِيِّ أَنْ يَكْتُبَ لأَحدٍ كِتَابًا ؟ فقال لاَ بَأْسَ بِه. وَهَذَا ممَّا يُخَرِّجُ الصَّبيَّ إذَا كَتَبَ الرَّسَائِلَ. ويَنْبَغِي أَنْ يُعَلِّمَهُم الحسابَ وليْسَ ذلك بلازم لَهُ إلاَّ أَنْ يُشْتَرطَ ذَلك عَلَيه، وكَذَلك الشِّعْرُ، وَالغريبُ، والعربيَّةُ، والخَطُّ، وجَميع النَّحْوِ، وَهُوَ في ذَلكَ مُتَطَوِّعٌ. وَيَنْبَغِي لَهُ أَنْ يعلِّمهُم إعْرَابَ القرآنِ وذلك لاَزِمٌ لَهُ، والشّكلُ، والهجاءُ، والخطّ الحَسَنُ، والقراءةُ الحسنةُ، والتَّوْقِيتُ والتّرتيلُ، يلْزَمُهُ ذَلك. ولا بأْس أن يعلِّمَهُمْ الشِّعْرَ ممَّا لا يكونُ فيه فُحْشٌ مِنْ كلامِ العربِ وأَخْبَارِهَا، وَلَيْسَ ذلك بواجبٍ عَلَيْه(...)

ولاَ بَأْسَ أَنْ يُعَلِّمَهُمُ الخُطَبَ إِنْ أَرَادُوا. ولا أرَى أَنْ يُعَلِّمَهُمْ أَلْحَانَ الْقُرْآنِ لأَنَّ مالكًا قال : لا يجوزُ أن يُقْرأَ بِالأَلْحَانِ. ولاَ أَرَى أن يعلِّمَهُمُ التَّحْبِيرَ لأَنَّ ذَلِكَ داعيةٌ إلى الْغِنَاءِ وَهُوَ مَكْرُوهٌ، وأَرَى أَنْ يُنْهَى عن ذَلِكَ بِأَشَدِّ النَّهْيِ(...)

قَالَ سَحْنُونُ: ولا يجوزُ للمعلِّم أَنْ يُرْسِلَ الصبيانَ في حَوَائِجِه. وَيَنْبَغِي للمُعَلِّم أن يَأْمُرَهُمْ بِالصَّلاَةِ إذا كانُوا بَنِي سَبْعِ سنِينَ، وَيَضْرِبَهُم علَيْها إذَا كَانُوا بَنِي عَشْرةٍ(...)

وَسُئِلَ سَحنونُ عن المُعلِّم: يأْخُذُ الصِّبْيَانَ بقولِ بَعْضِهم عَلَى بَعْضٍ في الأَذى؟ قال : ما أرى هذا من ناحيةِ الحُكْمِ، وإنّما على المُؤدِّب أن يؤدِّبهم إذا آذى بعضُهم بعضًا. وذلك عندي إذا استفاضَ علْمُ الأذى من الجماعةِ منْهم أو كان الاعترافُ، إلاّ أن يكونُوا صبيانًا قد عرفهم بالصّدْقِ فَيَقْبَلَ قَوْلَهُمْ ويعاقِبَ على ذلك. ولا يُجاوِزُ

في الأدبِ كما أعلمتُك، ويأمُرُهم بالكَفِّ عن الأذى، ويردّ ما أخذ بعضُهم لبعضٍ. وليْس هو من ناحيةِ القَضاء. وكذلك سمعتُ من غيرِ واحدٍ من أصحابِنا. وقد أجيزت شهادتُهم في القَتْل والجِراحِ فَكَيْف بهذا ! والله أعْلَمُ.

الشروح

يَتفلّت منه : يهرب منه.

جَاوَزَ : زاد على.

انقلابُ الصّبيان : انصِرافهم من الدرس.

عَريفٌ : رئيسٌ.

تَحْبيرٌ : تَزْيينٌ وَتَنْميقٌ.

التّدريبات

1- أسئلة حول النصّ:

1- من هو محمّد بن سَحنون؟ ومتى وُلد ؟ وأين عاش ؟

2- ماذا عرفت عن كتاب « المدوّنة»؟

3- لماذا لا يختلف المؤرّخون في مولد محمّد بن سَحنون ؟

4- ماذا طلب والده من معلّمه؟ وما رأيك في هذا الطلب؟

5- ما أشهر كتب ابن سَحنون؟

6- ما المجالات العلميّة التي اشتغل بها ابن سَحنون ؟

7- كم سنة عاش ابن سَحنون؟

8- من الأمير الذي صلّى عليه ؟ وماذا تفهم من صلاته عليه ؟

9- بماذا تفسّر إقامة الناس حول قبره بعد موته ؟

10- لماذا خاف الأمير من تجمّع الناس حول قبره ؟

11– ما تعرف عن كتاب « آداب المعلّمين »؟

12– ما تفهم من عدم ذكر المؤلف لآرائه الشّخصيّة في كتابه «آداب المعلّمين»؟

13– «أفضلكم من تعلّم القرآن وعلّمه»، من قال هذه العبارة ؟ وما تفهم منها ؟

14– ما معنى أن يختلط القرآن بلحم المتعلّم ودمه ؟

15– متى يختلط القرآن بلحم المتعلّم ودمه؟

16– متى يكون لمتعلّم القرآن أجره مرّتين ؟

17– « لابدّ للناس من أمير». علّل هذه العبارة .

18– لماذا كان شراء المصاحف وبيعها ضروريّيْن؟

19– ما الذي يترتّب على ترك الناس بدون معلّم يعلّم أولادهم؟

20– هل يجوز للمعلّم أن يأخذ الأجر على تعليم القرآن ؟

21– ما رأيك في أخذ أجر على تعليم القرآن ؟

22– ما جزاء الذي لا يسوّي بين المتعلّمين ؟

23– لماذا لا يصحّ وضع الفقراء من المتعلّمين في أماكن خاصّة بهم ؟

24– مَنْ هم المعلّمون الذين وصفوا بأنّهم من شرار الأمّة ؟

25– هل يجوز ضرب المتعلّم من أجل التعليم ؟

26– ما رأيك في ضرب الصبيان من أجل التعليم ؟

27– ما الحدّ المسموح به في ضرب المتعلّم ؟

28– هل هناك فرق بين أن يُضْرب المتعلّم للتقصير في حفظ القرآن وأن يضرب لسوء الأدب ؟

29– هل يجوز للمعلّم أن يأخذ شيئا من الصبيان فوق أجرته ؟

30– ما حكم من يأخذ فوق أجرته بطلب منه ؟

31– ما حكم ما يأخذه فوق أجرته منهم من غير طلب منه ؟

32– ما المناسبات التي يأذن المعلّم فيها للصّبيان بالتغيّب ؟

33- كم يوما يعطّل المعلّم الدراسة لعيد الفطر ؟

34- وكم يوما لعيد الأضحى ؟

35- متى يجوز للمعلّم أن يرسل بعض الصبيان في طلب بعض؟

36- متى يجوز للمعلّم أن يجعل للصبيان عريفًا منهم ؟

37- هل يجوز للمعلّم أن يشتغل عن الصبيان بالحديث مع غيرهم؟

38- هل يجوز للمعلّم أن يتغيّب عن الصبيان للصلاة على الجنائز ؟ ولماذا؟

39- إذا كان للمعلّم مريض من أقاربه،فهل يجوز له أن يترك الصبيان لعيادته ؟

40- إذا أرسل الأهل للصبيّ طعاما،فهل يجوز للمعلّم أن يمنعه عنه ؟

41- هل يجوز للمعلّم أن يشتغل عن الصبيان بالقراءة أو نسخ الكتب لنفسه أو لغيره؟

42- متى يجوز له ذلك ؟

43- هل يسمح المعلّم للمتعلّم أن ينسخ الكتب لغيره ؟ ولماذا ؟

44- ما العلوم التي ينبغي على المعلّم أن يعلّمها الصّبيان بالإضافة إلى القرآن؟

45- هل يجوز له أن يعلّمهم الخطب؟

46- هل يجوز له أن يعلّمهم ألحان القرآن ؟ ولماذا ؟

47- أرسل المعلّم الصبيّ في حاجة من حوائج المعلّم : فهل يجوز له ذلك ؟

48- إذا شهد صبيّ على صبيّ آخر بما يؤذيه، فهل يأخذ المعلّم بقوله ؟

49- ماذا على المعلّم أن يفعل إذا آذى بعض الصبيان بعضا ؟

50- هل يؤخذ بشهادة الصبيان في جريمة القتل ؟

51- ما السنّ التي يأمر المعلّم الصبيان فيها بالصلاة ؟

52- وما السنّ القصوى التي يضربهم فيها بسبب ترك الصلاة ؟

53- بماذا تستدلّ على أنّ التعليم من أهمّ الأسس التي يقوم عليها المجتمع الإسلاميّ؟

2- صواب أم خطأ ؟

1- أوّل كلمة نزلت من القرآن هي كلمة «اقْرَأْ».

2- المعركة الأولى التي انتصر فيها المسلمون على كفّار مكّة هي فتح مكّة.

3- تعليم القراءة والكتابة من شروط تحرير أسرى قريش في أوّل غزوة للمسلمين.

4- صاحب كتاب « المدوّنة» هو محمّد بن سَحنون.

5- لا يختلف أحد في تاريخ ميلاد ابن سَحنون لشهرته في العلم.

6- كان محمّد بن سَحنون يعلّم في حياة أبيه.

7- كان محمّد بن سَحنون يدرّس العلم في الجامع الأزهر.

8- توفّي والد محمّد بن سَحنون في القرن الثالث الهجريّ.

9- مؤلّفات ابن سَحنون تبلغ مائتي كتاب .

10- كُتِب كتاب الإمامة بالذهب، وأُهدي إلى الخليفة في بغداد.

11- توفّي ابن سَحنون بعد وفاة والده بستٍّ عشرةَ سنةً .

12- الأجر الذي يتناوله المعلّم عِوَضٌ عن مجهوده.

13- كتاب آداب المعلّمين كتاب مهمّ في أصول الفقه.

14- يجوز للمعلّم أن يضرب الصبيّ على وجهه ورأسه.

15- من الجائز أن يسمح للأطفال بأن يملي بعضهم على بعض.

16- من يتعلّم في شبابه لا ينسى ما تعلّمه.

17- لا يجوز أخذ الأجر على تعليم كتاب اللّه.

18- يجب التفريق بين الغنيّ والفقير في التعليم.

19- لا يجوز للمعلّم أن يضرب المتعلّم أكثر من ثلاث.

20- يحلّ للمعلّم أن يطلب هديّة من المتعلّم.

21- لا يصحّ للمعلّم أن يأذن للطّلاب أكثر من خمسة أيّام في عيد الأضحىَ.

22- العريف هو الصبيّ الذي ختم القرآن واستغنى عن التعليم.

23- مطلوب من المعلّم أن يتغيّب عن الطّلاب لحضور الجنائز وزيارة المرضى.

24- مطلوب من المعلّم أن يمنع الصبيّ من الطعام الذي يرسله إليه أهله.

25- يجوز للمعلّم أن يوكل تعليم بعض الصبيان إلى بعض.

26- يجب على المعلّم أن يعلّم الطّلاب الشّعر.

27- ألحان القرآن ممّا يجب أن يتعلّمه الصبيان.

28- غير مسموح للمعلّم أن يشغل الطلاّب بأموره الخاصّة.

29- للمعلّم أن يشتغل بتأليف كتب الفقه لنفسه وقت تعليم الصبيان.

30- لا يحلّ للمعلّم أن يطلب من الصبيان شيئا من هديّة فوق أجرته.

3- املأ الفراغ بما يناسب فيما يلي:

1- من تعلّم القرآن ....اختلط القرآن بلحمه ودمه.

أ- في شيخوخته ب-في شبيبته ج-في كهولته

2- إذا أخذ المعلّم أجرا على تعليم القرآن فذاك.................

أ- حلال ب- حرام ج-مكروه

3- لولا شراء المصاحف وبيعها لقلّ ....

أ- أجر المعلّمين ب- كتاب الله ج-البيع والشراء

4- إذا لم يعلّم المعلّم الصبيان ....حشر يوم القيامة مع الخائنين.

أ- بالسويّة ب-بالتفرقة ج- بالمفاضلة

5- ....للمعلّم أن يضرب الصبيان على منافعهم.

أ- لا يجوز ب- لا بأس ج-لا يحلّ

6- لا يحلّ للمعلّم أن يكلّف الصبيان فوق ....شيئا من هديّة.

أ- قراءته ب-عمله ج-أجرته

7- معنى عبارة «لابأس» هو ....

أ-الجواز ب-المنع ج-الكراهية

8- ....للمعلّم أن يأمر الصبيان بالصلاة إذا كانوا في سنّ السابعة.

أ- يجوز ب-ينبغي ج- لا يحقّ

9- أوّل معركة كانت بين المسلمين وكفّار قريش هي..................

أ- فتح مكّة ب-غزوة الخندق ج-غزوة بدر

10- يعتمد دارسو الفقه ....على كتاب «المدوّنة» اعتمادا كبيرا.

أ- الحنفيّ ب- الشافعيّ ج-المالكيّ

لاحظ التركيب التالي:

محمّدُ بنُ سَحنونَ

في هذا التركيب وقعت كلمة «ابن « بين اسمين الثاني منهما أبو الأول.

في مثل هذه الحالة يجب أن :

1- تحذف«الألف» من كلمة «ابن» فتصبح «بْن»،بشرط ألاّ يصادف وقوعها في أوّل السطر في الكتابة، فإنّ ألفها تبقى في هذه الحالة.

2- يكون الاسم الأوّل خاليا من التنوين.

أمثلة أخرى : عُثْمَانُ بنُ عفّانَ، عَلِيّ بْنُ أَبِي طالِبِ، معاويةُ بْنُ أَبِي سُفْيَانَ.

قارن بين العبارتين التاليتين:

1- وليس ذلك واجباً عليه.

2- وليس ذلك بواجبٍ عليه.

- هاتان الجملتان متَّفقتان في المعنى، لكنّ الجملة الثانية فيها نوع من التأكيد لا يوجد في الجملة الأولى.
- أداة هذا التّأكيد الباء الداخلة على كلمة واجب (التي هي أصلا خبر «ليس» من أخوات كان).
- هذه «الباء» تدخل على خبر (ليس)، وخبر (ما النافية)، أو خبر (لم يكن) ولكنها لا تغيّر تركيبَ الجملةِ الأساسيَّ.
- التأثير الذي تحدثه الباء هو :
- في اللفظ : تجرّ الاسم الذي تدخل عليه.
- في المعنى : تزيد من قوّة النفي المتضمّن في الجملة.
- يطلق على هذه «الباء» في كتب النحو العربي «الباء الزائدة» لأنّه يمكن حذفها دون حدوث تغيير في المعنى الأساسيّ للجملة.
- هناك «حرف جرّ» آخر يقوم بمثل هذه الوظيفة وهو «مِنْ الزائدة» بشرط أن يكون المجرور بها نكرة، وأن تكون مسبوقة بنفي أو استفهام مثل : مَا مِنْ أحدٍ في البيت، وهَلْ مِنْ أَحَدٍ في البيت؟
- «حروف الجرّ غير الزائدة» يطلق عليها حروف الجرّ الأصليّة.

4- عينّ «حرف الجرّ الزائد» و «حرف الجرّ الأصليّ» في الآيات القرآنية التالية:

1- «وَمَا أَنْتَ بِهَادِي العُمْيِ عَن ضَلاَلَتِهِم»

(العُمي :الكفّار)

2- «وَمَا أنتَ بِمُؤْمِنٍ لَنَا وَلَوْ كُنَّا صَادِقِينَ»

(مؤمن لنا : تصدِّقنا)

3 – «مَا يَأْتِيهِمْ مِنْ ذِكْرٍ مِنْ رَبِهِم مُحْدَثٍ إِلاَّ اسْتَمَعُوهُ وَهُمْ يَلْعَبُونَ».

(محدث : جديد)

4– «وَمَا أَرْسَلْنَا مِنْ رَسُولٍ إِلاَّ بِلِسَانِ قَوْمِهِ لِيُبَيِّنَ لَهُمْ».

(لسان : لغة)

5– «وَكَفَى بِرَبِّكَ هَادِيًا وَنَصِيرًا».

(كفى بربّك : يكفيك ربّك).

6– «وَمَا تَأْتِيهِمْ مِنْ آيَةٍ مِنْ آيَاتِ رَبِّهِمْ إِلاَّ كَانُوا عَنْهَا مُعْرِضِينَ».

(معرضين عنها : تاركين لها).

7– «لَسْتَ عَلَيْهِمْ بِمُسَيْطِرٍ».

(مُسَيْطِرٍ : متحكّم)

8– «مَنْ عَمِلَ صَالِحاً فَلِنَفْسِهِ وَمَنْ أَسَاءَ فَعَلَيْهَا وَمَا رَبُّكَ بِظَلاَّمٍ لِلْعَبِيدِ».

9– «أَلَيْسَ اللَّهُ بِكَافٍ عَبْدَهُ»

(كاف عبده : يُغنيه عن غيره)

10– «أَلَيْسَ اللَّهُ بِعَزِيزٍ ذُو انْتِقَامٍ».

11– «وَتَوَكَّلْ عَلَى اللَّهِ وَكَفَى بِاللَّهِ وَكِيلاً».

12– « إِنَّ مَوْعِدَهُمُ الصُّبْحُ أَلَيْسَ الصُّبْحُ بِقَرِيبٍ».

13– « أَوَ لَيْسَ اللَّهُ بِأَعْلَمَ بِمَا فِي صُدُورِ الْعَالَمِينَ».

14– «إِنَّ عِبَادِي لَيْسَ لَكَ عَلَيْهِمْ سُلْطَانٌ وَكَفَى بِرَبِّكَ وَكِيلاً».

15– أَلَيْسَ اللَّهُ بِأَعْلَمَ بِالشَّاكِرِينَ».

16– «ذَلِكَ بِمَا قَدَّمَتْ يَدَاكَ وَأَنَّ اللَّهَ لَيْسَ بِظَلاَّمٍ لِلْعَبِيدِ».

(بما قدمت يداك: بما عملت).

17– «أَلَيْسَ اللَّهُ بِأَحْكَمِ الْحَاكِمِينَ».

5- انْفِ الجمل الآتية مستخدما «ليس» مرّة و«ما» مرّة،وائت بحرف جرّ زائد في الخبر مع ضبط الاسم والخبر:

1- أخْذُ الأجر على تعليم القرآنِ حرام.

2- أخذ الهديّة بطلبها من المتعلّمين جائز.

3- ضرب المتعلّمين مسموح به.

4- إجازة عيد الأضحى سبعة أيّام.

5- صلاة الجنازة جائزة للمعلّم.

6- عيادة المرضى محرّمة على المعلّم في وقت العمل.

7- ضرب الصبيّ على وجهه مسموح به.

8- تعليم الصبيان ألحان القرآن جائز.

9- إرسال الصبيان في الحوائج جائز.

10- تعليم الصبيان بعضهم بعضا مسموح به.

11- شهادة الصبيان في القتل والجراح مقبولة.

لاحظ الأسلوب التالي :

أَمَا وَاللهِ لأحَدِّثَنَّكُمْ اليَوْمَ :

- هذا أُسلوب قسم استخدم هنا بغرض جذب الانتباه، والتأكيد على ما سيأتي بعده.وهو يتكوّن من:

1- **أمَا** : يسمّيها علماء النحو العربيّ « **أداة استفتاح**» لأن الكلام يُفتتح بها (أي يبدأ بها الخطاب) عند إرادة إثارة انتباه السامعين .ومثلها في ذلك: «**ألَا**».

2- جملة قسم، وهي مركّبة من :

- مُقْسَم به وهو «اللّه»
- أداة قَسم وهي «الواو»، وهي حرف جرّ وقسم.
- مُقْسَم عليه وهو «أحدّثنّكم اليوم»
- لَامِ القَسَم وهي اللام الداخلة على «أحدّثنكم» للتأكيد.

3- في الجملة أيضا أداة إضافيّة لزيادة التأكيد، وهي «**نون التوكيد**» اللاحقة بالفعل «**أحدّث**».

6- إبحث في المعجم عن الكلمات الآتية:

المصاحف–الصبيان–يتفلّت–اختلط–اشترط–الخائنين–المسكين–التّخْلية.

لاحظ الأسلوب التّالي:

- وقد أجيزت شهادتهم [الأطفال] في القتل والجراح [الإصابات] **فَكَيْفَ بِهَذَا**؟ (أي شهادة بعضهم على بعض في السلوك).
- هذا نوع من أساليب التعجّب، وهو هنا يشتمل على معنى الإنكار.
- يتكوّن هذا الأسلوب من عبارتين يصل بينهما التركيب: «**كَيْفَ بِـ...**» ومعناه «**فَضْلاً عن...**»، «**فَمَا بَالُكَ بِـ...**».
- تجري المقارنة بين العبارة التي ترد قبل «**كيف بـ...**» والعبارة التي ترد بعدها على أساس أنّ العبارتين تشتركان في حكم أو صفة واحدة.
- هدف هذه المقارنة بين ما قبل «**كيف بـ...**» وما بعدها هو البرهنة على أنّ ما بعد «**كيف بـ...**» ينطبق عليه الحكم أو الصفة المشتركة أكثر من انطباقه على ما قبل «**كيف بـ...**».

7- أكمل الآتي طبقا للنموذج السابق:

1. عاطفة الأمومة عند الغزالة شملت ولد الإنسان ....نحو صغار بني جنسها؟
2. كان من الممكن لابن بطّوطة زيارة الصّين فكيف بـ...................................؟
3. ....فكيف بقطيع الغزلان الذي عاش معه ؟
4. اتباع العقل يهدي إلى الخالق فكيف بـ... ؟
5. ....فكيف بـ.. ؟

8- **تعبير كتابي**: **اكتب عَشَرَة أسطر في أصول التربية الإسلامية مستخدما فيها جملا منفية، وأخرى مثبتة، وأسلوبا من أساليب الشرط، وآخر من أساليب التعجّب.**

من الشعر العربي (5)

اقرأ واحفظ

أحمد شوقي في المعلّم والعلم والتعليم

(من بحر الكامل)

قُمْ للمُعَلِّمِ وفِّهِ التَّبجيـــــلا ... كاد المعلّمُ أن يكون رســــولا
أَعَلِمْتَ أشرفَ أو أجلَّ من الذي ... يَبنِي ويُنشئ أنفسًا وعُقـــــولا؟
سبحانك اللّهم، خَيْرَ معلّـــمٍ ... علّمتَ بالقلم القــرونَ الأولـــى
أخرجتَ هذا العقلَ من ظُلماتِه ... وهديتَه النُّـورَ المُبينَ سبيـــــلا
وطبعتَه بيدِ المعلِّـم، تــــارةً ... صَدئَ الحديدِ وتارةً مصقـــولا
أرسلتَ بالتّوراةِ موسَى مُرشِدًا ... وابنَ البتـولِ فعلَّـم الإنجيـــــلا
وَفَجَرتَ يَنبوعَ البيانِ مُحمّـدًا ... فسقى الحديثَ وناولَ التنزيـلا...

* * *

رَبُّوا على الإِنصاف فتيانَ الْحِمَى ... تجدوهمُ كهفَ الحقوق كهـــولا
فهو الذي يبني الطباعَ قويمــةً ... وهو الذي يبنى النّفوسَ عُـدولا...
وإذا المعلّمُ لم يكن عدْلًا مشـــى ... روحُ العدالة في الشباب ضئيـلا
وإذا المعلّمُ ساء لَحْظَ بصيــرةٍ ... جاءتْ على يده البصائرُ حُـــولا
وإذا أتى الإرشادُ من سبب الهوى ... ومن الغرورِ فسمِّـهِ التّضليـــلا
وإذا أصيبَ القومُ في أخلاقهـــم ... فأقِمْ عليهم مأتمًا وعويـــــلا ...
وإذا النســـاءُ نشأنَ في أميّـــةٍ ... رضَعَ الرجالُ جهالةً وخمـــولا

الشاعر : شاعر مصريّ معاصر. ولد سنة 1868م وتوفّي سنة 1932م، عُدّ «أمير الشعراء» لَدَى العرب المعاصرين، واشتهر شعره بالمواضيع الوطنية والدينيّة والاجتماعيّة. له ديوان شعر مطبوع (الشوقيّات) كما ألّف مسرحيّات شعريّة مستمدّة في أكثرها من التاريخ ولا سيّما تاريخ مصر القديم.

الشّروح

تبجيل : تقدير وتعظيم.

علّمت بالقلم القرون الأولى : في هذا البيت اقتباس من قوله تعالى : «... **اِقرأْ** وربّك الأكرم، الذي علّم بالقَلَم، علّم الإنسان ما لم يعلم» (سورة القلم).

تارة صَدِئ الحديد وتارةً مصقولاَ : يشبّه الشاعر العقلَ بالسيف تشبيها ضمنيّا، فهو يكون مرّة صدِئا (غبيّا) ومرة مصقولا (لامعا قاطعا، ذكيّا).

البتول : مريم العذراء بنت عمران.

ابن البتول : عيسى بن مريم .

الحديث : أحاديث محمّد رسول **الله**.

التنزيل : الوحي (القرآن الكريم).

إنصاف : عَدْلٌ .

حِمًى: الوطنُ يحميه أهلُهُ.

بَصيرة : قوّة الإدراك والفطنة، والعلم والخبرة، والرّأي.

عويلٌ : رَفْعُ الصّوت بالبكاء والصّياح.

الدَّرْسُ السَّابِعُ

من السّيرة النبويّة، محمّد بن يوسف الشّامي يصف:

أنـواع الـوحي

السّيرة النبويّة من العلوم الإسلاميّة. وهي تشتمل على أخبار النبيّ محمّد صلّى الله عليه وسلّم من يوم مولده (52ق.هـ/ 571م) إلى يوم وفاته (11هـ/632م) فتذكر نسبه، وعائلته، وقصّة ولادته، وتربيته، وصباه وما قام به من أعمال، ومركزه بين قومه، وأخلاقه، وعاداته، وصفاته الجسدية والخُلُقيّة. ثمّ تذكر إرهاصات النبوّة، ونزول الوحي عليه، وما جرى له من أحوال معه، وتصف هيئة الوحي وطرق مجيئه وما أمره به. وتذكر أيضا إعلان رسالته على قومه في مكّة، وما حدث له معهم. ثمّ هجرته من مكّة إلى المدينة وانتشار دعوته فيها، وتذكر جهاده وغزواته ومكاتباته للملوك والرؤساء المعاصرين له. ثمّ وفاته وانتشار الدّين الإسلامي، ودخول الناس فيه أفواجا. وقد بدأ تدوين سيرة النبيّ صلّى اللّه عليه وسلّم أواخر القرن الأوّل للهجرة، أي بعد وفاة النبيّ بأكثر من سبعين عاما.

وكُتَّاب السيرة النبويّة طبقات، وعددهم كثير جدّا، وأشهرهم بلا شكّ ابن اسحاق، والواقدي، وابن هشام، والشّاميّ الذي أخذنا من كتابه «السّيرة الشّاميّة» هذا النصّ.

مداخل إلى دراسة النصّ

1- عن الكاتب:

- هو شمس الدين أبو عبد الله محمد بن يوسف الصّالحيّ الشّاميّ.

- ولد في الشام، لذلك لُقّب بـ «الشّامي». ولا تذكر المراجع تاريخ ميلاده، ولعلّ ذلك يشير إلى أنّه ولد في أسرة مغمورة، فقيرة الحال.
- رحل إلى مصر وأقام في المدرسة البرقوقيّة، وتوفي سنة 942هـ/1535م.
- تقول عنه كتب الأعلام إنّه كان عالما صالحا متفنّنا في العلوم، وإنّه ألّف السيرة النبويّة التي جمعها من مئات الكتب.
- بقي طول حياته عزبا لم يتزوّج. وكان إذا جاءه ضيف يعلّق القدر فوق النار ويطبخ له بنفسه.
- كان حلو المنطق، مهيب المنظر، كثير الصيام والقيام. وذكر أحد معاصريه من العلماء، وهو العلاّمة الشعرانيّ، أنه بات عنده ليلة فلم يره ينام إلا قليلا.
- كان إذا مات أحد من طلبة العلم وخلّف وراءه أولادا قاصرين أنفق عليهم إلى أن يستطيعوا اكتساب رزقهم.
- اشتهر بأنه لم يكن يقبل شيئا من أموال الولاّة ولا أعوانهم، كما كان لا يأكل من طعامهم.
- ألَّف كثيرا من الكتب في النحو والصرف والسّيرة النبويّة وعلم الكلام والحديث النبويّ وطبقات المحدّثين.

2- عن الكتاب:

- عنوان الكتاب طويل نسبيّا وهو : **سُبُلُ الهُدى والرّشاد في سيرة خير العباد وذكر فَضائِله وأَعلام نُبُوَّته وأفعاله وأحواله في المبدإ والمَعَاد**. ويطلق عليه اختصارا اسم «السيرة الشّاميّة» نسبة إلى مؤلّفه.
- ليس هذا الكتاب أوّل كتاب عن سيرة الرسول محمّد صلّى الله عليه وسلمّ، ولكنّه أطول كتاب وأوفاه في هذا الموضوع.
- كانت سيرة النبيّ، في أوّل الأمر، أخبارًا وحكايات تروى على ألسنة الصحابة، تتلقّاها الأسماع عن الأفواه. ثمّ انتُدب لجمعها عُروة بن الزبير بن العوّام في

أواخر القرن الأوّل الهجريّ، ثم من بعده أبّان بن عثمان بن عفّان، ووهب بن منبّه، وشرحبيل بن سعد، وابن شهاب الزهريّ وغيرهم من التّابعين أي أصحاب أصحاب رسول الله.

- تلا هؤلاء موسى بن عقبة، ومعمر بن راشد، ومحمّد بن عمر الواقدي، إذ وضع كل منهم كتابا في سيرته عليه الصّلاة والسلام.

- ثم ظهر في مجال السيرة النبويّة عالِمان كبيران : أوّلهما محمّد بن عبد الملك بن هشام، الذي ألّف سيرة طويلة بناها على رواية ابن اسحق وهي «سيرة ابن هشام»، وثانيهما محمد بن سعد تلميذ الواقدي وصاحب «طبقات ابن سعد الكبرى».

- جاء بعد هؤلاء الموسوعيّين من اختار جانبا معيّنا من حياة الرسول وخصّه بالتأليف إمّا نثرا وإمّا شعرا. وبقي الأمر على هذه الحال.

- وأخيرا جاء مؤلّفنا محمّد بن يوسف الصّالحيّ الشّامي، فألّف هذه السيرة الكبرى والموسوعة العظمى، وأودع فيها أقوال جميع من سبقه.

- وقد قال في المقدّمة إنّه قد اختصر سيرته «من أكثر من ثلاثمائة كتاب، وتحرّى فيها الصّواب، ولم يذكر فيها شيئا من الأحاديث الضعيفة أو المشكوك في صحّتها».

- وتقع هذه السّيرة في ألف باب أحصاها المؤلف في بداية الجزء الأول. وهي موزّعة على ثلاثةَ عَشرَ جُزْءًا ويقع كل جزء في أكثر من سِتّمائةِ صفحةٍ من القطع الكبير.

- ويقول المؤلف عنها : «وإذا تأمّلت هذا الكتاب علمت أنّه نتيجة عمري وذخيرة دهري».

- وعلى الرغم من اجتهاد المؤلّف ومحاولته تحرّي الصواب فإنه استخدم عددا من الأحاديث التي قيل بضعفها.

- صدر الجزء الثّاني من الكتاب الذي أخذ منه النصّ في القاهرة عام 1974م بتحقيق الدكتور مصطفى عبد الواحد .

3- عن النصّ:

- يتناول النصّ الذي سندرسه أحد أهمّ موضوعات السيرة النبوية وهو **الوحي**. فعن طريق الوحي أخبر الله محمّدا أنّه رسوله إلى البشرية، وعن طريق الوحي نزل القرآن، وهو دستور الإسلام وعماده.
- يتحدّث النصّ عن أنواع الوحي، أي الأحوال التي كان ينزل بها على الرسول.
- يذكر النصّ للوحي ثمانيَ حالاتٍ:

الحالة الأولى: الرؤيا الصادقة، وهي أن يرى الرسول رؤيا ثم تحدث في اليقظة كما رآها في المنام.

الحالة الثانية: أن يُلقي المَلَكُ جبريل في نفس الرسول بالرسالة مباشرة.

الحالة الثالثة: أن يأتيه الوحي مثل صلصلة الجرس.

الحالة الرابعة: أن يكلّمه اللّه في اليقظة بلا واسطة ولكن من وراء حجاب.

الحالة الخامسة: أن يكلّمه اللّه في اليقظة بغير حجاب.

الحالة السادسة: أن يكلّمه اللّه تعالى في النوم.

الحالة السابعة: أن يأتيه الوحي كدويّ النحل.

الحالة الثامنة: أن يلقي اللّه في قلبه ويجري على لسانه الحكم الإلهي الذي حكم به اللّه في القضايا التي تعرض للرّسول.

النّصّ

في أنــواع الــوَحْــي

قالَ العلماءُ رضيَ اللهُ عَنْهم : كانَ الوحْيُ يَنْزِلُ إلَى رَسُولِ اللَّهِ صَلَّى اللَّه عَلَيْهِ وَسلَّمَ فِي أَحْوَالٍ مُـخْتَلِفَةٍ :

الأوّل : الرُّؤْيا الصادقَةُ في المنام. قالَ إبراهيمُ عَلَيْه الصلاةُ والسَّلام : «إنِّي أَرَى في الْمَنَامِ أنِي أَذْبَحُكَ فَانْظُرْ مَاذَا تَرَى، قالَ يَا أَبَتِ افْعَلْ مَا تُؤْمَرُ» [ورد هذا في القرآن

في سُورَةِ الصَّافَّات، الآية 102]، فدلَّ عَلى أَنَّ الوَحْيَ كانَ يَأْتِيهم في المنامِ كما كان يَأْتِيهم في الْيَقَظَةِ.

الثَّاني : أَنْ يَنْفُثَ الملك في رُوعِهِ وَقَلْبِهِ مِنْ غيرْ أَنْ يَراه، كما قالَ صلّى اللّـهُ عَلَيْه وسلَّمَ: إنَّ رُوحَ القُدُس نفَثَ في رُوعي : « لَنْ تَمُوتَ نَفْسٌ حَتَّى تَسْتَكْمِلَ رِزْقَها فاتَّقُوا اللَّـهَ وأَجْمِلُوا في الطَّلَبِ ولاَ يَحْمِلَنَّكُمْ اسْتِبْطَاءُ الرّزقِ عَلَى أن تَطْلُبُوه بِمَعْصِيَةِ اللّـهِ فإِنَّ ما عِنْدَ اللّـهِ لَنْ يُنَالَ إلاَّ بِطَاعَتِهِ».

وقالَ كثيرٌ من المفسّرين في قوله تعالى: «وَمَا كَانَ لِبَشَرٍ أَنْ يُكَلِّمَهُ اللّـهُ إلاَّ وَحْيًا» [سُورَةُ الشُّورَى، الآية 51] هو أَنْ يَنْفُثَ في رُوعه بِالْوَحْيِ. قال الحليمي : هذا هو الوَحْي الذي يَخُصّ القَلْبَ دونَ السمْعِ.

الثَّالث : أن يَأْتِيَهُ مِثْلَ صَلْصَلَةِ الجَرَس، وهُو أَشَدُّهُ عَلَيْه، فيتلبَّس به الملَكُ حتَّى إنَّ جَبِينَهُ لَيَتَفَصَّدُ في اليَوْمِ الشَّدِيدِ الْبَرْدِ، وَحَتَّى إنَّ رَاحِلَتَهُ لَتَبرُكُ عَلَى الأَرْضِ.

رَوَى الشَّيْخان [البخاريُّ ومُسْلِمٌ] عنْ عَائشةَ [زوجة النبيّ] رَضي اللّـهُ عَنْها أنَّ الْحَارِثَ بْنَ هِشَام رَضِي اللّـهُ تَعَالَى عَنْهُ سَأَلَ رَسُولَ اللّـه صلّى اللّـهُ عَلَيْه وَسَلَّمَ : كَيْفَ يَأْتِيكَ الْوَحْيُ ؟ فقالَ رَسُولُ اللّـهِ صَلّى اللَّـهُ عَلَيْه وسلَّم : «أَحْيَانًا يَأْتِينِي مِثْلَ صَلْصَلَةِ الجرَسِ وَهُوَ أَشدُّهُ عَلَيَّ فَيَفْصِمُ عَنِّي وَقَدْ وَعَيْتُ مَا قَالَ، وَأَحيانًا يتَمَثَّلُ لِي المَلَكُ رجلاً فيكلِّمُنِي فَأَعِي مَا يقُولُ».

وَرَوَى ابْنُ سَعْدٍ أَنَّهُ بَلَغَهُ أَنَّ رَسُولَ اللّـه صَلَّى اللّـهُ عَلَيْه وسلَّم كَانَ يَقُول: «كَانَ الْوَحْيُ يَأْتِينِي عَلَى نَحْوَيْنِ : يَأْتِينِي به جبرْيلُ فَيُلْقِيه عَلَيَّ كَمَا يَلْقَى الرّجلُ الرّجل فذاك يتفلَّتُ منّي، ويأتيني في شيءٍ مِثْل صَلْصَلَةِ الجَرَس حتى يخالِطَ قَلْبي فَذَاكَ لا يتفلتُ مِنّي».

الرّابع : أَنْ يكلِّمَه اللّـهُ تعالى بِلاَ وَاسطَةٍ مِنْ وراءِ حجابٍ في اليَقَظَة كَمَا في لَيْلَةِ الإسرَاء على القولِ بعدمِ الرؤيَةِ [أي رؤية اللّـه في تلك اللّيلة].

ليلَةُ الإسْراءِ والمِعْراجِ هي الليلةُ التي أُسْرِيَ فيها بالنَّبيِّ (أي أُخذَ ليْلاً) من مَنامه بمكّةَ إلى المَسْجدِ الأقصى، أي بيْت المَقْدسِ حَيْثُ صَلَّى، ثُمَّ عُرجَ بِهِ (أي صُعِدَ بِه) إلى السَّماواتِ العُلَا حيثُ رأى « مَا لا عيْنٌ رَأتْ ولا أُذُنٌ سَمِعَتْ وَلا خطَرَ على قلْبِ بَشَرٍ» كما قال عليه الصّلاة والسّلام. ثُمّ رُجِعَ به إلى بَيْتِه بمَكَّةَ قَبْلَ أنْ يَطْلُعَ الْفَجْرُ. ويَحْكِي القرآنُ واقِعةَ الإسْراء وَواقِعَةَ المِعْراجِ في سُورَةِ الإسْراءِ وفي سُورَةِ النَّجْمِ.

الخامس : أن يكَلِّمَهُ الله تعالى كِفَاحًا بِغيْرِ حجابٍ عَلى القَوْلِ بالرُّؤْيَةِ ايلة الإسْراءِ.

قال الشيخ رحمه اللهُ تعالى : وَليْسَ في القرآنِ مِنْ هذا النَّوْعِ شَيْءٌ فيمَا أعلَمُ. نَعمْ يُمْكِنُ أن يُعَدَّ مِنْه آخر سورةِ الْبَقَرَةِ وبعْضُ سورةِ الضُّحَى وسورة «أَلَمْ نَشْرَحْ»، فقدْ رَوى ابْنُ أبي حاتمٍ منْ حديثِ عديّ بْن ثابتٍ قالَ : قالَ رسولُ اللَّهِ صَلَّى اللهُ عَليْه وسلَّم : «سَأَلْتُ رَبِّي مسألةً وَوددْتُ أني لَمْ أكُنْ سألْتُهُ، قُلْتُ : أيْ رَبِّي [يا رَبِّ] اتخذْتَ إبْراهيمَ خليلاً وكلَّمْتَ مُوسى تَكْليمًا. فقال : يا محمَّد : ألَمْ أجِدْكَ يَتيمًا فآويْتُ وضالاً فَهَدَيْتُ وعائلاً فأَغْنَيْتُ، وشرحتُ لكَ صَدْرَكَ وحططتُ عنكَ وزرَكَ ورفعتُ لك ذكْرَكَ فلا أُذْكَرُ إلاّ ذُكِرْتَ مَعِي» أي كُلَّما ذُكِرَ اسمُ اللَّهِ على لسانِ مُسْلِمٍ ذُكِر معَه اسمُ محمَّدٍ وذلك في عبارةِ «لاَ إلهَ إلا اللهُ مُحمَّدٌ رَسُولُ اللَّهِ» وهي الرّكْنُ الأَوَّلُ من أركانِ الإسلام الخمْسَةِ.

السّادس : أن يكلّمه اللهُ تعالى في النَّوْم، كمَا في حديثِ مُعاذٍ عنْدَ الترمذيِّ حيث يقولُ: أتَاني رَبِّي أيْ في المَنامِ في أَحْسَنِ صُورَةٍ فقال : «.....».

السَّابع : مَجيءُ الوحْي كدَويِّ النَّحْلِ. رَوى الإمامُ أحمدُ والحاكمُ، عنْ عُمَرَ بْنِ الخطَّابِ رضيَ اللهُ تعالى عنه قالَ : كانَ رسولُ اللَّهِ صَلَّى اللهُ عَلَيْه وسلَّم «إذا أُنْزِلَ عَلَيْهِ يُسْمَعُ عِنْدَ وَجْهِهِ كَدَوِيِّ النَّحْلِ» .

الثّامن : العِلْمُ الذي يُلْقِيهِ اللـهُ تعالَى في قَلْبِهِ وعلَى لسانِه عنْدَ الاجْتِهَادِ في الأحْكَامِ أي عنْدَمَا تَحْدُثُ حادثَةٌ ويريدُ أن يُصْدِرَ فيها قَرَارًا، لأنَّهُ اتُّفِقَ عَلَى أنّه صَلَّى اللـهُ عَلَيْه وسلَّم إذا اجْتَهَدَ أصَابَ قَطْعًا وكانَ معصومًا عن الخطإ. هذا مَا وَقَفْتُ عَلَيْهِ من صِفَاتِ الوَحْيِ.

الشروح

– **انظر ماذا ترى** : فكّر وقل لي رأيك .

– **افعل ما تؤمر**: نفّذ ما يأتيك من الأوامر.

– **ينفث في روعه** : يلقي في قلبه.

– **أجملوا في الطّلب** : اطلبوا برفق ولطف.

– **صلصَلةٌ** : رنينٌ.

– **يتفصّدُ عرقا** : ينزل منه العرق بكثرة.

– **يفصم عنّي** : ينفصل عنّي.

– **تمثّل له (جبريلُ) رجلا** : أي ظهر له (جبريل) في صورة رجل.

– **كفاحًا** : مُبَاشَرَةً.

– **شرح (الله) له صدره** : أدخل (الله) على قلبه الرّضا والشّعور بالأمن.

– **عائِل** : فقير

– **حططتُ عنك وزرك** : أنزلت عنك ذنبك أي غفرت لك.

– **أركان الإسلام الخمسة** : قواعدُ الإسلامِ الأساسيّةُ وهي خمسة : الشّهادتانِ، الصلاة، الزّكاة، الصّوم، الحجّ .

– **الاجتهاد في الأحكام**: استعمال العالِم قدرته وعلْمه في التوصّل إلى الحكم.

– **وقفت عليه** : عرفته.

التدريبات

1- أسئلة حول النصّ:

1. ما مفهوم السيرة النبويّة ؟
2. متى بدأ تدوين السيرة النبويّة ؟
3. من هو الشّامي ؟
4. أين ولد الشّامي وأين توفّي ؟
5. متى توفّي الشّامي ؟
6. ماذا تقول كتب الأعلام عن الشّامي ؟
7. ما الذي ذكره عنه العلاّمة الشعراني ؟
8. ماذا كان يفعل الشّامي إذا مات أحد طلبة العلم ؟
9. بماذا اشتهر الشّامي ؟
10. ما المجالات التي ألّف فيها ؟
11. ما عنوان كتابه الذي ألّفه عن السيرة النبويّة ؟
12. في كم جزء هذا الكتاب ؟ وكم بابًا فيه ؟
13. ما الفرق بين كتاب الشّامي في السيرة وغيره من الكتب التي تناولت الموضوع؟
14. من هم «التّابعون» ؟
15. ما الفرق بين الصّحابة والتّابعين؟
16. من أوّل من جمع سيرة النبيّ صلّى الله عليه وسلّم ؟
17. من أوّل من ألّف كتابا في سيرة النبيّ ؟
18. ماذا تعرف عن محمّد بن عبد الملك بن هشام ؟
19. من صاحب الطّبقات الكبرى ؟

20. ما السبّب – من وجهة نظرك – الذي دعا إلى كثرة المؤلّفات في السيرة ؟

21. عن أيّ شيء يتحدّث النّصّ المختار هنا ؟

22. ما أهمية الوحي ؟

23. كم طريقةً للوحي يذكرها النصّ ؟

24. ما أشدّ أنواع الوحي ؟

25. ما نوع الوحي الذي كان يتفلّت من النبيّ ؟ وما نوع الوحي الذي لا يتفلّت ؟

26. ما نوع الوحي الذي ليس في القرآن منه شيء ؟

2- صواب أم خطأ ؟

1. بدأ تدوين سيرة النبي – صلّى اللّهُ عليه وسلّم – في أواخر القرن الأوّل للهجرة.

2. القاصرون من الأولاد هم الذين بلغوا سنّ الرشد.

3. لم يكن الشّامي يقبل شيئا من أموال الولاّة ولا أعوانهم.

4. كان الشّامي رجلا مِزْواجًا مِطلاقًا.

5. كان أشدّ أنواع الوحي على النبيّ الذي يأتيه مثل صلصلة الجرس.

6. كتاب الشّامي أطول كتب السّيرة النبويّة وأوفاها.

7. تكثر الأحاديث الضعيفة في كتاب الشّامي.

8. السّيرة التي ألّفها شمس الدين الشّامي جمعها من مئات الكتب.

9. أنواع الوحي المختلفة تزيد على عشرة أنواع.

10. إذا رأى الأنبياء شيئا في منامهم فليس من الوحي.

11. العلم الذي يلقيه الله تعالى في قلب النبيّ وعلى لسانه عند الاجتهاد في الحكم من الوحي.

12. أوّل من جمع السّيرة عروة بن الزبير بن العوّام.

13. الأنبياء معصومون عن الأخطاء وإذا اجتهدوا أصابوا قطعا.

3- ضع كلّ كلمة أو عبارة في موضعها الملائم من الجمل التالية:

إرهاصات النبوّة - السيرة النبويّة - أسرة مغمورة - انتدب - تحرّى الصواب - التابعين - صلصلة الجرس - فقيرة الحال - يفصم عن - دستور الإسلام.

1. ولد محمّد بن يوسف الشّامي في ....فقيرة الحال.
2. اجتهد مؤلف كتاب «سبل الهدى ...» في .... وبخاصّة في الأحاديث النبويّة.
3. عروة بن الزبير بن العوّام هو أوّل من .... لجمع السّيرة النبويّة.
4. كانت الرؤيا الصادقة للنبيّ من .... قبل أن يبعث .
5. يُطلق على أصحاب أصحاب رسول اللّه مصطلح ....
6. الروايات والأخبار والحوادث التي تروى عن النبيّ تسمّى ....
7. بعدما كان الوحي.. النبيّ كان يحسّ بالراحة.
8. أشدّ أنواع الوحي على النبيّ هو الذي كان يأتيه مثل ....
9. يعدّ القرآن الكريم .... وعماده في العبادات والمعاملات.
10. لم تكن أسرة الشّامي أسرة غنيّة بل كانت أسرة ....

لاحظ هذا التركيب:

فيتلبّس به الوحي حتى إنّ جبينه ليتفصّد عرقًا في اليوم الشديد البرد.

- «حتّى» في هذا التركيب تسمّى «حرف ابتداء» أي تبدأ بعدها جملة جديدة.
- الجملة التي تأتي بعد «**حتّى الابتدائية**» تكون نتيجة (أو غاية) للجملة التي قبلها في المعنى.
- الجمل التي تأتي بعد حتّى الابتدائية تكون :
  1- جملا اسميّة.
  2- جملا فعليّة فعلها ماض.
  3- جملا فعليّة فعلها مضارع **مرفوع**.
- تستخدم «حتّى» في اللّغة العربيّة بطرق أخرى بالإضافة إلى الطريقة السابقة، لكنّها في جميع الأحوال تفيد «**الغاية**» (الانتهاء أو النتيجة).

4- أكمل ما يأتي مسترشدا بالنموذج السابق:

1. .... حتى إنّ جبينه ليتفصّد عرقا.
2. لا تذكر المراجع شيئا عن أسرة الشّامي حتّى ....
3. .... حتّى إنّ كتبهم تعدّ بالآلاف.
4. .... حتّى أصبح ينفق على الفقراء من أولاد العلماء.
5. كان الشّامي يكرم ضيفه حتّى ....
6. .... حتّى كان يرفض الأكل عندهم.
7. جمع الشّامي لكتابه مادّة كثيرة حتّى ....
8. .... حتّى تعدّ صفحاته بالآلاف.
9. تعدّدت أنواع الوحي حتّى ....
10. ....حتّى فاقت جميع كتب السّيرة النبويّة.

لاحظ هذا التركيب:

ليس كتاب الشّامي أوّل كتاب عن سيرة الرسول صلّى الله عليه وسلّم ولكنّه أطول كتاب عنها.

- «لَكِنَّ» في التركيب السابق تسمّى «**حرف استدراك**».
- «لَكِنَّ» الاستدراكية لا بد أن تقع بين عبارتين : تأتي العبارة التالية لها لتعدّل بعض ما يمكن أن يفهم من العبارة السابقة عليها.
- تذكّر أنّ «لَكِنَّ» من أخوات «إنّ» أي أنها تنصب الاسم وترفع الخبر.

5- أكمل ما يأتي مسترشدا بالنموذج السابق:

1. كان الوحي شديدا على الرسول ولكنّه ....
2. عنوان كتاب الشّامي في السيرة طويل لكنّه ....

3. .... لكنّ كتابه في السّيرة كان أحسن كتبه.

4. كانت سيرة النبيّ في أوّل أمرها أخبارا تروى لكنّها ....

5. .... لكنّ كتاب الشّامي كان أوفاها.

6. أحوال الوحي متعدّدة لكنّ ....

7. .... لكنّ كلامه يكون بحجاب أو بغير حجاب.

8. لم ينشأ الشّامي في أسرة غنيّة لكنّه ....

9. ....لكنّه كان يطبخ بنفسه.

10. التّابعون ليسوا من أصحاب الرّسول لكنّهم ....

6- أكّد الفعل المضارع في الجمل التالية كما في النموذج:

النموذج:

(أ) – **لا يحملُكم** استبطاء الرّزق على أن تطلبوه بمعصية اللّه.

(ب) – **لا يَحْمِلنَّكُم** استبطاءُ الرّزق على أن تطلبوه بمعصية اللّهِ.

1. لا تُهْمِلُوا تعلّم العلم في الصّغر.
2. لا تَأْخُذُوا على تعليم الصّبيان أكثر من الأجر المتّفق عليه.
3. لا تُفَرّقُوا في المُعامَلة بين أولاد الأغنياء وأولاد الفقراء.
4. لا تَمْحُوا كتابة القرآن بماء قذر.
5. لا تضربوا الأطفال وأنتم غاضبون.
6. لا تَتْرُكي الطفل يذهب إلى المدرسة بدون إفطار.
7. لا تُجاوز بالعقاب على عدم حفظ الصبيّ القرآن ثلاث ضربات.
8. لا تُكَلِّفي الأطفال شيئا فوق أجرة التعليم.

9. لا تُرسلوا التلاميذ في قضاء حاجاتكم الشخصيّة.

10. من الحِكَم العربيّة : «لا تَكُنْ صُلْبًا فَتُكْسَرَ وَلاَ لَيِّنًا فَتُعْصَرَ».

قارن بين هذين التعبيرين:

1- لم يكن الشّامي **يقبل** من أموال الوُلاّة

2- لم يقبلْ الشّامي شيئا من أموال الولاّة.

لم يكن .... يقبل : تفيد أنّ ذلك كان عادة له وأن عدم قبوله تكرّر مرّات عديدة.

لم يقبل : لا تفيد مثل هذا التّكرار.

7- أكمل الجمل الآتية مستعينا بالنموذج السابق:

1. لم يكن حيّ بن يقظان ....
2. لم يكن ابن بطّوطة ....
3. لم يكن المعلّمون ....
4. لم يكن الغوّاصون على اللّؤلؤ..........
5. لم يكن الرّازي.........................

8- إئت بجذر كلّ كلمة مما يأتي:

يتلبّس – يتمثّل – يتفلّت – يختصم – منامات – مبتسم – تعتريه – إغفاءة – الاجتهاد – معصوم.

9- تعبير كتابيّ:

اكتب فقرة لا تقل عن خمسة عشر سطرًا تتحدّث فيها عن أبرز مراحل حياة النبيّ محمّد صلّى اللّـه عليه وسلّم.

من الشعر العربي (6)

اقرأ واحفظ

ابن الفارِض في التشوّق إلى المُشاهدة

(من بحر البسيط)

زِدْني بفَرطِ الحُبّ فيـكَ تَحيُّـرا، وارحَم حَشًا بلَظى هَوَاكَ تَسَعَّـرا
وإذا سألتُـكَ أن أرَاكَ حقيقـةً، فاسمَح، ولا تجعَل جَوابي : لن ترى
يا قلبِ ! أنتَ وَعدتَني في حُبّهـم صَبْراً، فحاذِر أن تَضيقَ وتَضجَـرا
إن الغـرامَ هو الحيـاةُ، فَمُتْ بـه صَبًّا، فَحَقُّكَ أَنْ تمـوتَ وتعـذرا
قل للذينَ تقدمُـوا قَبلِـي ومَـن بعْدي، ومَن أضحَى لِأشجاني يَـرَى :
عَنّي خُذُوا، وبيَ اقتدُوا ولِـيَ اسمعُوا، وَتَحَدَّثُـوا بصَبابَتِـي بينَ الـوَرَى
ولقد خَلَوتُ مع الحبيـب، وبينَنَـا سِـرٌّ أَرَقُّ من النَّسِيـمِ إذا سَـرى
وأباحَ طَـرْفي نظـرةً أَمَّلتُهـا فغـدوتُ مَعرُوفاً، وكُنـتُ مُنكَّـرا
فدُهِشتُ بينَ جَمالـه وجلالِـه وغَدا لسـانُ الحـالِ عَنِّي مُخبِـرا
فأَدِرْ لِحَاظَكَ في مَحاسِنِ وجهِـه تَلقى جميـعَ الحُسـنِ فيه مصـوّرا
لَـوْ أَن كُلَّ الحسنِ يكملُ صـورةً ورآهُ، كـان مهلِّـلاً ومُكـبِّـرًا.

الشّاعر : هو أبو حفص عمر بن عليّ السّعديّ المعروف بابن الفارِض. وُلد في القاهرة سنة 576هـ/1181م، ونشأ متعفِّفا متزهِّدا، ثم مال إلى التصوُّف. توفّي

في القاهرة سنة632 هـ/ 1234 م. له ديوان شعر طُبع مرارا في الشّرق وفي الغرب، وأغلبه في العشق الصّوفيّ.

الشــروح

الفرط : اسم مصدر من الإفراط في الشيء : المجاوزة في الحدّ.

تَسَعَّرَ : تَوَقَّدَ، اشتعل.

لن ترى : يبدو أنّ في البيت تلميحا إلى قصّة سيّدنا موسى الذي طلب من ربّه الرؤية فأجيب بلن تراني.

صَبًّا: اشتياقا.

الدَّرْسُ الثَّامِنُ

من كتاب «الجامع في مفردات الأدوية والأغذية»:

ابن البيطار يتحدّث عن خواصّ العسل

للعرب إسهام كبير في تطوير علم الأعشاب الطبيّة، ولهم طريقتهم التجريبيّة التي تميّزت عن طريقة اليونان النظريّة. وهذه الطريقة التجريبيّة القائمة على الملاحظة والاستنتاج هي الطريقة التي أثّرت في مناهج البحث الأوربيّ إبّان عصر النهضة وما بعده. ويعدّ ابن البيطار من أبرز العلماء العرب الذين اتّبعوا منهج التجربة العلميّة في تطوير علم الصيدلة. ونجد ثلاثة مصطلحات مهمّة تتردّد في هذا المجال هي : **الصيدلة**، وهي حرفة تركيب الأدوية وبيعها. **والعقاقير**، وهي أصول النباتات التي يُتداوى بها. **والأقرباذين**، وهي قوانين عمل الأدوية.

مداخل إلى دراسة النّصّ

1- عن الكاتب:

- ابن البيطار : أندلسيّ ينتمي إلى مدينة مالقة.
- اسمه الكامل : عبد **الله** بن أحمد بن البيطار، وكنيته أبو محمّد، ولقبه ضياء الدّين.
- لا نعرف تاريخ ولادته بالضبط، والمحاولات التي تحدّد هذا التاريخ بسنة 575 هـ/ 1179 م محاولات **ظنّيّة**، لكنّ المؤكّد أنه ولد في الربع الأخير من القرن السادس الهجريّ (الثاني عشر الميلاديّ).

- بقي ابن البيطار في الأندلس حوالي عشرين سنة، أكمل فيها تعلُّمه الأساسيّ، واتّجه مبكرًا إلى دراسة علم الأعشاب الطبّيّة، فتتلمذ في ذلك على أساتذة معروفين من أشهرهم ابن مُفَرِّج النّباتِيّ المشهور، وأبو الحجاج، وعبد اللّه بن صالح.
- قام ابن البيطار بعد ذلك برحلات واسعة، وزار بلدانا كثيرة، فبلغ بلاد الروم واليونان، وتجوّل في شمال إفريقيا وآسيا الصغرى، ثم انتهى به الأمر متنقّلا بين الشّام ومصر.
- من المحتمل أنّ رحلته الأولى من مسقط رأسه كانت سنة 617 هـ/ 1220م.
- كان الهدف من رحلات ابن البيطار هو الدراسة والاتّصال بعلماء النبات في العالم المعروف آنذاك، ومشاهدة **الأعشاب الطبّيّة** المتنوّعة التي تنبت في البلاد المختلفة، والتعرّف على أصول العقاقير الطبيّة.
- خلال حكم الدولة الأيّوبية لمصر والشّام **نال ابن البيطار حظوة** لدى الملك الكامِل وابنه الملك الصّالِح فعيّن رئيسا للعشّابين.
- أتاح له ذلك فرصة التفرّغ لدراسة الموضوع والسياحة العلميّة الواسعة، والتردّد الحرّ على مكتبات مصر والشّام التي كانت حافلة بالكتب العلمية في كل فروع المعرفة، وتلك هي فترة نُضْجِه العلميّ.
- ألّف في تلك الفترة أهمّ كتبه على الإطلاق، ومنها كتاب **الجامع في مفردات الأدوية والأغذية** الذي نأخذ منه هذا النّصّ، وكتاب **المغني في الأدوية المفردة** (غير المركّبة).
- لم يكن ابن البيطار في تأليفه العلميّ **ناقلا أو مسجّلا** فحسب، بل كان باحثا ومؤلفا، يعتمد على مجهود السابقين، **ويذكر لهم ما لهم** ثم يضيف إلى ذلك **مبتكراته** الخاصّة في وصف خصائص النباتات الطبّيّة وفوائدها.
- تميّز علمه بالدقّة البالغة، كما تميّز منهجه **بالنقد والتجريب**، وقد عبّر هو عن ذلك في مقدّمة كتابه «**الجامع**» بقوله «**ما صحّ عندي بالمشاهدة والنظر، وثبت لديّ بالمخبر لا الخبر أخذتُ به، وما كان مخالفا في القوى والكيفيّة والمشاهدة الحسّيّة والماهيّة للصواب والتحقيق نبذتُه ولم أعمل به**».

- من أشهر تلاميذه ابن أبي أصيبعة، وله تلاميذ آخرون كثيرون، وقد شهد له تلاميذه جميعا بالإخلاص في العمل، والأمانة والعلم الغزير، والذكاء وقوّة الحافظة.
- لا خلاف في أنّ وفاة ابن البيطار كانت بدمشق سنة 646 هـ/ 1248م.

2- عــن الكتاب:

- ألّف ابن البيطار كتاب **الجامع في مفردات الأدوية والأغذية**، وأهداه الملِك الصّالِح (نجم الدين أيوّب ابن الملِك الكامِل). وإذا عرفنا أن الملِك الصّالِح حكم من سنة 638 هـ/ 1240م إلى سنة 647هـ/ 1249م أدركنا الفترة التي ألف فيها ابن البيطار هذا الكتاب.
- بقي هذا الكتاب مخطوطا حتى طبع بمطبعة بولاق في القاهرة سنة 1291 هـ/ 1875 م.
- وضع ابن البيطار لمؤلّفه **الجامع** هذا مقدّمة قصيرة نسبيّا، كشف فيها عن **خطّة** الكتاب، وأساسه الفلسفيّ، **والبواعث** التي دعت إلى تأليفه، ثم ذكر له ستّة أهداف توضّح في **تضاعيفها** مادّة الكتاب ومنهجه وأسلوبه، وهذه الأهداف هي :

1- استيعاب القول في الأدوية المفردة والأغذية المستعملة على الدّوام والاستمرار، عند الاحتياج إليها في ليل أو نهار، مضافا إلى ذلك ذكر ما ينتفع به الناس من شعار ودثار.

2- صحّة النقل عن المتقدّمين.

3- «ترك التّكرار حسب الإمكان، إلاّ فيما تمسّ الحاجة إليه من معنى أو تبيان».

4- تقريب مأخذه بترتيبه على حروف المعجم (الترتيب الألفبائيّ) «**ليسهل على الطّالب ما طلب، في غير مشقّة ولا عناء ولا تعب**».

5- «التنبيه على كلّ دواء وقع فيه وهم أو غلط لمتقدّم أو متأخّر، لاعتماد أكثرهم على الصّحف والنقل واعتمادي على **التجربة والمشاهدة**».

6- ذكر «أسماء الأدوية بسائر اللّغات المتباينة، مع أنّي لم أذكر فيه ترجمة دواء إلا وفيه منفعة مذكورة أو تجربة مشهورة. وذكرت كثيرا ممّا يعرف في الأماكن التي تنبت فيها الأدوية المسطورة كالألفاظ البربريّة واللاتينيّة، وهي أعجميّة الأندلس، **إذ كانت مشهورة عندنا وجاءت بها معظم كتبنا**. وقيّدت ما يجب تقييده منها بالضبط وبالشكل والنقط تقييدا يؤمن معه التصحيف».

- كشف ابن البيطار عن السّبب في تسمية كتابه **الجامع**، فقال إنه فعل ذلك لأنّ المادّة التي يعالجها الكتاب تجمع بين الحديث عن الغذاء والحديث عن الدّواء.
- رتّب المؤلّف كتابه على حروف المعجم، فمن الموادّ التي ذكرها، مثلا، في حرف **الألف**، أترج، وأثل، وإجّاص، وفي حرف **الباء** : بلاذر، وبنج، وبورق، وفي حرف **التاء**، : ترمس، وتمرهندي، وتراب الشاردة، وفي حرف **الثاء** : ثوم، وفي حرف **الجيم**: جرجير، وجلنار ... إلخ.
- تشتمل مادّة الكتاب على **نقول** عن أطبّاء العرب واليونان، **وتعليقات** مهمّة يقوم بها المؤلّف على هذه الأقوال، ثمّ إضافات من ابتكار المؤلف توصّل إليها نتيجة لتجاربه الخاصّة واختباراته التي أجراها.
- ينسب ابن البيطار في كتابه كلّ قول إلى صاحبه، ولا يدّعي لنفسه شيئا هو في الواقع، ليس له. وهذا يشهد بأمانته، وإسهامه في **بناء تقاليد البحث العلميّ**، التي تسجّل خطوات السّابقين، وتضيف إليها ما يجدّ من اكتشافات.
- وهذا مثال مختصر على طريقة ابن البيطار في نسبة الأقوال إلى أصحابها يتحدّث فيه عن الياسمين فيقول :

(يـاسـمـيـن)

«**ابن البيطار**» : لم يذكره ديسقوريدس ولا جالينوس.

سليم بن حسّان : هو نبات له عِصيّ طوال، مخرجها من أصل واحد، ثم تتفرّع إلى فروع، ولها ساقٌ فيه ورق شبيه بورق الخَيْزُران، إلاّ أنّ هذا ألينُ وأشدُّ خُضْرةً. وله

نَوْر أبيض ذو أربعة مشرفات [أوراق] طَيِّب الرائحة، ويكون منه أَصْفَر، وزعم قوم أنه يكون منه أَزْرَق.

عيسى بن ماسة : هما صنفان أبيض وأصفر، والأبيض أَطْيَبُها رائحةً، وأقواها حرارةً ويُبُوسَةً [جفاف].

مسيح بن حكيم : وقوّته في الحَرارة واليُبُوسة من أَحَرِّ الدرجة الثانية أو من أوّل الثّالثة.

البصري : نافِعٌ للمشَايِخ، ولمن كان مزاجهُ بارِدًا، وهو صالح لوَجعِ الرَّأسِ الحادثِ من البَلْغَم، والمِرَّة السّوداءِ [مرارة الحُموضة] الحادثة من عفونة.

الرّازي : جيّد لوجع الرأس الذي يكون من برد أو من رياح غليظة، مقوّ للدّماغ».

- في الكتاب إشارة إلى حوالي مائة وخمسين طبيبا ممّن سبقوا ابن البيطار في الاهتمام بعلم الأعشاب الطبّيّة، ومنه وصف لحواليْ أربعمائةِ نوعٍ من النبات والأغذية، مصنَّفة وموصوفة بِحَسَب خصائصها العِلاجيَّة.
- يُعَدّ هذا الكتاب أحد أعظم الكتب في علم النباتات الطبّيّة، بل إنه ليقال إن هذا الكتاب ظلّ حتى القرن السَادسَ عَشَرَ يُعتبر أعظم مُؤلَّف نباتيّ وصيدليّ.
- يمتاز أسلوب الكتاب بالسهولة والوضوح، وذلك على الرغم من أنّه مملوء بكثير من الألفاظ اليونانية واللاتينية وغيرها.
- والمُلاَحظ أنّ بعض ما وَرَدَ في هذا الكتاب من معلومات وآراء لا يُقرّه العلم الحديث.

3- عن النّصّ:

- موضوع هذا النّصّ العسل.
- وهو يبدأ بتحديد درجة جودة العسل طبقا لمصدره معتمدا في ذلك مؤلَّفات من سبقوه، وهي مؤلّفات يونانية.
- ثم ينتقل إلى تحديد صفات العسل وخصائصه، مستخدما **المنهج الوصفيّ**، وناسبا الأقوال، مرّة أخرى، إلى علماء اليونان.
- ويستمرّ النصّ في الكلام على أصناف العسل، فيذكر أماكن استخراج كلّ صنف، وخواصّه، وفوائده، ومذاقه، وأنواع الأمراض التي يعالجها.

- ويعدّدُ النّصّ فوائد العسل الطبّيّة، وهي فوائد عديدة منها ما يتّصل بالجروح، ومنها ما يتّصل بالالتهابات، ومنها ما يتّصل بأمراض العين، وأمراض الأذن، والجهاز التنفّسيّ على وجه العموم، وكذلك الجهاز الهضميّ، واللِّثَة والأسنان.
- وكما أنّ النّصّ يفاضل بين أنواع العسل على أساس المكان والصّفات، فإنّه يفاضل بينها كذلك على أساس الزّمان الذي تنتج فيه، فالرّبيعيّ أجوده، يليه الصيفيّ، وأردؤه الشتويّ.
- خلال ذكر فوائد العسل يعرض النّصّ بعض أضراره ذاكرا في كلّ حالة ما تداوى به آثاره الضّارَّة.
- ومن خواص العسل أنه يتقيّأ به فيكون **ترياقا** لبعض السّموم.
- بعد ذكر المصادر اليونانية يجيء دور المصادر الإسلاميّة، فينقل عن البصري والرازي والشريف وأحمد بن داود وغيرهم في مواضع متعدّدة.
- ولغة النّصّ سهلة تشبه، في كثير من الأحيان، لغة الكلام الدّارج، وهو لا يراعي الترتيب، بل ينتقل من موضوع إلى آخر ثم يعود إلى الموضوع الأّول... وهكذا.

النّــــص

(عسل) ديسقوريدوس في الثّانية [أي في قُوّتِه من حيثُ الحرارة والجفاف في الدّرجةِ الثّانية] ما كانَ مِنْهُ **قانِيًا** هو مثلُ العسلِ الذي من البلادِ التي يُقَالُ لها أطيقي أَجْوَدُ مَا يَكُونُ من هذا الصِّنْف الذي يُقَالُ له أقيطيقون ثم منْ بَعْدِه العسلُ الذي من الجزيرَةِ الّتي يُقال لها صِقِلِّيَةُ ويُقَالُ لها سقيموس والجيدُ من كلٍّ وَاحدٍ من هذِهِ الأَصْنَافِ ما كان في غايةِ الحلاوَةِ وكانَ فيه **حَذْوٌ** للِّسانِ طيّبُ الرائحةِ إلى الحمرةِ ما هو لَيْسَ بِرَقِيقٍ بَلْ متينٌ قويّ إذا أخذ بالإصْبع انْجَذَبَ المتعلِّقُ بها إليه. جالينوس في الأولى [في الدّرجة الأولى] العسل يُسَخِّنُ ويجفِّفُ في الدرجةِ الثانيةِ وجوهرُه من جوهرِه ومزاجُ هذا يبْسُطُ بقدْرِ ما يُمْكِنُ إلّا أنّهُ من النوعِ الّذي نُسَمِّيه نحنُ بالعادةِ النوعَ الجلاء، وإذا طُبِخ وأُنْضِجَ صارَ قليلَ **الحدّة** والجلاءِ ولذلك قد

نستعمله نحنُ في هذه الحالِ في **إدمَالِ** النَّواصيرِ **والقُرُوحِ** الغائرةِ، فإنْ كَانَ يوجدُ عَسَلٌ مرّ بمنزلةِ العَسلِ الذي يكونُ في سَردُونْيَا فالأمرُ فيه مَعْلُومٌ أنَّ قُوَّتَهُ مُرَكَّبَةٌ بمنزلةِ ما لَوْ أنَّ إنْسَانًا خلَطَ مَعَ العَسلِ افْسَنْتِينَا. وقال جاليـنوس في حيلةِ البُـرْءِ :

وأفْضَلُهُ الأحْمَرُ اللوْنِ النّاصعُ **طيِّبُ الرَّائحَةِ** الصَّافي الذي يَنْفُذُ فيه البصرُ لصفائه، ومذاقَتُهُ حِرِّيفَةٌ حَادَّةٌ لذيذةٌ في غَايَةِ اللّذَاذَةِ إذا أنْتَ رَفَعْتَ منه شيئًا بإصبعِكَ سالَ إلَى الأرْضِ ولَمْ يَنْقَطِعْ، فَإن انْقطَعَ فإنَّهُ أرقُّ أوْ أغْلَظُ ممَّا يَنْبَغي في الجُمْلَةِ. وذلكَ أنَّه غيْرُ مُتَشَابِهِ الأجْزَاءِ. والعسلُ الغليظُ في أجزائِه كُلِّها أوْ في بَعْضِ أجْزَائه كَثيرُ **المَوْم** الرَّقيقِ كثيرُ الفُضولِ غيْرُ نَضيجٍ عَسيرُ الانْهضَامِ وما ظَهرَ فيه طَعْمُ **المَوْم** ووسَخُ **الكُور** فهو عسَلُ سوءٍ. وما سطعتْ منه رائحةٌ حادَّةٌ قويَّةٌ فَلَيْس بمحمودٍ، فإنْ كَانتْ خفيفةً فليْسَ **بضائرٍ**. وقال ديسقوريدوس : وقوّةُ العسلِ جاليَةٌ مُفَتِّحَةٌ لأفْواهِ العروقِ تجذبُ الرطوباتِ، ولذلك إذا صُبَّ في القروحِ الوَسِخَةِ العميقةِ **وافقَها**، وإذا طُبِخَ ووُضِعَ على اللَّحْمِ المشقّقِ ألْزَقَهُ، وإذا طُبِخَ مع الشَّبتِ الرَّطْبِ ولُطِّخَتْ به **القَوابي** أبْرَاهَا، وإذا خُلِطَ بملْحٍ مَسْحُوقٍ من الملحِ المُحْتَفَرِ من مَعَادنه وقُطِّرَ فاترًا في الأذنِ سكَّنَ ورَمَها **ودويَّها** وأبْرَاهَا من أوْجَاعِهَا، وإذا تُلُطِّخَ به قَتَلَ القَمْلَ والصِّئْبانَ. وهو يَجْلُو ظُلْمَةَ البَصَرِ، وإذَا تُحُنِّكَ به أو تُغرْغِرَ به أبْرَأَ أوْرَامَ الحَلْقِ وأورامَ العضلِ التي عن جَنْبَتَيْ اللِّسَانِ وَالحَنَكِ واللوْزَتَيْنِ والخناقِ، ويُدرّ البوْلَ. ويُوافقُ السُّعَالَ إذا شُرِبَ سُخْنًا بدُهْنِ الوَرْدِ، وينفعُ من **نَهْشِ** الهوامِّ وشُرْبِ عُصَارَةِ الخَشْخَاشِ الأسودِ. وإذا لُعِقَ أو شُرِبَ نَفَعَ من أكْلِ الفطرِ القتَّالِ ومِنْ عَضَّةِ

الكَلْبِ الْكَلِبِ. والذي لم تُؤْخَذْ رغْوَتُهُ نافِخٌ يُحَرِّكُ السُّعَالَ ويُسْهِلُ البطنَ؛ ولذلك ينبغي أن يُسْتَعْمَلَ وقد نُزِعَتْ رغْوَتُهُ. وأجوَدُهُ الرَّبيعيّ،وبعدَهُ الصيْفيّ، وَأَرْدَؤُهُ الشِّتْوِيُّ لأنّه أغلَظُهَا. وإذا غَلُظَ لَمْ تَكُنْ لَهُ تِلْكَ القوّةُ. وأمّا العسلُ الذي يكونُ في الجزيرةِ التي يقال لها سَرْدُونِيا المرُّ الطَّعْمِ، لرَعْيِ الأفْسَنْتين، فإنّه إذا لُطِخ به الوجهُ نقَّى **الكلف** العارض فيه وسائرِ الأوْسَاخِ العارضةِ من فُضُولِ **الكيمُوسات** [جمع كيمس كلمة يونانيّة بمعنى الأخلاط] وقد يكونُ بالبلاد التي يُقال لها ارقليانيطيقي في بَعْضِ الأزمنة بخاصّةٍ في الزَّهْرِ عسلٌ يعرضُ منْه لآكلِه ذهابُ العقلِ بغُمَّةٍ بغْتَةً والعرقُ الكثيرُ، وإذا أكلُوا **السذابَ** والسمكَ المالحَ وشربُوا الشرابَ المسمَّى أويومالي انتَفَعُوا به، وينبغي أن يعاودُوا الأكل مرّةً بعْدَ مرّةٍ ويتقيّأوا بَعْدَ أكْلِهِ وشُرْبِهِ. وهذا العسلُ حِرِّيفٌ وإذا شُمَّ حَرَّكَ العُطَاسَ.

وأما العسل الذي يعمله النّحل من الحاشا (الصعتر) فنافع للسّدد، أيضا فتّاح لها.

وإذا تُلُطِّخَ به بعْدَ أن يُخْلَطَ بالقسطِ نَقَّى الكلفَ. وإذا خُلِطَ بالمِلْحِ ذَهَب بآثارِ الضربِ الباذنجانيّة. **البصريُّ** سريعُ الاستحالةِ إلى الصَّفْراء **لحَّاسٌ** لِلْبَلْغَمِ، جَيّدٌ للمشايخِ والمَبْرُودين، رديءٌ في الصّيفِ لذَوِي الأمزاجِ الحارَّةِ. **البَصْريّ** له جلاء وطيبُ لطافة يجْذِبُ الرّطوباتِ من قعْرِ البدَنِ وينقّي أوساخَ الجروحِ وهو صالحٌ

للمُبَلْغَمِينَ والمَرْطُوبِينَ، يُلَيِّنُ الطبيعَة ويغْذُو الأبْدَانَ إلا أنه رديءٌ لأصحابِ الصَّفْرَاءِ ولا سيّما الصَّعْتَرِيُّ منه. فأمّا الوَرْدِيّ منْه فإنه طيّب الرائحةِ والمذاقةِ وهو أقلّ حرارةً من الصَّعْتري، وأجودُ العسلِ ما حَلا جِداً وكان أحْمَرَ فيه حدّةٌ يسيرةٌ وطيبُ رائحةٍ ولم يكنْ سيَّالاً ولا متيناً، وأمّا العسلُ الذي يشوبهُ مرارةٌ من رَعْي الأفستنين فهو أصْلَحُ من جميع أنْواع العسلِ للْكَبِدِ والمَعِدَةِ ويفْتَح السَّدَدَ، وهو صالحٌ لِمَنْ به حينٌ. وأمّا العسلُ الذي يعملُه النَّحْلُ من الحَاشا فنافع للسّددِ أيْضًا فتّاحٌ لَها. وخاصَّةُ العَسَلِ جَذْبُ الرطوباتِ وحفْظُ اللحُومِ من أن تفْسُدَ أو تَنْتَنُ. وقال وأمَّا العسلُ غيْرُ المطبوخ فصالحٌ للمعدةِ الباردةِ والأمعاءِ الوارمةِ ووجَعِ المعدةِ الكائنِ من البلْغَم، مُشَهٍّ للطَّعَامِ ويغذو غذاءً جيّدًا وينفعُ اللقْوَةَ. قال وأمَّا العسلُ المطبوخُ فصالح للقَيْءِ مُلَيِّنٌ للطبيعةِ، يُقَيَّأُ به من شُرْبِ أدويةٍ قَتَّالةٍ مع دُهْنِ سِمْسِم رطلاً وهو المثلَّثُ. قال : وشرابُ ماءِ الشّهْدِ ليْس بجيّد للمريضِ لما يشوبُهُ من الشَّمْعِ وهو شرابُ مَنْ كان من الأصِحّاءِ قويَّ المعدةِ. وقال الرَّازي في الحاوي : والعسلُ أحْمَدُ ما يُتَعالَجُ به لِلِّثَة والأسنانِ وذلك أنه قدْ يجْمَعُ مع التَّنْقيةِ والجلاءِ لها صَقْلَها إلى أن يَنْبُتَ لحمُ اللِّثَةِ وهو منْ أنْفَعِ ما عُولِجَ به، وأسهلُه استعمالا. وقدْ ظَنَّ قومٌ أنَّ العسلَ يُرْخِي المعدةَ واللِّثَةَ لِحلاوته، ولم يعلَمُوا أنّه لا يُرْخِي اللِّثَة من الحلاوات إلاّ ما كَان في طَبْعِهِ رَطبًا، والعسلُ يابسٌ. وإنمَّا ترخي الحلاوةُ إذا كانتْ مفردةً لا حراقةَ معها كما مع العسلِ أو قبْضٍ كما مع المرّ ولاجلاء. وإذا كانَ كذلكَ فهو يُرْخي لا مَحالَةَ. ويُعْرَفُ يُبْسُ العسلِ من بُعْدِهِ عن العُفونة ومن حِفْظه لأجسام المَوْتَى. وفي مَوْضعٍ آخرَ منْه : العسلُ يحفَظُ على الأسنانِ صِحَّتَها إذا خُلط بالخَلِّ وتُمُضْمِضَ بِه في الشهرِ أيَّامًا. وإذا اسْتنَّ به على الأصبعِ صَقَل الأسنانَ واللِّثَة ويبَيّض الأسنانَ ويُمْسِكُ عَلَيْها صِحَّتَها. (وقال) الشريفُ إذا خُلِط مع دُهْن وردٍ ولُطِّخَ على الشهدية وسائر القروحِ البلغميّة المالحة برَأَها. مُجرَّبٌ. وإذا حُقِنَت القروحُ والجراحات الغائرةُ به مع لسانِ الحَمَل وفُعِلَ ذلك ثلاثةَ أيامٍ نقَّاها من أوْضَارِهَا، وغَسَلَهَا وألْحَمَها. العسلُ إذا جُعل

مع الأدويةِ الجلّاءة أحَدَّ البصرَ وقوّاه، وإذا تُحنِّك به أو تُغُرْغِرَ به عند انْفِجار الدَّمِ وأورامِ اللّوزتيْنِ نقّاها. وكذا يُفْعَل بكل جراحةٍ تحتاج إلى جلاءٍ وتنْقِيَةٍ. وإذا عُجِن بدقيقِ الحُوّارى فتح الأورامَ الصُّلْبَةَ وأنْضَجَهَا. والنضيجةَ يفتحُها ويمْتَصّ مَا فيها من **المدَّةِ**. وهو على هذه الصفةِ من أنْفَعِ الأدويةِ للقَرْحَةِ الحادثةِ في الظَّهر. وإذا عُجِن به الزراوند أو الكرسنة أنبتَ اللّحمَ في الجراحاتِ العميقَةِ. وإذا أضيفَ إلى هذه اللّوزُ

المرُّ ولُبِّ حَبِّ المَحْلَبِ ودقيقُ الشعير وما أشبهها وطُلِي به البَدَنُ أدرَّ العَرَقَ. وإذا شُرِبَ بالماءِ نَقَّى الصدرَ المحتاجَ إلى تَنْقِيَةِ فَضْلٍ فيه وهو منْ أنْفَعِ ما يَشْرَبُهُ **المفْلُوجُون** والمخدُورون. وإذا استُعْمِل بالماءِ وهو غَيْرُ مَنْزُوعِ الرَّغْوَةِ كان فيه تَلْيينٌ لِلْبَطْنِ، وإذا شُرِبَ بالماءِ نَقَّى الجروحَ والأمعاءَ وهَيَّأَهَا للأدويةِ كما يفعلُ الريّ. وإذا خَالَطَ الحقن قوّى إسْهَالَهَا. وإذا عُجِنَتْ به أدْوِيَةُ **البَرَصِ والبَهَقِ** زاد في جِلَائِها.

الشّــــروح

قانٍ : القاني هو الشديد الحمرة .

حَذْوٌ : لَذْعٌ .

إدْمالٌ : مداواة وبُرءٌ .

نَواصِيرُ : مفردهُ نَاصُورٌ، وهو قَرحةٌ تمتدّ في أنسجة الجسم على شكل أنبوبة ضيّقة الفتحة، وكثيرا ما تكون حول المَقْعَدَةِ، وهو قرحة لا تزال تنتقض، وقد يستعصي شفاؤها، فكلّما برئ جزء منها عاوده الفساد.

قروح : مفرده قُرْحٌ، وهو الجُرْحٌ.

حرِّيفٌ : فيه حرافة أي حدّة في الطّعم تُحرِق اللّسان والفمَ.

مَوْمٌ : شَمْعٌ.

كُوَرٌ : مفرده كُورَةٌ، وهي خليّة النَّحل.

قَوَابٍ : القَوابِي أَو القُوَب، مفردها قُوباءُ وَقُوَبَاءُ، وهي داء في الجسد يتقشّر منه الجلد (يُعْرَف بالحَزاز) وينجرد منه الشّعَر.

صِئْبَانٌ : مفرده صُؤَابَةٌ، وهي بَيْضة القَمْلِ.

نَهْشٌ : عَضٌّ، وَلَسْعٌ، وَخَدْشٌ.

كَلِبٌ : مُصَابٌ بداء الكَلَب، مسعورٌ.

كَلَفٌ : نمشٌ يعلُو الوجهَ كالسِّمْسِمِ.

كَيْمُوس : خلاصة غذائية. وهي مادة لَبَنِيَّـةٌ بيضاءُ صالحة للامتصاص تستمدّها الأمعاء من الموادّ الغذائيّة في أثناء مرورها بها.

حينٌ : هلاكٌ.

حـاشا : صعترٌ.

لَقْوَةٌ : داءٌ يعرِض للوجه يعوجُّ منه الشِّدْقُ.

اسْتَنَّ : استاكَ.

أوْضَارٌ: مفرده وَضَرٌ، وهو الوَسَخ من الدَّسَمِ وغيره.

مِدَّةٌ : قَيْحٌ.

بَرَصٌ : بَيَاضٌ يُصِيبُ الجِلدَ.

بَهَقٌ : داءٌ يَذْهَبُ بِلون الجِلد فتظهر فيه بُقَعٌ بيضَاءُ.

المَفْلُوجونَ: مفرده مَفْلوج:مَنْ أَصَابَهُ داءُ الفَالِج، وَهُوَ شَلَلٌ يُصِيبُ أَحَد شِقَّيْ الجِسْم.

التدريبات

1- أسئلة حول النّصّ:

1- ما مدى إسهام العلماء العرب في علم الأعشاب الطبيّة ؟

2- ما المقصود بمصطلح « الصيدلة» عند العرب ؟

3- ما المقصود بمصطلح «العقاقير» ؟

4- ماذا يعني مصطلح «الأقرباذين» ؟

5- بِمَ تميّزت طريقة العرب عن طريقة اليونانيين في علم الصيدلة ؟

6- متى أثّرت طريقة العرب في مناهج البحث الأوربيّة ؟

7- من هو ابن البيطار ؟

8- ما المنهج العلميّ الذي تميّز به ابن البيطار ؟

9- متى ولد ابن البيطار ؟

10- أين عاش ابن البيطار ؟

11- ما البلدان التي زارها في حياته ؟

12- متى بدأ رحلته الأولى ؟

13- ماذا كان هدفه من رحلاته ؟

14- مَنْ أشهر الأساتذة الذين التقى بهم ؟

15- في عهد من عُيّن رئيسا للعشّابين ؟

16- فيم أفادته وظيفة رئيس العشّابين هذه ؟

17- ما أهمّ الكتب التي ألّفها ابن البيطار ؟

18- ما المقصود من أنّ ابن البيطار «كان في تأليفه باحثا مؤلِّفا ولم يكن ناقلا مسجِّلا» ؟

19- بم تميّز منهج ابن البيطار ؟

20- مَنْ أشهر تلاميذ ابن البيطار ؟

21- بِمَ شهد له تلاميذه ؟

22- أين توفّي ابن البيطار ؟ ومتى ؟

23- لِمَنْ أهدى ابن البيطار كتابه «الجامع في مفردات الأدوية» ؟

24- كم سنةً حكم الملِك الصالِح ؟

25- متى ألّف ابن البيطار كتابه «الجامع في مفردات الأدوية» ؟

26- متى طبع كتاب ابن البيطار ؟

27- ما الأهداف التي كان ابن البيطار يسعى إلى تحقيقها بكتابه هذا ؟

28- لماذا سمّي كتابه «الجامع» ؟

29- بم تستدلّ على أمانته في التأليف ؟

30- كيف رتّب ابن البيطار مادّة كتابه ؟ وما رأيك في هذه الطريقة ؟

31- كم طبيبا ذكر ابن البيطار في كتابه ؟ وماذا تفهم من ذلك ؟

32- بم يمتاز أسلوب ابن البيطار في كتابه ؟

33- هل كلّ ما ورد في كتاب ابن البيطار مقبول علميّا ؟

34- عمّ يتحدث النّصّ المنقول عن ابن البيطار ؟

35- من هم العلماء الذين نقل ابن البيطار آراءهم في العسل ؟

36- أيّ أنواع العسل أجود كما فهِمتَ من النّصّ ؟

37- أيّ الأدواء يصلح العسل لعلاجها في رأي ابن البيطار ؟

38- ما الأماكن التي تنتج عسلا جيّدا ؟

39- في أي فصل من فصول السنة يكون العسل أجود ؟

2- صواب أم خطأ ؟

1- العقاقير هي قوانين عمل الأدوية.

2- اعتمد علم الأعشاب عند العرب على الطريقة التجريبيّة في الملاحظة والاستنتاج.

3- ولد ابن البيطار في الربع الأخير من القرن السادس الميلاديّ.

4- ابن المفرّج العالِم النباتيّ المشهور أحد تلامذة ابن البيطار.

5- رحل ابن البيطار كثيرا من أجل الدراسة وتحصيل العلم.

6- «العشّابون» هو النباتيّون الذين يأكلون اللحوم.

7- كانت مكتبات مصر والشّام حافلة بالكتب العلميّة في القرن الثالث عشر الميلاديّ.

8- كان ابن البيطار في تأليفه ناقلا مسجّلا فحسب.

9- أفادت أورّبا في عصر النهضة من المنهج التجريبيّ عند العرب.

10- توفّي ابن البيطار في دمشق سنة 664 هجريّة.

11- أُلّف كتاب «**الجامع في مفردات الأدوية والأغذية**» فيما بين سنتي 1240 و1249 ميلادية.

12- كان العسل يُستخدَم في شفاء النواصير والجروح الغائرة.

13- إذا شرب العسل سخنا بدهن الورد فإنه يزيد السعال.

14- إذا شرب العسل أو لعق أفاد في عضّة الكَلْب الكَلِب.

15- العسل من أنفع الأدوية للقرحة التي تحدث في الظهر.

16- إذا تغرغر مريض اللّوزتين بالعسل زاد ذلك احتقانهما.

17- إذا شرب العسل مخلوطا بالماء نقّى الصدر المحتاج إلى تنقية.

18- عسل جزيرة صقلية عسل رديء.

19- العسل مفيد في الصّيف لذوي الأمزاج الحارّة.

3- ضع كلّ كلمة أو عبارة ممّا يأتي في الفراغ الذي يناسبها من الجمل التالية:

الأعشاب الطّبيّة - عصر النهضة - حظوة - البواعث - صحّة النقل - حروف المعجم - تقاليد البحث العلميّ - الخصائص العلاجيّة - لا خلاف في - رئيس العشّابين.

1- كتاب ابن البيطار مرتّب على ....لذلك يسهل البحث فيه.

2- أسهم كتاب ابن البيطار في إرساء ....بالمنهج الذي سلكه في تأليفه.

3- عُيِّن ابن البيطار .... في عهد الملِك الكامِل وابنه الملِك الصّالِح.

4- أثرّت طريقة العرب التجريبيّة في مناهج البحث الأوربيّ خلال..........................

5- أثناء حكم الدولة الأيّوبيّة نال ابن البيطار ....عند الملك الكامِل وابنه الملِك الصّالِح.

6- كان من أهداف ابن البيطار .... عن المتقدّمين

7- اشتهر العرب بالبراعة في علم ....

8- تهتمّ كتب الأدوية القديمة ببيان ....للنباتات والأعشاب الطبيّة.

9- من المعروف أنه ....أنّ وفاة ابن البيطار كانت سنة 646هـ .

10- شرح ابن البيطار .... التي دفعته إلى تأليف كتابه في الأدوية.

4- من خلال فهمك للدّرس أكمل الجمل الآتية:

1- لم يكن ابن البيطار في تأليفه العلميّ ....بل كان ....

2- ابن أبي أصيبعة من أشهر ....

3- أهدى ابن البيطار كتابه **الجامع في مفردات الأدوية** إلى ....

4- سمّي ابن البيطار كتابه «**الجامع**» لأنّ ....

5- الياسمين نبات له ....

6- ماء الشهد ليس بجيّد للمريض لما ....

7- إذا طبخ العسل وأنضج ....

8- إذا لُطّخ الوجه بعسل سَردونيا ....

9- العسل الذي يعمله النّحل من الحاشا ....

10- العسل غير المطبوخ يفيد في حالة ....

11- العسل المطبوخ يفيد في حالة ....

12- شراب ماء الشهد شرابُ مَنْ كَانَ ....

13- إذا خُلط العسل بالخلّ وتُمضمض به فإنّه ....

14- إذا طبخ العسل ووضع على اللحم المشقّق ....

5- استخدم «أمّا ....فَـ..............» في إكمال الجمل الآتية:

مثال : العسل غير المطبوخ صالح للمعدة الوارمة ووجع المعدة أَمَّا العسل المطبوخ فَمُلَيِّنٌ للطبيعة.

1. العسل من النّحل أمّا ....فـ..................................

2. ابن طفيل من الأندلس أمّا ....فـ..................................

3. ابن البيطار من علماء الصيدلة أمّا ....فـ..................................

4. القرآن كلام الله تعالى أمّا ....فـ..................................

5. أحسن اللؤلؤ ما كان بجانب الفم داخل الصدفة أمّا ....فـ..............

6- استخدم «وذلك أَنّهُ ....» في إكمال العبارات التالية كما في النموذج:

مثال : العسل أَحْمَدُ ما يُتَعَالَجُ به للّثة والأسنان وذلك أنّه قد يجمع مع التنقية والجلاء لها صقلها إلى أن ينبت لحم اللّثة.

1. ابن بطّوطة من أشهر رحّالة العرب وذلك أنه ....

2. يُعدّ ابن خلدون أحد المُؤثِّرين في تاريخ المعرفة وذلك أنّه ....

3. الاجتماع ضروريّ للإنسان وذلك أنّه ....

4. اعتبر حيّ بن يقظان الغزالة أُمًّا له وذلك أنّها ....

5. يعتبر ابن طفيل الفاكهة خير الأطعمة وذلك أنّها ....

7- إئت بالجذر الثلاثيّ للكلمات الآتية وابحث عن معانيها في المعجم، ثم استعمل كلاّ منها في جملة مفيدة:

العشّابون – المشاهدة – حرِّيفة – ضائر – أَوْضَارٌ – الأمعاء – الجلاء – الرائحة – المذاقة.

8- تعبير كتابي:

أكتب فقرة لا تقل عن خمسة عشر سطرًا تتحدث فيها عن العلاقة بين الغذاء والصحة.

من الشّعر العربيّ (7)

اقرأ واحفظ

ابن الرّومي في وصف قالي الزّلابية

(من بحر البسيط)

ومُستَقِرٍّ على كُرْسيِّه تَـعِـبِ، رُوحي الفِداءُ له من مُنصَبٍ تَعِـبِ
رأيتُه، سَحرًا، يَقْلِـي زَلابِيَـةً في رِقَّةِ القِشرِ والتجويفِ كالقَصَبِ
كأنما زيتُه المقْلِيُّ، حيـنَ بـدا، كالكِيمِياءِ التي قالـوا ولم تُصِـبِ
يُلقي العجينَ لُجَيْنًا من أنامِلِه فيستحيـلُ شبابيكًا من الذَّهَـبِ.

وفي وصف وليمة

(من بحر الكامل)

وسميطةٍ صفراءَ دِيناريَّـةٍ ثمنًا ولونًـا، زَفَّهـا لكَ حَـزْوَرُ
عظُمت فكـادَت أن تكـونَ إوَزَّةً ونَـوَتْ فكـادَ إهابُهـا يتفطَّـرُ
ظِلنا نُقَشِّرُ جِلدَهـا عن لَحْمِها وكَـأَنَّ تِـبـرًا عن لُجَيْـنٍ يُقْشَـرُ
وتقدَّمَتـهـا، قبـلَ ذاك، ثَرائِـدٌ مثلُ الرِّيَـاضِ بمثلِهِـنَّ يُصَـدَّرُ
ومُرَقَّقَـاتٌ كَأَنَّهُـنَّ مُزَخْـرَفٌ بـالبَيْضِ، منها مُلبَّـسٌ ومُدَثَّـرُ
وأتت قطائفُ، بعدَ ذاكَ، لَطائفٌ ترضَى اللَّهاةُ بها، ويَرضَى الحُنْجُرُ

الشّاعر : شاعر عبّاسيّ ولد في بغداد سنة 221هـ/835م وتوفّي سنة 283 هـ/ 896م. له ديوان كبير يدور أغلبه حول الموضوعات التقليديّة من مدح ورثاء وهجاء وغزل. وقد برع في وصف الطبيعة خاصّة.

الشّروح

مُنْصَبٌ : تَعِبٌ.

الكيمياءُ : أراد بالكيمياء البحث عن الحجر الفلسفيّ الذي يُحوِّل المعادن إلى ذهب، وقوله: لم تصب: إشارة إلى بطلان هذا الزعم.

اللُّجَيْن: الفضّة.

السّميطة : الدجاجة المسموطة.

زَفَّها : أهداها.

الحَزْوَرُ : الغلام القويّ.

نَوَت : سمنت.

الإِهَابُ : الجِلد.

يَتفطّر : يتشّقق.

ثرائدُ: مفردها ثريدة، وهي كِسَرُ خبز متلطخة بماء اللحم، أو خبز مفتوت بالمرق.

مُدَثَّرٌ : من دثّره، ألبسه الدّثار أو غطّاه به، والدّثار ما فوق الشعار من الثّياب وما يتغطّى به النّائِمُ. استعارة للبَيْض الملبّسة به المُرَقّقات.

اللّهاةُ: من كُلِّ ذي حَلْقٍ : اللَّحمةُ المشرفةُ على الحلق.

الدَّرْسُ التَّاسِعُ

من مقامات بديع الزّمان الـهمذاني:

المقامة الدينَارِيّة

كان ميلاد المقامة في الأدب العربيّ نوعا من المصالحة بين موضوعات الأدب الشعبيّ وقوالب الأدب الرسميّ، فهي تقوم على شعبيّة المضمون، وأرستقراطية الأسلوب. فمن حيث الموضوع تبدو متحرّرة ولا يوجد موضوع يستعصي عليها، ومن حيث الأسلوب نراها مُحدَّدَةً جدّا، إذ تبتعد عن اللغة الدّارجة وتستخدم ألفاظا وتعابير غريبة بقصد التدليل على الاقتدار اللّغويّ، كما تستخدم ألوان الصّناعة الأسلوبيّة كالسجع والجناس استخدامًا مقصودًا.

وللمقامة شغف بتصوير أحوال أفراد الشّعب تصويرا حافلا بالسّخريّة غالبا، وبخاصّة هؤلاء الذين يعيشون على هامش المجتمع، ويحيون حياة الصّعلكة والشطارة (التحايل) واللُّصوصيّة.

وأسلوب المقامة أسلوب قصصيّ ممّا يجعلها قريبة من روح الأدب الشعبيّ. وهي تتّخذ الأحداث والشخصيّات وسيلة تحقّق بها أغراضها الأدبيّة والاجتماعيّة والخُلُقِيَّة. وهي - بشيء من التجاوز - تقترب في طبيعتها من القصّة القصيرة بمعناها الحديث. ومنذ أن ابتكر بديع الزمان الهمذاني هذا اللّون الجديد في الأدب العربيّ لم ينقطع تأثيره إلى اليوم.

مـداخـل إلى دراسـة النّـصّ

1- عن الكاتب:

- هو أبو الفضل أحمد بن الحسين الملقّب ببديع الزمان، وينسب دائما إلى همذان مسقط رأسه فيقـال : بديع الزمان الهمذانـيّ.
- ولد سنة 358هـ / 968م وتوفّي سنة 398 هـ/ 1008م.
- حين تجاوز عمره العشرين بقليل ترك مسقط رأسه إلى الريّ عاصمة بني بويه في شمال فارس، واتّصل بالصاحب بن عبّاد فأكرمه أوّلا غاية الإكرام، ثم حدثت بينهما **جفوة** فترك بديع الزمان مدينة الريّ، وانتقل إلى مدينة جرجان قرب بحر قزوين.
- والظاهر أنّ بديع الزمان كان قد اعتاد التنّقل وأصبح **أفّاقا**، فنحن نراه منذ ذلك الوقت ينتقل من بلد إلى بلد طلبا للرِّزق حتّى آخر حياته.
- وأوّل مكان قصده بعد جرجان كان مدينة نيسابور التي التقى فيها بالأديب المعروف، أبي بكر الخوارزميّ مخترع علم الجبر (انظر الدرس رقم 18 من هذا الكتاب) والظاهر أن **التحاسد** بينهما هو الذي **حكم علاقتهما** منذ البداية، فتبادلا رسائل عاتبة بعد فترة قصيرة من إقامة بديع الزمان في نيسابور، ثم نشبت بينهما **مناظرة** أدبيّة مشهورة في تاريخ الأدب. وقد استغرقت هذه المناظرة فترة طويلة كان كل من **طرفيها** يستجمّ (يستريح) فترة، **ويلتقط أنفاسه** ليأخذ فرصة للتفكير، ثم يتمّ تدبير اجتماع بينهما ليردّ كلّ منهما على صاحبه فيما كان قد أثاره في المرّة السابقة ... وهكذا.
- كانت هذه المناظرة بداية شهرة بديع الزمان الهمذانّي لقدرته على التصدّي للخوارزميّ ذي الشهرة الأدبيّة العريضة.
- اكتملت للهمذاني أسباب الشّهرة الحقيقيّة، فقد ابتكر لونا جديدا من ألوان الإبداع الأدبيّ لم يكن معروفا من قبله في التراث العربيّ، وهو ما سمّاه الهمذاني نفسه **المقامات**.
- وعلى الرغم من أنّ المقامات تنتسب إلى بديع الزمان دون خلاف، فإن دارسي

الأدب يرون في التراث العربيّ السّابق على بديع الزمان ألوانا من الكتابة يمكن أن تعتبر مقدّمات لفنّ المقامة، مثل بعض كتابات ابن دُرَيْد والجاحِظ.

- أصبح اسم الهمذاني مقترنا بفنّ المقامات وحده، على الرغم من أنّ له رسائل وأشعارا ومساجلات عديدة. وقد اشتهر بالمقامات أيضا أبو محمّد القاسم بن عليّ الحريرى البصري صاحب المقامات الحريريّة الخمسين والذي ولد قرب البصرة وتوفّي بها (446 – 516 هـ /1054 – 1122م).
- كانت المناظرة بين بديع الزمان والخوارزميّ فرصة لأن **يظهر كلّ منهما براعته اللغويّة**، **وحضور بديهته**، وقدرته على المحاجّة واتّساع ثقافته وبخاصّة في الرجوع إلى محفوظه من الشعر العربيّ القديم.
- كان بديع الزمان حين ناظر الخوارزميّ شابّا **متدفّق الحيويّة**، وكان الخوارزمي شيخا **يتحلّى** بالهدوء والحكمة.
- ويقول الدارسون إنّ نهاية المناظرة لم تحمل معها انتصار أحدهما على الآخر بشكل واضح، لكن يبدو أنّ حيويّة الشباب في هذه المناظرة تغلّبت على حكمة الشيوخ. ولعلّ هذا يرمز إلى انتصار الجديد على القديم في صراع الأجيال الذي لا ينتهي.
- ابتسم الحظّ لبديع الزمان الهمذانيّ مرّة واحدة خلال رحلة حياته الشاقّة وذلك حين أتيحت له فرصة الزواج من امراة ثريّة فعاش فترة محدودة عيشة الأغنياء، لكنّ القدر لم يمتّعه طويلا بهذه **النعمة الاستثنائية**، فتوفّي بعد زواجه بزمن قصير وهو في حوالي الأربعين من عمره.
- هناك قصّة فظيعة تروى عن موته، إذ يقال إنه بعد دفنه سمع من قبره أنين خافت، فنبشوا عليه فوجوده ميتا قابضا على لحيته وعلى وجهه ذعر شديد.
- ترسم كتب الأدب لبديع الزمان صورة حيّة المعالم يمكن تلخيص بعض ملامحها في ما يلي:

1. كان طموحا جدّا إلى الثّروة والجاه.
2. كان يؤمن بالصّراع للحصول على ما يريد، وقد تجلّى ذلك في مناظرته مع الخوارزميّ ومحاولته فيها التّقليل من شأن الخوارزميّ وتعظيم نفسه.

3. كان مفرط الذكاء، ذا حافظة قويّة، وقدرة فائقة على الارتجال.

4. كان واسع الثقافة، متعمّقا في علوم اللغة العربيّة خاصّة منها الفكاهات والنوادر والشعر، وكان صاحب أسلوب خاصّ به في التعبير.

– ترك بديع الزمان من الآثار الأدبية :

1. ديوان شعر لا يرقى ما فيه إلى شعر الطبقة الأولى.

2. مجموعة رسائل أهمّ ما تمتاز به **المحسّنات البديعيّة**.

3. كتاب المقامات الذي أخذ منه هذا النّصّ، وسنخصّه بكلمة وافية في ما يلي:

1. عن الكتاب:

– يحتوي كتاب «مقامات بديع الزمان الهمذاني» على اثنتين وخمسين مقامة. ويقال إنه أنشأ في الأصل حوالي أربعمائة مقامة لم يبق منها سوى هذا العدد. وإنْ صحّ هذا يكون قد بقي منها حوالي الربع فقط.

– تصاغ كلّ مقامة على شكل قصّة قصيرة، من المفترض أن تجري أحداثها متّصلة أي تبدأ وتستمرّ وتنتهي في جلسة واحدة، إذ كلمة **مقامة**، في الأصل، تعني الجلسة.

– تدور معظم مواضيع مقامات بديع الزمان حول **الكدية**. وهذه الكلمة فارسية الأصل، تعني إظهار الفقر والتسوّل. فكثير من المقامات تحفل بألوان الحيلة والخداع، لكنّها تنتهي عندما يحصل البطل – أبو الفتح الإسكندريّ– على ما يريده من المال. لكنّ لبعض المقامات طابعا أدبيّا ظاهرا، ولبعضها الآخر طابعا اجتماعيّا، فهي سجلّ حافل بحيل اللصوص وأساليبهم، وهي مصباح كاشف عن كثير من ألوان الفساد الاجتماعيّ، وبخاصّة ما يتّصل بالحياة **ذات الوجهين** التي تحمل في **ظاهرها** الزهد والتقوى والورع، وتخفي في **باطنها** ألوان الخبث والرياء والنفاق.

– في المقامات البديعيّة راوٍ، أي شخص يخبرنا عن حوادثها وهو **عيسى بن هشام**. وهو راو واحد لا يتغيّر في جميع المقامات. وفي كلّ مقامة بطل هو أبو الفتح الإسكندري. وهو كذلك بطل واحد لا يتغير في جميع المقامات. **والرّاوي** يقوم بمهمّة

الكشف عن شخصيّة البطل، بينما يحاول البطل التنكّر حتّى آخر لحظة. والرَّاوِي عالِم مثقّف مثل البطل، وهو كذلك، مثل البطل، ميّال إلى حياة اللهو والانغماس في الملذّات، لكنّه – على خلاف البطل – رقيق القلب، راغب في مساعدة المحتاجين، كما أنّه لا يستجدي الناس، ولا يبدو بخيلا أو محتالا. أما **البطل** فهو لغز محيّر، لا يصرّح باسمه، ويسعى إلى الحصول على المال عن طريق الحيلة، وهو نموذج **للصّعلوك**، كما أنّه قريب في بخله من نماذج الجاحظ في كتاب البخلاء.

- أسلوب المقامات نثريّ، لكنّها في الأغلب الأعمّ تشتمل على أبيات شعريّة تتضمّن حِكَما وأمثالا وشواهد على الأحداث المعروضة. وهذه الأشعار **غالبا ما** يذكر قائلها، وفي بعض الأحيان ترد أشعار **لا تنسب إلى قائلها**، والمفهوم في هذه الحالة أنها من شعر بديع الزمان نفسه.
- تعتمد المقامات على الخيال الجامح حينا، وعلى ما يجري في واقع الحياة اليوميّة حينا آخر. وأسلوبها يقوم على **السجع** والتشبيهات والكلمات الغريبة والتكلّف في التعبير. والمقامات عرض متنوّع لقدرة البطل الفائقة في اللغة العربية التّراثيّة. وهي تزخر بالنّوادر والقصص المسلّية والعظات البليغة. وغالبا ما تكون **عقدة القصة** فيها ضعيفة لا تدلّ على إحكام الصّنعة القصصيّة.
- أثّرت مقامات بديع الزمان في الكتّاب قديما وحديثا، ومن أشهر من تأثّروا بها في القديم الحريريّ صاحب المقامات التي تحمل اسمه، والتي تجري على نَسَقِ مقامات بديع الزمان.
- لم يتوقّف تأثير مقامات الهمذاني عند حدود اللّغة العربّية، إذ راجت في اللّغات الأخرى، كالسُّريانّية والعِبريّة.
- استمرّ أثر المقامات حتى النهضة الحديثة، فوجدنا كتّابا من القرنين التاسع عشر والعشرين ينسجون على منوال المقامات في مقدّمتهم الشيخ حسن العطّار ومحمّد المويلحي من مصر، وناصيف اليازجي وأحمد فارس الشدياق من لبنان.
- طبع كتاب «مقامات بديع الزمان الهمذانيّ» في الآستانة. كما طبع في بيروت سنة 1889م بشرح الشيخ محمّد عبده، ثم طبع بعد ذلك طبعات كثيرة. ونحن نعتمد هنا طبعة الشيخ محمّد عبده.

... ثمّ تناقشَا وتهارشَا، حتّى قلت: ليشتم كلّ منكما صاحبه، فمن غلب سلَب، ومَن عزَّ بزَّ.

3- عــن النّص:

- موضوع المقامة الدّيناريّة مباراة في الشتائم والسّباب من أجل الفوز بدينار، طرفاها أبو الفتح الإسكندري بطل المقامات، وشخص من بني ساسان. ولقب بني ساسان يُطلق في التراث العربيّ على جماعة من المحتالين كانت تتّخذ من التسوّل والعراك والسّباب وإثارة الفوضى والمزاح وسيلة إلى الخداع والسّرقة في الطرقات والأسواق.

- تعتبر المقامة الدّيناريّة نموذجا كاملا للموضوع الأساسيّ الذي تدور عليه جميع المقامات وهو الكدية، فطرفا الحوار يتّخذان من التسوّل والتسابق عليه والإلحاح في الطّلب وتوظيف كلّ مهاراته وسيلة للحصول على دينار.

- تبدأ المقامة الدّيناريّة بمقدّمة قصيرة على لسان الرّاوي، **مثلها في ذلك مثل** غيرها من المقامات. وأوّل ما نسمعه منها عبارة «**حدّثنا عيسى بن هشام قال ...**»، وهي تكوّن لازمة تتردّد في بداية كلّ مقامة.

- يأتي بعد ذلك تحديد الموضوع الأساسيّ للمقامة وهو رغبة الرّاوي في أن يتصدّق بدينار على أشحذ متسولٍ في بغداد، فيدلّ الناس الرّاوي على أبي الفتح الإسكندري بطل المقامات لانطباق الشرط عليه، فيجده جالسا مع جماعة الشحّاذين، فيخبرهم الراوي بالموضوع، فيتشاتمون ويتعاركون للحصول على الدينار. وينتهي الأمر بإقامة مناظرة في الشتائم بين أبي الفتح الإسكندري وشخص آخر تحدّاه من بين جماعة الشحّاذين.

- يُخرج كلّ واحد من المتناظرين ألوانا متنوّعة إلى أقصى حدّ من الشتائم المقذعة، وكلّها يتناول أرْدَأَ ما في الإنسان من صفات.

- كل عبارة من عبارات السّباب الواردة في المقامة هي ، في الواقع، تلخيص أو تعليق على موقف أو ظاهرة اجتماعية يحتاج شرحها إلى حديث طويل.

- يمكن تصنيف هذه الشتائم إلى :

1. **صفات حسّيّة** : مثل : يا وسخ الكوز، يا دودة الكنيف، يا وسخ الآذان ... الخ.

2. **صفات معنويّة** : وهي متعدّدة مثلا :

أ - البخل: يا مانع الماعون، يا تنحنح المضيف إذا كُسر الرغيف، يا بخل الأهوازي... الخ .

ب - ثقل الطّبع : يا حديث المغنيّن، يا رمد العين ...الخ.

النّـص

حدَّثَنَا عيسى بنُ هشام قال : **اتَّفَقَ لي نذْرُ نذَرْتُهْ** في دينارٍ أتصدَّقُ به على أشْحَذ رجلٍ ببغدادَ. وسألتُ عنه فدُلِلْتُ على أبي الفتْحِ الإسكندَريِّ. فمضيتُ إليه، لأَتَصَدَّقَ به عَلَيْه، فوجدتُهُ في رُفْقَةٍ، قد اجتمعتْ عليه في حَلْقَةٍ. فقلتُ يا بَنِي سَاسَان* أيُّكُمْ أعْرَفُ بسِلْعَتِه[1]، وأشحذُ في صَنْعَتِه، فأُعْطِيَهُ هذا الدّينَارَ؟ فقالَ الإسكندريّ : أنَا. قال آخرُ من الجماعة : لا بَلْ أنَا، ثم تنَاقشا وتَهَارَشَا[2] حتى قلتُ : لِيَشْتُمْ كُلّ مِنْكما صاحبَه. فمنْ غَلَبَ؛ سَلَبَ ومَنْ عزَّ، بزَّ[3].

فقالَ الإسكندريُّ : يا بَرْدَ العجوزِ[4]. يا كُرْبَةَ تَمُّوز[5]. يا وَسَخَ الكوزِ[6]. يا دِرْهما لا

* بنو ساسان: كناية عن الشحّاذين في ذلك العصر.

(1) - السلعة : ما يتّجر به من المتاع. ولا متاع للشحّاذين يبادلون عليه ويرتزقون من ربحه إلا تزوير الكلام في الاستجداء وما يتبعه، فهذه سلعة كلّ منهم التي يسأل عن أعرفهم بها.

(2) - تواثبا وتخاصما، وشتم كلّ منهما الآخر.

(3) - من غلب خصمه وقهره سلبه ما من حقه أن يكون له. وهاتان العبارتان، وهما : من غلب سلب، ومن عزَّ بَزَّ، معناهما أن القويّ يأخذ ما لدى الضعيف.

(4) - برد العجوز يشتد غالبا ويزداد ثقلا بمجيئه في آخر الشتاء عند استعداد الناس للقاء الربيع، وأيام العجوز سبعة، أربعة من آخر شباط (يقابل شهر فبراير) وثلاثة من أول آذار (يُقابلُ شهر مارس).

(5) - تمّوز (يقابل شهر يوليو) وهو يأتي في اشدّ ما يكون من الحرّ ويعرض فيه أن يحتبس الهواء ليلا حتّى لا يجد الحيوان متنفّسا من شدّة الحرّ وركود الهواء خصوصا بالليل. فهذه هي الكربة التي يشير إليها، وهي أثقل شيء على النفس.

(6) - وسخ الكوز (وعاء معدنيّ للشرب) مما تتقزّز منه النفس.

يجُوز[7]. يا حديثَ المُغنِّين [8]. يا سَنَةَ البُوس [9]. يا كَوْكَبَ النُّحُوس[10]. يا وَطْءَ الكابُوس[11]. يا تُخْمَةَ الرؤُوس[12]. يا أمّ حُبَيْن[13]. يا رمدَ العَين. يا غداةَ البَيْنِ[14]. يا فِراقَ المُحِبَّيْنَ. يا ساعةَ الحيْن [15]. يا مَقْتَلَ الحُسَيْن[16]. يا ثِقَلَ الدَّيْن. يا سِمَةَ الشَّيْنْ[17]. يا بَريدَ الشُّوم [18]. يا طريدَ اللُّوم[19]. يا ثريدَ الثُّوم. يا بادِيَةَ الزَّقُّوم[20]. يا منعَ الماعُون[21]. يا سَنَةَ الطاعُون. يا آيَةَ الوعيد[22]. يا كلامَ المُعيد. يا أقْبَحَ مِنْ حَتَّى في مواضعَ شتَّى[23]. يا دودةَ الكنيف. يا فَرْوَةً في المَصِيف[24]. يا تَنَحْنُحَ المُضِيف إذا كُسِر الرَّغِيف[25]. يا جُشاءَ المَخْمُور[26].

---

(7)- الدرهم الذي لا يجوز: المغشوش الذي لا يروج، فإذا دفعه مالكه ثمنا لشيء أعيد له.

(8)- يود سامع المغنّي أن لا ينقطع الغناء لاتصال لذة الطرب. فإذا اشتغل المغنّي بالكلام عن الغناء انتظر السامع أن يفرغ من كلامه ليعود إلى غنائه وثقلت عليه إطالته وأضجره ذلك وأملّه.

(9)- سنة البؤس هي سنة الجدب.

(10)- كوكب النحوس : جالب النحس أي الحظ السيّء.

(11)- الكابوس ما يقع على الإنسان بالليل من الحلم الثقيل الذي لا يستطيع معه أن يتحرّك، وهو أثقل شيء يجده النائم، وهو تخيّل ربّما يدخل في باب الأحلام غير أنه يمتاز عنها بحقيقة الأثر في البدن.

(12)- ما يصيب الرأس عند فساد الطعام في المعدة لكثرته أو لأنه دخل على طعام قبل هضمه.

(13)- أمّ حبين اسم للأفعى القرناء (ذات القرون) التي لا علاج للدغتها.

(14)- صبيحة يوم الفراق بين المحبّين.

(15)- الحَيْن (بالفتح) وهو الموت، وساعته من أشدّ الساعات ألما للميت ولأهله.

(16)- مقتل الحسين موضع قتله، وهو أشأم موضع لأنه أريق فيه دم بسيف ظالم.

(17)- السمة العلامة، والشين العيب.

(18)- بريد الشؤم رسوله إلى الناس، والشؤم سوء الحظّ.

(19)- المطرُودُ لِلُؤْمِهْ، وَثريد الثّوم: كَريهُ الرّائِحَة جداً والثريد طعام يصنع من خبز وحساء وقد يوضع عليه ثوم.

(20)- الزقّوم هو شَجر صَحْراوِيّ مُرّ، والبادِية الصَّحراءُ.

(21)- الماعون كلّ ما يُستعار مِنْ فأسٍ وقدوم وقدر ونحوها من منافع البيت، ومنعها عن الجار حرام في الإسلام.

(22)- آية الوعيد هي الآيات التي ترد في القرآن لتهديد العصاة بالعقاب، وكلام المُعيد الكلام المكرّر وهو يسبّب الملل.

(23)- المراد هنا حرف «حَتّى» ومسائله من مشكلات اللغة العربيّة.

(24)- المصيف المكان الذي تقضى فيه زمن الصيف أو تجلس فيه في الصيف، وإنما تطلبه فرارا من الحرّ فما أثقل الفروة. ولذلك فالفراء ثقيل جدا في الصيف.

(25)- تنحنح المضيف إذا كسر الرغيف : صوت يصدره صاحب البيت البخيل عندما يلاحظ أنّ ضيفه قد كسر رغيفا صحيحا.

(26)- المخمور شارب الخمر المكثر منها، وجشاؤها منتن خبيث.

يا نَكْهَة الصّقور[27]. يَا وَتَدَ الدّور[28]. يا خُذْرُوفَة القُدُور[29]. يا أرْبَعاءَ لا تَدُور[30]. يا طمعَ المَقْمُور[31]. يا ضَجَر اللِّسان [32]. يا مؤاكَلَة العُمْيَان[33]. يا شَفَاعَة العُرْيَان[34]. يا سَبْتَ الصِّبْيَانِ[35]. يا كِتَاب التَّعَازِي[36]. يا قَرَارَة المَخَازِي[37]. يَا بُخْلَ الأهوازِي[38]. يا فُضُول الرَّازِي[39]. واللّــه لو وضعْتَ إحْدَى رجلَيْكَ على أرْوَنْد[40]. والأخرى على دُمَاوَنْد[41]. وأخذتَ بيدِك قوْس قُزَح وندفْتَ الغَيْمَ في جبابِ الملائكةِ ما كنتَ إلا حَلاَّجا.

وقال الآخرُ : يا قَرَّاد القُرود[42]. يا نكْهَةَ الأسُود[43]. يا عدمًا في وُجود. يا كَلْبًا في الهرَاش[44]. يا قِرْدًا في الْفِرَاشِ. يا قَرْعِيَّة بِمَاش[45]. يا أقلّ مِنْ لاَش. يا دُخَان النِّفْط[46].

---

(27)- النكهة ريحة الفم، لأن الصقور لا تأكل إلا اللحوم فأفواهها كريهة الرائحة.

(28)- الوتد ما دقّ في الأرض أو الحائط من خشب، ويضرب به المثل في احتمال الأذى لأنه لا يزال يدقّ حتى يتحطّم.

(29)- لعلّهُ يريد من خذروفة القدر ما يصنع من الطين ليوضع عليه القدر كأنه أثفية من الأثافي. ولا يعرف هذا المعنى في الكتب التي بأيدينا.

(30)- هو آخر أربعاء من كل شهر صفر خاصّة، عرف بين العامّة بأنه نحس لا ينجح فيه عمل عامل.

(31)- المقمور المغلوب في القمار، وطمعه قبيح من وجهين: الأول أنه وهم لا يرجع إلى سند، والثاني لا يزال بصاحبه حتى يورده موارد الفقر والإفلاس.

(32)- إذ ضجر اللسان عن الكلام لم يأمن صاحبه أن يرد به مورد الهوان.

(33)- والعميان في أكلهم لا يبالون أي موقع وقعت أيديهم من الطعام، فلا يخلو مؤاكلهم من التقزّز.

(34)- العريان من الفقر يأتيك شافعا متوسّلا في حاجة غيره وهو أحوج الناس في التوسّل لنفسه.

(35)- يوم السبت أثقل يوم على الصبيان لأنهم يذهبون فيه إلى المدارس للتعلّم بعد يوم عطلة وهو يوم الجمعة.

(36)- كتاب التعازي يثقل على النفس قراءته لما فيه من الكلام المحزن.

(37)- القرارة القاع، والمخازي جمع مخزاة وهي ما يوقع في الخزي والخجل من أنواع النقائص.

(38)- الأهوازي من كان من أهل الأهواز. ويبدو أنهم كانوا مشهورين بالبخل.

(39)- الرازي منسوب إلى مدينة الريّ من مدن الديلم. والفضول الزيادات الأخيرة التي لا خير فيها منها فضول الكلام. وأهل الريّ يزيدون في الكلام بما يثقل على النفس.

(40)- أروند جبل أخضر ناضر يطلّ على همدان.

(41)- دماوند هو جبل دنباوند، وهو الجبل العظيم المشهور بناحية الريّ. فهو يقول لمخاطبه : لو بلغت من العظم والجسامة أن تستطيع وضع إحدى رجليك على أحد الجبلين والأخرى على الآخر وأن تتناول قوس قزح (وهو ذو الألوان الذي يظهر في السحاب بعد المطر) وجعلته مندفا وندفت الغيم (أي نفضت الغم) كما يندف القطن وكان ما تبسطه تحت مندوفك هو جباب الملائكة (جمع جبة)، ما زاد قدرك على ما هو لك بوصف أنك حلاّج، وأي مقدار بين الناس لحلاّج وإن عظم مندفه واتسع بين رجليه وبسط لمندوفه ما بسط (والحلاّج الذي ينفض القطن لتخليصه من البذور).

(42)- «قرّاد القرود» الذي يتكسب من تنظيف جلد القرود من الحشرات مثل البراغيث والقُراد. وهي حرفة حقيرة.

(43)- النكهة الرائحة. والأسود لأنها لا تأكل إلا اللحوم من أخبث الحيوان نكهة.

(44)- الهراش مواثبة الكلاب وتحرّش بعضها ببعض، والقرد في الفراش من أشد المقلقات لأنه لا يسكن من حركة ولا يَأْلُو فسادا وتمزيقا لما يصل إليه. أو لأنه نموذج للقبح.

(45)- القرعية طعام يصنع من القرع، والماش حبّ يقرب من حبّ الباقلاء وطعمه يقرب من طعم العدس، فإذا خلط هذا الحبّ مع القرع كان كريه الطعم تضطرب له المعدة.

(46)- النفط هو الزفت، ودخانه خانق الرائحة.

يا صُنَانِ الإِبط[47]. يا زوالَ المُلْك. يا هلالَ الهُلْك[48]. يا أَخْبَثَ ممَّنْ بَاءَ بذُلِّ الطَّلاق. ومُنِعَ الصَّدَاق[49]. يا وَحْلَ الطريق. يا ماءً على الرِّيق. يا محرِّكَ العَظْم[50]. يا مُعَجِّلَ الهَضْم[51]. يا قَلَحَ الأَسْنَان[52]. يا وَسَخَ الآذَان. يا أَجَرَّ مِنْ قَلْس[53]. يا أقلَّ مِنْ فَلْس. يا أفضَحَ من عَبْرَة[54]. يا أَبْغَى من إِبْرَة[55]. يا مَهَبَّ الخُفّ[56]. يا مَدْرَجَةَ الأَكُفِّ[57]. يا كلمةَ لَيْت[58] يا وَكْفَ البَيْت[59]. ويا كَيْتَ وكَيْت. واللهِ لَوْ وَضَعْتَ اسْتَكَ على النجُوم. ودلَّيْتَ رجلَكَ في التخُوم. واتخذت الشعرى خُفًّا والثُرَيَّا رَفًّا[60]. وجعلتَ السماءَ مِنْوَالا. وحكْتَ الهواءَ سِرْبَالا فسدَّيْتَه بالنَّسْرِ الطَّائِر. وألحَمْتَه بالفَلَكِ الدَّائِر. ما كنت إلا حائكا.

قالَ عيسى بنُ هشام : فوالله ما علمتُ أيَّ الرجُلَيْنِ أُوثِرُ وما منهُما إلا بَدِيعُ الكلام. عجيبُ المقَام. ألدُّ الخِصَام[61]. فتركتهما. والدينارُ مشاعٌ بينهما. وانصرفْتُ وما أدري ما صَنَع الدَّهْرُ بِهِمَا.

---

(47)- الإبط ما تحت الكتف حيث يكثر العرق، وهو كريه الرائحة إذا لم يداوم على غسله.

(48)- يريد أن مطلعه مطلع الهلال، والهُلْك (بالضمّ) الهلاك.

(49)- أقسى من طلاق المرأة بدون سبب وعدم إعطائها الصداق، أي المهر (والمقصود هنا التعويض الماليّ).

(50)- يريد الحمّى الشديدة المصحوبة بشعور البرد بحيث تضطرب لها العظام وترتعش المفاصل.

(51)- ومعجّل الهضم المُسهل.

(52)- قلح الأسنان ما يعلوها من صفرة أو خضرة.

(53)- القلس حبل ضخم يستخدم في السفن. وأجرّ منه أكثر قدرة على الجرّ. وقد يعني ذلك أنه لحوح صفيق.

(54)- العبرة الدمعة التي تندفع من العين عند البكاء، وهي تفضح العاشق إن كان بكاؤه من شوقه وتفضح ما في نفس الحزين من الحزن.

(55)- أبغى : من بغت المرأة إذا صارت بغيًا عاهرا لأن ثقب الإبرة يدخل فيه الخيط مرة بعد مرة وبألوان كثيرة.

(56)- مهبّ ريح الخفّ المكان الذي تهبّ منه رائحة كريهة مثل رائحة الخفّ، وهو النعل، ولبعض النعال رائحة كريهة ناشئة من عدم غسل القدمين.

(57)- الأكفّ جمع كفّ، ومدرجة الأكف المكان الذي نزل عليه عند الصفع.

(58)- كلمة ليت لا تقال إلا عند الندامة على فائت أو التلهّف على مفقود.

(59)- وكف البيت أن يقطر الماء من سقفه عند المطر ولا أشق منه على النفس، وكيت وكيت تقال لكل ما يستحى من ذكره من أنواع السباب.

(60)- الاست : مؤخرة الإنسان، والتخوم جمع تخم وهو الحد الفاصل. والمقصود هنا أركان الأرض، والشعرى نجم في السماء، والمنوال، أو النوال آلة النسج، وحكت الهواء أي خطت الهواء، والسربال الثوب، وسدى الثوب في صناعة النسيج هي خيوطه الممتدة طولا، ولحمته هي خيوطه الممتدة عرضا والمتداخلة مع السدى. ومن السدى واللحمة يتكون النسيج. حائك : خيّاط ثياب .

(61)- ألدّ الخصام : أشدّ ألوان النزاع .

التــدريبـــات

1- أسئلة حول النّصّ:

1. ما مسقط رأس بديع الزمان الهمذاني ؟
2. في أيّ سنة ولد ؟
3. متى ترك مسقط رأسه ؟
4. إلى أين رحل ؟ ولماذا ؟
5. بمن اتصل بعد رحيله من مسقط رأسه ؟
6. لماذا ترك مدينة الرّيّ ؟
7. من هو «الأفّاق» ؟
8. هل كان بديع الزمان أفّاقا ؟ ولماذا ؟
9. كيف كانت العلاقة بين بديع الزمان وأبي بكر الخوارزمي ؟
10. ما معنى المناظرة ؟
11. ما فائدة المناظرة التي جَرَت بين بديع الزمان وأبي بكر الخوارزمي ؟
12. من انتصر في هذه المناظرة ؟ ولماذا ؟
13. ما أثر هذه المناظرات في فنّ المقامة عند بديع الزمان ؟
14. لماذا عاش بديع الزمان عيشة الأغنياء في آخر حياته ؟
15. كيف مات بديع الزمان ؟ ومتى ؟
16. ما خصائص شخصيّة بديع الزمان ؟
17. ما أشهر آثار بديع الزمان ؟
18. كم مقامة في كتاب المقامات لبديع الزمان ؟
19. ماذا تعرف عن أسلوب المقامة ؟
20. من الراوي في المقامة ؟ وما مهمّته؟

21. من البطل في المقامة ؟

22. ما الموضوع الذي تدور حوله المقامات ؟

23. من أوّل من كتب المقامة ؟

24. ما وجه المشابهة بين مقامات بديع الزمان ومقامات الحريري؟

25. ما أثر مقامات بديع الزمان في من جاء بعده ؟

26. ما موضوع المقامة الديناريّة ؟

27. ولماذا سمّيت «المقامة الديناريّة» ؟

28. ما الصفات الحسّيّة التي تناولها الشتم في المقامة ؟

29. ما الصفات المعنويّة التي تناولها الشتم فيها ؟

30. ما رأيك في هذا اللون من الفنّ ؟

31. لماذا كان حديث المغنّين يعدّ من الصفات المكروهة ؟

32. من هي «أمّ حبين» التي يشتم بها ؟

33. ما الأيّام التي يطلق عليها «برد العجوز» ؟

34. ولماذا يشتم بعبارة «سبت الصّبيان» ؟

35. من هو « الحسين» المذكور في قوله «يا مقتل الحسين» ؟

36. لماذا كان ثريد الثوم مكروها ؟

37. ما وجه القبح في حتّى؟

38. ما وجه القبح في «غداة البين» ؟

39. لماذا كان كلام المُعيد قبيحا ؟

40. لماذا كانت الفروة في المصيف مكروهة ؟

41. كيف تصف نكهة الصقور ؟

42. ما وجه الشتم في «طمع المقمور» ؟

43. لماذا كان عمل القرّاد مستقبحا ؟

44. لماذا كان «مُعجّل الهضم » غير مستحبّ ؟

45. لماذا يُعدّ الكاتب كلمة «ليت » من الألفاظ المكروهة ؟

2- صواب أم خطأ ؟

1. عيسى بن هشام هو الراوي في جميع المقامات.
2. بديع الزمان الهمذاني أوّل من ألّف في المقامات.
3. ولد بديع الزمان الهمذاني في سنة 968 ميلادية.
4. أبو الفتح الإسكندري هو بطل المقامات .
5. هزم الخوارزمي بديع الزمان الهمذاني في المناظرة التي جرت بينهما.
6. لم يذق بديع الزمان الهمذاني الغنى في حياته وعاش طول عمره فقيرا.
7. أنانيّة بديع الزمان ومحاولته التّقليل من شأن الآخرين دليل على طموحه وإيمانه بالصراع.
8. تفوّق أحد المتسابقين على الآخر في المقامة الديناريّة.
9. المقصود بالمقامة التدريب على الألفاظ والعبارات المستخدمة في مجال معيّن.
10. «تنحنح المضيف إذ كُسر الرغيف» دليل على البخل الشديد.
11. تعدّ «غداة البين، وفراق المحبّين» من الأشياء السارّة.
12. يفهم من «فضول الرازي» أنّ أهل الرّيّ ثرثارون كثيرو الكلام في ما لا يفيد.

3- أكمل الجمل الآتية:

1. الأربعاء الذي لا يدور هو ....
2. نكهة الصقور تعني أنّ الرائحة ....
3. يقصد بمنع الماعون ....
4. الذي يقصد به الذلّ من هذه الشتائم هو عبارة ....وعبارة ....

5. إذا شتم آخر بما يستحي من ذكره قال له ....

6. الشفيع العريان هو ....

7. المقصود بالكلب في الهراش هو ....

8. أبو الفتح الإسكندري هو ....

9. عيسى بن هشام هو ....

10. أمّ حبين هي ....

لاحظ هذا التركيب :

أيّكم أعرف بسلعته وأشحذ في صنعته فأُعْطِيَهُ هذا الدينار ؟

- الفعل «أعطيه» في هذا التركيب مسبوق **بالفاء** وقبل الفاء جملة استفهامية.
- الفاء في مثل هذا التركيب تسمّى **فاء السببيّة** (لأن معنى قبلها سبب في معنى ما بعدها).
- في هذه الحال ينصب الفعل المضارع الذي تدخل عليه الفاء كما هو هنا.
- تسمّى جملة الاستفهام في هذا التركيب «**جملة طلبيّة**».

أنواع الجمل الطلبيّة في اللغة العربيّة ثمانية هي :

الأمر – الدعاء – العرض – التحضيض – التمنّي – الرجاء – الاستفهام – النهي.

القاعدة :

إذا دخلت فاء السببيّة (وهي المسبوقة بجملة طلبيّة أو بجملة منفيّة) على الفعل المضارع نَصَبَتْهُ.

4– بينّ سبب نصب المضارع في الآيات القرآنية الآتية :

(تذكّر أنّ المضارع ينصب بعد : أن – لن – كي – إذن – لام التعليل – حتّى – فاء السببيّة) :

1. قُلْ لَنْ يُصِيبَنَا إِلاّ مَا كَتَبَ **الله** لَنَا.

2. هُوَ الّذي يُصَلِّي عَلَيْكُمْ وَمَلائِكَتُهُ لِيُخْرِجَكُمْ مِنَ الظُّلُمَاتِ إِلَى النُّورِ.

3. لا يُقْضَى عَلَيْهِمْ فَيَمُوتُوا.

4. مَنْ ذَا الذي يُقْرِضُ اللَّهَ قَرْضًا حَسَنًا فَيُضَاعِفَهُ لَهُ وَلَهُ أَجْرٌ كَرِيمٌ.

5. لَنْ تَنَالُوا الْبِرَّ حَتَّى تُنْفِقُوا مِمَّا تُحِبُّونَ.

6. لا تَطْغَوْا فِيهِ فَيَحِلَّ عَلَيْكُمْ غَضَبِي.

7. هَلْ لَنَا مِنْ شُفَعَاءَ فَيَشْفَعُوا لَنَا.

8. وَاشْدُدْ عَلَى قُلُوبِهِمْ فَلا يُؤْمِنُوا حَتَّى يَرَوْا العَذَابَ الأَلِيمَ.

9. أَعَجَزْتُ أَنْ أَكُونَ مِثْلَ هَذَا الْغُرَابِ فَأُوَارِيَ سَوْأَةَ أَخِي؟

10. لَوْلا أَخَّرْتَنِي إِلى أَجَلٍ قَرِيبٍ فَأَصَّدَّقَ .

11. يَا لَيْتَنِي كُنْتُ مَعَهُمْ فَأَفُوزَ فَوْزًا عَظِيمًا.

12. فَلَنْ أَبْرَحَ الأَرْضَ حَتّى يَأْذَنَ لِي أَبِي أَوْ يَحْكُمَ اللَّهُ لِي.

13. لَنْ نَبْرَحَ عَلَيْهِ عَاكِفِينَ حَتَّى يَرْجِعَ إِلَيْنَا مُوسَى.

14. لِكَيْ لا يَكُونَ عَلَى الْمُؤْمِنِينَ حَرَجٌ.

15. وَالّذِي أَطْمَعُ أَنْ يَغْفِرَ لِي خَطِيئَتِي يَوْمَ الدِّينِ.

16. وَاللَّهُ يُرِيدُ أَنْ يَتُوبَ عَلَيْكُمْ.

17. أَيَحْسَبُ الإِنْسَانُ أَنْ لَنْ نَجْمَعَ عِظَامَهُ.

18. إِنّا فَتَحْنَا لَكَ فَتْحًا مُبِينًا لِيَغْفِرَ لَكَ اللَّهُ مَا تَقَدَّمَ مِن ذَنْبِكَ وَمَا تَأَخَّرَ.

19. وَأَنْزَلْنَا إِلَيْكَ الذِّكْرَ لِتُبَيِّنَ لِلنّاسِ مَا نُزِّلَ إِلَيْهِمْ.

20. وَمَا كَانَ اللَّهُ لِيُطْلِعَكُمْ عَلَى الْغَيْبِ.

5- ايتِ بـ :

1. جملة فيها فاء السببيّة مسبوقة بنفي.

2. جملة فيها فاء السببيّة مسبوقة بنهي.

3. جملة فيها فاء السببيّة مسبوقة بتمنّ.

4. جملة فيها فاء السببيّة مسبوقة باستفهام .

5. جملة فيها فاء السببيّة مسبوقة بأمر .

6. جملة فيها فعل فاء السببيّة مسبوقة بتحضيض.

7. جملة فيها فعل مضارع منصوب بحتّى.

8. جملة فيها فعل مضارع من الأفعال الخمسة منصوب بـ(أن).

9. جملة فيها فعل مضارع من الأفعال الخمسة منصوب بفاء السببيّة المسبوقة برجاء.

لاحظ هذا التركيب :

لِيَشْتُمْ كُلٌّ منكما صاحبَهُ.

- الفعل المضارع **يشتم** مجزوم في هذه الجملة لأنّه سُبِق باللام التي تفيد معنى الأمر.
- تذكّر أنّ الأدوات الأخرى التي تجزم الفعل المضارع – بالإضافة إلى لام الأمر – هي «لَمْ»، «لمَّا»، «لَا الناهِيَة».
- كل هذه الأدوات **تجزم فعلا واحدا**، وهي تختلف عن **أدوات الشرط** التي تجزم فعلين.

6- «**لِتأخذْ بيدك قوسَ قزح ولتنذف الغيمَ في جباب الملائكة**»

خاطب بالجملة السابقة المؤنّثة المفردة، ومثنّى المؤنّث، وجمع المؤنّث، ومثنّى المذكّر، وجمع المذكّر، مستعينا بالآتي، مغيرًا ما يجب تغييره:

1. لتأخذي ....

2. لتأخذا ....

3. لتأخذن ....

4. لتأخذا ....

5. لتأخذوا ....

7- خاطب بالجملة التالية المفردة المؤنّثة، ومثنّى المذكّر، والمؤنّث، وجمع المذكّر، وجمع المؤنّث، مغيّرًا ما يلزم تغييره في الجملة:

لا تَكُنْ صُلْبًا فتُكسرَ، ولا ليّنًا فتُعْصَرَ.

8- تعبير كتابي:

أكتب فقرة لا تقلّ عن خمسة عشر سطرًا تتحدث فيها عن أهم الجوانب التي تتناولها الصحافة الهزلية الناقدة في أيامنا هذه.

من الشعر العربي (8)

اقرأ واحفظ

عُرْوَةُ بنُ الوَرْدِ في مَدْحِ الْغِنَى وَذَمِّ الفَقْرِ

(من بحر الوافر)

ذَرِيني لِلْغِنَى أَسْعَى فَــإِنِّي	رأيتُ النّـاسَ شَرُّهُمُ الفقيـرُ
وأَدْنَــاهُمْ وأَهْوَنُهمْ عَليْهِـم	وإنْ أمسَى له حَسَبٌ وخِيـرُ
يُبَاعِدُهُ القريبُ وتَزْدَرِيـهِ	حَلِيلتُـه ويَنْهَـرُهُ الصَّغيــرُ
ويُلْقَى ذُو الغِنى ولهُ جَلَالٌ	يَكَــادُ فــؤادُ لاَقيهِ يَطيــرُ
قليلٌ ذَنْبُهُ والذَّنْبُ جَـــمّ	ولكــنَّ الغِنَـى رَبٌّ غَفُــورُ

الشاعر : من الشعراء الصّعاليك في العصر الجاهليّ، وهم مجموعة من الشعراء كانوا يعيشون على اللصوصيّة، ولكن كانت لديهم مروءة وشهامة في تعاملهم مع الفقراء. تُوفّي سنة 27هـ/ 596م.

الشّــروح

ذريني : اتركيني

خِير : خَيْرٌ

وإن أمسى له حَسَب وخيرٌ : أي وإن فعل الأفعال الخيِّرة –

تزدريه : تحتقره

الحَليلة : الزوجة

يكاد فؤاده يطير: أي يوشك قلبه أن ينخلع من الرهبة والاحترام

ذنب : خطأ أو معصية

جمّ: كثير.

الدرس العاشر

من كتاب « الخراج » لأبي يوسف:

حُقُوقُ السَّجِينِ فِي الفِقْهِ الإِسْلَامِيِّ

الفقه الإسلاميّ (أو القانون الإسلاميّ) يتولّى بيان قواعد السلوك التي يلتزم بها المسلم في **عباداته ومعاملاته**، طبقا للمبادئ والتعاليم التي جاء بها القرآن الكريم، والسنة النّبويّة، وما جرى عليه الخلفاء الرّاشدون والصحابة في تفسيرهما. ومعاملة المسجونين وحقوقهم داخل السجون من الموضوعات التي تناولها الفقيه الإسلاميّ أبو يوسف لأوّل مرّة في كتابه «الخراج»، وهو الكتاب الذي وضعه بناء على تكليف خاصّ من الخليفة العباسيّ هارون الرشيد.

مداخل إلى دراسة النّصّ

2- عن الكاتب :

- هو أبو يوسف يعقوب إبراهيم بن حبيب بن سعد بن بجير، وينتسب إلى قبيلة بجيلة من الأنصار.
- ولد في الكوفة عام 113 هـ/ 731م. وكان أبوه فقيرا، كثير العيال، يرى أنّ كسب الرزق مقدّم، عند أمثاله، على تحصيل العلم وكسب المعرفة.
- قصّة حياة يعقوب هي قصّة الشخص العصاميّ، الذي بدأ من أدنى طبقات المجتمع ثم ارتقى إلى أعلى المناصب في العلم والمكانة الاجتماعيّة بفضل ذكائه وحبّه

العلم واجتهاده في تحصيل المعرفة. ويكفي للدلالة على الشهرة التي بلغها اسمه في تاريخ المعرفة الإسلامية أنه إذا ذكر اسم «أبو يوسف» مجرّدا من أيّ لقب أو صفة فإنّه ينصرف إليه وحده.

– ألحق الوالد ابنه يعقوب للعمل عند قصّار، وهو الشخص الذي يتولّى عملية تبييض الثياب بعد غزلها. ولكنّ الصبيّ يعقوب أظهر حبّا شديدا للعلم بعد سنّ العاشرة وأراد الالتحاق بحلقات الدرس في المسجد على الرغم من المعارضة الشديدة التي لقيها من والديه.

– أخذ الصبيّ يهرب من العمل عند القصّار، ويذهب إلى المسجد، ويجلس في حلقات الدرس عند الفقيه ابن أبي ليلى والإمام أبي حنيفة صاحب المذهب الفقهيّ الشهير باسمه.

> أشهر مذاهب الفقه في الإسلام أربعة: **المالكيّ**، **والحنفيّ**، **والحنبليّ**، **والشافعيّ**. ويوجد أيضا المذهب **الظاهريّ**، والمذهب **الإباضيّ** ثم مذاهب **الشيعة** وهي متعدّدة.

– في تاريخ حياة أبي يوسف روايات كثيرة تذكر أنّ والديْه كثيرا **ما كانا** يحضران إلى المسجد، ويخرجانه بالقوّة من حلقة الدرس لكي يعود إلى عمله، لكنّه كان يرجع إلى الدرس بعد وقت قصير.

– تزوّج يعقوب وأنجب أطفالا أكبرهم يوسف، فتكنّى بأبي يوسف، لكنّه بالرغم من هذه المسؤولية الجديدة استمرّ في إهمال عمله وملازمة أبي حنيفة، فذهب أبوه إلى أبي حنيفة وقال له : «إن ابني يلزم مجلسك ولا يأتي المنزل **النهار والليل** وعليّ عيال كثيرون، وله أيضا عيال، فقل له حتّى **يختلف طرفي النهار إليك** ويجعل ما بينهما للسعي على عياله»، فأجابه أبو حنيفة : «دعه يا أبا إسحق فإنه سيصير له نبأ (أي خبر وشهرة) إن شاء اللّه». ويرجع يعقوب إلى البيت في المساء ويطلب عشاءه فتضع زوجته أمامه إناء مغطّى، فيكشفه فيجد فيه دفاتر وكتبا. فتقول له زوجته: «هذا هو ما تسعى عليه طوال النهار فكل منه ليلا»، ويبيت يعقوب جائعا.

- ويموت أحد أبناء أبي يوسف، وهو في حلقة دراسيّة، فلا يحضر جنازة الطفل بل يوكل أمر دفن ابنه لأحد أقربائه، وذلك حتّى لا يفوته شيء من مجلس شيخه.
- يُوسّع أبو يوسف دائرة اهتمامه فيدرس، إلى جانب الفقه، الحديث وتفسير القرآن والسيرة والمغازي (غزوات النبيّ) وأيّام العرب (الحروب التي كانت بين القبائل العربيّة في العصر الجاهليّ).
- يصل أبو يوسف في العلم إلى درجة رفيعة في حياة أستاذه أبي حنيفة حتّى إنّ أستاذه ليقول له : «إنني أدّخرك للمسلمين من بعدي».
- يموت أبو حنيفة فيرحل أبو يوسف إلى بغداد مع عائلته. وهناك يلتحق بخدمة الدولة قاضيا في بعض نواحي بغداد.
- ثمّ يتّصل بالخليفة هارون الرشيد فيعرف قدره وعلمه ويستحدث له منصبا لم يكن موجودا من قبل هو منصب «قاضي القضاة». فأبو يوسف أوّل من دعي بهذا اللّقب. وقد أعطاه هذا المنصب الحقّ في أن يعيّن القضاة في جميع البلدان الواقعة تحت حكم الخلافة العباسيّة، لهذا كان يشار إليه باسم «قاضي قضاة الدّنيا».
- ارتفعت مكانة أبي يوسف عند الرشيد فأصبح إذا بلغ دار الخلافة فتحت له الأبواب ودخل راكبا بغلته وبدأه الرشيد بالسلام.
- اعتمد أبو يوسف على هذه المكانة الرفيعة عند الخليفة لينفع الناس ويقدّم النّصح للخليفة. وقد حرص في صلته بالخليفة والحاشية ورجال الدولة، في كل تصرّفاته، على التمسّك بالحقّ مع التلطّف في توجيه النّظر إليه. وقد سئل الرشيد يوما عن السبب في رفع أبي يوسف إلى هذه المنزلة العالية فذكر «سعة علمه، وقوّة ذاكرته، واستقامة مذهبه، وصيانته لدينه».
- كان أبو يوسف في فتاواه ونصائحه للرشيد وكتاباته له يؤسّس آراءه على قاعدتين التزم بهما دائما :حقّ الإمام العادل وواجبه تجاه الرعيّة، وحقّ الرعيّة وواجبها تجاه راعيها.
- وإلى جانب الإشراف على القضاء، وتولّي أمور الإفتاء، انشغل أبو يوسف بالتدريس وعقد حلقات الدرس، وتأليف الكتب، وعقد جلسات الإملاء حيث كان يملي الدروس على رجال الفقه ورجال الحديث على السّواء.

- توفّي أبو يوسف عام 182هـ/ 898م، ومشى الرشيد أمام جنازته، وصلّى عليه ودفنه في مقابر قريش ببغداد. وقال الرشيد بعد أن دفن: «ينبغي على أهل الإسلام أن يعزّي بعضهم بعضا».
- كان أكثر مؤلّفات أبي يوسف **من نوع الأمالي**، وأصحاب الأمالي الذين رووها عن أبي يوسف كثيرون جدّا. وتعتمد المصادر الفقهيّة في نقل آراء أبي يوسف على تلك الأمالي، وتشير إلى **كتّابها** أحيانا باسم «أصحاب الأمالي».
- على الرغم من أنّ المذهب الحنفيّ ينسب إلى أبي حنيفة، فإنّ لأبي يوسف في تثبيت أصوله وشرح قواعده دورا كبيرا. وقد قام أبو يوسف بهذه المهمّة في حياة أستاذه، بل أدخل كثيرا من آرائه الفقهيّة في كتب أبي حنيفة.
- من أهمّ ما كتب أبو يوسف كتاب «الخراج» الذي أخذنا منه نصّنا هذا.
- للكتاب طبعات كثيرة من أهمّها تحقيق ودراسة الدكتور إحسان عباس، بيروت عام 1985م.

2- عن الكتاب :

- يحدّد أبو يوسف في بداية كتاب **الخراج** موضوعه والغرض من تأليفه فيقول: «إنّ أمير المؤمنين (هارون الرشيد) سألني أن أضع له كتابا جامعا يعمل به في جباية الخراج (ضريبة الأرض، وضريبة الأنفس أو الأشخاص) والعُشُور (ضريبة الأموال والمحاصيل الزراعيّة والأعمال التجاريّة) والصدقات والجَوالي (جمع جالية وهي الجماعة التي تجلو أي تنتقل من موطنها وتقيم في موطن آخر)... وإنّما أراد بذلك رفع الظلم عن رعيّته، والصلاح لأمرهم».
- موضوع الكتاب هامّ جداًّ: فطريقة تحصيل الخراج وتحديد مقاديره كانت دائما مثار المشاكل للحكّام والمحكومين.
- رسالة أبي يوسف هي أوّل عمل من نوعه يحاول أن يضع قواعد ثابتة لموضوع الخراج يمكن تطبيقها في جميع الحالات، وبدون تفرقة بين شخص وآخر.

- يقوم الكتاب على تحديد **مصادر الخراج** (أي من يؤخذ منه) **ومصارف الخراج** (أي الأنشطة التي تنفق فيها الأموال المجموعة) **والمستندات الشرعيّة التي** يعتمد عليها الحاكم في تحديد المصادر والمصارف.

- يقرّر الكتاب أيضا أنّ «العدل وإنصاف المظلوم وتجنّب الظلم في تحديد الخراج وطريقة تحصيله – إلى جانب كونها صفات طيّبة في الحاكم تحبّبه إلى الناس وتقرّبه من اللّـه – تزيد كمّيّات الخراج، وتساعد على زيادة العمران في البلاد. والبركة والخير أخَوَان للعدل».

- يقرر الكتاب كذلك أنّه من الضروريّ وضع نظام لرقابة جامعي الخراج، والتفتيش عليهم، كما أنّه من الضروريّ أن يستمع الخليفة بنفسه إلى الشكاوى التي يرفعها إليه أفراد الشعب ضدّ جامعي الخراج، وأن يذيع بين الناس نتائج التحقيقات والعقوبات التي تسلّط على الموظّفين المنحرفين حتى يعرف الشعب جميعه أنّ الخليفة يستمع إلى المظالم.

- إنّ النظرة الإصلاحيّة في كتاب الخراج لا تطغى على النظرة الماليّة. وطريقة أبي يوسف في بيان الأحكام هي أن **يشرح الحكم الفقهيّ وأبعاده** أوّلا، مسترشدا في ذلك بآراء أستاذيه أبي حنيفة وابن أبي ليلى ، مع موافقته لأحدهما أو مستقلاّ في الرأي عنهما معا، ثم يؤيّد الحكم الذي ينتهي إليه بالنّصوص الموثوق بها، ولا يترك الأمر غامضا لأنّه مسؤول أمام الخليفة.

- وأخيرا فقد وردت عبارات كثيرة في كتاب **الخراج** تؤكّد أن أبا يوسف كان دائما في جانب الحقّ، وأنه لم يترك فرصة لتوجيه النّصح إلى هارون الرشيد، بل تحذيره إذا لزم الأمر. من ذلك قوله ناصحا ومحذّرا الرشيد في أول الكتاب : «وقد حذّرك اللّـه فاحذر، فإنك **لم تخلق عبثا ولن تترك سدى، وإنّ اللّـه سائلك عمّا أنت فيه** وعمّا عملت به، فانظر ما الجواب»

3- **عن النّصّ** :

- يتناول النّصّ الذي اخترناه هنا من كتاب **الخراج** مشكلة المسجونين بسبب جرائم ارتكبوها. وكان الذي أثار هذه القضية سؤالان وجّههما الرشيد، وهما : «هل تتكفّل الدّولة بنفقات طعام المسجونين وهم في الحبس؟ وهل تُؤْخَذ هذه النفقة من مال الصّدقة أم من غيره؟». والموضوع بهذه الطريقة يدخل في صميم موضوع أموال الخراج الذي خُصّص الكتاب له.

- وقد رأى أبو يوسف أنّ الإنفاق على المسجونين ضروريّ سواء أكان من الصدقة أم من بيت المال (الأموال العامّة). وأشار بأنّه من الضّروري أن يعينّ رجل من أهل الخير والثقة يكون لديه سجلّ بأسماء المسجونين فَيُقَيِّد فيه ما يُصْرَفُ لكلّ واحد منهم شهريّا للملابس والطعام.

- كذلك أكّد أنّ الحالة المزرية التي كان يعاني منها المسجونون لا بدّ أن تتوقّف. كما أشار بأن تُراجع أحوال كلّ شخص في السجن فيقدّم منهم من ارتكب جريمة محدّدة للمحاكمة، ويفرج عن الباقي طبقا لأحكام الشّريعة.

- وأشار بأن لا يؤخذ في إثبات الجرائم بأقوال من يُسَمَّون بالمشايخ (وهم المُعَيَّنُون لِمُرَاقَبَة الأَمْن والنِّظَام في الطرُقَات والحواري)، كما لا يؤخذ بأقوال مساعدي هؤلاء المشايخ، لأنهم جميعا، في رأي أبي يوسف، أسوأ من المجرمين أنفسهم.

- إنّ هذا النّصّ، على قصره، يعدّ أوّل وثيقة لتنظيم أوضاع المسجونين وإصلاح السّجون، والاعتراف بالحقوق الإنسانّية لمرتكِب الجريمة، **والتفريق بين توقيع العقوبة وبين إهدار آدميّة المجرم.**

- وقد قيل إنّ الرشيد ما كاد يعرف أوجه الفساد في كثير من الأمور التي ذكرها أبو يوسف في كتاب الخراج حتى بادر إلى إصلاحها، ومن هذه الأمور التي شملها الإصلاح أوضاع المسجونين.

- ويضيف أبو يوسف مسألة أخرى تتعلّق بارتكاب الجريمة، فيذكر أنّ من المستحبّ العفو عن بعض أنواع الجرائم قبل أن تصل القضيّة إلى الحاكم. أمّا بعد أن تصل إلى الحاكم فإنّ العفو يكون خطيئة كبرى.

النـصّ

فَصْلٌ في أهل الدَّعَارَةِ والتَّلَصُّصِ والجِنايات وما يَجِبُ فيه من الحُدود

قال أبو يوسفَ : وأمَّا ما سألْتَ عَنْهُ يا أمِيرَ المؤمنينَ مِنْ أمْرِ أهْلِ الدَّعارَةِ والفِسْقِ والتّلصُّصِ إذا أُخذُوا في شَيْءٍ من الجناياتِ وحُبِسُوا : هَلْ يُجْرَى عَلَيْهِمْ ما يقوتُهم في الحبسِ ؟ والّذي يُجْرَى عَلَيْهم من الصَّدَقَةِ ؟ أوْ مِنْ غيْرِ الصَّدَقة ؟ ومَا يَنْبَغي أنْ يُعْمَل بِهِ فِيهِمْ ؟

قال : لا بُدَّ لِمَنْ كانَ في مثلِ حَالِهم إذا لَمْ يكنْ لَه شيءٌ يأْكُلُ مِنْه : لا مالٌ ولا وُجِدَ شيءٌ يُقيمُ به بدَنَه، أن يُجْرَى عليه من الصَّدقةِ أو مِنْ بَيْتِ الـمَالِ من أيّ الوجْهَيْنِ فعلتَ فذلك مُوسَّعٌ عليك، وأَحبُّ إليَّ أن يُجْرَى عليهم من بيتِ المالِ، على كل واحدٍ منهم ما يقوتُه فإنّه لا يَحِلُّ ولا يَسَعُ إلا ذلكَ.

قال: والأسيرُ مِنْ أَسْرَى المُشركينَ لا بدَّ من أن يُطْعَم ويُحْسَنَ إليه حتى يُحْكَمَ فيه، فكيفَ برجُلٍ مُسْلمٍ قد أخطأَ أوْ أذْنبَ: يُتْرَك يمُوتُ جوعًا؟ ! وإنمَّا حمله على مَا صَارَ إليه الغيُّ أوِ الجَهْلُ. ولم تزل الخلفاءُ يا أميرَ المؤمنين تُـجْري على أهلِ السجون ما يقوتُهم في طعامِهم وأُدْمِهِم وكِسْوَتِهم الشّتاءَ والصّيفَ، وأوّلُ من فعلَ ذلك عليّ بنُ أبي طالبٍ كرَّمَ اللَّه وجهَه بالعراقِ، ثم فعلَه معاويةُ بالشامِ، ثم فعلَ ذلك الخلفاءُ من بعده.

قال أبو يوسف : حدّثني إسماعيلُ بنُ إبراهيمَ بن المُهاجرِ عن عبدِ الملك بنِ عُمَيْرٍ قال: كان عليّ بنُ أبي طالبٍ إذا كان في القبيلةِ أو القوم الرّجُلُ الدّاعرُ حبسَه. فإن كانَ له مالٌ أُنْفقَ عليه من مالِه. وإنْ لم يكنْ له مالٌ أُنفق عليه من بيتِ مالِ المسلمينَ، وقال : يُحْبَسُ عَنْهم [المسلمين] شرُّه، ويُنْفَقُ عليه من بيتِ مالِهمْ.

وحدَّثني بعضُ أشْياخِنا عن جَعْفَرَ بْنِ بُرْقَان قال : كَتَبَ إلينا عمرُ بنُ عبدِ العزيز: لا تَدعَنَّ في سجونِكم أحدًا من المسلمينَ في وثاقٍ لا يستطيعُ أن يُصلِّيَ قائمًا.

وَلَا يَبِيتَنَّ في قيدٍ إلّا رجلٌ **مطلوبٌ بدمٍ**، وأجروُا عليهمْ من الصدَّقَةِ ما يُصْلِحُهُم في طعَامهم وأَدمِهم، والسّلامُ.

فَمُرْ بالتَّقْديرِ لهمْ ما يقوتُهم في طعامِهم وأدمِهم، **وصَيِّرْ ذلكَ دَراهِمَ تُجْرَى عليهمْ** في كل شَهْرٍ يُدْفَع ذلك إليْهم، فإنّك إن أَجْريْتَ عليهمُ **الخبزَ ذهبَ به ولاةُ السِّجْنِ والقُوَّامُ والجَلَاوِزَة**، وَوَلِّ ذلكَ رَجُلًا من أهلِ الخيرِ والصلَّاحِ يُثْبِتُ أَسْماءَ مَنْ في السِجْنِ ممَّنْ تُجْرَى عليهمُ الصدقةُ، وتكونُ الأسماءُ عنده يدفعُ ذلك إليهم شهرًا بشهرٍ، يقعُد ويدعو باسم رَجُلٍ رَجُلٍ، ويدفعُ ذلك إليه في يَدِه، فَمَنْ كَانَ منهمْ قد أُطْلِقَ خَلَّقَ عَلَى اسْمِه، ومَنْ كَان منْهم ماتَ وقَّعَ تَحْتَ اسمِه «مات»، ويكون الإِجْراءُ عَشْرَةَ دَراهِمَ في الشهرِ لكلّ واحدٍ، وليس كلُّ مَنْ في السّجن يَحْتَاج إلى أن يُجْرَى عَلَيْه. وكسوتُهم قميصٌ وكِساءٌ، وفي الصّيف قميصٌ وإزارٌ، ويُجْرَى على النِّساء مثلُ ذلك، وكسوتُهُنّ في الشتاءِ قميصٌ وَمِقْنَعةٌ وكسَاء، وفي الصّيف قميصٌ وإزارٌ وَمِقْنَعةٌ. وأَغْنِهمْ عن الخروجِ في السَّلَاسِلِ يتَصَدَّقُ عليهمُ الناسُ، فإنّ هذا عظيمٌ أن يكونَ قومٌ من أهْلِ الإسلام قَدْ أَذْنَبُوا وأَخْطَأُوا وقضَى اللّهُ عَلَيْهم بما قَدْ صَارُوا إليه منَ البَلَاءِ يخرجُون في السَّلَاسلِ يتصدَّقُون. **فقدْ بلَغني** وأخبرَني به الثِّقاتُ أنّهم إذا رَجعُوا بالعشيِّ وما قدْ تُصدِّقَ عليْهم قال لهم بوّابُ السِّجنِ: هاتُوا، فأخذَ منهم، وقال لهمُ السَّاعي الذي يدورُ معهم : هاتُوا، فأخذَ منهُم الدِّرهمَ والدِّرهمَيْنِ وأقلَّ وأكثر، سوى طعامٍ يَطْعَمُونَهُ ممَّا قدْ تَصدّقَ عليهم الناسُ، وقال لهم: ضاقتِ السّلسلةُ، هاتوا حقَّ السلسلةِ، فيدخلُونَ إلى الحبْس وليس مَعَهم شيءٌ يأكلُونَه **ممَّا قَدْ تَصدَّقَ النَاسُ عَلَيْهم، قدْ أخذُوا ذلكَ كلَّه منْهم. وما أظنّ أهْلَ الشِّرْكِ يفعلُونَ هَذَا بأسَارَى المسلمينَ** الذينَ في أيْديهمْ فكيفَ ينبغي أن يُفْعَل هذا بأهلِ الإسلام ؟ وإنّما صارُوا إلى الخُروجِ في السّلاسلِ يتصدّقُون لِمَا هُمْ فيه من جَهْدِ الجُوعِ، فربّما أصابُوا ما يأكلُون **وربّما داروُا يوْمَهمْ أجْمَعَ** وربما لم يُصيبوا. وإنما يتصدَّقون عليْهم بالقيراطِ والحبَّةِ والرَّغيفِ والدَّانق. إنّ ابنَ آدمَ لم يَعْرَ من الذّنوبِ، فَتَفَقَّدْ أمْرَهم، ومُرْ بالإجْراءِ عليهم مثلَ ما فسّرتُ لك. ومَنْ ماتَ منْهم ولَمْ يكنْ له وَليٌّ ولا قرابةٌ غُسِّلَ وكُفِّنَ من بَيْتِ المَالِ وصُلِّيَ عَلَيْهِ ودُفِنَ. فإنه بَلَغني وأَخْبَرَني به الثّقاتُ أنّه ربّما ماتَ منهم الميّتُ الغريبُ فيَمْكُثُ في السجنِ اليومَ

واليومَيْنْ حتى يُسْتَأْمَرَ الوَالي في دَفْنِه ، وحتّى يجمعَ أهلُ السّجنِ من عندِهم ما يتصدَّقون ويَكْترون منْ يَحْمِلُه إلى المقابرِ فيدفنُ بِلا غُسْلٍ ولا كَفَنٍ ولا صَلاَةٍ عليه. وربّما أخرجُوه فوضَعُوهُ على الطَّريق، فربمَّا حَزَّنُوا الناسَ عَلَيْه فجمَعُوا لَه وكَفَّنُوه وصَلَّوْا عليه وَدَفَنُوه. وعامَّةُ مَنْ يُحْبَس نُزَّاعٌ من بُلْدَانٍ بعيدة ومَنْ لا أحَدَ لَه، فأمَّا مَنْ كَانَ له قَرَابَةٌ أو أحدٌ فإنّهم لا يَدعُون محبوسًا لَهُمْ في مثْلِ حالِ هؤلاءِ الآخرين الذينَ أخبَرْتُك بحالِهم. فما أعظَمَ هَذَا في الإسلام وأهله. ولوْ أمرْتَ بإقَامَةِ الحدود لَقلَّ أهلُ الحَبْس ولخَاف أهلُ الفِسْقِ والدُّعَّار ولَتَنَاهَوْا عمَّا هُمْ عَلَيْه. وإنّما يكثرُ أهلُ الحبْس لقلّةِ النَّظَرِ في أمورِهم [إنّما هو حبس وليس فيه نظر]. وإنّما يَأخذ الوالي بقول أصحابِ المشايِخ، وأصحابُ المشايِخ في شرٍّ، وَأَخْبَثُ مِن الذين يُرَافِقُونَهم، وقد كَتَبُوا قصصَهم وكتبُوا فيها ما أرادوُا. فَمُرْ وُلاَّتَك جميعًا بالنَّظَرِ في أمرِ أهلِ الحُبُوسِ في كلّ الأيّام، فمنْ كانَ عليْه أُدِّبَ وأُطْلِقَ، ومن لم يكُنْ له قضيّةٌ خُلِّيَ عَنْهُ. وتَقَدَّمْ إليهم أن لاَ يُسْرِفُوا في الأدبِ ولا يُتَجاوَزُ في ذلك إلى ما لاَ يَحِلُّ ولا يَسَعُ. فإنّه بَلَغَني أنهم يَضْرِبُونَ الرَّجُلَ في التّهْمَةِ أو في الخِيَانَة الثلاثمائةَ والمائتَيْنْ [أي جلدة] وأكْثَرَ وأقَلَّ، وهذَا ممّا لا يَحِلّ ولا يَسَع. ظَهْرُ المُؤْمِنِ حمًى إلاّ مِنْ حَقٍّ يَجِبُ بفُجُورٍ أو قَذْفٍ أو سُكْرٍ أو تَعْزِيرٍ لأمْرٍ أتَاهُ لا يجبُ فيه حدٌّ، وليسَ يُضْرَبُ في شيءٍ مِنْ ذَلِك، كما بَلَغَنِي أنّ وُلاتكَ يَضْرِبُونَ ، وإنّ رسولَ اللّهِ صلَّى اللّهُ عليْهِ وسلمَّ قد نَهَى عن ضَرْبِ المُصَلِّينَ.

حَدَّثَنَا بَعْضُ أشْيَاخنا عن هوْذَةَ بْنِ عَطَاءٍ عن أَنَسٍ، قال أبو بكرٍ رضيَ اللّهُ عنْه: نَهَى رسولُ اللَّهِ صلى اللّهُ عليه وسلَّمَ عن ضَرْبِ المصلِّينَ. ومعنَى هذا الحديث عندَنا – واللّه أعلَمُ – أنَّه نَهى عن ضَرْبِهِمْ مِنْ غَيْرِ أن يَجِبَ عَلَيْهم حَدّ يَسْتَحِقُّونَ بهِ الضربَ. وهذا الذي يبلُغُني أنّ وُلاّتَك يفعلونَه ليسَ منَ الحُكْمِ والحُدود في شيءٍ، ليس يَجِبُ مثلُ هذا على جاني جنايةٍ صغيرةٍ ولا كبيرَةٍ. منْ كانَ منْهم أتى مَا يَجِبُ عَلَيْه فيهِ قَوَدٌ أو حَدٌّ أو تعزيرٌ أقيمَ عليهِ ذلك. وكذلك من جَرح منهم جراحةً في مثلِها قصاصٌ وقامَت عَلَيه البيِّنَةُ بذلك قِيسَ جُرْحُهُ واقتُصَّ مِنْه، إلا أنْ يَعْفُوَ المَجْنِيُّ عَلَيْه، فإن لَمْ يكنْ يُستَطاع في مثلِها قصاصٌ حُكِمَ عَلَيْهِ الأرْشُ وعُوقِبَ وأُطيل حبسُه حتّى

يُحْدِث تَوْبَةً ثم يُخَلَّى عَنْه. وكذلكَ مَنْ كَانَ سَرَقَ ما يَجِبُ فيه القَطْعُ قُطِعَ. إنّ الأَجرَ في إقامةِ الحدودِ عظيم، والصّلاحَ فيه لأهلِ الأرضِ كثيرٌ.

قالَ أبو يوسفَ: حدَّثني الحسنُ بن عمارةَ عن جَريرِ بن يزيد قال : سمعتُ أبا زُرْعَةَ ابْنَ عَمْرِو بْنِ جرير يحدّثُ أنه سمعَ أبا هُرَيْرَةَ يقولُ : قالَ رسولُ اللّهِ صلَّى اللّه عليه وسلّمَ : حَدٌّ يُعْمَل بهِ في الأرضِ خَيْرٌ لأَهْلِ الأرضِ مِنْ أنْ يُمْطَرُوا ثلاثِينَ صَبَاحًا.

ولَا يحِلّ للإِمَامِ أن يُحابِيَ في الْحَدِّ أحدًا ولا تُزيلُه عَنْه شَفَاعَةٌ، ولا ينْعَى لَهُ أَنْ **يَخافَ في ذلك لومةَ لائم**، إلا أن يكونَ **حدٌّ فيه شُبْهَةٌ**، فإذا كَانَ في الحدِّ شبهةٌ دَرَأه لِما جَاءَ في ذلك من الآثارِ عن أصحابِ رسولِ اللّه صلى اللّهُ عليه وسَلَّم والتابعينَ. وقولهم : ادرَؤُوا الحدودَ بالشُّبُهَاتِ ما استطعتُمْ. **والخطأُ في العَفْوِ خَيْرٌ مِنَ الْخطإِ في العُقُوبَةِ**. ولا يحِلُّ إقامةُ حدّ على من لَمْ يستوجبْه كمَا لا يحِلّ إِبْطالُهُ عمّنْ يستوجبُهُ بغيرِ شُبْهَةٍ فيه. ولا يحِلّ لمسلم أن يشفع إلى الإمام في حدّ قد وجب وتبيَّن. فأمّا قبْل أن يُرْفَع ذلك إلى الإمام فقَدْ رَخَّصَ فيه أكثَرُ الفقهاءِ ولمْ يَخْتَلِفُوا في التوقّي للشّفاعة فيه بعد رَفْعِه إلى الإمام فيما عَلِمْنَا واللّه أعلمُ.

قالَ أبو يوسفَ : حدَّثنا هشامُ بنُ عروةَ عن الفرافصةِ الحنفيّ قال : مَرُّوا على الزّبيرِ بسارقٍ فشَفَعَ فيه فقالُوا له : أتشفعُ في حدٍّ ؟ قال : نعمْ، ما لَم يُؤْتَ به الإمامُ، فإذا أُتِيَ بهِ الإمامُ فَلاَ عفَا اللّه عَنْهُ إنْ عَفَا عنه.

الشّـروح

دعارة : الفِسْقُ والخُبْثُ والفجورُ.

أُخِذوا في شيء من الجنايات : قُبِض عليهم في جريمة ارتكبوها.

يُجري عليهم ما يقوتهم : يُرَتِّبُ لهم ما يكفي لطعامهم.

غَيٌّ : ضَلالٌ.

أُدْمٌ : الإِدامُ، وهو ما يُؤْكَلُ به الخُبْزِ.

رَجُلٌ مَطْلوبٌ بِدَمٍ : يُرادُ معاقبته لارتكابه جريمة قتل.

جَلاَوِزَةٌ : مفردُهُ جِلْوَازٌ، وهو الشرطيّ.

حَلَّق على اسمه : وضع حلقةً أي دائرة حول اسمه.

إزَارٌ : ثَوْبٌ يحيطُ بالنّصف الأسفل من البَدَن.

مِقْنَعَة : القِناع ، أي ما تغطّي به المرأة رأسها.

لَمْ يَعْرَ : لم يتجرّد، لم يَخْلُ ...

نُزّاعٌ : مفرده نَازِعٌ، وهو الغريبُ .

تنَاهَوْا : نَهَى بعضُهم بعضًا.

إقامة الحُدُود : تطبيق العقوبات الشرعيّة.

هذا ممّا لا يحِلّ ولا يسع : لا يجوز في الشرع نصًّا ولا روحاً.

ظَهْرُ المؤمن حِمًى: لا يجوز العقاب البدنيّ إلا بالطريقة التي نصّ عليها الشَّرْعُ.

قَوَدٌ : قِصَاصٌ.

أَرْشُ : دِيَةُ الجراحة، أي تعويض الإصابات.

لا يخاف في ذلك لومة لائم: لا يخشى كلام الآخرين أو انتقادهم.

حَدٌّ فيه شُبهة : عقوبة لا يجوز تنفيذها لعدم ثبوت التُّهمَة بشكل قاطع.

درأ : دَفَعَ وَمَنَعَ.

التـــدريبـــات

1- أسئلة حول النّصّ :

1. ما موضوع الفقه الإسلاميّ ؟
2. من هم الخلفاء الرّاشدون ؟
3. ماذا تعرف عن الخليفة هارون الرشيد ؟
4. من هو الفقيه أبو يوسف ؟

5. من هو الشخص العِصاميّ ؟
6. هل كانت ظروف والد أبي يوسف تسمح له بأن يعلّم ابنه ؟
7. ما أشهر مذاهب الفقه الإسلاميّ ؟
8. ما المذهب الفقهيّ الذي ينتمي إليه أبو يوسف ؟
9. ما العمل الذي ألحقه به أبوه ؟
10.«دعه يا أبا اسحق فإنّه سيصير له نبأ». من قائِل هذه العبارة ؟
11.ماذا قدّمت زوجة أبي يوسف له عندما طلب العشاء ؟
12.لماذا فعلت زوجته ذلك ؟
13.ماذا تفهم من حرص أبي يوسف على العلم ؟
14.ما العلوم التي يجب أن يدرسها الفقيه ؟
15.ما المقصود بـ «أيّام العرب» ؟
16.ما أرفع منصب تولّاه أبو يوسف ؟
17.ما مظاهر التّكريم التي لقيها أبو يوسف في حياته ؟
18.ما مظاهر التكريم التي لقيها عند موته ؟
19.ما الأساس الذي التزمه أبو يوسف في نصح الخليفة ؟
20.من هم «أصحاب الأمالي» ؟
21.ما معنى «الخراج» ؟
22.لماذا طلب هارون الرشيد من أبي يوسف أن يضع له كتاب الخراج ؟
23.ما أهمّيّة موضوع «الخراج» بالنسبة إلى الدّولة ؟
24.ما الذي يعود على الحاكم أو المحكومين من إقرار العدل وإنصاف المظلوم في تحديد الخراج ؟
25.ما ضرورة وضع نظام لرقابة جامِعي الخراج ؟
26.هل ترى أنّ استماع الخليفة لشكاوى الناس مضيعة للوقت ؟

27.ما المصادر التي استفاد منها أبو يوسف في شرح أحكامه الفقهيّة ؟

28.ما العبارات التي تفهم منها شجاعة أبي يوسف وقوّة شخصيّته ؟

29.ما الذي وجّه أبا يوسف إلى معالجة قضيّة المسجونين ؟

30.من ينفق على المسجُون ؟

31.من أوّل من أنفق على المسجُونين ؟

32.كم درهمًا في الشهر يُجرَى على كلّ مسجون ؟

33.ما مظاهر الفساد في معاملة المسجونين التي أراد أبو يوسف إصلاحها ؟

34.إستخرج من النصّ العبارات التي تفهم منها سوء الإدارة في زمن أبي يوسف.

35.هل يجوز أن يُضرَب المتّهم؟ ولماذا ؟

36.هل تجوز الشفاعة لمتّهم إذا رُفع أمره إلى الحاكم؟

37.«الخطأ في العفو خير من الخطأ في العقوبة». من قائل هذه العبارة ؟ وما معناها؟

38.لماذا أشار أبو يوسف بصرف رواتب للمسجونين وفضّل ذلك على صرف طعام لهم ؟

39.من هم الأسرى ؟

40.هل كان السجّانون يعذّبون المسجونين بأمر من الخليفة ؟

2- صواب أم خطأ ؟

1. الصلاة والصوم والحجّ موضوعات تدرس في باب العبادات.
2. البيع والشراء والاستئجار موضوعات تدرس في باب المعاملات.
3. تحصيل العلم أهمّ من كسب الرزق.
4. «الشخص العصاميّ» هو الذي يعتمد في حياته على ما يقدّمه له الآخرون.
5. المذهب «الحنفيّ» هو الذي ينسب إلى الإمام أبي حنيفة النعمان.

6. المذهب «الحنبليّ» هو الذي ينسب إلى الإمام مالك بن أنس.

7. الإمام الشافعيّ هو مؤسّس المذهب «المالكي».

8. ينتمي المذهب «الشافعيّ» إلى الإمام أحمد بن حنبل.

9. كان اهتمام أبي يوسف بوفاة ابنه أكثر من اهتمامه بمجلس العلم.

10. «أيّام العرب» هي الغزوات التي كانت بين المسلمين والكفّار.

11. كانت علاقة أبي يوسف بالخليفة هارون الرشيد نافعة لكليهما.

12. استغلّ أبو يوسف مكانته عند هارون الرشيد للحصول على المنصب.

13. اعتمد أبو يوسف على مكانته العالية عند الخليفة لنفع الناس.

14. أهمّ أساتذة أبي يوسف ابن أبي ليلى وأبو حنيفة.

15. الخراج هو ضريبة الأرض وضريبة الأشخاص وضريبة الأموال والزروع والتجارة.

16. الجماعات التي تنتقل من مكان وتقيم في آخر تسمى «الجوالي».

17. خروج المسجونين في السلاسل ليتصدّق عليهم الناس سلوك غير إسلاميّ.

3- ضع كلّ عبارة مما يأتي في مكانها المناسب في الجمل الآتية:

بيت المال – لَوْمَة لائم – إقامة حدّ – رخّص فيه – ولاّة السجن – مطلوب بدم– قميصا وإزارا – ما يقوته – أهل الحبوس – المجنيّ عليه – الخطأ في العقوبة – ما استطعتم – أهل الخير.

1. لا يحلّ .... على من لم يستحقّه، كما لا يحلّ إسقاطه عمّن يستحقّه.

2. يكون الإنفاق من ....على المسجونين مثل غيرهم من وجوه الإنفاق في الدولة.

3. يجب على الحاكم ألاّ يخشى ....في إقامة الحدود.

4. كان ....يضربون المسجونين ويعذّبونهم وليس لهم في هذا أيّ حقّ.

5. تكون كسوة الرّجل المسجون .... في الصيف.

6. يجب على الحاكم أن يولّي رجُلا من .... أعمال الإشراف على المسجونين.

7. يجب على الخليفة أن يوفِّر للمسجون .... في سجنه حتّى يغنيه عن طلب الصّدقات.

8. ينبغي أن يُعَامَل ....معاملة إنسانية كريمة تحفظ عليهم آدميتهم.

9. «الخطأ في العفو خير من ....» من المبادئ في الحدود.

10. إذا عفا ....عن الجاني سقطت عنه العقوبة إذا كانت قصاصا.

11. «ادرِأوا الحدود بالشّبهات ....» فإنّ في ذلك خيرا.

12. إذا قتل الرجل آخر فهو ....ويجب القصاص منه.

13. موضوع الشّفاعة قبل رفع الأمر للحاكم ....أكثر الفقهاء.

4- عيِّن فيما يأتي المصدر المؤوَّل، وبيِّن وظيفته النحوية (فاعل- مفعول به – مبتدأ – مجرور بحرف جرّ – مجرور بإضافة – خبر):

1. لا يحلّ للمسلم أن يشفع إلى الإمام في حدّ قد وجب وتبيّن.
2. أن يخطئ الحاكم في العفو خير من أن يخطئ في العقوبة.
3. لا يحلّ للإمام أن يجامل في الحدّ أحدا ولا تزيله عنه شفاعة.
4. حدّ يَعْمَل به الناس في الأرض خير من أن يُمطَروا ثلاثين صباحا.
5. الأسير من أسرى المشركين لا بدّ من أن يُطْعَمَ ويُحْسَنَ إليه حتى يتمّ الفَصلُ في قضيّته.

6. لا تَدَعَنّ في سجونكم أحدا من المسلمين في وثاق لا يستطيع معه أن يصلّيَ قائما.

7. وأحبّ إلَيَّ أن يُجْرَى عليهم من بيت المال، على كلّ واحد منهم ما يقوته.

8. اطلب من ولاّتك أن لا يسرفوا في الأدب فإنّه بلغني أنهم يضربون الرّجل في التُّهمة أو في الجناية الثلاثمائة والمائتين وأكثر وأقلّ.

9. معنى هذا الحديث عندنا – واللّه أعلم – أنه نهى عن ضربهم من غير أن يجب عليهم حدّ يستحقّون به الضرب.

10. فكيف ينبغي أن يُفْعَلَ هذا بأهل الإسلام !

لَاحظ التراكيب التالية :

1. **لَا يَبِيتَنَّ** في قيد إلاّ رجُلٌ مطلوب بدم.
2. **لَا تَحْسِبَنَّ** اللّـهَ غافلا عمّا يعمل الظالمون.
3. **اِبْدَأَنَّ** غيرك دائما بالتحيَّة.
4. **قد أخذوا** ذلك **كلّه** منهم.

– في كلّ من التراكيب الأربعة السابقة نوع من التأكيد :

أ– في التركيب الأوّل : دخلت على الفعل **نون التوكيد الثّقيلة** (أي المشدّدة): يبيت + نّ.

ب– في التركيب الثاني أيضا دخلت **نون التوكيد الثقيلة** على الفعل **تحسب** + نّ.

ج– في التركيب الثالث فعل الأمر : اِبْدَأْ + نّ دخلت عليه **نون التوكيد الثقيلة**.

د– **في التركيب الرابع الفعل الماضي (أخذوا) سبقته قَدْ.**

– **تدخل نون التوكيد الثقيلة على الفعل وجوبًا** إذا :

أ– كان الفعل مضارعا.

ب – مستقبلا.

ج- غير منفيّ.

د- متّصلا بِلَامِ القَسَمِ.

هـ- وكان أيضا جوابا لِقَسَم . مثل : واللّـه لَتَبْقَينَّ - كما أنت - حلاّجا حتى لو نَدَفْتَ السَّحَاب في جِباب الملائكة.

- تدخل نون التوكيد الثقيلة على الفعل المضارع **جوازًا** في مواضع أخرى مثل التركيب رقم 2.

- يؤكّد الفعل الماضي بـ **قَدْ** أو **لَقَدْ** مثل التركيب رقم 4.

- لاحظ أن الفعل المضارع يُبنَى على الفتح (أي يكون مفتوح الآخر دائما) إذا اتصلت به نون التأكيد الثقيلةولم يكن من **الأفعال الخمسة** أي لم يكن متّصلا **بألف المثنّى** (يأكلانِ) أو **واو الجماعة** (يأكلونَ) أو **ياء المخاطبة** (تأكلينَ).

- تدخل نون التوكيد الثقيلة **جوازًا** على فعل الأمر مثل التركيب رقم 3.

5- أكّد الأفعال المكتوبة بخطّ سميك مستعملا نوع التوكيد المناسب:

1. **أقيموا** الحدود **واعدلوا** بين المتخاصمين .
2. **لا تتركوا** في السجون أحدا بدون نفقة.
3. **يثبّت** اللّـه دولتكم إذا حكمتم بين الناس بالعدل.
4. **رخّص** أكثر الفقهاء في جواز الشفاعة في الحدّ قبل أن يرفع إلى الإمام **فيما علمنا**.
5. **ادرأوا** الحدود عن عباد اللّـه ما استطعتم.
6. **لا تشفع** في حدّ من حدود اللّـه .
7. **أُخِذوا** في شيء من الجنايات وحُبسوا.
8. هذا جواب ما **سألت** عنه يا أمير المؤمنين.

9. يحبس عن المؤمنين شَرُّهُمْ، ويُنفَق عليهم من بيت المال.

10. لا تدعوا في سجونكم أحدا من المسلمين في وثاق لا يستطيع أن يصلّي قائما.

6- اذكرْ جمعَ الكلمات الآتية كما في النّموذج :

المفرد	الجمع	المفرد	الجمع
أسير	أسرى	جريح	
قتيل		كليم	
مريض		هالك	
أحمق		سكران	
ميت		غضبان	
ظمآن		فاسق	

لاحظ هذين التعبيرين :

1. **رُبَّ أخٍ** لك لم تلده أُمُّك.
2. **رُبَّمَا أَصَابُوا** ما يأكلون وَرُبَّمَا داروا يَوْمَهُم بدون طعام.

- **رُبَّ** في التركيب الأوّل **تفيد التّقليل** عادة وتدخل على الاسم النكرة.
- في المثال الثاني اتصلت «**رُبَّ**» بـ «**مَا**» فأصبحت صالحة للدخول على **الجملة الاسميّة والجملة الفعليّة**، ويكون معناها هو **الاحتمال أو التّقليل** في كثير من الأحيان وقد تفيد أيضا العكس.

7- استخرج من نصّ أبي يوسف الجمل التي تشتمل على رُبَّمَا وبيّن معناها ونوع الجملة التي بعدها.

8- تعبير كتابيّ :

اكتب ما يزيد على عشرين سطرا في موضوع معاملة المسجونين في قوانين بلدك، وقارنه بما يوصي به أبو يوسف.

من الشّعر العربي (9)

اقرأ واحفظ

أبو فراس الحِمداني في شكوى الأسر

(من بحر الطويل)

سمع الشاعر حمامة، وهو في أسره، تنوح على شجرة فقال يخاطبها :

أَقُولُ وَقَدْ نَاحَتْ بِقُـرْبِـي حَمَامَـةٌ: أيَا جَارَتَـا، هَلْ تَشْعُرِينَ بِحَـالي؟
مَعَاذَ الهَوَى! ما ذُقْتِ طارِقَةَ النَّوَى وَلا خَطَرَتْ مِنْكِ الهُمُومُ بِبَـالِ
أَتَحْمِلُ مَحْزُونَ الفُؤَادِ قَوادِمٌ عَلَى غُصُنٍ نَائِي المَسَافَةِ عَالِ؟
أيا جَارتَا، ما أنْصَفَ الدهْرُ بَيْنَنا ! تَعَالَيْ أقاسِمْكِ الهُمُومَ، تَعَالي
تَعَالَيْ تَرَيْ رُوحًا لَدَيَّ ضَعِيفَـةً، تَرَدّدُ في جِسْمٍ يُعَذَّبُ بَـالِ
أَيَضْحَكُ مَأْسُورٌ، وتَبْكِي طَلِيقَـةٌ، وَيَسْكُتُ مَحْزُونٌ، وَيَندبُ سَالِ ؟
لقد كنتُ أَوْلَى منك بِالدَّمْعِ مُقْلَـةً وَلَكِنَّ دَمْعي في الحَوادِثِ غَـالِ

الشاعر : أبو فراس الحارث بن سعيد بن حمدان بن حمدون الحمداني التّغلبيّ، هو أحد كبار الشعراء العرب ببلاد الشام في القرن الرابع الهجريّ. ولد سنة 320 هـ/ 932 م وتوفّي سنة 357هـ/968م، فكان معاصرا لشاعر العربية الأكبر أبي الطيّب المتنبّي. يكثر في شعره الفخر، ويتميّز بصدق العاطفة ورقّة العبارة.

الشّروح : **النوى** : البُعد ، والشاعر ينفي الحزن عن الحمامة لأنّها لم تتعذّب من ألم البعاد، ولم تعرف الهمّ – **القوادمُ** : مفردها قادمة وهي عشر ريشات هي كبار الريش في جناح الطائر – **مأسور**: أسير، والشاعر يعني نفسه، وكذلك المحزون – **طليقة** : أي الحمامة.

الدَّرْسُ الحَادِي عَشَرَ

من تفسير القرآن الكريم لابن كثير

النبيّ يوسف يفسّر رؤيا فرعون مصرَ

القرآن الكريم دستور المسلمين وعماد حياتهم. وتفسير القرآن هو السّبيل إلى فهمه ومعرفة التعاليم التي جاء بها. وتفاسير القرآن كثيرة، لها مناهج متنوّعة وأشهرها تفسير الطبري، ومنهجه الاعتماد على الاستشهاد بالقرآن والسنّة، وتفسير الكشّاف للزمخشري، ومنهجه بيان وجوه التعبير البلاغي في النصّ القرآني، وتفسير روح المعاني للألّوسي، ومنهجه شرح المعاني المختلفة لنصّ القرآن اعتمادا على التركيب اللُّغوي. والنصّ الذي ندرسه هنا مأخوذ من تفسير ابن كثير، وهو تفسير له منهج خاصّ يقوم على التدقيق في الروايات والمصادر التي يستشهد بها. كما يعتمد بصفة خاصّة على «تفسير القرآن بالقرآن ذاته».

مداخل إلى دراسة النصّ

1- **عن الكاتب** :

- هو الحافظ عماد الدين إسماعيل بن عمر بن كثير. وإسماعيل هو اسمه الشخصيّ، وعمر اسم أبيه، وكثير اسم عائلته. أما **الحافظ وعماد الدين** فهما لقبان، ولكلّ منهما دلالة خاصة. فلقب **الحافظ** يعني أنه حاصل على إجازة من شيخه تفيد أنه يحفظ على الأقلّ عشرة آلاف حديث نبويّ. أما لقب **عماد الدين** فهو نوع من أنواع التكريم الذي أطلقه عليه علماء عصره، اعترافا بِمنزلته وإتقانه علوم الدين.

- والده هو الخطيب شهاب الدين أبو حفص عمر بن كثير. اسمه الشخصي عمر، وله لقبان أيضا : **الخطيب**، لأنه كان يشتغل بالخطابة الدينيّة. **وشهاب الدين** اعترافا بمنزلته العلمية، وله **كنية** هي أبو حفص. وقد اتّخذ هذه الكنية تيمّنا بكنية أمير المؤمنين أبي حفص عمر بن الخطاب ثاني الخلفاء الراشدين.

- ولد ابن كثير حوالي عام 700هـ / 1300م بقرية مجدل (أو قرية جندل) قريبا من دمشق، ثم انتقلت الأسرة إلى دمشق بعد وفاة الوالد، وسنّ ابن كثير أربع سنوات.

- نشأ ابن كثير في بيت من بيوت العلم، فتلقّى تعليمه الأساسيّ في القرآن والحديث والمبادئ الأولى في الإسلام قولا وعملا، على يديْ أخيه الشيخ عبد الوهاب.

- أظهر حبّا كبيرا للعلم منذ صغره فبرع في دراسات القرآن، والتفسير والتاريخ وروايته، والفقه وأحكامه، والسيرة النبويّة وأحداثها، والنحو وغيره من سائر علوم العربيّة.أمّا عن درايته بالحديث النبويّ فإنه قد بلغ درجة رفيعة في **حفظ الأحاديث ومعرفة الإسناد**، أي الأشخاص الّذين يروون الأحاديث النبوية ودرجاتهم في الثقة، و**معرفة المتن**، أي القدرة على التمييز بين الأحاديث اعتمادا على النص ذاته بقطع النظر عن السند.

- تتلمذ ابن كثير على أكثر من ثلاثين من مشاهير علماء الإسلام منهم ابن تيمية، والحافظ الذهبي، والآمدي، وابن عساكر، وشمس الدين بن بركات وغيرهم.

- اشتهر ابن كثير بالنزاهة، والاستقلال في الرأي، والجرأة في الحقّ. فقد عارض سلطان مصر عندما فرض ضريبة على نصارى الشام عام 767هـ، كما تعرّض للتعذيب لأنه أصرّ على الإفتاء برأي يخالف ما يريده أمير الشام.

- كان ابن كثير واسع الاطّلاع على مختلف العلوم والفنون الإسلامية والعربية خاصّة الحديث والتفسير والتاريخ، كما كان على دراية عظيمة بعلوم اللغة.

- ألّف ابن كثير ما يزيد على ستّين كتابا في الحديث وعلومه، وفي الفقه، والتفسير، والسّير والتاريخ. وقد ضاع كثير من هذه الكتب، لكنّ القليل الذي بقي منها ذو

قيمة علميّة كبرى، خاصّة كتابه في تفسير القرآن الذي أخذنا منه النصّ موضوع الدراسة.

- لم يختلف المؤرّخون في تحديد وفاة ابن كثير، والمكان الذي دفن فيه، كاختلافهم في تحديد تاريخ ولادته ومكانها. فقد توفّي على التحديد يوم الخميس السادس والعشرين من شهر شعبان سنة 774 هـ / مارس 1373م ودفن في جنازة حافلة بمقبرة الصوفيّة بجانب شيخه ابن تيمية، في الجهة الغربيّة خارج دمشق.

2- **عن الكتــاب** :

- عنوان الكتاب هو «تفسير القرآن العظيم»، وإن كان معروفا لدى الناس باسم تفسير ابن كثير.
- وهو أحد تفاسير القرآن الكبرى. وقد وصفه الإمام السيوطي بقوله : «لم يؤلَّف على نمطه مثله».
- أُلّف الكتاب في النصف الأوّل من القرن الثامن الهجري، وطبع في العصر الحديث عدّة طبعات تختلف في عدد أجزائها. ويزيد عدد صفحاتها على 2500 صفحة من القطع الكبير.
- صدرت له أيضا عدّة مختصرات، أهمّها مختصر أحمد محمّد شاكر، ومختصر محمّد علي الصابوني.
- يتميّز تفسير ابن كثير بمنهج علميّ دقيق حدّده صاحبه بكلّ وضوح في أوّل كتابه. ويتلخص هذا المنهج في الأسس الآتية:

1. **تفسير القرآن بالقرآن** : أي تفسير الآيات التي وردت **مختصرة** في سورة من السّور بالآيات التي وردت مفصّلة في سور أخرى.
2. **تفسير القرآن بالسنّة، أي بالحديث النبويّ** : أي إنه عندما لا يستطيع تفسير القرآن بالقرآن فإنّه يبحث عن الأحاديث التي وردت في تفسيره، أو التي تساعد على هذا التفسير، فالسنّة شارحة وموضّحة القرآن.

3. **تفسير القرآن بأقوال الصحابة** (أصحاب النبيّ صلّى الله عليه وسلّم). ويقول ابن كثير: إذا لم نجد تفسيرًا في القرآن ولا في السنّة، رجعنا في ذلك إلى أقوال الصحابة، فإنّهم أدرى بمعاني القرآن، وذلك لما شاهدوه من القرائن والأحوال، ولما لهم من الفهم التامّ، والعلم الصحيح، والعمل الصالح.

4. **تفسير القرآن بأقوال التابعين** وهم صحابة الصحابة، أو الطبقة التي لقيت الصحابة، ولكن لم تلق النبيّ صلّى اللّه عليه وسلّم.

5. **البعد عن التخمين واتّباع الظنّ**، فالقرآن كلام اللّه، ولا يجوز أن يحاول شرحه إلاّ من كان لديه علم وبرهان من الدين.

6- **البعد عن الإسرائيليّات:**

كلمة «الإسرائيليّات» مصطلح يستخدمه علماء التراث الإسلاميّ للدلالة على القصص والأقوال التي تسرّبت إلى بعض المراجع الإسلاميّة من المصادر اليهودية. وتتناول هذه الاسرائيليّات عادة مواضيع لم يرد لها شرح في القرآن الكريم، أو الحديث النبويّ، مثل تفاصيل ما جرى بين الحيوانات على سفينة نوح، وأوصاف الحيّة التي ألقاها موسى على سحرة فرعون.

وقد رفض ابن كثير استخدام هذه الأقوال والقصص في تفسيره باعتبارها خارجة عن الدين الإسلاميّ الحقّ.

2- عـــن النصّ :

- النصّ الذي سندرسه تفسيرُ خمسَ عشرةَ آيةً (من رقم 36 إلى 50) من سورة يوسف.
- تتضمّن السورة قصّة النبيّ يوسف عليه السلام : تبدأ القصة حين كان طفلا يعيش في الصحراء مع والديه وإخوته وكان عددهم أحد عشر. وفي ليلة رأى يوسف في المنام أنّ الشمس والقمر وأحد عشر كوكبا يسجدون تعظيما له واحتراما. ولمّا

قصّ الحلم على والده – وهو النبيّ يعقوب عليه السلام – أوصاه ألاّ يذكر شيئا عنه لإخوته حتى لا يحقدوا عليه.

- شعر الإخوة أنّ والدهم يحبّ يوسف أكثر منهم، فتملّكتهم الغيرة، وأرادوا أن يتخلّصوا من يوسف حتى يخلص لهم حبّ أبيهم، فألقوه في بئر بالصحراء، وقالوا لوالدهم إنّ الذئب قد أكله.
- مرّت قافلة فعثرت على الطفل يوسف فأخذته معها وباعته لفرعون مصر.
- تربّى يوسف في بيت الملك، وحين **بلغ مبلغ الرجال**، وأصبح شابّا جميل الصورة وقعت الملكة في غرامه، لكنّه لم يستجب وقاوم الإغراء. وكان من نتائج ذلك وضع يوسف في السجن، على الرغم من براءته، حتى تهدأ الفضيحة.
- تعرّف يوسف في السجن على شابّين سجينين، أحدهما ساقي الملك والآخر خبّاز القصر. وفي ليلة من اللّيالي رأى كلّ منهما حلما : رأى الساقي أنه يعصر عنبا، ورأى الخبّاز أنه يحمل خبزا فوق رأسه، وأنّ الطيور تأكل من هذا الخبز.
- فسّر يوسف حلم الساقي بأنه سوف يسقي الملك الخمر، وفسّر حلم الخبّاز بأنّه سوف يُقْتَلُ مصلوبا، وأنّ الطيور سوف تهبط وتنهش رأسه. ثمّ تحقّق تفسير يوسف، فقُتل الخبّاز والتحق الساقي مرّة أخرى بخدمة الملك.
- رأى الملك حلما أزعجه كثيرا : رأى سبع بقرات سمينة تأكلها سبع بقرات هزيلة، ورأى أيضا سبع سنابل من القمح خضراء جميلة، وسبع سنابل أخرى يابسة.
- انزعج الملك كثيرا من هذا الحلم، وطلب من حكماء المملكة أن يفسّروه، لكنّهم عجزوا.
- تذكّر الساقي زميله في السجن يوسف، وقدرته العجيبة على تفسير الأحلام، فأخبر الملك عنه، وذكّره بوجوده في السجن، فأرسلوا له وسألوه عن تفسير الحلم الذي أزعج الملك.
- فسّر لهم يوسف هذا الحلم بأنه ستأتي سبع سنوات يفيض فيها النيل ويكثر ماؤه لذلك سيكون القمح كثيرا، وأنّه ستأتي بعدها سبع سنوات يقلّ فيها ماء

النيل كثيرا، فيموت الزرع وتحدث مجاعة، ثم يأتي بعد ذلك عام من الخير فتجود المحاصيل، ويكثر العنب مرّة أخرى.

- أوصاهم يوسف بأن يخزنوا فائق القمح في السّنوات السبع الأولى حتى يستخدموه في السنوات السبع الثانية. وطريقة ذلك أن يبقى القمح في السنابل، ويُخزن على هذه الحالة حتى لا يفسد.
- سُرَّ الملك بهذا التفسير، فأرسل ليوسف مَنْ أخرجه من السجن، ثم طلب منه أن يصبح مسؤولا عن خزائن المملكة، وخاصة خزائن الغلال والقمح.
- لعبت الأحلام دورا كبيرا في حياة يوسف: الحلم الذي رآه في صباه، والذي أخبره عن المستقبل العظيم الذي ينتظره، والحلمان اللّذان رآهما زميلاه في السجن، وكانا السبب في لفت نظر الملك إلى موهبته، وأخيرا الحلم الذي رآه الملك، وكان السبب في خروج يوسف من السجن، وتولّيه الوزارة ورئاسة خزائن الملك.
- يبدأ النصّ الذي اخترناه هنا من دخول يوسف السجن ومقابلته للشّابّين هناك:

النـصّ

«ودَخَلَ مَعَهُ السِّجْنَ فَتَيَانِ قَالَ أَحَدُهُمَا إنِيِّ أَرَانِي أعْصِرُ خَمْرًا وَقَالَ الآخَرُ إنِيِّ أَرَانِي أحْمِلُ فَوْقَ رَأْسِي خُبْزًا تَأْكُلُ الطَّيْـرُ مِنْهُ نَبِّئْنَا بِتَأْوِيلِهِ إنَّا نَرَاكَ مِنَ المُحْسِنِينَ» (سورة يوسف، الآية 36).

قالَ قتادةُ: كان أحدُهما ساقيَ الملكِ والآخرُ خبّازَهُ، قال السدّيّ: كان سبَبُ حبسِ الملكِ إيّاهما أنه توَهَّمَ أنّهما تمالآ علَى سَمِّهِ في طعامِه وشرابِه، وكان يوسفُ عليهِ السلامُ قد اشْتَهَرَ في السِّجْنِ بالجودِ والأمانةِ، وصدْقِ الحديثِ، وكَثْرَةِ العبادَةِ، ومعرفةِ التَّعْبيرِ، والإحْسَانِ إلى أهْلِ السِّجنِ. ولمَّا دخَل هذان الفتيَانِ إلى السِّجنِ تآلفا بهِ وأحبّاه حبًّا شَديدا، وقالا لهُ: واللَّـهِ لقدْ أحْبَبْنَاكَ حُبًّا زائدًا، قال: بارَكَ اللَّـهُ فيكما، إنه ما أحبَّني أحدٌ إلا دَخَلَ عَلَيَّ من محبّتِه ضررٌ، أحبّتْني عمَّتي فدخل عَلَيّ الضررُ بسببِها، وأحبَّني أبِي فأوذيتُ بسببِهِ، وأحبَّتْني امرأةُ العزيزِ فكذلِك، فقالاَ: واللَّـهِ ما

نَسْتَطِيعُ إلاّ ذلك، ثم إنَّهما رأيا مَنامًا، فرأى السّاقي أنَّهُ يَعْصر خَمْرًا، يَعْني عنبًا، قال الضحّاكُ في قوله : « إني أَرَاني أَعْصرُ خَمْرًا» يَعْني عِنبًا، قال: وأهلُ عمانَ يسمونَ العنَب خَمْرًا، وقال عِكْرِمَةُ : قالَ له إنّي رأيْتُ فيما يرى النائمُ أنّي غرسْت حبَّةً من عنبٍ فنبتَتْ، فخَرج فيها عناقيدُ، فعصرْتُهنّ ثم سقيْتُهنّ الملك، فقال : تمْكُثُ في السّجن ثلاثةَ أيّام ثُمَّ تخرجُ فتسقيه خَمْرًا، وقالَ الآخرُ وهو الخبّازُ : «وقالَ الآخرُ إنِّي أَرَاني أَحْملُ فوْقَ رَأْسِي خُبْزًا تَأْكُلُ الطَّيْرُ مِنْهُ نَبِّئْنَا بِتَأْوِيلِه» الآية، والمشهورُ عندَ الأكثرين ما ذكرْنا أنّهما رأيا مَنامًا وطلبا تعبيره، وقال ابنُ جَريرٍ عَنْ عبدِ اللّـه بْنِ مسعود قالَ: ما رأى صاحبا يوسف شيْئًا إنما كانا تحالمًا ليُجرِّبا عليْه.

«قَالَ لا يَأْتِيكُمَا طَعَامٌ تُرْزَقَانِهِ إِلاَّ نَبَّأْتُكُمَا بِتَأْوِيلِهِ قَبْلَ أَنْ يَأْتِيَكُمَا ذَلِكُمَا مِمَّا عَلَّمَنِي رَبِّي إِنِّي تَرَكْتُ مِلَّةَ قَوْمٍ لا يُؤْمِنُونَ بِاللَّهِ وَهُمْ بِالآخِرَةِ هُمْ كَافِرُونَ (37) وَاتَّبَعْتُ مِلَّةَ آبَائِي إِبْرَاهِيمَ وَإِسْحَقَ وَيَعْقُوبَ مَا كَانَ لَنَا أَنْ نُشْرِكَ بِاللَّهِ مِنْ شَيْءٍ ذَلِكَ مِنْ فَضْلِ اللَّهِ عَلَيْنَا وَعَلَى النَّاسِ وَلَكِنَّ أَكْثَرَ النَّاسِ لا يَشْكُرُونَ» (38).

يُخْبرُهما يوسفُ عليه السلامُ أنَّهُمَا مَهْمَا رَأَيَا في منامِهما منْ حُلم، فإنَّهُ عارفٌ بتَفْسيره، ويُخْبِرُهُمَا بتأْويلِه، قبْل وقُوعه. ولهذا قالَ: « قال لا يأتيكُمَا طعَامٌ تُرْزقانه إلاَّ نبَّأْتُكُمَا بتأْويلِه، قال مجاهد يقول : قَالَ لا يَأْتيكُمَا طعَامٌ تُرْزَقَانه في يوْمكُمَا إلاَّ نبَّأْتُكُمَا بتأْويلِه قبْلَ أنْ يَأْتيكُمَا وكذا قال السدّيّ، وهذا إنّما هو من تعليم اللّـه إيّاي، لأنّي اجتَنَبْتُ ملّةَ الكافرين باللّـه واليوْم الآخر، فلاَ يرْجُونَ ثوابا ولا عقابًا في المَعاد. واتَّبعْتُ مِلَّةَ آبَائي إبْراهيمَ واسْحَقَ ويَعْقُوبَ الآية، ويقول: هجَرْت طريق الكُفْر والشّرْك، وسلكتُ طريق هؤلاء المرسَلين صلواتُ اللّـه وسلامُه عليهم أجْمعين، وهكذا يكونُ حالُ من سلك طريقَ الهُدى واتبَعَ طريقَ هؤلاء المرسلينَ وأعْرضَ عنْ طريقِ الضَّالِّيَن، فإنَّ اللَّـهَ يَهْدي قلبَه ويعلِّمُهُ ما لَمْ يكن يعْلَمُ، ويجعلُه إمامًا يُقْتدى به في الخَيْر وداعيًا إلى سَبيلِ الرَّشَاد، مَا كَانَ لَنَا أن نُشرك باللّـه منْ شَيْءٍ ذلك منْ فضْلِ اللّـه عَلَيْنَا وَعلى النّاس. هذا التوحيدُ، وهو الإقرارُ بأنه لا إلهَ إلا اللّهُ وحدَه لا شريكَ له، منْ فضْلِ اللَّـه عَلَيْنَا أيْ أوْحاه إليْنا وأمرَنا به. وَعَلَى النّاسِ إذْ جعلَنا دُعاةً لهمْ إلى

ذلك، ولكنّ أكثر النّاسِ لا يشْكُرُونَ أي لا يَعْرِفُونَ نعمةَ اللّـه عليْهم بإرْسَالِ الرُّسلِ إليْهم بل بدلُوا نِعْمَةَ اللّـهِ وأحلُّوا قوْمَهُمْ دارَ الْبوَار.

«**يَا صَاحِبَي السِّجْنِ أمَّا أَحَدُكُمَا فَيَسْقِي رَبَّهُ خَمْرًا وأمَّا الآخَرُ فَيُصْلَبُ فَتَأْكُلُ الطَّيْرُ مِنْ رَأْسِه قُضِي الأَمْرُ الَّذِي فِيهِ تَسْتَفْتِيَانِ**» (41).

يقولُ لهما : **يَا صَاحِبَي السِّجْنِ أمَّا أَحَدُكُمَا فَيَسْقِي رَبَّهُ خَمْرًا** وهو الذي رَأى أنه يعْصرُ خمْرًا ولكنّهُ لم يُعينْهُ لئلاَّ يَحْزَنَ ذَاك ولهذا أبْهمه في قوله : **وأمَّا الآخَرُ فَيُصْلَبُ فَتَأْكُلُ الطَّيْرُ مِنْ رَأْسِه** وهو الذي رَأى أنَّه يحْمِلُ فوقَ رأسِه خُبْزًا، ثمَّ أعْلمَهُمَا أنَّ هذا قدْ فُرغ منْه، وهُو واقعٌ لا محالَةَ لأنّ الرؤيا على رجل طائر ما لم تُعبَّرْ، فإذا عُبِّرتْ وقعتْ. قال الثوريّ: لمّا قالا ما قالا، وأخبرَهما، قالا : ما رَأيْنَا شيْئًا، فقَالَ: **قُضِيَ الأَمْرُ الّذي فيه تَسْتفتيانِ وَقَالَ لِلّذِي ظَنَّ أنَّهُ نَاجٍ مِنْهُمَا اذْكُرْني عِنْدَ رَبِّكَ فَأَنْسَاهُ الشَّيْطَانُ ذِكْرَ رَبِّه فَلَبِثَ فِي السِّجْنِ بِضْعَ سِنِينَ.**

ولمّا ظنَّ يُوسفُ عليه السلامُ أنّ السَّاقِيَ نَاجٍ، قالَ له يوسفُ خُفْيَةً عَنِ الآخرِ: **اذْكُرْني عِنْدَ رَبِّكَ** يقول : اذْكر قصَّتي عند ربِّك وهو الملكُ، فنَسيَ ذَلك المُوصَى أن يُذَكِّرَ موْلاه الملك بذلك وكان من جُمْلَة مَكايد الشَّيْطانِ لئَلاَّ يطلُعَ نَبِيُّ اللّـه مِنَ السِّجْنِ، هذا هو الصوابُ أنّ الضمير في قوله **فَأَنْسَاهُ الشَّيْطَانُ ذِكْرَ رَبِّه** عائدٌ على النّاجِي، كمَا قالَه مُجاهدٌ وغيْرُ واحدٍ، ويُقال إنّ الضَّميرَ عائدٌ على يوسفَ عليه السّلام، رَواهُ ابْنُ جَرير عن ابْنِ عبَّاس ومجاهد وقتادة : وهُو ما بيْنَ الثَّلاثِ إلى التِّسْع، وقال وَهْبُ بنُ مُنبِّه : مَكَثَ أيّوبُ في البلاءِ سبْعًا، ويوسفُ في السجنِ سَبْعًا.

«**وَقَالَ الْمَلِكُ إِنِّي أَرَى سَبْعَ بَقَرَاتٍ سِمَانٍ يَأْكُلُهُنَّ سَبْعٌ عِجَافٌ وَسَبْعَ سُنْبُلَاتٍ خُضْرٍ وَأُخَرَ يَابِسَاتٍ يَا أَيُّهَا الْمَلَأُ أَفْتُونِي فِي رُؤْيَايَ إِنْ كُنْتُمْ لِلرُّؤْيَا تَعْبُرُونَ (43) قَالُوا أَضْغَاثُ أَحْلَامٍ وَمَا نَحْنُ بِتَأْوِيلِ الْأَحْلَامِ بِعَالِمِينَ (44) وَقَالَ الَّذِي نَجَا مِنْهُمَا وَادَّكَرَ بَعْدَ أُمَّةٍ أَنَا أُنَبِّئُكُمْ بِتَأْوِيلِهِ فَأَرْسِلُونِ (45) يُوسُفُ أَيُّهَا الصِّدِّيقُ أَفْتِنَا فِي سَبْعِ بَقَرَاتٍ سِمَانٍ يَأْكُلُهُنَّ سَبْعٌ عِجَافٌ وَسَبْعِ سُنْبُلَاتٍ**

خُضْرٍ وَأُخَرَ يَابِسَاتٍ لَعَلِّي أَرْجِعُ إِلَى النَّاسِ لَعَلَّهُمْ يَعْلَمُونَ (46) قَالَ تَزْرَعُونَ سَبْعَ سِنِينَ دَأَبًا فَمَا حَصَدْتُمْ فَذَرُوهُ فِي سُنْبُلِهِ إِلاَّ قَلِيلاً مِمَّا تَأْكُلُونَ (47) ثُمَّ يَأْتِي مِنْ بَعْدِ ذَلِكَ سَبْعٌ شِدَادٌ يَأْكُلْنَ مَا قَدَّمْتُمْ لَهُنَّ إِلاَّ قَلِيلاً مِمَّا تُحْصِنُونَ (48) ثُمَّ يَأْتِي مِنْ بَعْدِ ذَلِكَ عَامٌ فِيهِ يُغَاثُ النَّاسُ وَفِيهِ يَعْصِرُونَ (49)».

هذه الرُّؤْيا من ملك مصرَ ممَّا قدَّرَ اللّـهُ تعالى أنَّها كانَتْ سببا لخروج يوسفَ عليه السَّلامُ من السجنِ مُعزَّزا مُكرَّما، وذلك أنَّ المَلِكَ رَأَى هذه الرُّؤْيا فهالَتْهُ، وتعجَّبَ من أمرِهَا، وما يكُون تفسيرُهـا، فجمعَ الكهنةَ وكبارَ دوْلَتِه وأُمرائه، فقصَّ عليهمْ ما رَأَى وسألَهُمْ عَنْ تَأْويلِهَا، فلمْ يَعْرفُوا ذلك واعتذروا إليْه بأنّها **أضْغَاثُ أحْلام** أي أخْلاطُ أحلامٍ اقتضتْه رؤياك هذه، **وما نحْنُ بتَأْويلِ الأحْلامِ بعَالمين** أي لو كانَتْ رُؤْيا صحيحةً من أخلاطٍ لمَا كان لنا معرفةٌ بتأويلِهَا وهو تعبيرُها، وعندَ ذلك تذكَّرَ الذي نجا منْ ذَيْنِك الفتيَيْنِ اللّذَيْنِ كانَا في السِّجن معَ يوسفَ، وكانَ الشَّيطانُ قد أنْساهُ ما وصَّاهُ به يُوسفُ من ذكر أمرِه للملك، فعنْدَ ذلك تذكَّرَ **بعْدَ أُمَّةٍ** أي مُدَّةٍ، فقالَ للْمَلك: **أنَا أُنبِّؤُكُمْ بتَأْويله** أي بتأويلِ هذا المنامِ **فأَرْسِلُونِ** أي فابْعثُونِ إلى يوسفَ الصدِّيقِ إلى السجنِ ومعْنَى الكلام فبعَثُوه فجاءَ فقال: **يُوسُفُ أيُّهَا الصِّدِّيقُ أفْتنَا** وذكرَ المنامَ الذي رآه الملِكُ، فعند ذلك ذكرَ له يوسفُ عليه السَّلامُ تعبيرَها من غيْرِ تَعْنيفٍ للْفتى في نِسْيَانه ما أوْصَاهُ به ومنْ غيْرِ اشْتراطٍ للْخُروج قبْلَ ذلك بلْ قال: **تَزْرَعُونَ سَبْعَ سِنِينَ دَأَبًا** أي يأتيكمْ الخصْبُ والمطرُ سبْعَ سنينَ متوالياتٍ **فَمَا حَصَدْتُمْ فَذَرُوهُ فِي سُنْبُلِهِ إلاَّ قَلِيلاً مِمَّا تَأْكُلُونَ** أي مَهْمَا استغللْتُمْ، وهذه السبْعُ سنينَ الخصْبِ فادّخرُوه في سنبلِه ليكونَ أبْقَى له وأبْعد عنْ إسْراعِ الْفسَادِ إليْه إلا المقْدارَ الذي تَأْكُلُونَه، ولْيكُنْ قَليلاً، لا تُسرِفُوا فيه، لتنْتفعُوا في السَّبْعِ الشِّدادِ، وهُنَّ السَّبْعُ السِّنينَ الْمحْلُ التي تُعْقبُ هَذه السَّبْعَ المُتَوالِيَاتِ، وهُنَّ الْبقَراتُ العجَافُ اللاَّتي تأْكلُ السِّمانَ، لأنَّ سنيّ الْجدْبِ يُؤْكَلُ فيها ما جَمعُوه في سنيّ الْخصْبِ، وهُنَّ السنْبُلاتُ اليابسَاتُ، وأخبرهُمْ أنهنّ لا يُنْبتْنَ شيْئًا وما بذَرُوه فلا يرجعُون منْه إلى شيءٍ، ولهذا قال: **يَأْكُلْنَ مَا قَدَّمْتُمْ لَهُنَّ إلاَّ قَلِيلاً مِمَّا تُحْصِنُونَ**، ثم بَشَّرهُمْ بَعْدَ الْجدْبِ العامِّ المُتَوالي بأنَّه يُعقِبُهم بعْد ذَلك **عَامٌ فِيهِ يُغَاثُ النَّاسُ** أي يأتِيهمُ الغيْثُ وهو المطرُ، وتُغلّ البلادُ، ويعْصرُ الناسُ ما كانُوا يَعْصِرُون علَى عادتِهم من زَيْتٍ وسُكَّرٍ ونَحْوِه.

الشّـــروح

آية قرآنية: جُملة أو جُمَلٌ أُثِرَ الوقفُ في نهايتها غالبًا. ويتكوّن القرآن من مِائَةٍ وأَرْبَعَ عَشَرَةَ سُورَةً، والسورة مجموعة من الآيات ولها عنوان خاصّ بها.

تمالآ على سَمّه : تآمرَا على وضع السُّمّ له في الطعام والشراب.

تعبير : تفسير الأحلام.

رأيتُ فيما يرى النائمُ : رأيتُ في منامي حُلما من الأحلام.

تَحالما: ادّعى كلّ منهما أنّه رأى حلما.

تأويل: تفسير.

مِلَّة: عقيدة.

مَعَادٌ: يوم العودة إلى الله أي يوم القيامة.

دَارُ البَوَار : دارُ الهلاك أي جهنّم.

يَسقي رَبَّهُ: يُعْطي الشّراب لِمَلِكِهِ.

أبْهَمُهُ: لم يُوَضِّحْهُ.

قُضِي الأَمْرُ : أصبح في حكم النَافِذِ الوَاقِعِ.

دَأَبًا: على التَّوالي.

اسْتَغْلَلْتُم: حصلتم على الغلّة وهي الحَبُّ والثِّمَارُ التي تُغِلّها الأرض أي تُنتِجُها.

السّبعُ السّنينَ المَحْلُ: أي السنين الجدباء أي التي لا تؤتي الأرضُ فيها محاصيل.

البقرة العجفاء : الهزيلة التي لا لحم فيها.

تُحْصِنُون : تخزنون.

التـــدريبـــات

1- أسئلة حول النص :

1. ما دور القرآن في حياة المسلمين ؟
2. ما المقصود بتفسير القرآن بالقرآن ؟
3. من هو ابن كثير ؟ وما اسمه ؟ وما لقبه ؟
4. ما معنى تلقيبه بالحافظ ؟
5. متى ولد ابن كثير ؟ وأين كان مولده ؟
6. كيف نشأ ابن كثير ؟
7. على من تتلمذ ابن كثير ؟
8. ما الصفات التي اشتهر بها ؟ وما يثبت ذلك ؟
9. ما المجالات التي ألّف فيها ابن كثير ؟ وما أشهر كتبه ؟
10. متى توفّي ابن كثير ؟ وأين دفن ؟
11. متى ألف كتاب «تفسير القرآن العظيم»؟
12. ما أهمّ مختصرات تفسير ابن كثير ؟
13. فيم تتلخَّص أسس المنهج الذي اتّبعه ابن كثير في تفسيره ؟
14. ما المقصود بالإسرائيليّات؟
15. ما الموضوع الذي تتناوله سورة يوسف ؟
16. ما الرؤيا التي رآها يوسف في المنام ؟
17. لماذا طلب أبوه منه ألاّ يقصّها على أحد من إخوته ؟
18. لماذا دخل يوسف السجن ؟ وكم سنة قضاها فيه ؟
19. بماذا اشتهر يوسف ؟
20. بماذا فسّر يوسف رؤيا « عصر العنب» ؟

21. بماذا فسّر رؤيا حمل الخبز فوق الرأس وأَكْلِ الطير منه ؟

22. ما الحلم الذي رآه الملك ؟ ولماذا انزعج من هذا الحلم؟

23. بماذا فسّر يوسف رؤيا الملك ؟

24. ما الجزاء الذي تلقّاه يوسف على تفسير هذه الرؤيا ؟

25. ما أثر الأحلام في حياة يوسف ؟

26. ماذا كان عملُ الرّجليْن اللّذين كانا مع يوسف في السجن ؟

27. لماذا سجنهما الملك ؟

28. ما تعليقك على هذه القصّة القرآنية ؟

29. اذكر أسماء بعض كتب التفسير المهمّة ؟

30. ما السبيل إلى فهم القرآن والتعاليم التي جاء بها ؟

2- صـــواب أم خطـــأ ؟

1. لُقّب ابن كثير بالحافظ لأنّه كان يحفظ القرآن كلّه.
2. تكنّى والد ابن كثير بأبي حفص تشبّها بأمير المؤمنين عمر بن الخطاب الذي كانت كنيته أبا حفص.
3. ولد ابن كثير سنة 700 ميلادية.
4. من أوائل الذين تتلمذ عليهم ابن كثير الشيخ عبد الوهاب بن كثير.
5. العلم الذي يهتمُّ برواة الحديث النبويّ وتسلسلهم يسمّى علم السند.
6. القدرة على تمييز الأحاديث اعتمادا على نصّها نفسه تعرف بمعرفة المتن.
7. دافع ابن كثير عن نصارى الشام عام 767 هجرية.
8. لم يَضِع من مؤلفات ابن كثير المتنوّعة شيء على مدى الزمن.
9. عاش ابن كثير حوالي ثلاث وسبعين أو أربع وسبعين سنة.
10. أحاديثُ الرسول شارحةٌ وموضّحة لآيات القرآن الكريم .

11. تفسير القرآن بالقرآن معناه شرح القرآن بالأحاديث النبويّة.

12.كان ابن كثير في تفسيره لا يعتدّ بأقوال الصحابة والتابعين.

13.اهتمام الإسرائيليّات بالأمور الغيبيّة جعل ابن كثير يعتمد عليها في تفسيره.

14.حبّ يوسف لزوجة سيّده كان سبب دخوله السّجنَ.

15.كان يوسف محبوبا من أبيه وإخوته جميعا.

16.«سبع بقرات سمان وسبع عجاف» تأويلها سبع سنين فيها خير كثير وسبع سنين فيها مجاعة.

17.نفّذ ملك مصر وصيّة يوسف فنجت مصر من المجاعة.

18.خرج يوسف من السجن لأنّ زوجة الوزير كانت تحبّه حبّا شديدا.

3- ضع كلاً ممّا يأتي في موضعه المناسب من الجمل الآتية :

الحافظ – فرض ضريبة – فيه نظر – على نمط واحد – تعبير الرؤيا – أضغاث أحلام – ملّة – اتّباع الظنّ – القرائن والأحوال.

1. ليست كتب التفسير كلّها ....لأنها تختلف من كتاب إلى آخر.
2. من مظاهر شجاعة ابن كثير أنه عارض سلطان مصر عندما .... على نصارى الشام.
3. هذا الحديث ....لأنّ سنده ضعيف.
4. كانوا قديما يسمّون ....من يحفظ عشرة آلاف حديث على الأقلّ.
5. كانت قدرة يوسف على ....سببا في إخراجه من السّجن.
6. كان يوسف على ....تخالف عقائد من معه في السّجن.
7. من شروط المفسّر أن يبتعد عن .... ولا يقدّم إلاّ كلّ ما هو موثوق به.

8. رأي الصحابة مهمّ في التفسير لأنهم شاهدوا .... التي واكبتْ نزول القرآن على الرسول صلّى اللّـه عليه وسلّم.

9. كثير ممّا يراه النائم .... ولا تتنبّأ بما سيحدث في المستقبل.

4- أكمل الجمل الآتية كما في النموذج :

(تذكّر أنّ الفعل المضارع بعد حتّى يكون منصوبا).

* أوصى يوسف بتخزين فائض القمح **حتّى** يُسْتَخْدَمَ في سنوات القحط.

* نصح يوسف بأن يبقى القمح في سنابله **حتّى** لا يفسد .

1. .... حتى أتمكن من الاطلاع على التّراث الإسلامي.

2. حاول بعض المفسّرين تخليص التفسير من الإسرائيليّات حتّى ....

....

3. .... حتّى يخرج من السجن.

4. تسبّبت امرأة الملك في وضع يوسف في السّجن حتّى ....

5. .... حتّى يسقيه الملك.

6. تهبط الطير على رأسه حتّى ....

7. ....حتّى لا تقضي عليهم المجاعة.

8. أخبر الفتَيَان يوسف بمنامهما حتّى ....

9. .... حتّى لا يلجأ إلى التخمين واتّباع الظنّ.

10. لا يعتمد ابن كثير في تفسير القرآن على أقوال الصحابة حتّى ....

....

لاحظ هذه الآية :

« مَا كانَ لنـا أَنْ نُشْرِكَ بِاللّـهِ مِنْ شَيءٍ» أي لا يصـحّ لنـا ولا يجوز أن نشرك في عبـادة اللّـهِ أحدا سواه.

- **ما كان لنا أن** .... هذه عبارة تفيد امتناع الحدوث بمقتضى طبيعة الأشياء، فكأنّه في هذه الحالة نوع من الاستحالة أو عدم تصوّر الحدوث. وهذا التعبير يتركّب من:

- ما النَّافِية + كان أو يكون + حرف اللاّم + اسم + أن.

- مثال آخر : **ما كان لي** أن أكْذبَ. **ما كان لأخيك** أن يَتَأَخَّر .

5- أكمل العبارات التالية :

1. ما كان لامرأة الملك أن ....
2. ما يكون لساقي الملك أن ....
3. ما يكون لمعلّم الصبيان أن ....
4. ما كان لابن بطّوطة بعد أن عبر البحر أن ....
5. ما يكون للغائص على اللؤلؤ أن ....
6. ما كان لعيسى بن هشام بعد أن تعادل الشّحّاذان في السّباب أن ....
7. ما كان لابن كثير – وقد كتب كلّ هذه الكتب – أن ....
8. ما كان للرّازي – وقد عشق اللّغة العربيّة – أن ....
9. ما كان لحرّاس السّجين – وقد تسلّموا ثمن طعامه – أن ....
10. ما كان للبشر – بدون سلطان يحكمهم – أن ....

6- اختر الإعراب الصحيح من (أ) أو (ب) أو (ج) لما هو مكتوب بالخط السميك فيما يأتي :

1. إني أَراني أحْمِلُ فَوْقَ رَأْسِي خُبْزًا **تَأْكُلُ الطَّيْـرُ مِنْهُ**.

أ- حال ب- نعت (صفة) ج- خبر

2- ذَلِكُمَا مِمَّا **عَلَّمَنِي رَبِّي**.

أ- نعت　　　ب- صلة　　　ج- حال

3- إِنِّي تَرَكْتُ مِلَّةَ قَوْمٍ **لَا يُؤْمِنُونَ بِاللَّهِ**.

أ- نعت　　　ب- صلة　　　ج- خبر

4- وَاتَّبَعْتُ مِلَّةَ آبَائِي **إِبْرَاهِيمَ** وَإِسْحَاقَ وَيَعْقُوبَ.

أ- نعت　　　ب- بدل　　　ج- توكيد

5- إِلاَّ نَبَّأْتُكُمَا بِتَأْوِيلِهِ قبل أَنْ **يَأْتِيَكُمَا**.

أ- خبر　　　ب- مبتدأ　　　ج- مضاف إليه.

6- وَلَكِنَّ أَكْثَرَ النَّاسِ **لَا يَشْكُرُونَ**.

أ- اسم لكنّ　　　ب- حال　　　ج- خبر لكنّ.

7- وَأَمَّا الآخَرُ فَيُصْلَبُ **فَتَأْكُلُ الطَّيْرُ مِنْ** رَأْسِهِ.

أ- جملة مستأنفة　　　ب- معطوفة　　　ج- جواب أمّا

8- وَقَالَ لِلَّذِي ظَنَّ أَنَّهُ نَاجٍ مِنْهُمَا **اذْكُرْنِي عِنْدَ رَبِّكَ**

أ- مقول القول　　　ب- خبر أنّ　　　ج- صلة الموصول.

9- إِنِّي أَرَى سَبْعَ بَقَرَاتٍ سِمَانٍ **يَأْكُلُهُنَّ سَبْعٌ عِجَافٌ**.

أ- نعت　　　ب- حال　　　ج- خبر إنّ

10- يَأْكُلْنَ مَا قَدَّمْتُمْ لَهُنَّ إِلاّ **قَلِيلا**.

أ- حال　　　ب- مفعول به　　　ج- مستثنى

11- فَلَبِثَ فِي السِّجْنِ **بِضْعَ** سِنِينَ.

أ- حال　　　ب- ظرف زمان　　　ج- مفعول به

12- ثُمَّ يَأْتِي بَعْدَ ذَلِكَ عَامٌ **فِيهِ يُغَاثُ النَّاسُ**.

أ- حال　　　　ب- خبر　　　　ج- نعت

13- وَقَالَ المَلِكُ **ائْتُونِي بِهِ**.

أ- مقول القول　　　　ب- حال　　　　ج- نعت

7- إبحث عن الكلمات التالية في المعجم :

تأويله - تستفتيان - تحصنون - يغاث - نراك - المحسنون - النّاس - أفتوني.

8- تعبير كتابيّ:

صُغ النصّ في أسلوب حوار مسرحيّ يدور بين أشخاص القصّة.

من الشعر العربي (10)

اقرأ واحفظ

أبو العلاء المعرّي في الحياة والموت

(من بحر الخفيف)

غَيْرُ مُجْدٍ فِي مِلَّتِي واعْتِقَادِي   نَوْحُ بَاكٍ ولاَ تَرَنُّمِ شَادِ

وشَبِيهٌ صَوْتُ النَّعِيِّ إذا قِيسَ بِصَوْتِ الْبَشِيرِ في كلِّ نَادِ

أبَكَتْ تِلْكُمُ الحَمَامَةُ أمْ غَنَّتْ علَى فَرْعِ غُصْنِهَا الْمَيَّادِ

صَاحِ هَذِي قُبُورُنَا تَمْلأُ الرُّحْبَ فَأَيْنَ القُبُورُ مِنْ عَهْدِ عَادِ

خَفِّفِ الْوَطْءَ مَا أَظُنُّ أدِيمَ الأرْ   ضِ إلاّ مِنْ هَذِهِ الأجْسادِ

سِرْ إنِ اسْطَعْتَ فِي الْهَوَاءِ رُوَيْدًا   لَا اخْتِيَالاً علَى رُفَاتِ الْعِبَادِ

رُبَّ لَحْدٍ قَدْ صَارَ لَحْدًا مِرَارًا   ضَاحِكٍ مِنْ تَزَاحُمِ الأضْدَادِ

ودَفِينٍ عَلَى بَقَايَا دَفِينٍ   مِنْ قديمِ الأزْمَانِ والآبَادِ

تَعَبٌ كُلُّهَا الحياةُ فَمَا أعْجَبُ إلاَّ مِنْ رَاغِبٍ فِي ازْدِيَادِ

إنَّ حزْنًا في ساعةِ الْمَوْتِ أضْعَافُ   سُرُورٍ في ساعةِ الميلادِ

ضَجْعَةُ المَوْتِ رقْدَةٌ يستريحُ الجِسْمُ فِيهَا والعَيْشُ مِثْلُ السُّهَادِ

الشاعر: أبو العلاء المعرّي شاعر فيلسوف من العصر العباسيّ (363هـ / 973م – 449هـ / 1057م)، عاش معتزلا الناس، وكان أعمى فسمّى نفسه «رهين المحبسَيْن» أي سجين البيت والعمى. كان نباتيّا (لا يأكل اللّحم)، كما كان متشائما ساخطا على الدنيا، حائرا في أمر العقائد والأديان، لا يستقرّ فيها على رأي.

الشـروح

مجد : مفيد

ترنّم : غناء

النّعِيّ : الذي يخبر بموت إنسان ويسمىّ الناعي أيضا

الميّاد : المتحرّك المهتزّ

أديم الأرض: ظهر الأرض

اسْطَعْتَ : استطعت

رفات العباد: جثث الناس

السّهاد : الأرق، عدم القدرة على النوم.

صاح : يا صاحبي : منادى حذف منه حرف النداء، وهو منادى **مُرَخَّم** .

الترخيم : حذف الحرف الأخير من المنادى مثل:

يا فاطمة يا فاطمُ

الدَّرْسُ الثَّانِـيَ عَشَرَ

ابن خَلدون يؤَصِّل

قوانين الـعمران البـشريّ

نشأ علم الاجتماع بمعناه الحديث في حضن التراث الإسلاميّ، وعلى يد ابن خلدون بالذّات: **فمن خلال دراسته للتاريخ** (وقد وسّع ابن خَلدون مجالَه ليشمل دراسة الماضي من النواحي السياسيّة والاقتصاديّة والاجتماعيّة)، ومن خلال محاولته الاهتداء إلى القوانين التي تحكم سير الحوادث، وتسيطر على مقادير الأمم، وتؤدّي إلى سقوط دول وقيام أخرى مكانها، اهتدى ابن خلدون إلى نظريّات جديدة تتّصل بالجماعات البشريّة، وتوجّه سلوكها وتؤثّر في الروابط التي تجمع بينها، وتحكم كيفيّة التعاون فيما بينها. ومن **خلال تجاربه الشخصيّة** في مجال السياسة والعمل لحُكّام عصره في الغرب الإسلاميّ، وملاحظاته لأحوال هؤلاء الحكّام، وسقوط بعضهم وقيام آخرين ليحلّوا محلّهم، اهتدى ابن خلدون إلى قوانين ما أسماه **بالعمران البشريّ**، وهو علم وصفه بأنّه «علم مستحدث ومستقلّ بنفسه».

وكان ابن خلدون على وعي كامل بحقيقة النظريّات التي اهتدى إليها وبقيمتها في تفسير سلوك الإنسان، باعتباره كائنا اجتماعيّا تحكم أفعاله قوانين يمكن التنبّؤ بحركتها. وقد أودع ابن خلدون نظريّاته هذه في **مقدّمة** كتاب كبير ألّفه عن التاريخ البشريّ. ونظرا إلى أهميّه ما ورد في هذه المقدّمة فقد استقلّت وأصبحت كتابا قائما بذاته. وقد ساعدت ترجمة هذه المقدّمة إلى اللّغات الأوربيّة، ودراستها أيضا في لغتها الأصليّة، على فتح الطريق إلى الدراسات الموضوعيّة التي قام عليها علم الاجتماع بمعناه المنهجيّ الحديث.

مـدخـل إلى دراسة النص

1- **عن الكاتب** :

- **اسمه** عبد الرحمن، **وكنيته** أبوزيد، ولقبه وليّ الدين، **وشُهْرَته** ابن خَلدون.
- ولد في تونس سنة 732 هـ/ 1332 م من أسرة معروفة **بطلب العلم**، وهي أسرة من أصل عربيّ كانت قد هاجرت من **حضرموت**، واستقرّت في **الأندلس** منذ الفتح العربيّ لها، ثم هاجرت من جديد فاستقرّت في تونس **قُبَيْلَ سقوط الأندلس**.
- اشتغل جدّه الأعلى وجدّه بالعلم والسياسة، لكنّ أباه - وقد رأى النهايات الأليمة لأبيه وجدّه نتيجة اشتغالهما بالسياسة - آثر أن يقتصر على طلب العلم والأدب، **فكان فقيها أديبا**، وكان متقدّما في صناعة العربيّة، وله بَصَرٌ بالشعر وفنونه.
- في حياة **ابن خلدون** ثلاث فترات متميّزة: **الأولى** هي فترة **طفولته وتعلّمه**، **والثانية دراسته العلميّة ومغامراته السياسيّة** وتمتد حوالي ثلاث وعشرين سنة، **والثالثة** فترة اشتغاله **بالتأليف والتدريس والقضاء**، وتمتدّ حوالي ثلاثين سنة. قضى ابن خلدون الفترتين الأولَيَيْنِ من حياته متنقّلا بين تونس والمغرب والأندلس، وقضى الفترة الثالثة بين المغرب والجزائر وتونس ومصر.
- ومن أهم ما تضمنته هذه المدة السنوات الاربعة (1375م - 776هـ / 1379م - 780هـ) التّي قضاها في العزلة بقلعة ابن سلامة بالجزائر لكتابة «المقدمة».
- تلقّى ابن خَلدون **تعليمه الأساسيّ** على يد أبيه، فحفظ القرآن وجوّده، ثم تلقّى تعليمه التقليديّ في علوم اللّغة العربيّة والفقه والحديث على شيوخ عصره، موسّعا دائرة معارفه بدراسة الفلسفة والمنطق. وكان لسقوط الدولة المرينيّة وما أحاط بذلك من سفك الدماء، ثم لاجتياح الطاعون القادم من شرق البلاد أكبر الأثر في نفس ابن خلدون الذي كان شابا يافعا في حوالي السابعة عشرة من عمره. وقد تركت هذه الفترة علاماتها في كتاباته الموجودة بأيدينا.
- تنقّل ابن خَلدون بين مدن المغرب طلبا للعلم في البداية، معلنا عن تعطّشه الشديد إلى المعرفة، فهاجر أوّلا إلى **فاس**، وشغل فيها أوّل **وظيفة كتابيّة** له، وسرعان ما وجد نفسه في دوّامة الاضطرابات السياسيّة. وقد تقلّبت به الأحوال فكان يرتفع

مرّة وينخفض **أخرى**، ويشتغل بوظائف يقول عنها إنّها دون **طموحه الشخصيّ**، وأقلّ ممّا تسمح به **تقاليد أسرته**. **وقد دعاه هذا إلى العودة إلى التركيز على الدرس العلمي على يد شيوخ أعلام** من المغرب والأندلس كانوا يقيمون مؤقّتا في مدينة فاس.

- من المحتمل أنّ ابن خَلدون شارك في تلك الفترة من حياته، وكان عمره حوالي ثلاثة وعشرين عاما، في مؤامرة سياسيّة تهدف إلى إعادة أمير بجاية المخلوع إلى عرشه. ونظرا إلى فشل تلك المؤامرة **ألقي به في السجن سنتين** : 758–759هـ/ 1357م1358–م. وبعد إطلاق سراحه أسهم في الصراع السياسي، وناصر أميرًا على أمير، وشغل وظائف عدّة، وغيّر ولاءه أكثر من مرّة.
- دعته الوظائف التي تولّاها إلى التنقّل في سفارات بين الأمراء في أرجاء المغرب والأندلس، كما دعاه اشتغاله بالصراع السياسيّ إلى الفرار بنفسه أحيانا متنقّلا من مكان إلى مكان. وكان يُغْضَبُ عليه فيُقاطع أو يُسجن أو تُصادر ممتلكاته أحيانا، ويُرضى عنه فتُسند إليه الوظائف المهمّة أحيانا أخرى.
- وفي فترة نضجه العقليّ (الأربعين وما بعدها) كتب أهمّ أعماله على الإطلاق وهي **المقدّمة** التي سيأتي الحديث عنها، كما أنّه استقرّ في القاهرة، وإن كانت له بعض التنقّلات في أرجاء المغرب العربي في هذه الفترة، واشتغل بالعلم والتأليف كما اشتغل بالتدريس في **الجامع الأزهر**، فكانت **حلقته الدراسية** تتّسع لتلاميذ أصبحوا فيما بعد من المؤرّخين المشهورين أمثال المقريزي، وقد تولّى وظيفة قاضي القضاة أكثر من مرّة، وكان يُقصى عنها ويعاد إليها تبعا لرضا الوالي عنه، ونتيجة لهزيمته أو انتصاره في الصراع السياسيّ والاجتماعيّ الدائر في مصر في ذلك الحين.
- توفّي ابن خَلدون في القاهرة سنة 808 هـ/ 1406م.
- له أعمال كثيرة يشار إليها في كتب الأدب، لكنّ معظمها مفقود وأعماله الوحيدة الباقية هي :
- كتابه في التاريخ المسمّى: «كتاب العِبَر ودِيوانُ المبتدأ والخبر في أيام العرب والعجم والبربر ومن عاصرهم من ذوى السلطان الأكبر»

- كتابه الذي أرّخ فيه لِحياته (سيرته الذاتية) المسمّى : «التعريف بابن خلدون ورحلته شرقا وغربا».
- كتابه المسمّى « المقدّمة» وهو أشهر كتبه، وسنخصّه بتعريف مفصّل فيما يلي :

2- عـن الكتاب :

- كتب ابن خَلدون **المقدّمة** مدخلا لكتابه الكبير في التاريخ المسمّى «**العبر وديوان المبتدأ والخبر في أيام العرب والعجم رالبربر ومن عاصرهم من ذوي السلطان الأكبر**».
- اكتسبت **المقدّمة** شهرة خاصّة فاقت شهرة الكتاب الأصليّ، وحقّقت لصاحبها شهرة وضعته بين الرجال القلائل الّذين أثّروا في مسيرة الفكر الإنساني عبر التاريخ.
- تحتوي **المقدّمة** على القوانين العامّة لعلم التاريخ، والمؤهّلات الضروريّة الّتي ينبغي أن يتسّلح بها المؤرّخ إذا أراد أن يكون عمله علميّا منهجيّا.
- من خلال بحثه السابق توصّل ابن خلدون إلى ابتكار علم جديد وصفه هو نفسه بأنّه « علم مستحدث النشأة». ويحتوي هذا العلم على أصول ومقدّمات علميّة كان ابن خلدون على وعي كامل بحقيقتها. وقد أدّى البحث في هذه الأصول إلى ظهور ما أصبح يسمّى فيما بعد بفلسفة التاريخ، وعلم الاجتماع، وعلم الاقتصاد، وعلومٍ أخرى كثيرة.
- يقدّم ابن خَلدون في مقدمة المقدمة تعريفا لعلم التاريخ الذي هو عنده دراسة **ماضي البشر** من الزوايا الاجتماعية والاقتصادية والثقافية. ويصل من نقد أعمال المؤرّخين السابقين ومناهجهم إلى إرساء القواعد الضروريّة «**لعلم التاريخ» بصفته نقد الماضي**، كما يصل إلى ذلك من خلال **بحث الوقائع** عن طريق **قانون المطابقة** أي قانون كون هذه الوقائع **ممكنة** ومطابقة **لطبائع الأشياء**، ممّا يتحتّم معه إبراز القوانين التي تحكم مجرى تطوّر التاريخ وتقدّمه.
- يمضي ابن خلدون في **المقدّمة** إلى القول بأنّ العلم الذي يمكن به إلقاء الضوء على كلّ الظواهر المستحدثة هو «**علم العمران**» وهو علم مستقلّ بنفسه، وموضوعه : **العمران البشري، والاجتماع الانساني**.

- بعد تلك **المقدّمة العامّة** في كتاب «**المقدّمة**»، يمضي ابن خلدون في التعريف بهذا العلم الجديد، فيتناول الموضوع بطريقة منهجيّة منظّمة، تتبع تبويبا صارما يصل أحيانا حدّ الترتيب الحسابيّ، فيقسّم ما يتبقّى من الكتاب إلى ستّة فصول طويلة، يشتمل كلّ فصل منها على فقرات عديدة تتفاوت طولا وقصرا تبعا للموضوع الذي تتناوله. ويمكن تلخيص هذه الفصول الستّة على النحو التالي :

1. يتناول الفصل الأوّل : **المجتمع البشريّ**، وفيه يتكلّم ابن خلدون عن أثر البيئة المحيطة بالإنسان في طبيعته البشريّة الخاصّة.
2. ويتناول الفصل الثاني : أحوال المجتمعات البدويّة، ويسمّيها ابن خلدون «**العمران البدويّ**».
3. ويتناول الفصل الثالث : الأشكال المتنوّعة للحكم ونوع الدولة **والدساتير**.
4. ويتناول الفصل الرابع : أحوال المجتمعات الحضريّة، أو بتعبير ابن خلدون «**العمران الحضريّ**».
5. ويتناول الفصل الخامس : الأحوال الصناعيّة والاقتصاديّة.
6. ويتناول الفصل السادس : العلوم والفنون وتصنيفها، والتعريف بها، وبمصادرها، وطرق البحث فيها وذلك بكثير من الدّقة والتفصيل.

- اهتمّ ابن خلدون في **المقدّمة** اهتماما خاصّا **بالظواهر الاجتماعيّة** والأمراض التي تصيب المجتمعات وتتسبّب في انهيار الدّول وزوال الحضارات. وكتاب **المقدّمة** تعبير عن التجربة السياسيّة التي عاشها ابن خلدون، والتي انتهت به إلى أنّه مع سقوط حضارة ما في مكان ما تنشأ حضارة أخرى في مكان آخر. لقد شعر أن الحضارة الّتي ينتمي إليها كانت على وشك الزوال، وهو لم يكن، بالطبع، قادرًا على تفادي الكارثة، لكنّه كان قادرا على الأقلّ على تسجيلها.

- أبرز خصائص منهج ابن خلدون في **المقدّمة** استخدام الملاحظة والاستنتاج، وهو منهج سيصبح أساس علم الاجتماع، ويختلف عن منهج الفلاسفة الميتافيزيقيين القائم على وضع المقدّمات واستخلاص النتائج.

- طُبعت **المقدّمة** طبعات عديدة، وتُرجمت إلى اللّغات الأوروبيّة والشرقيّة، وأصبحت مصدرا أساسيّا في دراسة علوم التاريخ والاجتماع، وظهرت مدارس بأكملها تؤسّس أفكارها على آراء ابن خلدون المتعلقة بظواهر العمران البشري بصورة عامة.

3- عن النّصّ :

- موضوع هذا النصّ المأخوذ من المقدّمة هو : حكمة الاجتماع البشريّ وقوانينه. وهو يشتمل على الأفكار التالية :

1. الاجتماع البشريّ ضرورة حتميّة.
2. سبب ذلك أنّ الإنسان محتاج من أجل حياته إلى الغذاء، ومحتاج من أجل استمرار هذه الحياة إلى الدفاع عن النفس.
3. الغذاء بدوره محتاج إلى تضافر جهود عدّة، ولا يمكن أن يقوم به فرد واحد، لأنه يحتاج إلى الزراعة، وهي تحتاج إلى زارع، ويحتاج إلى الحصاد، وهو يحتاج إلى حاصد، ويحتاج إلى الدّراس، والدّراس يحتاج إلى دارس، وإلى الطحن، وهو يحتاج إلى طاحن، ويحتاج إلى العجن، وهو يحتاج إلى عاجن، والخبز، وهو يحتاج إلى خابز إلى آخره...
4. أمّا الدفاع عن النفس فيحتاج إلى تطوير آلات وصناعات، مثل صناعة الأسلحة الهجوميّة والدفاعيّة، وهذا يقتضي أيضا تضافر جهود عدّة.
5. واستمرار الحياة محتاج إلى الوازع الذي يمنع الناس من عدوان بعضهم على بعض، ويمنعهم من إبادة بعضهم بعضا وهذا هو السلطان.
6. والسلطان لا بدّ أن يتميّز عن كلّ الناس العاديّين في قدراته، حتى يقرّوا له بالسلطة.
7. والتسليم بالسلطة لا يكون بالاقتناع العقليّ بل بالرضا النفسيّ. وهذا لا يكون إلاّ من جهة الشرع (من عند اللّـهِ)، وهذه هي حكمة إرسال الأنبياء والرّسل.

النّــصّ

في العُمْرَانِ البشريِّ على الجُمْلَة وفيه مُقدِّماتٌ

الأولى : في أنّ الاجتماعَ الإنسانيَّ ضروريٌّ، ويعبِّرُ الحكماءُ عنْ هَذا بقولِهم **الإنْسَانُ مَدنيٌّ بالطَّبْعِ**، أي لا بُدّ لَهُ من الاجْتمَاعِ الّذي هو المَدينَةُ في اصطلاَحهم، وهُو مَعْنَى العُمْرَانِ. وبَيَانُه أنّ اللّهَ سُبْحَانَه خَلَقَ الإنْسَانَ وركّبَهُ عَلى صُورَةٍ لا يصِحُّ حياتُها وبقاؤُها إلا بالْغِذَاءِ، وهدَاهُ إلى الْتِمَاسِه بِفِطْرَتِه وبِمَا رُكِّبَ فِيه من القُدْرَة عَلَى تحصيلِه، إلاّ أنَّ قدرةَ الواحدِ من البَشَرِ قاصرةٌ عن تحصيلِ حاجتِه من ذلك الغذاءِ، غيرُ مُوفِيةٍ لهُ بمادَّةِ حياتِه منْه. ولوْ فَرَضْنَا منْهُ أقلَّ مَا يُمْكِنُ فَرْضُهُ وهو قوتُ يَوْمٍ من الحِنْطَة مثلاً، فلا يَحْصُل إلا بِعِلاَجٍ كثيرٍ، من الطَّحْنِ والعَجْنِ والطَّبْخِ، وكلُّ واحدٍ من هذه الأعْمَالِ الثلاثةِ يحتَاجُ إلى مواعينَ وآلاتٍ، لا تتمُّ إلّا بصناعاتٍ متعدِّدةٍ، من حدَّادٍ ونجّارٍ وفَاخُوريٍّ. وهَبْ أنّه يأْكُلُه حَبًّا مِنْ غيْرِ علاجٍ، فهو أيْضا يحْتَاجُ في تحصِيلِه أيْضًا حَبًّا إلى أعمالٍ أخْرَى أكثرَ من هذِه، من الزِّرَاعَةِ والحَصَادِ والدِّراسِ الذي يُخْرِج الحَبَّ من غلافِ السُّنْبُل. ويحتاجُ كلُّ واحدٍ منْ هذه آلاتٍ متعدّدةً، وصنائعَ كثيرةً أكثرَ منَ الأولى بكثيرٍ، ويستحيلُ أن تفيَ بذلك كلِّه أو ببَعْضِه قدرةُ الواحدِ، فلا بُدَّ منَ اجْتمَاعِ القُدرِ الكثيرةِ منْ أبناءِ جنسِه ليحصُلَ القُوتُ له ولهُمْ، فيحْصُلُ بالتعاوُن قَدْرُ الكفايَةِ من الحاجةِ لأكثَر منه بأضعافٍ، وكذلكَ يحتاجُ كلُّ واحدٍ منْهم أيْضًا في الدِّفاعِ عَنْ نفسِه إلى الاستعانَةِ بأبْناءِ جنْسِه، لأنّ اللّهَ سبحانَه لمّا ركّبَ الطِبَاعَ في الحيواناتِ كلّها، وقسّمَ القُدَرَ بيْنَها، جعلَ حُظوظَ كثيرٍ من **الحَيَوانَاتِ العُجْمِ** من القُدْرَةِ أكْمَلَ مِنْ حظِّ الإنْسَانِ، فقُدْرَةُ الفَرَسِ مَثَلاً أعْظَمُ بكَثِيرٍ منْ قدرةِ الإنسانِ، وكذَا قُدرةُ الحمارِ، والثّوْرِ، وقدرةُ الأسدِ والفيلِ أضعافٌ من قدرتِه. ولمّا كانَ العدوانُ طبيعيًّا في الحيوانِ **جعلَ لكلّ** واحدٍ منْها عُضوًا يُخْتَصُّ بمدافعته ما يصلُ إليْه منْ عَادِيَةِ غيْرِه. وجعلَ للإنسانِ عوضًا منْ ذلك كلِّه الفكْرَ واليَدَ. فاليدُ مُهيَّأةٌ للصّنائع بخدمة الفكر، والصنائعُ تُحصِّلُ لَهُ الآلاتِ التي تنوبُ له عنْ الجوارحِ المُعَدَّةِ في سَائِرِ الْحيَوانَاتِ للدّفاعِ، مثْلَ الرّمَاحِ التي تنوبُ عن **القُرونِ**

النّاطحَةِ والسيوفِ النائبةِ عن **المخالبِ الجارحَةِ**، والتّراسِ النائبَةِ عن **البَشَرات الجَاسية** إلى غير ذلكَ وغيْرِه مما ذكره جالينوس في كتاب **منافع الأعضاء**، فالواحدُ منَ البشر لا تقاومُ قدرتُه قدرةَ واحدٍ **منَ الحَيوانَات العُجْم سيَّمَا المُفترسَة**، فهُوَ عَاجزٌ عن مُدافعَتِهَا وحدَه بالجُمْلَةِ، ولا تَفي قدرتُه أيْضا باستعمالِ الآلات المُعَدَّة لها، فلا بُدَّ في ذلك كلّه من التعاوُن عليْه بأبْناء جنْسه، وما لمْ يكنْ هَذا التعاونُ فلا يحْصُلُ له قوتٌ ولا غذاءٌ، ولا تتمُّ حياتُه **لما ركَّبَهُ اللّهُ تَعالى عَليْه** من الحاجةِ إلى الغِذاء في حياته، ولا يحصلُ له أيضًا دفاعٌ عن نفسه لِفقْدَانِ السّلاح، فيكونُ فريسةً للحيوانَاتِ، ويعالجُه الهلاكُ عن مَدى حَياتِه، ويبْطُلُ نَوْعُ البَشَر. وإذا كانَ التعاونُ حَصَلَ لَهُ **القوتُ للغذاء والسلاحُ للمُدافَعة**، وَتَمّتْ حكمةُ اللّه في بقائِه وحفْظ نوْعه. فإذنْ هَذَا الاجتماعُ ضروريّ للنوْع الإنسانيّ، وإلاّ لمْ يَكْمل وجودُهم، وما أرادَهُ اللّهُ منَ اعْتمارِ الْعَالمَ بِهمْ، **واستخلافه إيّاهُمْ**، وهذا هو معْنى العُمْرانِ الّذي جعلناه موضوعًا لهذا العِلم. وفي هذا الكلام نوعُ إثباتٍ للموضوع في فنّه الذي هو موضوعٌ لهُ. **وهذا وإن لم يكن واجبًا على صاحبِ الفنِّ لِمَا تَقرَّر في الصّناعة المنطقيّة أنّه ليس على صاحبِ علمٍ إثباتُ الموضوعِ في ذلكَ العلم، فليْس أيضًا من الممنوعاتِ عندهُم فيكونُ إثباتُهُ من التبرُّعات**، واللّه الموفِّقُ بفضله. ثم إنّ هذا الاجتماعَ إذا حَصَلَ للبشرِ كما قرَّرْناه، وتمَّ عمرانُ العالمَ بهمْ، فلا بُدَّ منْ وازعٍ يدفعُ بعضَهم عن بعْضٍ لِمَا في طباعِهم الحيوانيّة من العُدْوَان والظُّلم، ولَيْستِ السِّلاحُ التي جُعلَتْ دافعةً لعدوان الحَيوانَات العُجْم عَنْهُمْ كَافيَةً في دَفْعِ العُدْوَان عَنْهم، لأَنَّها مَوْجُودةٌ لجَميعهم فَلَا بُدَّ مِنْ شَيْءٍ آخَرَ يَدْفَعُ عُدْوانَ بعضهم عن بعضٍ، ولا يكونُ مِنْ غيرِهِمْ لقُصُورِ جميعِ الحَيوانَاتِ عنْ مَداركِهم وإلهَامَاتهم فيَكُونُ ذَلك الوَازعُ وَاحدًا منْهُم يكونُ له عَليْهمُ الغَلبةُ والسُّلْطَانُ واليدُ القَاهرةُ، حتّى لا يصلَ أحدٌ إلى غيره بِعُدْوَانٍ، وَهَذا هو معْنَى المَلِك.

وقد تبيَّنَ لكَ بهذا أنَّ للإنسانِ خاصّةً طبيعيّةً، ولا بُدّ لهم منها، وقد يُوجدُ في بعض الحيواناتِ العُجْم على ما ذكره الحكمَاء، كما في النحْلِ والجراد، لما اسْتُقْرئَ فيها من الحُكْمِ والانْقيَادِ والاتّبَاعِ لرئيسٍ من أشْخاصِها متميزٍ عَنْهم في خَلْقه وجُثْمَانِه، إلاّ

أنّ ذَلك موجودٌ لغَيْرِ الإنْسَانِ بمُقْتَضَى الفِطْرَةِ والهِدَاية لا بِمُقْتَضَى الفِكْرَةِ والسِّيَاسَةِ، «**أعْطَى كلَّ شيْءٍ خَلْقَهُ ثمَّ هَدَى**» [آية 50 من سورة طه]، وتزيدُ الفلاسفةُ على هذا البُرْهَانِ حيثُ يحاولون إثْبَاتَ النُّبوّةِ بالدَّليلِ العَقْلِيِّ، وأنَّها خاصّةٌ طبيعيّةٌ للإنْسانِ، فيقرّرُون هَذا البرهانَ إلى غايَةٍ، وأنَّهُ لا بُدَّ لِلْبَشَرِ من الحُكْمِ الوازِعِ، ثم يَقُولُون بَعْدَ ذلِك، وذَلك الحكمُ يكونُ بشَرْعٍ مَفْرُوضٍ منْ عندِ اللَّهِ، يَأْتِي به واحدٌ منَ البَشَرِ، وأنَّهُ لا بدّ أنْ يَكُونَ متميزًا عَنْهُم بما يُودِعُ اللَّهُ فيه من خَواصٍّ هِدَايَتِهِ ليقَعَ التَّسْلِيمُ له والقبولُ مِنْه، حتَّى يتمَّ الحُكْم فِيهم وعَلَيْهم مِنْ غَيْرِ إنْكَارٍ ولا تَزَيُّفٍ، **وهذه القضيَّةُ للحكماءِ غيرُ بُرْهَانِيَّةٍ**، كما تَرَاه، إذِ الوجودُ وحياةُ البشَرِ قد تتمّ من دونِ ذلك بما يفرضُه الحاكمُ لنفسه، أو بالْعَصَبِيَّةِ التي يَقْتَدِرُ بها عَلَى قَهْرِهِمْ وَحَمْلِهِم عَلَى جَادَّتِهِ. فأهلُ الكتابِ والمتَّبعون للأنبياءِ قَلِيلُون بالنسبةِ إلى المَجُوسِ، الذين ليس لَهُمْ كتابٌ، فإنّهم أكثرُ أهلِ العَالمِ وَمَعَ ذَلِك فَقَدْ كَانَتْ لهمْ الدّولُ والآثارُ فضلاً عنِ الحياةِ، وكذلك هي لهمْ لهذا العهدِ في الأقَاليم المنحرفَةِ في الشَّمالِ والجَنُوبِ بِخِلافِ حياةِ البشرِ فَوْضَى دونَ وازعٍ لهمُ البتَّةَ، فإنّه يَمتَنِعُ. وَبِهَذا يَتَبَيَّنُ لكَ غَلَطُهُم في وُجُوبِ النبواتِ، وَأنَّهُ لَيْسَ بِعَقْلِيٍّ، **وإنّما مُدْرَكُهُ يُدْرَك عن طريق الشَّرْعِ** كما هو **مَذْهَبُ السَّلَفِ** من الأمّةِ، واللَّهُ وليّ التوفيقِ والهدايةِ.

الشّروح

الحكماء : الفلاسفة .

الإنسان مدنيّ بالطبع : الإنسان اجتماعيّ بمقتضى العقل الذي فطره الله عليه.

قوتٌ : طعامٌ.

حِنطةٌ : قمْح.

عِلاجٌ : مزاولة وممارسة، عملٌ.

مَواعينُ : مفرد ماعونٌ، وهو اسم جامعٌ لمنافع البيت كالقدر والفأس والقصعة ونحو ذلك، مما جرت العادة بإعارته.

فاخوريّ : صانع الفخّار.

دِراسٌ : فصل الحَبّ عن السّنابل.

حَيَوَانَاتٌ عُجْمٌ : حيوانات غير ناطقة وهي البهائم.

عَادِيةٌ : اعتداءٌ.

جوارحُ : مفرده جارحة، وهي العضو العامل من أعضاء الجسد كاليد والرِّجل.

تِرَاسٌ : مفرده تُرْسٌ، وهو ما كان يُتوقّى به في الحرب.

بشرات جَاسِيَة : جلود غليظة صُلْبة.

بُرهانٌ : دليل.

عَصبيَّةٌ : قرابَةٌ، مُحاماةٌ ومدافعةٌ.

أهل الكتاب : اليهود والنّصَارى.

مذهب السَّلَف : مذهَبُ السابقين.

التدريبات

1- أسئلة حول النص :

1. متى دخلت أسرة ابن خلدون الأندلس ؟
2. ماذا كانت صناعة والد ابن خلدون ؟
3. بماذا يكنّى ابن خلدون ؟ وبماذا يلقّب ؟
4. أين وُلد ابن خلدون ؟ وفي أيّة سنة هجريّة وميلاديّة ؟
5. على مَنْ تعلّم ابن خلدون ؟ وكيف ؟
6. ماذا تعلّم في أوّل حياته ؟
7. ما البلدان التي تنقّل بينها ؟ وما أثر ذلك ؟
8. كيف ساعد نوع التعليم الذي تلقّاه ابن خلدون والوظائف التي تقلّدها على تأليف كتبه ؟
9. ما المجال العلميّ الذي شغل به ابن خلدون ؟ وما أهمّ مؤلفاته فيه ؟
10. لماذا سُمِّي كتابه «المقدمة»؟

11. لماذا ذاعت شهرة المقدمة في رأيك ؟ وما محتوياتها ؟

12. ما معنى «العمران» عند ابن خلدون ؟

13. ما أهمّ الأفكار الواردة في النصّ ؟

14. على أيّ صورة ركّب اللّهُ الإنسانَ كما تفهم من النصّ ؟

15. ماذا يترتّب على عدم قدرة الفرد على سدّ احتياجاته بنفسه؟

16. بم عوّض اللّه الإنسان عن قدرات الحيوانات الأخرى ؟

17. لماذا يُعدّ الاجتماع ضروريّا للنوع الإنسانيّ ؟

18. لماذا كانت السلطة ضروريّة في المجتمع الإنسانيّ ؟

19. ما وجه الشّبه بين الاجتماع الإنسانيّ ومملكة النحل؟

20. هل هناك فرق بين اتّباع الحيوانات رئيسها واتّباع المجتمع الإنسانيّ حاكِمَهُ؟

21. ما الفرق بين الاقتناع العقليّ بالسلطة والاقتناع النفسيّ ؟

22. اشرح كيف تكون الحاجة إلى الغذاء سببا من أسباب التعاون.

2- صواب أم خطأ ؟

1. وُلد ابن خلدون في نهاية الثلث الأوّل من القرن الثامن الهجريّ.
2. العلوم اللّسانية هي علوم التفسير والحديث والفقه.
3. العلوم العقليّة هي اللّغة والنحو والصرف والبلاغة والأدب.
4. زار ابن خلدون في تنقّلاته المختلفة كلّا من المغرب والأندلس ومصر .
5. الاسم والكنية واللّقب تعني أشياء مختلفة.
6. توافق سنة 732 هجريّة سنة 732 ميلاديّة.
7. صناعة العربيّة تعني الاشتغال بعلوم اللّغة والنحو والشعر والبلاغة.
8. لم يسجن ابن خلدون في حياته قطّ.
9. توفّي ابن خلدون في أوائل القرن السابع الهجريّ.

10. وظيفة وزير العدل الحالية تقابل وظيفة قاضي القضاة قديما.

11. مِنَ المناصب الّتي تقلّدها ابن خلدون في حياته منصب الوزير.

12. آخر وظيفة تولّاها ابن خلدون وظيفة سياسيّة.

13. يعدّ ابن خلدون أحد الرحّالة.

14. كتاب «المقدّمة» الّذي ألفه ابن خلدون كتاب مستقلّ.

15. تُوفّي ابن خلدون سنة 1406 هجريّة.

16. بلاد الشام هي مصر والمغرب العربيّ.

17. يعتقد ابن خلدون أنّ المؤرّخين لا يرتكبون أخطاء.

18. ابن خلدون هو أوّل من ألّف في علم الاجتماع.

19. عبارة «الإنسان مدنيّ بالطبع» تعني أن «الاجتماع الإنسانيّ ضروري».

20. الفرد الواحد له قدرة تساعده على صنع كلّ ما يحتاج إليه.

21. لا توجد حياة اجتماعية فيها تعاون بين الأفراد إلّا للإنسان.

22. جالينوس طبيب عالم قديم مشهور.

23. لا يكتمل وجود النوع الإنساني إلّا بالاجتماع.

24. الفطرة والهداية تختلفان عن الفكر والسياسة.

25. المجوس ليس لهم كتاب سماويّ.

26. العمران البشريّ هو موضوع علم الاجتماع حسب ابن خلدون.

3- املأ الفراغ في الجمل الآتية بالكلمة أو العبارة المناسبة :

1. كان والد ابن خلدون ....فابتعد عن الحكّام.

أ- زاهدًا في السياسة   ب- راغبًا في المال   ج- زاهدًا في العلم

2. يزيد التاريخ الميلاديّ على التاريخ ....ستمائة عام تقريبا.

أ- القبطيّ   ب- الرومانيّ   ج- الهجريّ .

3 . تقلّبت بـابن خلدون ....فمارس الإدارة والسياسة والعلم.

أ– الأحوال ب– الأعمال ج– العلوم

4 . وظيفة قاضي القضاة تساوي ....القضاة.

أ– رئيس ب– وزير ج– كاتب

5 . «مقدمة» ابن خلدون تعدّ ....لكتابه الكبير في التاريخ.

أ– تمهيدا ب– خاتمة ج–شرحا

6 . اهتم ابن خلدون بعرض ....الاجتماعيّة في كتابه «المقدّمة».

أ– المشاكل ب– الأمراض – ج الظواهر

7 . يدور النصّ المنقول من المقدّمة حول .... بصورة ظاهرة.

أ– الكوارث الإنسانية ب– الاجتماع البشري ج– الحكمة الإنسانية

8 . كان من اهتمامات والد ابن خلدون .... العربيّة.

أ– صناعة ب– تجارة ج– سياسة

9 . يحتاج استمرار الحياة إلى .... الذي يمنع عدوان بعض الناس على بعض.

أ– الوازع ب– السلطة – الاجتماع

10 . يقاوم الإنسان الحيوانات المفترسة بـ..

أ– التنازع مع بني جنسه ب– التعاون مع بني جنسه ج–التشاحن مع بني جنسه

11 . يحتاج الإنسان لكي يعيش إلى .... متعدّدة مثل الحدادة والنجارة والزراعة والحصاد.

أ– أسباب ب– بضائع ج– صنائع

12 . إن الاجتماع .... للنوع الإنسانيّ.

أ– ضرر ب– ضروريّ ج– مضرّة

13 . تنقاد بعض الحيوانات العجم إلى رئيس، لكنّ ذلك منها.........................

أ- فطرة　　ب- فكر وسياسة　　ج- تأمّل وتفكير

14 . يحتاج كل واحد من بني البشر في الدفاع عن نفسه إلى..............بأبناء جنسه.

أ- الاستقامة　　ب- الاستعانة　　ج- الاستراحة

15 . الاجتماع يعني ....في اصطلاح الحكماء.

أ- المدنيّة　　ب- المدينة　　ج- القدرة

4- ضع كلّ كلمة أو عبارة ممّا يأتي في الفراغ الذي يناسبها من الجمل الآتية:

علاج –حظوظ – مدافعة – التماس – أهل العلم – الظواهر الاجتماعية – العلوم اللّسانية – العلوم العقليّة – هَبْ – قاصرة عن – لمّا كان ...

1. علم الاجتماع هو العلم الذي يدرس ....
2. تختلف .... الناس من شخص إلى آخر في الحياة.
3. تحتاج الحبوب إلى .... خاصّ قبل أن تصبح غذاء صالحا للأكل.
4. .... هي التي تتناول اللّغة والأدب والنحو.
5. معارف الإنسان .... إدراك سرّ الكون كلّه مهما عظم.
6. .... الإنسان مدنيّا بطبعه، كان في حاجة إلى التعاون مع غيره من بني جنسه.
7. تنتمي الفلسفة والمنطق إلى ....
8. .... أن الأنسان قادر على دفع الشرّ عن نفسه، فهل يستطيع أن يحيا وحده ؟
9. إذا كان الدارس من .... فإنه يستطيع أن يحصّل كثيرا من المعارف.
10. ....الإنسان للرزق يدفعه إلى السعي والعمل.
11. لا يستطيع الانسان مهما أوتي من قوّة ....أذى الحيوانات وحده.

5- الجموع والمفردات الآتية وردت في النص، فهات مفرد الجمع، وجمع المفرد لكلّ منها:

الجمع	المفرد	الجمع	المفرد
الحكماء	....	السيوف	....
....	قوت	....	الدليل
الأعمال	....	منافع	....
....	حياة	....	مذهب
صنائع	....	مدارك	....
....	علم	الفلاسفة	....
أبناء	....	الخواصّ	....
أضعاف	....	الأنبياء	....
الرماح	....	الدول	....
القرون	....	الأقاليم	....

لاحظ هذا التعبير :

لَا تُقَاوِمُ قُدْرَةُ الفردِ قُدرةَ واحدٍ من الحيوانات العُجْمِ لَا سِيَّمَا الحَيَوَانَاتُ المُفْتَرِسَةُ.

كلمة «لَا سِيَّمَا» **في التركيب السابق تفيد أنّ المعنى الوارد في الجزء السابق عليها ينطبق أيضا على الجزء الوارد بعدها على وجه الخصوص.**

فجملة بسيطة مثل **أحبّ الفواكه ولا سيّما البرتقال** تفيد أنّ المتكلّم يحبّ جميع الفواكه ولكنّ حبّه البرتقال يزيد على حبّه بقيّة الفواكه.

6- اربط بين كلّ جملتين ممّا يأتي مستخدما «لا سيّما» :

مثال :

الْـحَيَوَانَاتُ المُفْتَرِسَةُ شَرِسَةٌ. الأسدُ أَشْرَسُ الْـحَيوانـاتِ.

الحيوانات المفترسة شرسة لا سيّما الأسد.

1. يوجد لدى بعض الكائنات غير الإنسانية نظام حكم. يوجد لدى النحل نظام حكم.

2. أصوات بعض الطيور جميلة. صوت البلبل جميل.

3. المثقّفون مفكّرون. الفلاسفة أكثر اهتماما بالفكر.

4. استمتعت بزيارة الآثار المصريّة القديمة. استمتعت أكثر بزيارة الأهرام.

5. أحبّ قراءة الأدب العربيّ. أحبّ الشعر العربيّ كثيرا.

6. أهوى قراءة القصص. وأحبّ قصص الخيال العلميّ على وجه الخصوص.

7. التعاون ضروريّ بين البشر في كلّ المجالات. التعاون أكثر ضرورة في مجال الغذاء.

8. يجب الاهتمام بمخارج الحروف العربيّة. يجب الاهتمام أكثر بالهاء والحاء والعين.

7- **أَكِّدْ مضمون الجمل الآتية باستخدام « لا بُدَّ » كما في النموذج:**

- تعاون البشر ضروريّ .
- **لا بدّ** من تعاون البشر .

1. انتصار القُوى المحبّة للسلام مهمّ.
2. إجادة نطق حروف العربيّة عند التكلّم بها.
3. يعمل المجتمع الإنسانيّ على نشر الرفاهيّة.
4. يحافظ المجتمع على تقاليده.
5. يسلك الحُكْم سبيل الديمقراطيّة.
6. يكون الحاكم عادلا.

7. يجتهد الإنسان في ترقية نوعه.

8. يقاوم المفكّرون آفات المجتمع.

9. يؤدّي نشر الثقافة إلى تنوير الفكر.

10. محو الأميّة مطلب إنسانيّ ملحّ.

11. إحياء بعض التقاليد القديمة مفيدٌ.

12. الاعتماد على البراهين العقلية ضروريّ في الإقناع.

13. أبو حاتم الرازي كان يحبّ اللغة العربيّة.

8- هَاتِ من نصّ ابنِ خلدون الجمل التي استخدمت فيها «لا بُدَّ» وأَعِدْ كتابتَها كما في النموذج:

لا بدّ للبشر من الحُكْم الوازع.

الحكم الوازعُ ضروريّ للبشر.

9- استخرج من نصّ ابن خلدون أساليب الشرط وبيّن أجزاءَها.

لاحظ هذه الجملة :

اسمُ ابن خلدون : عبدُ الرّحمن، **وكُنيتُهُ** : أبو زيدٍ، **ولقبُهُ** : وليّ الدين.

- الاسم : هو ما يطلق على الشخص عند ولادته (أي ما يسمّى به) : مثل : محمد، ابراهيم، جون، ياسمين، فريدة، زينب.
- الكُنْيَة : ما بدأ بكلمة «**أب**» أو «**أمّ** »، أو «**ابن**» مثل : **أبو زيد، أبو حاتم، أمّ عمّار، ابن خلدون.**
- اللقب : ما يشير إلى صفة حسنة في الشخص مثل : وليّ الدين، الصدّيق، الفاروق، الكامل، أو إلى صفة غير حسنة مثل : الجاحظ، الأقرع، الأعشى.

10- اقرأ الجمل الآتية وحدّد فيها الاسم، والكُنية، واللَّقب :

1. أوّل من كسا الكعبة أبو كرب أسعد الحميري، وكان قد آمن بالنبيّ - صلّى اللّه عليه وسلّم - قبل أن يُبْعَث بزمن طويل .
2. أوّل من كسا الكعبة الحريرَ والديباج نُتَيْلَةُ بنت جناب بن كليب أمّ العبّاس بن عبد المطّلب، وكان العبّاس ضَلَّ في صِغره فنذرت إن وجدته أن تكسوَ البيتَ الحريرَ، فوجدته فأوفت بنذرها.
3. أول من خلع نعليه لدخول الكعبة في الجاهلية الوليد بن المغيرة فاقتدى به الناس فخلعوا نعالهم في الإسلام **لا سيّما أبو مسلم** صاحب الدولة.
4. أوّل من آمن برسول اللّه - صلّى اللّه عليه وسلّم - من الكهول أبو بكر الصّدّيق. ومن الشبّان زيد بن حارثة. ومن الصّبيان عليّ بن أبي طالب وهو ابن تسع سنين. ومن النساء أمّ المؤمنين خديجة بنت خويلد.
5. أوّل مولود ولد في الإسلام بعد الهجرة : عبد اللّه بن الزبير. وأمّه أسماء بنت أبي بكر. وكان الناس يقولون : إنّ اليهود سَحَروا المهاجرين فلا يُولَد لهم. فلما وُلِدَ عبد اللّه بَطَلَ الخبرُ واشتدّ الفرح.
6. أوّل من سُمِّيَ باسْم النبيّ محمّد - صلّى اللّه عليه وسلم - محمّد بن حاطب. وُلِدَ بأرْض الحبشة، فَأُنْكِر على مُسَمِّيه (أي الشخص الذي أَطْلَقَ عليه الاسمَ) ذلك فقال (الذي سمَّاه) سمعت رسول اللّه صلى عليه وسلم يقول: «سَمُّوا باسْمي، وكَنُّوا بِكُنْيَتي، ولا تجمعوا بينهما».
7. أوّل لواء (عَلَم) عقده رسول اللّه - صلّى اللّه عليه وسلم - كان لحمزة بن عبد المطلب، وقال لحمزة : خُذْ يا أسَدَ اللّه.
8. أوّل شهيد في الإسلام عمر بن الحباب الأنصاري، قُتِلَ يوم بَدْر.
9. وأمّا أول شهيدة من النساء فسُمَيَّة أمُّ عمّار.

11- اكتب بعبارتك جُمَلاً مختصرة عن :

1. حياة ابن خلدون ورحلاته وعلمه.

2. أهميّة كتابه الشهير : «المقدّمة» .

3. الحاجة إلى العمران البشري في رأي ابن خلدون.

4. رأيك الخاصّ فيما قاله ابن خلدون.

لاحظ أن :

- **هَبْ**: فعل أمر بمعنى افرض، وليس له ماض ولا مضارع.
- **هَبْ**: ينصبُ مفعوليْن أصلهما المبتدأ والخبر مثل: هب الدرسَ سهلاً.
- يكثر جداًّ أن يقع بعد هَبْ : **أنَّ واسمها وخبرها** بَدَلًا من المفعوليْن مثل : **هَبْ أنّك ابنُ بطّوطة**، فأين تسافرُ ؟

12- أكمل الجمل الآتية بما يجعلها مفيدة :

1. هَب أنّ الإنسان ....
2. هب الحياة ....
3. هب أنّ المشكلات ....
4. هب أنّ المجتمع ....

13- تعبير كتابي:

أكتب فقرة لا تقلّ عن عشرين سطرًا تحلّل فيها أبرز الظواهر الاجتماعية الموجودة في بلادك حاليا.

من الشعر العربي (11)

اقرأ واحفظ

معروف الرّصافي في الدعوة إلى بناء المستقبل

(من بحر الوافر)

أرى مستقبل الأيّـام أوْلـى بمطمح من يحاول أن يسودا
فما بلغ المقاصدَ غيرُ ساعٍ يُردّد في غدٍ نظرًا سديدا
فوجّه وجهَ عزمك نحو آت ولا تلتفِت إلى الماضين جِيدا
وهل إن كان حاضرُنا شقيّا نسود بكون ماضينا سعيدا؟
تقدّم أيُّها العربيُّ شوطًا فإنّ أمامك العيشَ الرَّغيدا
وأسِّس في بنائك كلّ مجد طريفٍ واترُك المجدَ التليدا
فشرّ العالمين ذوو خمول إذا فاخرتهم ذكروا الجدودا
وخيرُ النَّاس ذو حسب قديم أقام لنفسه حسبا جديدا
تراه إذا ادّعى في الناس فخرا تقيم له مكارمُه الشهودا
فدعني والفخارَ بمجدِ قومٍ مضى الزمن القديم بهم حميدا
قد ابتسمت وجوه الدهر بيضًا لهم ورأيننا فعبسْنَ سودا
وقد عهِدوا لنا بتراث مُلكٍ أضعنا في رعايته العهودا
وعاشوا سادة في كلّ أرض وعشنا في مواطننا عبيدا
إذا ما الجهل خيّم في بلاد رأيت أسودَها مُسِخت قرودا

الشاعر: معروف الرّصافي شاعر عربيّ معاصر وُلِدَ في بغداد سنة 1875م، وتوفّي بها سنة 1945م . له مؤلّفات عديدة من أهمّها ديوانه الذي وردت أشهر قصائده في الاجتماع والسياسة.

الشـــــروح

الشَّوْطُ : الجَرْيُ مرّةً إلى الغاية.

المجدُ الطريفُ : المجد الحديثُ المكتسب.

المجدُ التليدُ : المجد القديم الموروث.

الدَّرْسُ الثَّالِثَ عَشَر

أبو حَيّان التّوحيديّ يتحدّث عن :

حَدُّ الشِّبَعِ

حين اتّسعت الدّولة الإسلاميّة، وأصبح للحكم فيها تقاليد مستقرّة، ونما التراث الأدبيّ والفكريّ والعلميّ وازدهر، تطوّر معه نوعان من النشاط الثقافيّ: **حلقات العلم** في المساجد وخارجها، ومجالس الأدب في حضرة الخلفاء والوزراء والأعيان. في **مجالس الأدب** تنوّعت المناقشات والمناظرات لتشمل الشعر الذي ينشده شاعر البلاط، والمسامرات الحرّة التي تطوف طوافا واسعا بحقول العلم والمعرفة، والمناقشات العلميّة التي تدور حول مسألة من مسائل الفقه، أو الحديث أو التفسير، أو اللّغة، أو الفلك أو حتّى صفات الخيل، وأنواع الطيور، وغير ذلك. من أشهر هذه المجالس مجلس الرشيد، ومجلس سيف الدولة، ومجلس ابن العميد، ومجلس الصّاحب بن عبّاد . ومن أشهر أعلام هذه المجالس الشاعران أبو نواس والمتنبّي، والنحويّون سِيبَوَيْه والكسائي وابن خَالَوَيْهِ، والفقيهان أبو يوسف وابن أبي ليلى. ومن هذه المجالس حفظ لنا التاريخ كتبا كثيرة من أشهرها مجالس ثعلب، وكتاب **الإمتاع والمؤانسة** لأبي حيّان التوحيديّ الذي أخذنا منه نصّنا هذا.

مداخل إلى دراسة النّصّ

1- **عن الكاتب :**

- وُلِدَ صاحب هذا النصّ، وعاش، ثمّ مات وسوء الحظّ يلازمه : فاسمه ولقبه فيهما شكّ، وتاريخ ميلاده وتاريخ وفاته فيهما شكّ.

- يقال إنّه ولد في نيسابُور أو شِيَراز أو وَاسِط أو في بغداد ما بين 310 و320 هـ/ 922 – 932 م، وتوفّي بشيراز حوالي 414 هـ/ 1023 م. ويقال إنّ اسمه الكامل هو علي بن العبّاس التوحيديّ، ويقال إنّه سمّي التوحيديّ نسبة إلى تمر يسمّى «التوحيد» كانت أسرته تبيعه، أو إنّه دليل على اتّساع معرفته بمباحث علم التوحيد والإلهيّات.
- عاش التوحيديّ طفولة قاسية، وظلّ طول حياته يهرب من شبح الفقر المخيف دون أن يحقّق أيّ نجاح يذكر.فقد كانت صراحته وحدّة لسانه وعدم قدرته على مجاراة أبناء عصره في مدح الحكّام بالحقّ أو بالباطل سببا في ما حلّ به من الفشل في تحقيق ما يريد.
- عاش أبو حيّان التوحيديّ في عصر مضطرب أشدّ الاضطراب من **الناحية السياسيّة**، حافل بالمؤامرات وقتْل الخلفاء وتوْلية الصبيان مكانهم، عصر أصبحت فيه خزينة الدولة خاوية، وانتشرت فيه المجاعات والأوبئة. ومع ذلك، فمن **الناحية الثقافيّة** كان عصرا حافلا بالأدباء والشعراء والمفكّرين والمترجمين.
- في هذا العصر ضاعت هيبة الخلافة، وتصارعت عليها كلّ **الطّوائف والملل**، واستقلّ كلّ إقليم بحكّامه : السامانيّون في خراسان، وبنو حمدان في حلب، والإخشيديّون في مصر والشام، والفاطميّون في المغرب العربي.
- في هذا العصر أيضا ازدهرت **العلوم والمعارف**، واتّسعت حلقات التدريس، وعقدت **المناظرات** والمساجلات، ونبغ الشعراء أمثال المعرّي ومن قبله المتنبّي، والأدباء أمثال الصّاحب بن عبّاد وبديع الزّمان، واللّغويون أمثال ابن فارس وابن دريد، والمؤرّخون أمثال الطبري والمسعودي، والمفكّرون أمثال **إخوان الصفا**.
- شغل التوحيدي عدّة وظائف لا شأن لها، فعمل ناسخ كتب بالأجر، وحارسا ليليّا لمستشفى، ومساعدا في نقل البريد. وأحسن وظيفة شغلها كانت وظيفة المسامر (الذي يرفّه عن المجلس بالأحاديث والطرائف والنوادر المسلّية)، فقد جلس التوحيديّ يسامر الوزير ابن سعدان أربعين ليلة. ولأنّه لم يكن مسامرًا عاديّا فقد

أنتجت هذه الجلسات كتابه الهام «الإمتاع والمؤانسة»، وهو الذي أخذنا منه هذا النصّ.

- اتّصل أبو حيّان بعدد من وزراء عصره وحكّامه منهم الوزير المهلّبي وابن العميد، والصاحب بن عبّاد، وابن سعدان . وشهد مجالسهم وطلب نوالهم لكنّه كان يستقلّ ما يعطونه ويُبدي لهم ذلك بالصراحة أحيانا، فكانت النتيجة أن حرموه نهائيّا، فدخل في حياة الضياع، وعانى سوء الحالة المعيشيّة، إلى درجة أنّه كان كثيرا ما يذهب إلى الغابة فيأكل من حشائش الأرض!
- في هذه المرحلة أعلن عن آرائه في الناس والمجتمع، وأودعها في كتابه «**الصداقة والصديق**». ويقوم الكتاب على أنّ الصداقة الحقّ إنّما هي وهم من الأوهام، وأنّ الصديق هو في الواقع أشدّ من أعدائك خطرا عليك. وبلغت به كراهيّته للناس واحتجاجه على المعاملة التي لقيها من المجتمع حدّا جعله لا يريد أن يترك لهم شيئا من آثاره الأدبيّة، فجمع كتبه وأحرقها جميعها.
- عاش التوحيديّ غريبا بين أهله، وكانت غربته مادّيّة وروحيّة في آن واحد. لقد تنكّر له الناس والمجتمع .فلم يُقَدَّر حقَّ قدره. يقول : «**هذا غريب لم يتزحزح من مسقط رأسه، ولم يتزعزع عن مهبّ أنفاسه. وأغرب الغرباء من صار غريبا في وطنه**، وأبعد البعداء من كان بعيدا في كلّ قرية». ولقد دفعه الإحساس بالغربة إلى نوع من الإحساس العميق باختلال **ميزان العدل الاجتماعيّ**، ممّا ظهر أثره ثورة وتمرّدا في كتابه «**الإشارات الإلهية**». وقد دفع بعض الناس إلى اعتباره مارقا زنديقا مثل ابن الجوزي ومن تبعه، في حين دافع عنه بعض الناس من أمثال السبكي بأنّ ثورته كانت ازدراء لأهل عصره لا تمرّدا على الدين.
- كتب التوحيديّ في رسالة ردّ فيها على القاضي عليّ بن محمّد مدافعا عن إحراق كتبه: «وافاني كتابك الذي وصفت فيه (...) ما نال قلبك والتهب في صدرك من الخبر الذي نمى (وصل) إليك فيما كان منّي من إحراق كتبي النفيسة بالنار، وغسلها بالماء، فعجبت من انزواء وجه العذر عنك في ذلك(...) ثم اعلم– علّمك الله الخير– أنّ هذه الكتب حوت من أصناف العلم سرّه وعلانيّته، فأمّا ما كان سرّا فلم أجد له

من يتحلّى بحقيقته راغبا، وأمّا ما كان علانيّة فلم أُصب من يحرص عليه طالبا. على أنّي جمعت أكثرها للناس، ولطلب المثالة (المال) منهم ولعقد الرياسة بينهم ولمدّ الجاه عندهم، فحرمت ذلك كلّه (...) فشقّ عليّ أن أدعها لقوم يتلاعبون بها ويدنّسون عرضي إذا نظروا فيها ويشتمون لهوي وغلطي إذا تصفّحوها ...وكيف أتركها لأناس جاورتهم عشرين سنة فما صحّ لي من أحدهم وداد، ولا ظهر لي من إنسان منهم حفاظ، وقد اضطررت بينهم- بعد الشهرة والمعرفة – في أوقات كثيرة إلى أكل الخضر في الصحراء، وإلى التكفّف الفاضح عند الخاصّة والعامّة، وإلى بيع الدّين والمروءة ...».

- نظرات أبي حيّان التوحيديّ في فنّ الأدب نظرات عميقة جدّا، فقد رأى أنّ الأساس في التأثر الفنّيّ أساس نفسيّ، وعبّر عن ذلك في كتاب «**الهوامل والشوامل**» بقوله: «**ولسنا نشكّ في أنّ السرور يحمرّ منه الوجه وأنّ الخوف يصفرّ منه، وما ذاك إلّا لانبساط الدم في ظاهر البدن وغوره من الآخر في قعر البدن**». كما رأى أنّ التعبير الأدبيّ أمر معقّد لأنه مركّب من عناصر متباينة و صعبة الانقياد، لذلك كان إحساسه بالمسؤولية نحو التعبير الأدبيّ إحساسا عاليا، عبّر عنه في «**الإمتاع والمؤانسة**» بقوله: «**إنّ الكلام صلف تيّاه لا يستجيب لكلّ إنسان(...) مادّته العقل والعقل سريع الحؤول، وطريقه على الوهم، والوهم شديد السيلان، ومجراه على اللّسان واللّسان كثير الطغيان . وهو مركّب من اللّفظ اللّغوي، والصوغ الطباعيّ، والتأليف الصناعيّ، والاستعمال الاصطلاحيّ**».

2- عن الكتاب:

- كتاب **الإمتاع والمؤانسة** من أهمّ كتب أبي حيّان التوحيديّ وأمتعها، وهو كتاب ضخم، لتأليفه قصّة **طريفة** : فقد كان لأبي حيّان صديق يسمّى أبا الوفاء المهندس، وكان مقرّبا من الوزير ابن سعدان، فقرّب صديقه أبا حيّان من هذا الوزير، فجعل الوزير أبا حيّان من **سمّاره**، فسامره أبو حيّان عددا من الليالي كان الوزير يطرح عليه فيها أسئلة في مسائل متنوّعة وأبو حيّان يجيب عنها.

ثم طلب أبو الوفاء الصديق الأوّل من أبي حيّان أن يدوّن له كلّ مادار بينه وبين الوزير ففعل، وكانت النتيجة كتاب «**الإمتاع والمؤانسة**».

- **ينقسم كتاب الإمتاع والمؤانسة إلى ليال دوّن أبو حيّان في كلّ ليلة منها الحوار الذي دار بينه وبين الوزير : يبدأ الوزير الموضوع فيُلقي سؤالا ويطلب إجابة أبي حيّان عنه. وعندما يجيب أبو حيّان تثير إجابته أفكارا فرعيّة عن الموضوع في ذهن الوزير، فيسأل عنها فيجيب أبو حيّان. وهكذا يتشعّب الحديث وتتداخل المواضيع. وحين يوشك** المجلس على الانتهاء يطلب الوزير من أبي حيّان أن يسمعه طرفة من الطرائف يسمّيها **مُلحة الوداع**، أي شيئا لطيفا يكون وداعا ونهاية لتلك الليلة. وكان الوزير يعبّر عن ذلك بقوله : «إنّ الليل قد دنا من فجره هاتِ مُلحة الوداع . ولعلّ هذا يذكّرنا باختتام اللّيالي في كتاب ألف ليلة وليلة بعبارة «وأدرَكَ شهرزاد الصباح».
- ونتيجة لكلّ ذلك جاءت مواضيع الكتاب متنوّعة فشملت الأدب، والفلسفة، وعلم الحيوان، وشملت المجون، وعلم الأخلاق، ووصف الطبيعة، والبلاغة والتفسير والحديث واللغة، وشملت السياسة وتحليل شخصيّات **مفكّري العصر** وأدبائه وعلمائه، وتصوير العادات والتقاليد وأحاديث المجالس.
- ويُلقي كتاب **الإمتاع والمؤانسة** أضواء كثيرة على الحياة في العراق في النصف الثاني من القرن الرابع الهجريّ، ويتعرّض لكثير من الشؤون الاجتماعيّة فيحلّل شخصيّات الوزراء، ويصف مجالس العلماء ومناظراتهم الممتعة، كالمناظرة الشهيرة التي جرت بين السّيرافيّ ومتّى بن يونس في المقارنة بين المنطق اليونانيّ والنحو العربيّ. ويقدّم الكتاب أيضا صورة للصّراع الاجتماعيّ، وحالة الشعب وثوراته على الملوك والأمراء، والحياة الشعبيّة وبخاصّة ما يتّصل بالمغنّيات والجواري.
- يوجد شبه بين **الإمتاع والمؤانسة وألف ليلة وليلة**، وذلك من حيث الإطار العام للكتابيْن، واستخدامهما للأسلوب القصصيّ، وتوالي القصص ليلة بعد ليلة. لكنّ الكتابين يختلفان في طريقة التناول : كتاب **الإمتاع والمؤانسة** يصف أفكار

الفلاسفة وإبداع الأدباء، فالمسائل التي تعرض فيه مسائل جادّة مثل الروح والعقل والقضاء والقَدَر، ومثل أساليب البلغاء في النثر والنظم. والكتاب يعكس المشاغل الفكريّة الأرستقراطية، ودور الخيال فيه أقلّ من دوره في **ألف ليلة وليلة**. أمّا **كتاب ألف ليلة وليلة** فإنّه يصوّر الروح الشعبيّة، ويصف ليالي الأنس والطرب والخلاعة والغرام وكيد النساء.

- يعتبر أسلوب الكتاب ممثّلا لأسلوب أبي حيّان، وهو أسلوب يجمع بين التقليد والتجديد، والاتّباع والابتداع، فيه ألوان البديع التي كانت معروفة في عصر التوحيدي من سجع وجناس وفواصل، وفيه كذلك الترتيب المنطقيّ،ووضع المقدّمات واستخلاص النتائج، وفيه- إلى جانب كلّ ذلك- التحرّر الفكريّ واللّغويّ الذي نحسّه وراء العبارات والكلمات، ففي داخل الإطار المحافظ تجري العبارات سهلة منسابة.
- يقول القفطي في وصف كتاب الإمتاع والمؤانسة بعد كلام كثير : «ما أحسن ما رأيته مكتوبا على ظهر نسخة من الكتاب بخطّ بعض أهل جزيرة صقلية :ابتدأ أبو حيّان كتابه صوفيّا، وتوسّطه محدّثا، وختمه سائلا مُلحفا».
- للكتاب طبعات عديدة من أهمّها طبعة القاهرة عام 1944م بتحقيق أحمد أمين وأحمد الزين.

3- عن النصّ :

- هذا النّصّ مأخوذ من مسامرة الليلة الحادية بعد الثلاثين.
- دارت مسامرة الليلة الحادية والثلاثين حول **الطعام** بكلّ ما يتّصل به من **الأمور المعنويّة**، كالكرم، والبخل، والشبع، والجوع،وآداب الأكل، ومن **الأمور الحسّيّة** كأنواع الطعام، وطرق إعداده، وأدوات تناوله.
- ختم أبو حيّان موضوعه ببيان حدّ الشبع، أي المرحلة التي يحسّ فيها الآكل أنّه قد اكتفى من الطعام، وأنه لا يستطيع، أو لا يريد، أو لا يحتمل، أو لا يجوز له، أو لايليق به، أو ليس من مصلحته أن يستمرّ في الأكل أكثر من ذلك.

- يتّضح في النّصّ أسلوب أبي حيّان المعتمد على الحوار والسؤال والجواب، كما يتّضح فيه أنّ أبا حيّان يستخدم معرفته الواسعة بالتّراث الإسلاميّ، خاصّة الحديث وسيرة **السلف**، ومعرفته بالشعر العربيّ، وهذا واضح من **الاستشهادات** الواسعة المنتشرة فيه.
- الهدف من تقديم هذه القصص والنوادر والمعلومات في النصّ هدف تثقيفيّ وذلك استجابة لقول الوزير ابن سعدان لأبي حيّان : «أحبّ أن أسمع في هذا أكثر ما فيه، ويمرّ بي أعجبه، فإنّ في معرفة هذا الباب **تهذيبا وإيقاظا كثيرا**» .
- يلاحظ أنّ الأفكار تقدّم دون انحياز. فقد عرض النصّ لأنواع الكرم دون أن يحسّنه أو يحضّ عليه، وتناول البخل دون أن ينهى عنه.وهذا نوع من **الكتابة الموضوعيّة** التي تضع الحقائق أمام القارئ، فيحكم بنفسه دون تأثير الكاتب عليه.
- يربط النصّ بين الموضوع الأصليّ وهو الطعام، وبين قيم وتقاليد أخرى كثيرة كاحترام العلماء، وبرّ الوالدين، ومعاملة الحيوان، واستغلال الآخرين.
- في النصّ روح دعابة واضحة، وسهولة في الأسلوب، وتشويق ممّا يجعل القارئ راغبا في الاستزادة.
- في هذا النصّ ثروة لغويّة تتمثّل في الألفاظ الكثيرة التي يشرحها أبو حيّان فيقدّم بذلك للقارئ فائدة واضحة.
- تناول أبو حيّان موضوع «حدّ الشبع» من وجهات نظر مختلفة، ملمّحا إلى أنّه موضوع نسبيّ، فالشبع يختلف من بلد إلى آخر، ومن طبقة اجتماعية إلى أخرى، ولهذا جاءت إجابة اليمنيّ مثلا غير إجابة التركيّ، وإجابة الوزير غير إجابة البدويّ الفقير، وإجابة الطبيب غير إجابة القصّار، وإجابة الملاّح غير إجابة المتصوّف، وهكذا ...
- تجمع ملاحظات أبي حيّان حول هذا الموضوع أوصافا يمتزج فيها الحسّ الاجتماعيّ العالي بروح الفكاهة والسخريّة الحادّة.

النّـــصّ

وقِيلَ لصُوفِـيّ : مـا حَدُّ الشِّبَعِ ؟ قـال : لا حَدَّ لَهُ، ولَوْ أرَادَ اللّـهُ أنْ يُؤْكَل بِحَدّ لَبَيّنَ [هذا الحدّ] كما بَيّـن جميعَ الحدود، وكَيْفَ يكونُ للأكْلِ حَدٌّ، والأكَلَةُ مُخْتَلفو الطباع والمِزَاجِ والعَارِضِ والعادَةِ ! وحِكْمَةُ اللَّـهِ ظَاهِرَةٌ في إخْفَاءِ حَدّ الشِّبَعِ حَتَّى يأْكُل مَنْ شَاءَ على مَا شَاءَ كمَا شاءَ!

وقيلَ لصُوفـيّ [آخر] : ماحدُّ الشِّبَع ؟ فقـالَ : **ما نَشَّطَ عَلَى أداءِ الْفَرائِضِ، وثَبَّطَ عَنْ إقامَةِ النَّوافل.**

قيلَ لمُتَكَلِّمٍ : ما حدُّ الشِّبَعِ ؟ فقال : حَدُّهُ أن يجْلِبَ النومَ، ويُضْجِرَ القومَ، **ويبْعثَ عَلَى اللَّوْم.**

وقيل لِطُفَيْلِيّ: ما حدُّ الشِّبعِ؟ قال: أن يُؤْكَلَ عَلَى أنّهُ آخرُ الزَّاد، ويُؤْتَى على **الجُلِّ والدِّقّ.**

وقيل لأعرابيّ: ما حَدُّ الشِّبَع ؟ فقال :أمَّا عندكم يا حاضرةُ فلاَ أدْري، وأمّا عندنا في الباديةِ فما وجَدَتْ العينُ، وامتدَّتْ إليه اليَدُ، ودَار عليه الضِّرْسُ، وأساغَهُ الحَلْقُ، وانتفخَ بهِ البطنُ، واستدرَاتْ عليهِ الْحَوَايَا، واستغاثَتْ مِنْه المَعدَةُ، وتقوَّسَتْ منْه الأضلاعُ، والْتَوتْ عَلَيْه المصارِينُ، وخَيفَ منْه المَوْتُ.

وقيلَ لِطَبيبٍ : مَا حَدُّ الشِّبَعِ ؟ قال : ما عَدلَ الطبيعةَ، وحفِظَ المِزَاجَ، وأبْقَى شَهْوَةً لما بَعْدُ.

وقيلَ لقَصَّارٍ : ما حَدُّ الشِّبعِ ؟ قالَ : أنْ تَثِبَ إلى الجَفْنَةِ كأنَّكَ سِرْحَانُ، وتأْكُلَ وأنْت غَضْبَانُ، وتَمْضُغَ كأنّكَ شَيْطَانُ، وتبلَعَ كأنَّكَ هَيْمَانُ، وتدَعَ وأنْتَ سَكْرَانُ، وتَسْتَلْقِي وكأنَّك أوَانٌ.

وقيلَ لحمَّالٍ : ما حَدُّ الشِّبَعِ ؟ قالَ : أن تأْكُل مَا رَأيْت بِعَشْرِ يَدَيْكَ غيرَ عَائفٍ ولا مُتقَزِّزٍ، ولا كَارِهٍ ولا مُتعَزِّزٍ.

وقيلَ لِمَلاَّحٍ : ما حَدُّ الشِّبَعِ ؟ قالَ : حَدُّ السُّكْرِ. قيلَ فما حدُّ السُّكْرِ ؟ قال : ألاَّ تَعْرِفَ السَّماءَ مِن الأرْضِ، ولا الطُّولَ منَ العَرْضِ، ولا النّافلةَ مِنَ الفَرْضِ، من شدّة النَّهْسِ والكسْرِ والقطْعِ والقرْضِ. قيلَ له : فإنَّ السكرَ مُحرَّمٌ، فلِمَ جعلْتَ الشِّبَعَ مثله ؟ قال: صَدَقْتُم، هُمَا سُكْرانِ : أحدُ السكرَيْنِ موصوفٌ بالْعَيْبِ والخَسارِ، والآخرُ مَعْرُوفٌ بالسَّكينَةِ والوَقارِ. قيل [له] : أمَا تخافُ الهَيْضَةَ ؟ قال : إنَّما تصيبُ الهيضةُ مَنْ لا يسمِّي **الله** عندَ أكْلِه، ولا يشكُره على النِّعْمة فيه. فأمّا من ذكرَ اللّهَ وشكره فإنّه يَهْضِم ويَسْتَمْرِئُ ويَقْرَمُ إلى الزِّيادَةِ.

وقيلَ لبَخيلٍ : ما حَدُّ الشِّبَعِ ؟ قالَ : الشِّبَعُ حرامٌ كُلُّهُ، وإنمَّا أحلَّ اللّهُ من الأكلِ ما نَفَى الْخَوَى، وسكَّنَ الصُّداعَ، **وأمْسَكَ الرَّمَقَ**، وحالَ بَيْنَ الإنسانِ وبَيْنَ المرَحِ، وهلْ هَلَكَ الناسُ في الدِّينِ والدّنيا إلا بالشّبَعِ والتضلُّعِ والبِطْنَةِ والاحْتشاءِ. **والله** لَوْ كانَ للنَّاسِ إمامٌ لَوكَّلَ بكلِّ عَشْرَةٍ منهم مَنْ يحفَظُ عَلَيْهِمْ عادَةَ الصِّحَّةِ وحالَةَ العدالةِ، وحتّى يزولَ التعدّي ويَفْشُوَ الخَيْرُ.

وقيلَ لِجُنْديٍّ : ما حَدُّ الشِّبَعِ ؟ قالَ : ما شَدَّ العَضُدَ، وأحْمَى الظَّهْرَ، وأَدَرَّ الوريدَ، وزادَ في الشجاعةِ.

وقيلَ لزاهدٍ : ما حدُّ الشِّبَعِ ؟ قال : ما لَمْ يحُلْ بينكَ وبينَ صَوْمِ النهارِ وقيامِ اللَّيْلِ. وإذا شكا إليكَ جائعٌ عرفْتَ صِدْقَهُ لإحساسِكَ بِهِ.

وقيل لِمدَنـيٍّ: مـا حَدُّ الشِّبَعِ ؟ قـالَ : **لا عَهْدَ لي بِهِ** فكيف أصفُ مـا لا أعْرِفُ ؟

وقيلَ لِيَمَنِيٍّ : مـا حَدُّ الشِّبَعِ ؟ قـالَ : أن يُحْشَى [البطْنُ] حتَّى يُخْشَى [الموتُ].

وقيلَ لِتُركيٍّ : مـا حَدُّ الشِّبَعِ ؟ قـالَ : أن تـأكلَ حتى تَدْنُوَ منَ المَوْتِ.

وقيلَ لِسَفْويهِ القـاصِّ : مَنْ أفْضَلُ الشُّهَداءِ ؟ قـالَ : مَنْ مَـاتَ بـالتُّخْمَةِ ودُفِنَ علَى الـهَيْضَةِ.

قيلَ لِسَمَرْقَنْديٍّ : مـا حدُّ الشِّبَعِ ؟ قـالَ : إذا جحَظَتْ عيْنَـاكَ، وبَكِمَ لِسَانُك، وثَقُلَتْ حَركتُكَ، وارْجَحَنَّ بدنُكَ، وزالَ عقْلُكَ فـأنْتَ في أوائِلِ الشِّبَعِ. قيلَ لـه : إذا كـانَ هذا أوّلُه، فمـا آخِرُه ؟ قـال : أن تَنْشَقَّ نِصْفَيْنِ.

قِيلَ لِهِنْدِيّ : مـا حَدُّ الشِّبَعِ ؟ قـالَ : المسألةُ عن هذا كـالمُحَـال، لأنَّ الشِّبَعَ مِنَ الأرْزِ النّقيّ الأبيضِ، الكِبَارِ الحَبّ، المطبوخِ بـاللَّبَنِ الحليبِ، المغروفِ علَى الْـجَامِ البِلَّوْرِ، المَدُوفِ بـالسكَّرِ الفَـائِقِ، مُخَـالِفٌ للشِّبَعِ من السَّمَكِ المملُوحِ وخبزِ الذُّرَةِ، وعلى هذا يختلفُ الأمرُ في الشّبعِ. فقيلَ لـه : فَدَعْ هذا، إلى متى ينبغي أن يـأكُلَ الإنْسَانُ ؟ قـال : إلَى أنْ يَقعَ لَـهُ أنَّهُ إنْ خَرجَتْ رُوحُهُ ذهبت إلى النّـارِ.

قيلَ لمُكارٍ : مـا حدُّ الشِّبَعِ ؟ قـالَ : واللّـهِ مـا أَدْرِي، ولكنْ أُحِبُّ أنْ آكلَ مَـا مَشَى حِمَـارِي من المَنْزِل إلى الْـمَنْزِلِ.

قيلَ لِـجَمَّالٍ : مـا حَدُّ الشِّبَعِ ؟ قـال : أنَـا أُواصِلُ الأكْلَ فَمـا أعْرِفُ الحَدَّ ولو كنْتُ أنْتَهِي لو صَفْتُ الحـالَ فيهِ، أعْنِي أنّي ساعةً أَلُتُّ الدقيقَ وساعة أَمُلُّ المَلَّةَ، وساعةً أثْرُدُ، وسـاعةً آكُلُ، وسـاعةً أشْرَبُ لبنَ اللِّقَـاحِ، فليْس لي فَراغٌ فـأدْرِي أنِّي بَلَغْتُ مِنَ الشِّبَعِ، إلاّ أنّني أعْلَمُ في الجُمْلَةِ أنَّ الجوعَ عذَابٌ، وأنَّ الأكْلَ رحمةٌ، وأنَّ الرَّحْمَةَ كلّمـا كـانَتْ أكثَرَ، كـانَ العَبْدُ إلى اللّـهِ أقْرَبَ، واللّـه عَنْهُ أرْضَى.

الشـروح

ثَبَّطَ عن الشيء : عوّقه وَبطّأ به.

نوافلُ : مفرده نـافلة، وهـي مـا زاد على النّصيب أو الحقّ أو الفرض.

جُلٌّ: كبير، خلافُ الدِّقِّ.

دِقٌّ : مـا قَلَّ أو صَغُرَ من الأشيـاء.

حـاضرةٌ: مُقيمون في الحَضَر.

حَوايَا : مفردهـا حَوِيّة، وَحَوِيـَّةُ البَطْنِ أمعـاؤُهُ.

جَفْنَةٌ : قَصْعَةٌ.

سِرْحَـانٌ : ذِئْبٌ.

هَيْمَانُ : عَطْشَانُ أشدَّ العَطَشِ.

أَوَانٌ : عِدْلٌ.

عـائف : كَـارِهٌ.

مُتقزِّز : مُشْمَئِزٌّ.

مُتَعَزِّز : متمنِّع.

نَهَسَ اللّحمَ : أَخَذَهُ بمُقدَّم أسنـانه وَنَتَفَهُ للأكل.

هَيْضَةٌ : مَرَضٌ من أَعراضـه القَيْءُ الشديد والإِسهالُ والهُزال (الكُولِيرا).

قَرِمَ اللَّحْمَ وإليه : اشتدّت شَهْوتُه إليه.

خَوًى : خُلُوُّ المَعِدة.

تَضَلُّعٌ : الاِمتِلاء شِبَعًا أَوْ رِيًّا.

بِطْنَةَ : امتِلاء شديد من الطّعام.

عَضُدٌ : مـا بين المِرْفَقِ إلى الكتف.

أَدرَّ الوريدَ : ملأ الشرايين بـالدّم.

زاهدٌ : عَابدٌ، مُعْرِضٌ عن مُتَعِ الدنيا.

مَدَنيٌّ : من أهل المدينة.

جَحَظَت العيْن : بَرَزَت.

جَامٌ : إناءٌ للشراب والطّعامِ من فضّة أو نحوها.

مَدوفٌ : ممْزوجٌ.

مُكَارٍ : مُكْرِي الدَّوَابِّ، ويغلب على الحَمَّار والبَغَّال.

لتَّ الدقيقَ : خَلَطَهُ بِسَمنٍ أو غيره.

مَلَّ المَلَّةَ : أَشْعَلَ الحطبَ للخبيز.

ثَرَدَ : جَهَّزَ الثَّريدَ.

لِقَاحٌ : مفردُهُ لَقْحَةٌ، وهي الناقة الحلوب الغزيرةُ اللّبن.

التدريبات

1- أسئلة حول النصّ:

1- كيف كانت الأحوال السياسيّة للعصر الذي عاش فيه أبو حيّان؟

2- ما الخصائص ا لثّقافيّة للعصر الذي عاش فيه أبو حيّان؟

3- أين كان السامانيّون يحكمون؟

4- أين كان الحمدانيّون يحكمون؟

5- أين كان الفاطميّون يحكمون ؟

6- ما مظاهر نضج المعارف والعلوم في عصر أبي حيّان؟

7- من أشهر الشعراء في ذلك العصر ؟

8- من أشهر الأدباء في ذلك العصر؟

9- من أشهر اللّغويّين في ذلك العصر ؟

10- من أشهر المؤرّخين في ذلك العصر ؟

11- من أشهر المفكّرين في ذلك العصر ؟

12- لماذا لُقِّبَ أبو حيّان بالتّوحيديّ ؟

13- ما تستنتج من سعي أبي حيّان إلى الحياة المترفة الناعمة ؟

14- بماذا تفسّر عجزه عن التعامل مع الناس ؟

15- ما الوظائف التي شغلها أبو حيّان في حياته ؟

16- لماذا كان أبو حيّان دائم الشكوى ؟

17- ما معنى المُسَامِر ؟

18- لمن كان أبو حيّان مُسَامِرًا؟

19- ما الأثر الأدبيّ الباقي من مسامرات أبي حيّان؟

20- من المشاهير الذين اتّصل بهم أبو حيّان؟

21- لماذا كان سيّءَ الظنّ بالناس ؟

22- ما رأيك في نظرة أبي حيّان إلى الحياة؟

23- لماذا قرّر أبو حيّان إحراق كتبه؟

24- ما رأيك في إحراق أبي حيّان كُتُبه؟

25- كيف ظهر إحساسه باختلال العدل الاجتماعي ؟

26- بماذا دافع عن إحراق كتبه ؟

27- ما أهمّ كتب أبي حيّان؟

28- ما الفكرة التي يقوم عليها كتاب «الإمتاع والمؤانسة»؟

29- كيف يمكن الإفادة من كتاب «الإمتاع والمؤانسة» في معرفة الحياة الاجتماعيّة في عصره؟

30- فيم يتشابه كتاب « الإمتاع والمؤانسة» وكتاب «ألف ليلة وليلة»؟

31- فيم يختلف كتاب «الإمتاع والمؤانسة» عن كتاب «ألف ليلة وليلة»؟

32- بم تصف أسلوب كتاب «الإمتاع والمؤانسة»؟

33- لماذا اختلف الناس في حدّ الشبع ؟

34- ما رأيك في هذه الطريقة في تعريف الأشياء ؟

35- ما أعجبك من تعريفات الشّبع المذكورة ؟ ولماذا ؟

36- ما حدّ الشّبع عندك أنت ؟

2 - صواب أم خطأ ؟ :

1- عاش أبو حيّان في القرن الرابع الهجريّ.

2- كان عصر أبي حيّان هادئا مستقرّا من الناحية السياسيّة.

3- كان عصر أبي حيّان مزدهرا من الناحية الثقافية .

4- عاش المعرّي في العصر الذي عاش فيه أبو حيّان التوحيديّ .

5- جماعة «إخوان الصفا» من الجماعات الأدبيّة المشهورة في القرن الرابع الهجريّ.

6- يرى أبو حيّان أنّ الصداقة الحقّ لا يمكن أن تتحقّق.

7- كانت ثورة أبي حيّان تمرّدا على الدّين.

8- إنّ الكلام صلف تيّاه لا يستجيب لكلّ إنسان.

9- كتاب الإمتاع والمؤانسة يصوّر الحياة الفكريّة في عصر أبي حيّان.

10- أسلوب أبي حيّان أسلوب تقليديّ ليس فيه أيّ تجديد.

3- اربط بين كلّ رأي وصاحبه فيما يأتي :

صاحب الرأي	حدّ الشّبع عنده
1- المتكلّم	- أن تثب إلى الجفنة كأنك سِرْحَان وتأكل وأنت غضبان،وتمضُغ كأنّك شيطان.
2- الصوفيّ	- ما عدل الطبيعة وحفظ المزاج وأبقى شهوة لما بعد.

3- الطّفيليّ - لا عهد لي به فكيف أصف ما لا أعرف.

4- الطبيب - ما شدّ العضد وأحمى الظهر وأدرّ الوريد وزاد في الشجاعة.

5- القصَّار - ما لم يحل بينك وبين صوم النهار وقيام الليل.

6- الحمّال - ما نشّط على إقامة الفرائض وثبّط عن إقامة النوافل.

7- الملاّح - أن يجلب النّوم ويضجر القوم ويبعث على اللّوم.

8- الأعرابيّ - أن يُحْشى حتّى يُخشى.

9- البخيل - أن تأكل حتّى تدنو من الموت.

10- اليمنيّ - المسألة عن هذا كالمحال لأنّ الشّبع من طعام مختلف عن الشبع من طعام آخر.

11- الزّاهد - حدّ الشّبع هو حدّ السّكر.

12- التركيّ - الشّبع حرام كلّه.

13- الجنديّ - أن تأكل ما رأيت بعشر يديك غير عائف ولا متقزّز ولا كاره ولا متعزّز.

14- الهنديّ - أن يؤكل على أنّه آخر الزاد ويؤتى على الجلّ والدّقّ.

4- أكمل العبارات التالية :

1- المتصوّف هو الذي..............................

2- الطفيليّ هو الذي ....

3- اليمنيّ هو الذي ....

4- التركيّ هو الذي ....

5- المتكلّم هو الذي ....

6- الوزير هو الذي..............................

7- البدويّ هو الذي ....

8- الفقير هو الذي ....

9- الأعرابي هو الذي ....

10- الملاّح هو الذي ....

11- الحمّال هو الذي ....

12- الجنديّ هو الذي ....

13- البخيل هو الذي..

14- الزاهد هو الذي..

15- إخوان الصفا هم ....

لاحظ هذين التركيبين :

1- **وما أحسنَ ما رأيتُهُ** على ظهر نُسخة من كتاب الإمتاع!

2- أَحْسِنْ بما رأيته على ظهر نُسخة من كتاب الإمتاع!

- هذان التركيبان هما من نوع **أسلوب التعجّب.**
- التعجّب هو التعبير عن استعظام الشيء حُسْنًا أو قُبْحًا.
- أسلوب التعجّب الأوّل يتكوّن من : مَا أَحْسَنَ مَا..............
- وأسلوب التعجّب الثاني يتكوّن من : أَحْسِنْ بـ.............
- يتكوّن الأسلوب الأول (ويسمّى صيغة **مَا أَفْعَلَهُ**) من : **ما التعجّبيّة** + **الصفة المتعجّب منها** في صيغة أفعل (مثل : أطول، أكبر، أعلم، أقبح، أقصر) + الشيء المتعجَّب منه (ويكون منصوبا أو في محلّ نصب).
- يتكوّن الأسلوب الثاني (ويسمّى صيغة **أَفْعِلْ به**) من : **الصفة المتعجّب منها** في صيغة أَفْعِلْ (مثل : أَحْسِنْ، أَقْبِحْ، أَبْصِرْ) + حرف الجرّ بـ+ الشيء المتعجَّب منه ويكون مجرورا.
- بالإضافة إلى الأسلوبين السابقين توجد في اللغة العربيّة تعبيرات أخرى تفيد التعجّب منها:

- سبحانَ **الله** (في طبعك!)
- يا لَكَ من (داهيةٍ !)
- **لله** (أَنْتَ !)
- **لله** (دَرُّكَ)
- إذا كانت الصفة المتعجّب منها من **فعل يزيد على ثلاثة أحرف** مثل : اِبْتَسَمَ، أو كانت الصفة من الصفات التي لا تقبل التفاوت مثل : المَوْت، أو كان الوصف منه على وزن أَفْعَل مثل أَعْرَج وأَعْمَى وأَزْرَق، فإنّ « صيغة التعجّب» تكون من جزأ ين :

1- **الأوّل** وصف على صيغة **ما أَفْعَلَ أو أَفْعِلْ به** يدلّ على ناحية التعجّب مثل: **ما أَشَدَّ، ما أَقْبَحَ، ما أَحْلَى** وأَشْدِدْ بـ، **أَقْبِحْ** بـ...

2- الثاني صيغة المصدر من الصفة المتعجَّب منها : فنقول في الأمثلة السابقة: مَا أَحْلَى اِبْتِسَامَتَهُ، ما أقسَى موتَه علينا، ما أشدَّ عماه عن الحقّ...الخ.

5- **تَعَجَّبْ ممّا يأتي كما في النموذجيْن التالييْن :**

عظمة الخالق :	ما أَعْظَمَ الخَالِقَ
	أَعْظِمْ بِالخَالِقِ
خضرة الزرع :	ما أشدَّ خُضْرَةَ الزَّرْعِ
	أَشْدِدْ بِخُضْرَةِ الزَّرْعِ

1- سوء حظّ أبي حيّان.

2- شهرة ابن سحنون في مجال التربية.

3- قدرة حيّ بن يقظان على الملاحظة والاستنتاج .

4- إلحاح الشّحاذين في طلب الصدقة.

5- قذارة ملابس أبي الفتح الإسكندريّ.

6- كثرة أسفار ابن بطّوطة.

7- عُذوبة مياه نهر السند.

8- مهارة صيّادي اللؤلؤ في الخليج.

9- سرعة نظام بريد الرجّالة.

10- سهولة أسلوب ابن طفيل.

11- عبقريّة ابن خلدون.

12- دقّة حركة الكون.

13- رضا المؤمن بما أمر اللّه.

14- خيبة أمل أبي حيّان في الصداقة.

لاحظ هذا التركيب :

اِعْلَمْ - **عَلَّمَكَ اللَّهُ الخَيْرَ** - أنّ هذه الكتب حَوَت من أصناف العلم سرّه وعلانيّته.

- عبارة «علّمك اللّه الخير» في التركيب السابق وقعت بين الفعل: «اِعْلَم» والمفعول به وهو هنا « أنّ هذه الكتب حوت» ...الخ.
- مثل هذه العبارة تسمّى جملة اعتراضية، لأنّها اعترضت بين الفعل ومفعوله، وأيضا لأنّها قطعت مسار الفكرة الأساسية.
- تأتي الجملة الاعتراضيّة لأغراض جانبيّة منها : الدعاء، والاحتراس أو لفت الانتباه إلى شيء مهمّ.
- تعترض هذه الجملة بين الشيئين المتلازمين نحويّا، مثل : المبتدأ وخبره، والفعل وفاعله، والفعل ومفعوله ...الخ.
- الجملة الاعتراضية لا مَحلَّ لها من الإعراب.

6- **بينّ الجمل الاعتراضيّة وغرضها فيما يأتي :**

1- قال الرسول صلّى اللّه عليه وسلّم: أَحَبُّكُمْ إليّ أَحْسَنُكُمْ أخلاقا.

2- اتّخذ ابن طفيل من قصّة حيّ بن يقظان وهي قصّة رمزيّة وسيلة إلى شرح فكرته.

3-قال اللّـه عزّ وجلّ: اقرأ بـاسم ربّك الذي خلق .

4-الطاعون حفظك اللّـه لم يعد يهدّد البشريّة كما كان في الماضي.

5-السعادة منحك اللّـه إيّاها لا تُشترى بالمال.

6-أنا ولا أحبّ الحديث عن نفسي من أعلام الغناء والموسيقى .

7- **أكمل الجمل الآتية بعباراتك أنت** :

1-لو أراد اللّـه أن يؤكل بحدّ..............................

2-حكمة اللّـه ظاهرة في إخفاء حدّ الشبع حتّى........

3-......................ألاّ تُعْرَفَ السماء من الأرض ولا الطول من العرض.

4-فأمّا من ذكر اللّـه وشكره فإنّه..............................

5-واللّـه لو كان للناس إمام.....................................

6-......................عرفت صدقه لإحساسك به.

7-......................أن يُخْشَى حتى يُخْشَى.

8-......................فأنت في أوّل الشّبع.

9-ينبغي ان يأكل الإنسان إلى أن يقع له أنّه...........

10- ....ما مشى حماري من المنزل إلى المنزل.

11- وأنا أعلم في الجملة أنّ..............................

12- ....كان العبد إلى اللّـه أقرب.

13- الشبع عندنا في البادية..............................

14- الشبع عندي أنا..............................

8- **استخرج من معجميْن عربيّيْن معاني الكلمات التالية وقارن بينها:**

مجاعة، أمن، غذاء، نسبيّة، ذاتيّة، موضوعيّة .

9- **تعبير كتابي**: **أكتبْ نصًا لا يقلّ عن صفحة تتحدث فيه عن المجاعة اليوم في العالم وأسبابها وما يُبذل من جهود لمكافحتها.**

من الشعر العربي (12)

اقرأ واحفظ

أبو العتاهية

في الدعوة إلى الزّهد في مُتَع الحياة

(من مجزوء الرّجز)

رَغيفُ خبزٍ يابِسٍ ... تأكُلُه في زوايَهْ
وكُوزُ ماءٍ بارِدٍ ... تشربُه من ساقِيَهْ
وغُرفةٌ ضَيّقةٌ ... نفْسُك فيها خَاليهْ
أو مسجِدٌ مُنْعَزِلٌ ... عن الوَرَى في ناحِيَهْ
تَدْرُسُ فيه دَفْتَرًا ... مُسْتَنِدًا بالسَّارِيَهْ
مُعْتَبِرًا بِمَنْ مَضَى ... مِن القُرُونِ الْخَالِيَهْ
خيرٌ من السَّاعاتِ في ... فَيْءِ قُصُورٍ عَالِيَهْ
تَعْقُبُها عُقُوبَةٌ ... تَصْلَي بنارٍ حَامِيَهْ
فهَذِه وَصِيَّتِي ... مُخْبِرَةٌ بِحَالِيَهْ
طُوبَى لِمَنْ يَسْمَعُها ... تِلْكَ لعَمْرِي كَافِيَهْ
فاسْمَعْ لِنُصْحِ مُشْفِقٍ ... يُدْعَى أبَا الْعَتَاهِيَهْ

الشاعر: أبو العتاهية، من شعراء العصر العباسيّ. غلب على شعره الزهد والسهولة. ولد بالكوفة سنة 130هـ/748 م وتوفّي سنة 210 هـ / 825 م أو 211 هـ / 826 م.

الشـــروح

الدّفتر : الكتاب

الفَيْء : الظلّ

تَصْلَي : تحرق

طُوبَى : خير

لعمري: وحياتي

الورى : الناس

السارية : العمود

القرون الخالية : الأزمنة السابقة.

الدَّرْسُ الرَّابِعَ عَشَرَ

من رسائل إخوان الصَّفا:

الإنسان والحيوان أمام محكمة الجنّ

تطوّر الأدب المَحْكِيّ على لسان الحيوان في التراث العربيّ من العبارة الواحدة المختصرة إلى القصّة المركّبة الطويلة. وكثير من الأمثال والحكم العربيّة القديمة جاء على ألسنة الحيوان وأحيانا على ألسنة الطير. وقد شهد العصر العبّاسيّ تطوّر هذا النوع الأدبيّ من الحكمة المختصرة البسيطة إلى القصّة المتوسّطة الطول، والقصّة الطويلة التي تكون فيها البطولة المطلقة للحيوانات والطيور. من هذه القصص كتاب «كليلة ودمنة» الذي كانت أغراضه تعليميّة أخلاقيّة وسياسية، ومنها ملحمة «تداعي الحيوان على الإنسان أمام محكمة الجنّ» لإخوان الصفا، وهي تعدّ تتويجا لأدب الحيوان في العصر العباسيّ. فقد عبّرت رموزها عن أغراض اجتماعيّة وفلسفيّة وفكريّة .ولم ينقطع تطوّر «أدب الحيوان» عبر الزمن، فقد أصبح فنّا مستقلاّ بذاته، وظهرت له آثار واضحة في مواضع كثيرة من أعمال مشهورة في التراث العربيّ مثل «ألف ليلة وليلة» و «رسالة الغفران» لأبي العلاء المعرّي. وقد انتقل تأثير هذا النوع من المشرق إلى الأندلس فظهرت آثاره في رسالة «التوابع والزوابع» لابن شهيد ورسالة «حيّ بن يقظان» لابن طفيل.

وأدب الحيوان أدب رمزيّ، رفيع القيمة، تشير الأبحاث إلى أنه أثّر في الآداب الأوربيّة التي اعتمدت طريقة القصص على لسان الحيوان والطيور في خلق رموز أدبيّة تعبّر عن أغراض سياسيّة واجتماعيّة و فكريّة بعيدة الأثر.

مداخل إلى دراسة النص

1- **عن الكاتب** :

- ليس مؤلّف هذا النصّ شخصا واحدا، وإنّما جماعة مشهورة في تاريخ الفكر الإسلاميّ تُعرف بجماعة «إخوان الصّفاء» (وهي أحيانا تنطق وتكتب بدون همزة، فيقال **إخوان الصّفا**)، واسمها الكامل : **إخوان الصّفاء وخِلاّن الوفاء** (وأحيانا تنطق وتكتب بدون همزة في الكلمتين فيقال: **إخوان الصّفا وخلاّن الوفا**).
- عاشت تلك الجماعة في البصرة في القرن الرابع الهجريّ، وهو-كما نعلم- قرن الازدهار الفكريّ والأدبيّ والعلميّ، وقرن الترجمة عن اللّغات غير العربيّة والانفتاح على الأفكار الأجنبيّة، وقرن البحث والمناقشات والجدل الفلسفيّ.
- تتكوّن جماعة إخوان الصفا من مجموعات فرعيّة، وكلّ مجموعة تتكوّن من طبقات متدرّجة على أساس السنّ : فهناك طبقة « **الأبرار الرّحماء**» وهم الشبّان من 15 إلى 30 سنة، وهناك طبقة « **الأخيار الفضلاء** »، وهم الرجال من 30 إلى 40 سنة، وأخيرا هناك طبقة « **الفضلاء الكرام** » وهم الكهول من 40 إلى 50 سنة.
- حرص إخوان الصفاء على إخفاءِ أسمائهم، لكنّ بعضها تسرّب إلينا في كتاب «المقابسات» لأبي حيّان التوحيدي. ومن هذه الأسماء أبو سليمان محمد بن طاهر السجستاني، وأبو زكريا العميري، وأبو محمد المقدس، ويحيى بن عدي، وأبو إسحاق الصابي، وماني المجوسي. ولكنّ هذه الأسماء لا تفيدنا كثيرا إذ لا نعرف عن تاريخها أو أوصافها الشيء الكثير فيما عدا الصفات العامة التي ذكرها أبو حيّان.
- تثار شكوك واسعة حول أغراض هذه الجماعة وأهدافها. فبعض الباحثين يقول إن أهدافهم التأليفيّة كانت علميّة بحتة، وإنهم قصدوا إحياء الثقافة الإسلاميّة عن طريق **مزج الدّين بالعقل** أو **مزج الفلسفة بالشريعة**، وبعضهم يقول إنّ أغراضهم البعيدة كانت سياسيّة، وإنهم كانوا جماعة من الشيعة قصدوا تقويض الدولة العباسيّة.

- من الواضح أن إخفاء أسمائهم المتعمّد كان خوفا من السلطة، أو من الجمهور، أو من كليهما. ومن الواضح كذلك أنّهم كانوا على درجة عالية من الثقافة، فقد خاضوا في كلّ شيء تقريبا، وحلّلوا مسائل متّصلة بالتاريخ والجغرافيا، والشريعة والفلسفة، وطبائع الناس، وبقية الكائنات الحيّة، فهم تقريبا لم يتركوا شيئا من ألوان المعرفة التي كانت في أيامهم إلاّ خاضوا فيها.
- وآراء إخوان الصفاء جريئة جدّا، وعندهم **تحرّر فكريّ** واضح . وهذا هو السبب في أنّهم تعرّضوا، في زمانهم، لحملة من بعض الدارسين الذين اتّهموهم، كما هي العادة، بأنهم ضدّ الدِّين، وضدّ الاستقرار الاجتماعيّ.

2- عن الكتاب:

- يضمّ كتاب «رسائل إخوان الصفا» خمسين رسالة.
- يقال إنها كانت في الأصل إحدى وخمسين، ثم فقدت منها واحدة وهي التي تسمّى الرسالة « **الجامعة** »، وهي الرسالة التي لخّص فيها المؤلّفون كلّ الأفكار والموضوعات التي وردت في الرسائل الأخرى، وبرهنوا على صحتها بالأدلّة المقنعة.
- تشبه هذه الرسائل **دائرة معارف كبرى** تتناول كلّ الموضوعات التي كانت معروفة في ذلك الزمان، كما تتناول **القضايا الحيويّة** التي كانت **تشغل بال** المهتمّين بالفكر والثقافة.
- من هذه الموضوعات قضايا الفلسفة والدين، وقضايا خلق العالم واستمراره أو فنائه، وقضايا النفس والروح، والسعادة والشقاء، والبعث والحساب، ثم قضايا أخرى **كالتنجيم** (حساب مواقع النجوم وأثرها في حياة الناس والأشياء) **والفأل** (التفاؤل والتشاؤم) **وزجر الطير** (إزعاجه فإن طار **يمينا** سمّي **السانح** وهذا فأل حسن، وإن طار **شمالا** سمّي **البارح** وهذا فأل سيّء) **والسحر والفيض** (الإلهام) **ومراتب الوجود** (مراحله).

- كذلك شملت موضوعات **فنيّة** كأثر الموسيقى في النفس، وموضوعات **تربويّة** كالحاجة إلى العلم، وصفات المعلّم، وصفات المتعلّم، ومواد التعلّم، وطرق التحصيل وغيرها.
- طريقة معالجة هذه الموضوعات في رسائل إخوان الصفاء هي الطريقة العلميّة الأدبيّة التحليليّة التي تتداعى فيها المعلومات بأسلوب مسهب يقوم على الاستشهاد، والاستدلال، والوصف الواقعيّ.
- يحفل الكتاب بالآيات القرآنية، والأحاديث النبويّة، والعبارات المأخوذة من التوراة والإنجيل، والشواهد الشعريّة القديمة والمعاصرة للمؤلّفين.
- كُتبت الرسائل، فيما يرجّح، على مدى فترة طويلة امتدّت من سنة 334 هـ /945م إلى سنة 373 هـ/983 م.
- صدرت للرسائل طبعات في الهند وغيرها، يعود تاريخها إلى أكثر من مائة سنة.
- اهتمّ بها المستشرقون اهتماما كبيرا، ودرسوها دراسة مفصّلة، مستخلصين منها نتائج اجتماعيّة وفكريّة تساعد على فهم العصر الذي أُلّفت فيه، وما كان يموج به من **تيّارات** سياسيّة وثقافيّة.
- لا يزال لهذه الرسائل أثر كبير سواء من حيث موضوعها (الفكر الإسلامي) أو من حيث أسلوبها في الكتابة الذي يقوم على الترسّل (النثر المرسل غير المصنوع)، **وتبويب** الموضوعات، وطرق الإ قنا ع.

3- عن النصّ :

- هذا النص مأخوذ من الرسالة الثّامنة من رسائل « إخوان الصفا»، وهي رسالة **«تداعي الحيوانات على الإنسان». وقد كتبت الرسالة بهذا الأسلوب ليكون، على حدّ تعبيرهم، «أبْلغ في المواعظ، وأبين في الخطاب، وأعْجب في الحكايات، وأظْرف في المسامع، وأغْوص في الأفكار، وأحْسن في الاعتبار»**.
- **تأخذ الرسالة شكل قصّة تمثيليّة**، تقوم حكايتها على خرافة تقول إن الإنسان نشأ على الاعتقاد بأنّ الحيوانات جميعا مخلوقة لتخدمه، وأنّ الحيوانات البريّة

شقّت عصا الطاعة وهربت إلى الجبال والغابات .ثمّ حدث أنّ سفينة تحمل مجموعة من الناس رست على شاطئ جزيرة عامرة بالحيوانات **غير المستأنسة** (البرّيّة والمتوحّشة) فأراد الإنسان أن يستخدم الحيوانات، على عادته، فرفضت الحيوانات ذلك، **وشكت** أمرها **إلى ملك الجنّ**، واسمه بيوراسب، فبعث الملك في طلب **الإنس** فجاءه وفد منهم فناقشهم في **شكوى الحيوان** فوضّحوا له **بالدليل النقليّ** (المنقول من النصوص) **وبالدليل العقليّ** (المنطقيّ) فضلهم على الحيوان، ووجوب استخدامه.فسأل الملك **الحيوان** فدافعت الحيوانات عن نفسها «**فدعا الجنود والأعوان من قبائل الجنّ والقضاة والعدول** (**من عرفوا بالإنصاف**) **والفقهاء، وقعد لفصل القضايا بين زعماء الحيوان والجدليّين** (**الذين يجيدون فنّ الجدل أي تقديم الحجج ومناقشة حجج الخصوم**) **من الإنس**».

- دارت المحاكمة على شكل حوار بين القاضي، وهو ملك الجنّ، **وبين ممثّلي الإنسان والحيوان**. وكان كلّ طرف يعرض جوانب تميّزه على الآخر من النواحي الجسمانيّة والنفسيّة. ثم استشار الملك رعيّته من الجنّ في القضيّة فتحيّزت الجنّ للحيوان. وبعد انتهاء الجولة الأولى رجعت كلّ طائفة لتجري مشاورات واسعة مع جنسها، فتشاور الناس فيما بينهم، وتشاورت الحيوانات فيما بينها، وأرسلت الحيوانات رسلا من الوحوش والطيور والحشرات، فعقدت كلّ طائفة بدورها **جلسة فرعيّة** طريفة استعرضت فيها خصائص أفرادها لتختار من يمثّلها في المحاكمة.

- وفي الجولة الثانية حضر **ممثّلو الإنس**–وعددهم حوالي سبعين–وطلب إليهم الملك أن يقدّموا حججهم في فضل الإنسان على الحيوان، فتكلّم في هذه الجلسة ممثّلون عن إيران والهند والشام وممثّل عن العبرانيّين (اليهود) والسريانيّين، وقُرشيّ (من قبيلة قريش) ويونانيّ وخراسانيّ.

- وفي الجولة الثالثة أعطيت الكلمة لمندوبي الحيوان والطيور والحشرات، فتكلّم ابن آوى (من فصيلة الثعلب) والببغاء والصرصر(الجندب) والضفدع، ثم ردّ زعيم الإنس، وتكلّم زعيم النّحل اليعسوبُ، **ثم جرى الحديث سجالا** بين زعماء الإنسان

وزعماء الحيوان والحشرات والطيور، فحلّل كلّ فريق طبيعة الآخر وأسلوبه في الحياة، ومثالبه وفضائل نفسه، مستشهدين على ذلك بآيات قرآنية، وأحاديث نبويّة، **وذاكرين حججا منطقيّة وعِبَرًا تاريخيّة.**

- وتواصلت المناظرة بين الإنس والطير، فخطبت الببغاء خطبة حافلة ببيان أحوال البشر ووظائفهم، وتكلّمت جماعة الناس، وردّت عليهم جماعات الحيوان والزواحف والطيور.
- وفي ختام المناظرة تقدّم إنسان فطلب إلى ملك الجنّ أن يصدر حكمه. وقد وُصف هذا الإنسان بأنه «**الفارسيّ النسبة، العربيّ الدِّين، الحنفيّ الإسلام، العراقيّ الأدب، العبرانيّ المخبر، المسيحيّ المنهاج، الشاميّ النسك، اليونانيّ العلوم، الهنديّ التعبير، الصوفيّ الإ شارات، الملكيّ الأخلاق، الرّبّاني الرأي، الإ لهيّ المعارف**».
- وصدر الحكم على النحو التالي :

« **أمر الملك أن تكون الحيوانات بأجمعها تحت أوامرهم [البشر] ونواهيهم ويكونوا منقادين للإنس، فقبلوا مقالته ورضوا بذلك، وانصرفوا آمنين في حفظ اللـه تعالى وأمانه**».

- تدور أحداث القصة، كمثيلاتها من القصص الخرافيّة، في بيئة خياليّة هي جزيرة تسمّى «**بلاصاغون**»، وهي تقع في «**وسط البحر الأخضر ممّا يلي خطّ الاستواء، وهي طيّبة الهواء والتربة، فيها أنهار عذبة وعيون فوّارة. وهي كثيرة الريف والمرافق وفنون الأشجار وألوان الثمار والرياض والأزهار والرياحين والأنوار**». وتتّصل الجزيرة بعوالم الكائنات الحيّة : الإنس والحيوان والطيور والحشرات والمخلوقات البحرّية وغيرها، **وعوالم الجنّ وما وراء الطبيعة.**
- يلاحظ أن ممثّلي البشر قليلون (حوالي سبعين)، وهم نوع واحد يمثّلون مناطق العالم آنذاك. أمّا ممثّلو الجانب الآخر فهم حشد عظيم من بينهم الأسد والنمر والثور والكبش والفيل والجمل والفرس والبغل والخنزير والأرنب والحمار والكلب وابن آوى والدبّ، ثمّ الطاووس والديك والحمام والبلبل والبقرة والغراب والعصفور والقمريّ والسمّان واللقلق والبطّ والإوزّ والهزار والنعامة والهدهد، ثمّ

العنقاء (طائر خرافـي) والعقـاب والصقر والبـازي والشاهين والحدأة والرخمة والبومة والببغاء، ثم التّنّين والحوت والسرطان والسلحفاة والضفدع، ثم الثعبان والحيّة والأفعى والضبّ والحرباء والخنفساء والذبابة والنملة والقرادة والأَرَضَة والسوسة.

- في القصة نرى الملك يستمع كثيرا ويتكلّم قليلا، ويستشير من حوله كثيرا ويسأل كثيرا، وتتنوّع الإجابات بين قصير وطويل وطويل جدّا، وتغطّي الحجج مساحة واسعة جدّا من الأفكار الفلسفيّة والدينيّة والتاريخيّة وألوان المشاعر، وهي تشبه مختصرًا لدائرة معارف تكشف عن خبرة إخوان الصفاء في شتّى نواحي المعرفة، فنجد فيها معلومات تشريحيّة وفزيولوجيّة عن الأسد والثعبان والنحل . فمثلا يقولون على لسان ملك النحل حين يصف جسمه :

«خلق اللّـه لي خلقة لطيفة، وبنية نحيفة، وصورة عجيبة، بيان ذلك أنه جعل مقدّم جسدي مربّعا مكعّبا، ومؤّخر جسدي مندمجا مخروطا، ورأسي مدوّرا مبسوطا، وركّب في وسطي أربعة أرجل ويدين، متناسبات المقادير كأضلاع الشكل المسدّس في الدائرة، لأستعين بها على القيام والقعود والنهوض أو أقدّر أساس بناء منزلي وبيوتي على أشكال مسدّسات مكتنفات كي لا يدخلها الهواء فيضرّ بأولادي أو يفسد شرابي».

- ونجد كذلك فيها أفكارا اجتماعيّة متّصلة بتفوّق البشر على الحيوان برجحان العقل، وفنون العلوم، وغرائب الآداب، ولطائف الحيل، ودقّة الصنائع والفكر، والتمييز والرؤية، وذكاء النفوس. كما نجد فيها، مع ذلك، انتقادا للبشر لأنهم حادوا عن الصّراط المستقيم لسوء انتفاعهم بالعقل والشرائع، وتركهم أخلاق الملائكة، وتخلّقهم بأخلاق الشياطين، وانتقادا لتصرّفاتهم تجاه بعضهم البعض وتجاه الحيوان.

- **تناولت** الرسالة أيضا نمط الحياة الاجتماعيّة للإنسان (المسكن والمأكل والمشرب) وانتقدتها. **أمّا بالنسبة إلى الحكم والسلطة** فقد تناولت الرسالة واجبات كلّ من الحاكم **والرّعيّة** تجاه الآخر وتجاه الوطن.

- وصحيح أنّ ملك الجنّ حكم لصالح سيادة الإنسان على الحيوان، لكنّه فعل ذلك بعد أن أتاح للحيوانات فرصة عرض وجهة نظرها بصورة مفصّلة، تناولت شتّى المجالات الفكريّة والروحيّة والمادّيّة، التي هي أفكار إخوان الصفاء في واقع الأمر.
- والطابع الرمزيّ الأدبيّ واضح جدّا. **وهو أصل من الأصول** التي يقوم عليها ما يعرف **بأدب الحيوان** في العالم كلّه.
- وأقرب نصّ عربيّ لهذا النص هو كتاب **كليلة ودمنة** الذي يقال إن إخوان الصفاء تأثّروا في هذه الرسالة بقصّة الحمامة المطوّقة التي وردت فيه، لكننا نلاحظ أنّهم لم يشيروا إلى هذا الكتاب. أمّا أثر هذا النص فيما أتى بعده فهو واضح في كتاب **منطق الطير** لفريد الدين العطّار وغيره.
- يمتاز هذا النص بسهولة اللّغة، وتدفّقها وتتابعها، وحيويّة الحوار وقوّة الحجج المتعارضة.
- يتكوّن النصّ المختار هنا من هذه الرسالة من ثلاثة أجزاء تقع في أماكن متفرّقة منها، وهي كالتالي :

-الأوّل مقدّمته، وهي وصفيّة عامّة.

- والثاني خاصّ بالإنسان وحججه عموما، والردّ عليها من قبل الحيوان.
- والثالث خاصّ بانتقاء الأسد ممثّل الحيوان في المحاكمة.

أ- الجزء الأوّل من النصّ المختار يعرض أصل الموضوع في لغة وصفيّة سرديّة تسلم كلّ نقطة فيها إلى النقطة التالية، ويعبّر عن المعاني بطريقة محايدة تشبه طريقة كتابة التاريخ. فيقرّر أن الإنسان استطاع – عن طريق الحيلة مرّة وعن طريق القوّة مرّة أ خرى –أن يستعبد الحيوان ويستخدمه في العمل ويتّخذ منه طعاما وشرابا وثيابا، حتّى هرب الحيوان منه إلى الجبال والغابات. لكنّ الإنسان يحاول صيده والإمساك به، لأنّه يعتقد أنّ الحيوان عبد له، وأنّه ثار عليه بدون وجه حقّ.

ب- الجزء الثّاني من النصّ يحكي كيف جاء الإنسان وطلب من الحيوان أن يخدمه من جديد، وكيف لجأ الطرفان إلى طرف ثالث هو ملك الجنّ، أي أنّ هذا النصّ يحكي بداية التحكيم، وهذا الجزء يجمع بين السرد والحوار، ويقدّم معلومات وصفيّة وفكريّة أساسيّة، ويلخّص وجهات النظر التي تكوّن حجّة كلّ فريق.

ج- في الجزء الثّالث من النصّ يتمّ اختيار ممثّل الحيوانات المفترسة بعد مناقشة يعرض فيها كلّ نوع صفاته التي تؤهّله للقيام بهذه المهمّة.وبعد استعراض كلام الفهد والذئب والثعلب وابن عرس والقرد والسّنّور والكلب والضّبع والجرذ يستقرّ الرأي بين الأسد والنمر على اختيار ابن آوى الذي يُوصف بأنه **الحكيم الفاضل الخيّر**.

النصّ

اِعْلم أنَّهُ لمّا توالدَتْ أولادُ آدمَ وكَثُرتْ، انتشرتْ في الأرضِ برًّا وبحْرًا سهْلاً وجبلاً، مُتصرِّفين فيها آمنين، بعدما كانُوا قليلِينَ خائِفينَ مُستوْحشِينَ من كثْرةِ السِّباعِ والوُحوشِ في الأرضِ. وكانُوا يأْوُونَ في رؤوسِ الجبالِ والتّلالِ مُتحصّنين بها في المَغارَاتِ والكُهوفِ . وكانُوا يأكُلونَ مِنْ ثَمرِ الأشْجارِ وبُقولِ الأرْضِ وحُبُوبِ النّبَاتِ. وكانُوا يَسْتَترونَ بأوراقِ الشَّجَرِ منَ الحرّ والبرْدِ ويَشْتُونَ في البِلادِ الدَّافِئَةِ ويَصيفُونَ في البلدانِ الباردَةِ. ثمّ بَنوْا في سهولِ الأرضِ المدنَ والقُرى وسَكنُوها. ثمّ سَخَّرُوا من الأنعامِ البَقرَ والغنَمَ والجِمَالَ، ومنَ البهائمِ الخيْلَ والبِغَالَ والحَميرَ وقيَّدُوهَا وألْجمُوهَا وصرَّفُوهَا في مَآربِهم من الرّكوبِ والحمْلِ والدِّيَاسِ، وأتْعَبُوها في اسْتخْدامِها، وكلّفُوها أكْثرَ مِنْ طاقتِها، ومَنعُوهَا من التصرّفِ في مآربِهَا، بَعْدَ مَا كَانَتْ مُخلاَّةً في البرَاري والآجامِ تَذْهَبُ حَيْثُ أرادتْ في طَلَبِ مرْعَاهَا ومَشاربِهَا ومَصالحِهَا، فَنفَرتْ منْهم بَقيّتُهَا مثلُ حَميرِ الوَحْشِ والوُحُوشِ والطُّيُورِ بَعْدَ مَا كَانَتْ مُسْتأنِسةً مُتآلِفةً مُطْمَئِنَّةً في أوْطانِها وأماكِنِها، وهَربَتْ من ديارِ بَني آدمَ إلى البرَاري البعيدةِ والآجامِ والدّحالِ. وتَشمَّرَ بَنُو آدَمَ في طَلَبِها بأنواعِ من الحِيَلِ والقَنْصِ والشِّبَاكِ والفِخَاخِ، واعْتقَدَ بنُو آدمَ فيها أنّها عَبيدٌ لهُمْ هَربَتْ وطَغَتْ.

ثم مَضت السِّنونَ والأعوامُ علَى ذَلكَ إلى أنْ بُعِثَ صَلَّى اللّهُ عليْهِ وسَلّمَ ودَعا الإنْسَ والجِنَّ إلى اللّهِ وإلى دينِ الإسلامِ فأجابَتْهُ طائفةٌ من الجنِّ وحَسُنَ إسْلامُهَا.

وَمَضتْ على ذَلكَ مُدَّةٌ من الزَّمَانِ. ثمّ إنَّهُ وَلِيَ على بَنِي الجنّ مَلِكٌ منهم يقالُ له (بيوراسب) الحكيمُ لقبُهُ شاه مردان، وكانَ دارُ مملكتِه في جزيرةٍ يقالُ لها (بلاصاغون) في وسطِ البَحْرِ الأخْضَرِ ممّا يلي خطَّ الاستواءِ، وهي طيّبةُ الهواءِ والتُّرْبَةِ، فيها أنْهارٌ عَذْبَةٌ وعيونٌ فوَّارَةٌ، وهي كثيرةُ الريفِ والمرافقِ وفنونِ الأشْجَارِ وألوانِ الثِّمَارِ والرِّياضِ والأزْهَارِ والرَّيَاحِينِ والأنْوَارِ.

فَطرَحَتِ الرّياحُ العاصفةُ، في وقتٍ من الزمانِ، مَرْكَبًا من سُفُنِ الْبَحْرِ على سَاحِلِ تلْكَ الجزيرةِ. وكَانَ فيها قوْمٌ من التُّجَّارِ والصُّنَّاعِ وأهْلِ الْعِلْمِ وسائرِ أبْنَاءِ النَّاسِ، فخَرَجُوا إلى تلكَ الجزيرَةِ وطافُوا فيها فوَجَدُوها كثيرةَ الأشْجَارِ والفواكهِ والثِّمَارِ والمِيَاهِ العذْبَةِ والْهَوَاءِ الطَّيِّبِ والتُّرْبَةِ الحسَنَةِ، والبقولِ والرَّيَاحِينِ وألْوَانِ الزُّرُوعِ والحُبُوبِ ممّا أنبتَتْها أمطارُ السماءِ، ورَأَوْا فيها أصنافَ الحيواناتِ من البهائمِ والأنْعَامِ والطيورِ والسِّبَاعِ وهي كلُّها مُتآلِفةٌ بعْضُها مع بَعْض مُستأْنِسةٌ غيرُ مُتَنَافرَةٍ.

ثمَّ إنَّ أولئك القومَ استطابُوا ذلكَ المكانَ واستوْطَنُوه وبنَوْا هنالكَ البنيانَ وسَكَنُوها، ثم أخذُوا يتعرَّضُونَ لتلكَ البهائمِ والأنعامِ التي هناكَ يُسَخِّرُونَها ويَرْكَبُونَها ويَحْمِلُونَ عَلَيْها أثْقَالَهُم على الرَّسْمِ الذي كانُوا يفعلُون في بُلْدَانِهم. فنفرتْ مِنْهم تلك البهائمُ والأنعامُ هناكَ وهرَبَتْ، وتشمَّرُوا في طَلَبِها بأنْواعٍ من الحِيَلِ في أخْذِها، **واعتقدُوا فيها أنّها عبيدٌ لهم فهرَبَتْ وخَلَعَتِ الطاعَةَ وَعَصَتْ.**

فَلَمَّا عَلِمَتْ تلكَ البهائمُ والأنعامُ هذا الاعتقادَ منهُمْ، اجْتَمَعَتْ زعماؤُها وخطباؤُها وذهَبُوا إلى (بيوراسب الحكيم) ملكِ الجنّ، فبعثَ رسولاً إلى أولئك القوم و دَعَاهُمْ إلى حَضْرَتِه. فَذَهَبَتْ طائفَةٌ من أهلِ ذلك المَرْكَبِ إلى هُنَاك وكانُوا نَحْوًا من سَبْعِينَ رَجُلاً من بُلْدَانٍ شَتَّى. فلمّا بلغَه قدومُهم أمَرَ لهُمْ بالإنْزَالِ والإكْرَامِ ثُمَّ أوْصَلَهُمْ إلى مَجْلِسِهِ بَعْدَ ثَلاثَةِ أيّامٍ. وكانَ (بيوراسب) مَلِكا حَكِيمًا عَادِلاً كَرِيمًا مُنْصِفًا سَمْحًا،

يَقْرِي الأَضْيَافَ ويَأْوِي الغُربَاءَ ويَرْحَمُ المُبْتَلى ويمْنَعُ الظُّلْمَ ويَأْمُرُ بالمَعْرُوفِ ويَنْهى عَنِ المُنْكَرِ، لا يَبْتَغِي بذلك إلاّ وجْهَ اللَّهِ ومَرْضَاتَهُ.

فلمَّا وصلُوا إليهِ ورأَوْهُ عَلَى سريرِ المُلْكِ حَيَّوْهُ بالتَّحيَّةِ والسَّلامِ. فقالَ لهمُ المَلِكُ على لِسَانِ التُّرْجُمَانِ :

– ما الَّذِي جاءَ بكمْ إلى بلادِنا وما دَعَاكُم إلى جَزِيرَتِنَا منْ غيْرِ مُرَاسَلَةٍ قَبْلَ ذلِكَ؟

فقالَ قائِلٌ منْهم :

– دَعَانا ما سَمِعْنا منْ فَضَائِلِ المَلِكِ ومَنَاقِبِهِ الحسانِ ومَكارِمِ أخلاقِهِ وعَدْلِهِ وإنصافِهِ في الأحكامِ، فجِئْنَاهُ ليسمعَ كَلاَمَنا ونُبَيِّنَ حُجَّتَنَا، ويَحْكُمَ بَيْنَنَا وبَيْنَ عَبِيدِنَا الآبِقِين وخَدَمِنَا المُنْكِرين ولاَيَتَنَا، واللّهُ يوفّقُ للصّوابِ ويسدّدُ للرشادِ.

فقَالَ الملِكُ :

– قُولُوا ما تُرِيدُونَ وبيّنُوا ما تقُولُونَ.

فقالَ زعيمُ الإِنْسِ :

– نعمْ أيُّها الملكُ، إنَّ هذِهِ البهائمَ والأنعامَ والسباعَ والوحوشَ والحيواناتِ أجمعَ عبيدُنا ونحنُ أربابُها، فمِنها هاربٌ عاصٍ، ومنْها مُطيعٌ كارِهٌ مُنْكِرٌ للعُبُودِيَّةِ.

فقالَ الملكُ للإنسيّ :

-ما الدّليلُ وما الحُجَّةُ على ما زَعمْتَ وادَّعيْتَ؟

قال الإنْسِيُّ :

نَعَمْ أيُّها المَلِكُ ..لَنَا دلائلُ شرْعيّةٌ سَمْعيَّةٌ على ما قُلْتُ وحُجَجٌ عَقْليَّةٌ.

فقالَ هاتِ.

فقامَ خطيبٌ من الإنسِ، فَصعَدَ المِنْبَرَ فقال :

الحمدُ للَّهِ ربِّ الْعَالمينَ والعاقبةُ لِلْمُتَّقين ولا عُدْوَانَ إلاّ عَلَى الظَّالمينَ وصلّى اللّهُ على محمّدٍ خاتمِ النبيّينَ وإمامِ المُرْسَلينَ صاحبِ الشّفاعةِ يومَ الدِّينِ، وصلواتُ اللَّهِ علَى الملائكَةِ المُقرَّبينَ وعلى عبادِه الصّالحين وأهْلِ السَّماواتِ والأرْضِ من المُؤْمنينَ والمُسْلِمينَ. وجعَلَنا وإيَّاكُمْ مِنْهُمْ برحمتِهِ وهُو أرْحَمُ الرّاحمينَ. والحمدُ للَّهِ الذي خلَقَ من الماءِ بشَرًا وخلَقَ مِنْه زوجتَه، وَبَثَّ مِنْهما رجَالاً كثيرًا ونساءً وأكْرَمَ ذُرِّيَّتَهُمَا، وحَملهم في البرِّ والبَحْرِ ورزقَهُمْ من الطّيّباتِ. قال اللّهُ عزّ وجلّ: «والأنْعَامَ خَلقَهَا لَكُمْ فِيهَا دِفْءٌ ومَنَافعُ ومِنْهَا تأكلُون ولَكُم فيها جَمَالٌ حِينَ تُريحُونَ وحِينَ تَسْرَحُونَ». وقال عزَّ وجلَّ: «وعَلَيْهَا وَعَلَى الْفُلْكِ تُحْمَلُونَ». وقَالَ: «والْخَيْلَ والبِغَالَ والْحَميرَ لِتَرْكَبُوهَا وَزينَةً» .وقال: «لِتَسْتَوُوا عَلَى ظُهُورِه ثمّ تَذْكُرُوا نِعْمَةَ رَبِّكُمْ إذا اسْتَوَيْتُمْ عَلَيْهِ». (وآياتٌ كثيرة في القرآنِ وفي التّوراةِ والإنجيل تدلّ على أنّها خُلِقَتْ لَنا ومن أجْلِنا وهي عبيدٌ لنا ونحنُ أربابُها)، وأسْتَغْفِرُ اللَّهَ لي ولَكُمْ.

قال الملِكُ :

-قَدْ سمِعْتُمْ معشَرَ البهائمِ والأنْعَام ما ذَكَرَ الإِنْسِيُّ من آياتِ القرآنِ واستدَلَّ بها على دَعْوَاهُ، فأيُّ شيْءٍ عندكم فيمَا قَالَ ؟

فقامَ عندَ ذلك زعيمُها وهو البغْلُ فقالَ :

-الحمدُ للَّهِ الواحدِ الأحدِ الفرْدِ الصَّمَدِ الْقَديمِ السَّرْمَديِّ. الّذي كانَ قبلَ الأكْوانِ بلا زمَانٍ ولاَ مَكانٍ. ثمَّ قالَ كُنْ، فكان نورًا ساطعًا أظْهرَهُ مِنْ مَكْنونِ غَيْبِه. ثمّ خَلَقَ من

النّور نـارًا أُجَاجًا وبَحْرًا من الماء رَجْرَاجًا ذَا أَمْوَاجٍ . ثمّ خَلَقَ من الماءِ والنّارِ **أَفْلَاكًا** ذَاتَ أَبْرَاجٍ وكَوَاكِبَ وسِرَاجًا وهّاجًا. والسماءَ بَنَاهَا .والأرضَ طَحَاهَا. والجبالَ أَرْسَاهَا. وجَعَلَ أَطْبَاقَ السّماواتِ مسكنَ العِلّيّينَ. وفسحةَ الأفلاكِ مسكنَ الملائكةِ المُقَرَّبِينَ. **والأرضَ للأنام وهي النّباتُ والحيوانُ**. وخَلَقَ الجانَّ من نـارِ السّماواتِ. وخَلَقَ الإِنْسَ من طينٍ. ثم جعلَ نَسْلَه من سلالةٍ منْ مَاءٍ مَهِينٍ في قرارٍ مكينٍ. **وجَعَلَ ذرّيتَهُ في الأرضِ يخلُفُون ليَعْمُرُوها ولا يُخَرِّبُوهَا. ويَحْفَظُوا الحيوانَ ويَنْتَفِعُوا بِهَا ولا يَظْلِمُوهَا ولا يَجُورُوا عَلَيْها**. وأَسْتَغْفِرُ اللّـهَ لي ولَكُم .ثم قال : **ليْس في شيءٍ** ممّا ذكر هَذَا الإِنْسيُّ مِنَ الآيَاتِ أيُّهَا المَلِكُ دلالةٌ تدلُّ على ما زَعَمَ أَنَّهُم أربابٌ ونَحْنُ عَبِيدٌ، **إنمَّا هي آياتٌ تدلُّ على إنْعَامِ اللّـه عَلَيْهِم وإحْسَانِه إلَيْهِم** فقال : سخَّرَهَا لَكُمْ كمَا سَخَّرَ الشَّمْسَ والقمَرَ والرِّيَاحَ والسَّحَابَ. **أَفَتَرَى** أيُّهَا المَلِكُ أنَّهَا عَبِيدٌ لَهُمْ ومَمَالِيكُ وأَنَّهُمْ أَرْبَابُهَا ؟

اعْلَمْ أيُّها المَلِكُ أنَّ اللّـهَ جَلَّ ثناؤُهُ، خَلَقَ الخلائقَ كلَّها في السّماواتِ والأَرَضِينَ وجَعَلَهَا مُسَخَّرَةً بَعْضَهَا لِبَعْضٍ، **إمَّا لجرِّ مَنْفَعَةٍ إليْهَا أوْ لدفعِ** مَضَرَّةٍ عَنْهَا. فتسخيرُ اللَّـهِ عزَّ وجَلَّ الحيوانَ للإِنْسِ إنَّمَا هو لإِيصَالِ المَنْفَعَةِ إلَيْهِم ولدَفْعِ المضَرَّةِ عَنْهُمْ كَمَا سَنُبَيِّنُ بَعْدَ هذَا الفَصْلِ، لا كَمَا ظَنُّوا وتَوَهَّمُوا وقَالُوا مِنَ الزُّورِ والبُهْتَانِ بِأَنَّهُمْ أَرْبَابُنَا ونَحْنُ عَبِيدُهم.

ثم قال زعيمُ البهائمِ :

كُنَّا أيُّهَا المَلِكُ، **نَحْنُ وآبَاؤُنَا سكّانَ الأرضِ قبْلَ خَلْقِ آدَمَ أبي البَشَرِ**، قَاطنينَ في أَرْجَائِهَا ظَاعِنِينَ في فِجَاجِهَا تَذْهَبُ وتَجِيءُ طَائِفَةٌ منّا في بلادِ اللّـهِ في طَلَبِ معاشِنا ونتصرَّفُ في إصلاحِ أمُورِنَا. كلُّ وَاحِدٍ منّا مُقْبِل على شأْنِه في مكانه موافقٍ لمآربِه في بَرِّيَّةٍ أو أَجَمَةٍ أو سَهْلٍ أوْ جبَلٍ. كلُّ جِنْسٍ منّا مُؤَالِفٌ لأبناءِ جِنْسِه، مُشْتَغِلينَ بِاتِّخَاذِ نتائجِنَا وتَرْبِيَةِ أولادنا في طَيِّبٍ من العَيْشِ بِمَا قدَّرَ اللّـهُ لنَا مِنَ المَآكِلِ والمَشَارِبِ. آمنينَ في أوطانِنا مُعَافِينَ في أبْدَانِنَا. نُسَبِّحُ للّـهِ ونقدّسُهُ لَيْلاً ونهارًا لا نَعْصِيهِ ولا نُشْرِك بهِ شيْئًا. ومضَى علَى ذلكَ الدهورُ والأزمانُ، **ثم إنّ اللّـهَ تعالى خلَقَ**

آدمَ أبَا البَشَرِ فجعلهُ خليفةً في الأرضِ وتوالدَتْ أولادهُ وكثُرتْ ذرّيتُه، وانتشرَتْ في الأرضِ بَرًّا وبَحْرًا وسَهْلاً وجبَلاً، وضَيَّقُوا عليْنا الأمَاكنَ والأوطانَ وأخذُوا منّا أسْرَى من الغنَمِ والبقرِ والخَيْلِ والبغَالِ والحَمير، وسَخَّرُوها واسْتَخْدَمُوهَا، وأتْعَبُوهَا بالكدِّ والعَنَاءِ والأعْمَالِ الشاقَّةِ مِنَ الحَمْلِ والرُّكُوبِ والشّدِّ في الفدَّانِ والدّواليبِ والطواحِينِ بالقَهْرِ والغلَبَةِ والضرْبِ وألْوانٍ منَ العَذابِ طول أعْمَارِنَا. فهربَ مِنَّا مَنْ هَربَ في البرَارِي والقِفارِ ورُؤوسِ الجبالِ، وتَشمَّرَ بنو آدمَ في طلبِنا بأنواعِ من الحِيَلِ، فَمَنْ وَقَع في أيْديهم منّا فالغُلُّ والقيْدُ والقفَصُ، ثمَّ الذّبْحُ والسَّلْخُ وشَقُّ الأجوافِ وقَطْعُ المَفَاصِلِ وكَسْرُ العظَامِ ونَزْعُ العُيونِ ونَتْفُ الرِّيشِ وجَزُّ الشّعورِ والوَبَرِ. ثمّ نَارُ الطَّبْخِ والسَّفُّودِ والتّشْويةِ وألْوَانٌ من العَذابِ لا يَبْلُغُ الوصفُ كُنْهَهَا. ومع هذهِ الألوانِ كلِّهَا لا يَرْضَى مِنّا هؤلاء الآدميّونَ حتّى ادَّعَوْا عَلَيْنَا أنَّ هذا حقٌّ واجبٌ لهمْ و أنّهم أربابٌ لنا ونحن عبيد لهم .فَمَنْ هَربَ مِنَّا فَهُو آبقٌ عَاصٍ تاركٌ للطَّاعَةِ. كلُّ هَذَا بِلاَ حُجَّةٍ لهُمْ عَلَيْنَا ولا بَيِّنَةٍ ولا بُرهَانٍ إلاّ القَهْرُ والغَلَبةُ.

* * * *

فلمَّا سَمِعَ الأسدُ قولَ الرّسُولِ وما أخْبرَهُ فكَّرَ ساعةً، ثمّ أمَرَ فنادَى منادٍ كلَّ ذِي مِخْلَبٍ ونَابٍ يأكُلُ اللحمَ. فلمَّا اجتمعتْ عندَ الملكِ عرَّفَها الخبرَ وما قاله الرّسولُ.

ثمّ قال :

–أيُّكُمْ يذْهب إلى هُنَاكَ فَينُوبَ عن الجماعة، فَنَضْمَنَ له ما يريدُ ويتمنّى عَلَيْنَا من الكرامةِ، إذا هو أنْجَحَ بهمْ في المُناظرةِ وحَجَّ في الحِجَاجِ .

فسكَتَتِ السِّبَاعُ ساعةً مُفكِّرَةً : هَلْ يصلحُ أحدٌ لهذا الشأنِ أمْ لا . ثمَّ قالَ النَّمرُ للأسَدِ وهو وزيرُه:

–أنْتَ مَلِكُنَا وسَيّدُنا ونحنُ عبيدُك ورَعِيّتُكَ وجنُودُكَ، وسَبيلُ الملكِ أن يدبِّرَ الرَّأْيَ ويشورَ أهْلَ الرّأي البصير بالأمور، ثمّ يأمرَ وينْهَى ويُربِّبَ الأمور كما يَجب. وسبيلُ الرعيّة أن يسمَعُوا ويُطيعُوا، لأنّ المَلكَ من الرّعيةِ بمنزلَةِ الرَّأْسِ منَ الْجسَدِ والرَّعية

والجنودَ له بمنزلةِ الأعْضاءِ للبَدَنِ. فَمَتَى قامَ كلُّ واحدٍ منْهما بِمَا يَجِبُ عَلَيْهِ من الشّرائِطِ، انتظمتِ الأمورُ واستقامَتْ، وكانَ في ذلك صلاحُ الجميعِ وفلاحُ الكُلِّ.

فقال الأسَدُ للنِّمرِ:

–وما تلكَ الخِصَالُ والشرائطُ الّتِي قلْتَ إنّها واجبَةٌ علَى الملكِ والرَّعِيَّةِ؟ بيِّنْهَا لَنَا.

قالَ :

– نَعَمْ إنَّ المَلِكَ يَنْبَغِي أن يكونَ لبيبًا شُجاعًا **عادلاً رَحيمًا** عَالِيَ الهِمَّةِ كثير التّحَنُّنِ **شديدَ العزيمة صارمًا في الأمُور، متأنِّيًا ذا رأْيٍ وبَصِيرةٍ**. ومعَ هَذِهِ الخصالِ **ينبغي** أن يَكُونَ **مُشْفقًا على رَعيَّتِهِ، متحنِّنًا** على جنودِهِ وأعوانِهِ، رحيمًا بهِمْ كالأبِ المُشْفِقِ على الأوْلَادِ، شديدَ العنايةِ بصَلَاحِ أمُورِهم. أمّا الذي هو واجبٌ على الرَّعيَّةِ والجُنْدِ والأعْوانِ **فالسَّمْعُ والطَّاعَةُ للْمَلِكِ** بالْمَحبّةِ له والنَّصيحَةِ لإخْوانِهِ **وأنْ يُعَرِّفَهُ كلُّ واحدٍ منْهم ما عِنْدَه من المعونةِ وما يُحْسِنُ من الصناعةِ** وما يُحْسِنُ من الأعمالِ. ويعرفَ الملكُ أخلاقَه وسجَاياه، ليكونَ الملكُ على علْمٍ يصلُح له منه وينزِّلَ كلَّ واحدٍ منزِلَتَهُ ويستخْدِمَهُ فيمَا يُحْسِنُه ويستعينَ به فِيمَا يحتاجُ إلَيْه.

قال الأسَدُ :

–لَقَدْ قلْتَ صوابًا ونطقْتَ حَقًّا فبُورِكْتَ منْ حكيمٍ ناصحٍ للمَلِكِ وأعْوانِهِ وأبْناءِ جِنْسِهِ. فما الذي عندكَ من المُعاوَنَةِ في هذا الأمرِ الذي دُعِيتَ إليه واستُعِنْتَ فيهِ ؟

قال النِّمْرُ :

–سَعدَ نَجْمُكَ وظفرتْ يَدَاكَ أيُّها المَلكُ، إنْ كَانَ أمرٌ هناكَ يَمْشي بالقُوَّةِ والجَلَدِ والغَلَبَةِ والقَهْرِ والحِقْدِ والحَنَقِ والحَمِيَّةِ فَأنَا لها.

قال الملكُ :

–لا يَمْشِي الأمرُ هُنَاكَ بِشَيْءٍ مِمَّا ذَكَرْتَ.

قَالَ الفَهْدُ:

–إن كَانَ الأمرُ يَمْشي بالوَثبَاتِ والقَفزَاتِ والقبْضِ والضَّبْط فأنَا لَها .

قال المَلِكُ :

–لا.

قال الذئبُ :

–إن كانَ الأمرُ يَمْشِي بالغارَات والخُصومَاتِ والعَطَفَاتِ والمُكابَرَة فأنا لها.

قال الملِكُ :

–لا.

قال الثعلبُ :

–إنْ كَانَ الأمرُ يمْشِي هناك بالحِيَلِ والعَطَفَاتِ والرَّوَغَانِ وكَثْرَةِ الالْتِفَاتِ والْمَكْرِ فأنا لها.

قال الملِكُ :

–لا.

قال ابْنُ عِرْسٍ :

–إنْ كَانَ الأمرُ هناكَ يَمْشي باللّصُوصِيّةِ والتجَسُّسِ والإخْفاءِ والسَّرِقَةِ فأنَا لها.

قال المَلِكُ :

–لا .

قال القِرْدُ :

–إنْ كانَ الأمرُ هُناك يَمْشي بالخُيَلاَءِ والمُحَاكَاةِ واللّعِبِ واللَّهْوِ والرَّقْصِ عنْدَ ضَرْبِ الدُّفِّ والطَّبْلِ فأنَا لَهَا.

قال المَلِكُ:

-لا.

قال السِّنَّوْرُ :

-إن كانَ الأمْرُ يَمْشِي بالتَّوَاضُعِ والسُّؤال والكُدْيَةِ والمُؤانَسَةِ والتَّخَرْخُرِ فأنا لها.

قال المَلِكُ :

لا.

قال الكلْبُ:

-إن كانَ الأمرُ يَمْشِي هناكَ بالبَصْبَصَةِ وتْحرِيكِ الذَّنَبِ واتِّبَاعِ الأَثَرِ والحِرَاسَةِ والنُّبَاحِ فأنا لها.

قال المَلِكُ :

-لا.

قال الضَّبُعُ :

-إنْ كَانَ الأمرُ هُناكَ يَمْشِي بِنَبْشِ القُبُورِ وجَرِّ الجِيَفِ وجَذْبِ الْكِلَابِ والكُرَاعِ وثِقَلِ الرُّوحِ فأنا لها .

قال المَلِكُ :

-لا.

قال الجُرَذُ :

- إنْ كَانَ الأمرُ يَمْشِي هُنَاكَ بِشَيْءٍ من الإضْرَارِ والإفْسَادِ والإخْرَاقِ فأنا لَها.

الشروح

تداعي الحيوانات على الإنسان: اتّهام الحيوانات للإنسان أمام المحكمة.

دِياسٌ : دِراسٌ، أي فَصْل الحَبّ عن السّنابل.

آجامٌ : مفرده أَجَمَةٌ، وهي الشَّجَرُ الكثيف الملتفّ.

دِحَالٌ : مُفرده دَحْلٌ، وهو حفرة تكون في الأرض ضيّقة الأعلى واسعة الأسفل.

قَرى الضَّيْفَ : أَضَافَهُ وَأَكْرَمَهُ.

مَنَاقِبُ : مُفرده مَنْقَبَةٌ، وهي الفِعْلُ الكريمُ والمفخرة.

آبِقٌ : هَاربٌ، وهو مشتقّ من : أَبَقَ، يَأْبِقُ، أَبْقًا وَإِبَاقًا.

ظاعِنٌ : سائرٌ مُرْتَحِلٌ

طَحَا الأرضَ : دَحاها وَبسَطَهَا .

فَدَّانٌ : مِحْرَاثٌ.

دَوَالِيبُ : مفرده، دولابٌ، وهو الآلة التي تديرها الدابّة لِيُسْتَقَى بها.

سَفُّودٌ : عود من حديد يُنْظَمُ فيه اللَّحْم لِيُشْوَى.

حَجَّ فُلانًا: غَلَبَهُ بِالحُجَّة.

حِجَاجٌ : مُجَادَلَةٌ.

تَحَنُّنٌ : إظهار العطف والحَنان.

حَنَقٌ : غَضبٌ شديد.

أَنَا لَهَا: أنا الشّخص المناسب لهذه المهمّة.

رَوَغَانٌ: ذهاب يمنةً ويسرةً في سرعة وخديعة.

كُدْيَةٌ: حِرْفَةُ السَّائِلِ المُلِحِّ .

التدريبات

1- أسئلة حول النصّ :

1- من هم « إخوان الصفا» ؟

2- متى وجدت هذه الجماعة؟ وأين عاشت؟

3- لماذا أخفت هذه الجماعة أسماء أعضائها ؟

4- من كشف عن بعض أسماء هذه الجماعة؟

5- ما أهداف جماعة « إخوان الصفا»؟

6- ما المجالات العلميّة التي تناولها «إخوان الصفا»؟

7- كيف نظّمت جماعة « إخوان الصفا» أعضاءها؟

8- بم اِتَّصَفَتْ آرَاءُ « إخوان الصفا»؟

9- كم رسالةً في كتاب « رسائل إخوان الصفا»؟

10- ما الطريقة التي عولجت بها الموضوعات في «رسائل إخوان الصفا»؟

11- في كم سنة أُلِّف كتاب «رسائل إخوان الصفا»؟

12- لماذا اهتمّ المستشرقون بهذا الكتاب؟

13- ما مدى الاهتمام بهذا الكتاب في الوقت الراهن؟

14- لماذا كُتبت بعض الرسائل على شكل محاورة بين الإنسان والحيوان ؟

15- لماذا حكّم الفريقان الجنّ بينهما ؟

16- ما سبب الخصومة بين الحيوان والإنسان؟

17- لماذا كان ممثّلو الإنسان قليلين ؟

18- ما العلاقة بين هذه الملحمة وكتاب كليلة ودمنة؟

19- هل استفاد « أدب الحيوان » من رسالة إخوان الصفا؟

20- بم يمتاز أسلوب إخوان الصفا في هذه الرسالة؟

21- ما الأدلّة الشرعيّة على تسخير الحيوان للإنسان؟

22- أين توجد مملكة ملك الجنّ الذي كان حَكَما بين الإنسان والحيوان ؟

23- كيف وصل إليها الآدميون ؟

24- ما صفات بيوراسب؟

25- من تولّى الردّ على حجج الآدميّين من الحيوانات ؟

26- ما الدليل الذي استخدمه لإبطال دعوى الآدميّين؟

27- ما الخصال والشرائط التي يجب أن تتوفّر في الملك؟

28- ما الدور الذي يصلح له النمر في محاجّة الآدميّين ؟

29- ما الدور الذي يصلح له الفهد في مجادلة الإ نسان؟

30- ما الدور الذي يصلح له الذئب في الخصومة بين الإنسان والحيوان ؟

31- ما الدور الذي يصلح له الثعلب في الدفاع عن قضيّة الحيوان؟

32- ما الدور الذي يصلح له ابن عرس في الجدل بين الإنسان والحيوان ؟

33- ما الدور الذي يصلح له القرد في قضيّة الدفاع عن الحيوان ؟

34- ما الدور الذي يمكن للسنّور أن يؤدّيَه؟

35- ما الدور الذي يستطيع الكلب أن يقوم به؟

36- ماذا يصلح له الضبع في قضيّة الخلاف بين الإنسان والحيوان ؟

37- هل وافق الأسد على هذه الأدوار التي رشّح كلّ حيوان نفسه لها ؟ ولماذا؟

38- لمصلحة من حكم الملك في نهاية الجدال؟

39- ما رأيك في إدارة القضيّة على هذا النحو؟

2- صواب أم خطأ؟

1- القرن الرابع الهجريّ هو قرن الازدهار الفكريّ والأدبيّ والعلميّ.

2- جماعة إخوان الصفا جماعة مارقة ذات أهداف تخريبيّة لعقائد المجتمع.

3- من القضايا التي عالجها إخوان الصفا قضاياالفلسفة والدِّين وخَلْق العالم والنفس والروح.

4- القرن الرابع الهجريّ هو قرن انفتاح الفكر العربيّ على الأفكار الأجنبيّة والترجمة عن اللّغات الأخرى.

5- ليس لرسائل إخوان الصفا أيّ أثر في الفكر الفلسفيّ المعاصر.

6- ألّف كتاب «رسائل إخوان الصفا» خلال فترة تقارب الأربعين سنة.

7- فصل بيوراسب الحكيم ملك الجنّ في قضيّة تداعي الحيوانات على الإنسان لصالح الحيوان.

8- تسخير الله الحيوان للإنسان إنما هو لإيصال المنفعة إلى الإنسان ولدفع المضرّة عنه.

9- العدل والرحمة والشفقة من الحاكم يقابلها السمع والطاعة من المحكومين.

10- تتشابه قصّة «تداعي الحيوانات على الإنسان» مع قصّة «الحمامة المطوّقة» في كتاب «كليلة ودمنة».

11- إن كان الأمر يمشي بالغارات والخصومات فإنّ الثعلب يصلح له.

12- يتّصف النمر بالقوّة والجلد و الغلبة والقهر والحقد والحنق والحميّة.

13- إن كان الأمر يمشي باللّصوصية والتجسّس والإخفاء والسرقة فإنّ ابن عرس يصلح لها.

14- يتّصف الضّبع بنبش القبور وجرّ الجيف وجذب الكلاب وثقل الروح.

15- يتّصف السنّور بالخيلاء والمحاكاة واللّعب واللّهو والرقص عند ضرب الدفّ والطبل.

16- يتّصف الكلب بالتواضع والسؤال والكدية والمؤانسة.

17- يتّصف الثعلب بالحيل والعطفات والروغان وكثرة الالتفات والمكر.

18- يتّصف الجرذ بالإضرار والإفساد والسرقة والإخراق.

19- من صفات الفهد الوثبات والقفزات والقبض والضبط.

20- كانت الحيوانات خائفة من مواجهة الإنسان في المحاكمة المعقودة بين الطرفين.

3- أكمل الجمل الآتية بما يناسبها من العبارات المذكورة:

الجدل الفلسفيّ- الأبرار الرحماء- التحرّر الفكريّ- الأحبّاء الفضلاء- دائرة المعارف- الدليل النقليّ-شقّت عصا الطاعة- الفضلاء الكرام- أدب الحيوان- دلائل شرعيّة- العبيد الآبقين.

1- رسائل إخوان الصفا تعدّ............................ في تنوّع موضوعاتها وقضاياها الفكريّة والثقافيّة.

2- كان لقب.........................يطلق على الرجال من سنّ الثلاثين إلى سنّ الأربعين في تنظيم إخوان الصفا.

3- كان .... سببا في هجوم بعض الدارسين على جماعة إخوان الصفا.

4- كان إخوان الصفا يطلقون لقب..................على الشبان من سنّ الخامسة عشرة حتى سنّ الثلاثين.

5- كان.......................من مظاهر الحركة الفكريّة في القرن الرابع الهجريّ.

6- كان لقب ....يطلق على الكهول من سنّ الأربعين إلى سنّ الخمسين في تنظيم إخوان الصفا.

7- الدليل العقليّ هو الذي يعتمد على المنطق أمّا.................فهو الذي يعتمد على النصوص المنقولة.

8- يعتقد الإنسان أنّ الحيوانات البرّية قد.....................وهربت إلى الغابات والجبال.

9- قدّم خطيب الإنس....................إلى ملك الجنّ على صدق دعواهم.

10- يعتقد الإنس أنّ جميع الحيوانات عبيد لهم، وأنّ الحيوانات البرّيّة من...........................

11- تعدّ رسائل إخوان الصفا أصلا من أصول .... في العالم كلّه.

4- عَرِّفْ ما يلي :

1- الجندب هو...........................

2- اليعسوب هو...........................

3- الملحمة هي ....

4- جزيرة بلاصاغون هي..............................

5- الرعيّة هي..................................

6- «منطق الطير» هو................................

7- الجرز هو.....................................

8- «السانح» هو ....

9- «البارح» هو.........................

10- الفأل هو ....

11- التنجيم هو........................

12- زجر الطير هو..........................

13- تبويب الموضوعات هو ....

14- الجدليّون هم..................................

5- **أدخل العبارة التالية في جملة، وبيّن الفعل الذي جاء منه «أفعل التفضيل» وذلك حسب النموذج :**

مثال: أَبْلَغُ في المواعظ.

قصصُ الحيوان أبلغُ في المواعظ من الكلام المباشر.

أبلغُ : من فعل بَلَغَ.

1- أبين في الخطاب.

2- أعجب في الحكايات.

3- أظرف في المسامع.

4- أغْوَص في الأفكار.

5- أحسن في الاعتبار.

6- أكثر من طاقتها.

7- أمكر من الثعلب.

8- أقوى من الذئب.

9- أوفى من الكلب.

10- أثقل من غيره من الحيوانات.

11- أضرّ الحيوانات.

12- أنجح الوسائل للوصول إلى الحقّ.

لاحظ هذه الجمل الواردة في النص:

-ثم مضت **السِّنون** والأعوام على ذلك.

-إنّ **الله** – جلّ ثناؤه- خلق الخلائق كلّها في السماوات **والأرضين**.

-وجعل أطباق السماوات مسكن **العلّيِّين**.

* كلمة «السّنون» و «الأرضين» و «العلّيّين» تُعامل معاملة جمع المذكّر السالم وليست جمع مذكّر سالما.

* هناك كلمات أخرى تُعامل معاملة جمع المذكّر السالم وليست جمع مذكر سالما منها : العَالَمُون- أولو (أصحاب)، ألفاظ العقود : (عشرون- ثلاثون- أربعون- خمسون- ستّون- سبعون- ثمانون- تسعون).

* **تذكّر أنّ** جمع المذكّر السالم تكون علامة رفعه الواو وعلامة نصبه وجرّه الياء.

6- حوّل الأرقام إلى كلمات فيما يأتي :

1- في المدرسة 30 فصلا، كلّ فصل به 25 تلميذا.

2- توجد شهور معيّنة في السنة الميلاديّة تَعُدُّ 30 يوما وأخرى تَعُدُّ 31 يوما ما عدا شهر فبراير فإنّه يعدّ 28 يوما أو 29 يوما .

3- الشهر في السنة الهجريّة يعدّ 30 يوما أو 29 يوما.

4- كان ممثّلو الإنس حوالي 70 رجلا.

5- كتاب «رسائل إخوان الصفا» يتضمّن 50 رسالة.

6- هنا ك ما يشير إلى أنّ هذه الرسائل كانت 51 رسالة ضاعت منها واحدة.

7- أُلّف كتاب «رسائل إخوان الصفا» بين سنتي 334 و 373 من الهجرة.

8- الطبقة الّتِي تبدأ من 15 إلى 30 سنة تسمّى « الأبرار الرّحماء» في تنظيم إخوان الصفا.

9- الطبقة بين سنّ الـ 30 و الـ40 تسمّى « الأحبّاء الفضلاء».

10- الطبقة التي بين سنّ الـ40 و الـ50 سنة تسمّى « الفضلاء الكرام».

7- **استخدم «إمّا... أو» في الجمل التالية مستهديا بهذا المثال:**

إنّ اللّهَ خلق الخلائق كلّها وجعلها مسخّرة بعضها لبعض، إمّا لِجرٍّ مَنْفَعَةٍ أو لِدَفْعِ مَضَرَّةٍ عنها.

1- يستخدم العسل إمّا..........................أو...........................

2- حَدُّ الشِّبَعِ إمّا............................أو.........................

3- يأكل الإنسان إمّا.........................أو...........................

4- أحرق أبو حيّان التوحيدي كتبه إمّا لـ.......................... أو.......................

5- يَتَنَحْنَحُ المُضِيفُ إمّا لـ.................أولـ............................

6- يضرب المعلّم الصبيّ إمّا على ....أو على..........

7- يَخْرج الغوّاص من الماء إمّا ....أو.............

8- يجب عرض المسجونين على القاضي فإمّا.............. أو..............

9- ينزل الوحي إمّا..................أو...........أو..........
أو ....

10- يدافع الحيوان عن نفسه إِمّا بـ..................أوبـ..........أوبـ........................

8- اعرض بأسلوبك الخاص وجهة نظر الإنس ووجهة نظر الحيوان في القضيّة المطروحة بينهما.

9- تعبير كتابيّ:

حرّر نصّا حواريّا يصف محاكمة يمثل فيها الإنسان أمام المحكمة مُتَّهَمًا بإفساد البيئة، ويتدخّل فيها المُدَّعِي العامّ (الذي يوجّه التّهم باسم الإنسانية) والمحامي (الذي يردّ على تلك التّهم أو يحاول تبريرها).

من الشعر العربي (13)

اقرأ واحفظ

الشَّنفَرى في ميله عن قومه وتفضيله الحيوانات على أهله

(من بحر الطويل)

أَقِيمُوا بَنِـي أُمِّي، صـدورَ مَطيِّكـم،	فإنّي إلى قَـوْمٍ سِواكُـمْ لأَمْيَـلُ !
فقد حُمَّتِ الحاجـاتُ، واللّيلُ مُقْمِـرٌ،	وشُدّت، لِطِيَّاتٍ، مطايا وأَرْحُـلُ
وفي الأَرضِ مَنْأَى، للكريم، عنِ الأَذَى،	وفيها، لمن خاف القِلَى، متعـزَّلُ
لَعَمْرُكَ، ما بالأرضِ ضِيقٌ على امرِئٍ	سَرَى، راغبًا أو راهبًا، وهو يعقِـلُ
وَلِي دُونَكُـمْ أَهْلُـونَ : سِيدٌ عَمَلَّـسٌ،	وأَرْقَطُ زُهْلُولٌ، وعَرْفَاءُ جَيْـأَلُ
هُمُ الأَهْلُ. لا مستـودع السـرِّ ذائـعٌ	لديهِمْ، ولا الجَانِي، بما جَرَّ، يُخـذَلُ
وكُلٌّ أَبِـيٌّ، باسِـلٌ. غيـر أنّـنـي،	إذا عرضت أُولى الطرائدِ، أَبْسَـلُ
وإن مُدّت الأيدي إلى الـزّادِ لم أكُـنْ	بأعجلِهم، إذ أَجْشَـعُ القومِ أعجَـلُ
ومـا ذاك إلاّ بسطـةٌ عـن تفضُّـلٍ	عليهم، وكان الأفضلَ المتفضـلُ
وإنّي كفاني فَقْدَ من لـيس جازيًـا	بحسني، ولا فـي قربه مُتَعلَّـلُ
ثلاثـةُ أَصحـابٍ : فُـؤادٌ مُشَيَّـعٌ،	وأبيضُ إصليتٌ، وصَفراءُ عَيْطَـلُ
هتوفٌ، من المُلْسِ المَتُونِ، يزينُـهـا،	رصائِعُ قد نِيطَتْ إليها، ومحمَـلُ
إذا زلّ عنها السّهمُ، حَنّت كأنهـا	مُرزَّأةٌ، ثَكْلَـى، تـرِنُّ وتُعْـوِلُ...

الشاعر : ثابت بن أوس الأزدى الملقّب بالشَّنْفَرَى، شاعر جاهليّ يبدو أنه عاش في أوائل القرن السادس الميلاديّ، وهو من أشهر عَدّائي العرب أو صعاليكهم. له أشعار في وصف غاراته وبطشه بمناوئيه، على أنّ أشهر آثاره «لامية العرب»، وهي قصيدة ذات 68 بيتا، سمّيت اللاّمية لأنّ قافيتها اللاّم، وتمثل هذه القطعة مطلعها.

الشــــروح

أمْيَلُ : اسم تفضيل من مالَ، والشاعر يخاطب قومه ليستعدّوا للرّحيل، أمّا هو فيطلب صحبة غيرهم

حُمَّت : تهيّأت وحضرت وقُدّرت

الطّيات : جمع الطيّة وهي الحاجة

لعمرُك: تعبير يستعمل في القَسَم

السّيد : الذئب

العَمَلَّس : القويّ على السير

الأرقط : النّمر

الزُّهلول : الأملس

العرفاء : ذات العرف وهو شعر العنق

جَيأل: عَلَمٌ للضّبع

ثلاثة: فاعل كفاني في البيت السابق

مشيّع : شجاع

الأبيض: صفة للسيف المحذوف

إصليتٌ: صقيل أو مجرّد

صفراء : صفة للقوس

العيْطل: في الأصل الطويل العنق من الخيل والإبل، وهنا القوس الطويلة

هَتوف: كثيرة الهتاف، صفة للقوس الرّنانة

المُلس المَتون : أي المُلس متونُها وهي جوانبها

نيطت إليها : عُلِّقَت بها

مُرَزَّأة : مصابة برزيئة وهي المصيبة . يشبه رنين القوس إذا خرج عنها السّهم ببكاء المرأة المصابة بفقد ولدها .

الدَّرْسُ الخَامِسَ عَشَرَ

أبو الحسن الديلميّ يكتب:

في شواهد مَحبّة اللّـه تعالى لعَبْده

للتصوّف مكانة راسخة في التراث العربيّ الإسلاميّ، وموضوعاته متنوّعة، من أهمّها موضوع الحبّ الإلهي. وقد تطوّر هذا الموضوع من البسيط، أي من الحبّ بمعناه البشريّ العاديّ، إلى المركّب، أي الحبّ بمعناه الفكريّ والفلسفيّ والروحيّ. وساعد امتزاج الثقافة العربيّة بغيرها من ثقافات البلاد الإسلاميّة غير العربيّة –وخاصّة الثقافة الفارسيّة– على ازدهار البحث في هذا الموضوع حتى أصبح نظريّة متشابكة الخيوط، عميقة الأبعاد، يُطلق عليها في التراث نظرية الحبّ (أو العشق) الإلهي . وحين تُذكر هذه النظريّة يُذكر معها أسماء المشاهير الذين ابتدعوها وساعدوا على تطويرها، مثل رابعة العدويّة، والحلاّج، وابن عربيّ . والنصّ الذي سندرسه مأخوذ من كتاب «عطف الألف المألوف على اللام المعطوف» لأبي الحسن الديلمي، وهو كتاب يمثّل حلقة ناضجة من حلقات الكتابة في نظريّة الحبّ الإلهي، وعنوانه مثال على لغة الرمز التي يتّخذها الصوفيّة وسيلة للتعبير عن المعاني البعيدة التي يريدونها.

مداخل إلى دراسة النّص

1- عن الكاتب :

- هو أبو الحسن علي بن محمّد الدّيْلَمِيّ (نسبة إلى بلاد الدَّيْلَم).

- ولد حوالي سنة 340 هـ/ 951 م، ونشأ بمدينة شيراز بفارس، ويُعتقد أنّه عاش إلى أواخر القرن الرابع الهجريّ.

- تعلّم على يد شيخ من كبار شيوخ الصوفيّة في شيراز هو أبو عبد اللّـه محمّد بن خفيف الشّيرازي، وصحبه حوالي عشرين عاما، فتأثّر بآرائه وأفكاره تأثّرا شديدا، وورث عنه آراءه التي تشبه آراء الحلاّج ولكن في اعتدال.

- وبعد وفاة شيخه ظهر عليه **فضول كبير للمعرفة** وحبّ للسفر في طلب العلم، فتنقّل في بلاد فارس، والعراق، وسورية، وشبه الجزيرة العربيّة، والتقى بأبرز علماء العصر ومتصوّفته، واهتمّ بتتبّع أخبارهم وتسجيل آرائهم، وبخاصّة من اشتهر بالعشق منهم.

- أظهر ميلا قويّا إلى استخدام الملاحظة والتّجربة، كما أظهر حرصا على التعلّم من كلّ ما يتّصل به أو يراه حتّى الحيوانات والطيور.

- كان أبو الحسن الدّيلمي يتمتّع بثقافة واسعة، لا في مجال التصوّف الإسلاميّ فحسب، بل أيضا في العلوم العقليّة والفلسفيّة، والعلوم الدينيّة والفقهيّة، والعلوم اللّغويّة والأدبيّة، لكن غلب عليه تعلّقه بالجانب الروحيّ الصوفيّ، فخصّص له معظم جهوده، وكتب فيه أهمّ مؤلّفاته فاشتهر به.

- اتّصل الدّيلمي بكثير من مشاهير العلم في عصره، خاصّة أبا حيّان التوحيديّ (الذي أوردنا له نصّا في هذا الكتاب) فجالسه، وحادثه، وأُعجِب ببعض آرائه، وأوردها في بعض كتبه.

- يتحلّى الدّيلمي في كتابته بروح الدقّة، والحرص على الصحّة، و يهتمّ أعظم الاهتمام بالتجارب الواقعيّة، وبالنقل عن الآثار المكتوبة للعلماء السابقين، سواء أكانوا من علماء الإسلام أم من علماء الثقافات السابقة عليه . ومن أهمّ كتبه كتاب في سيرة حياة أستاذه محمّد بن خفيف الشّيرازي، وهذا الكتاب مفقود، لكن بقيت ترجمته وهي فارسيّة بعنوان «سيرة أبي عبد اللّـه بن خفيف الشّيرازي». وله كتب أخرى مفقودة يشير هو إليها مثل كتاب «أسرار المعارف». وأهمّ كتبه على الإطلاق كتاب **عطف الألف المألوف على اللام المعطوف** الذي أخذنا منه هذا النصّ، والذي نُعَرّف به فيما يلي تعريفا مِختصرا .

2- عن الكتاب :

- عنوان هذا الكتاب عنوان رمزيّ صوفيّ، فهو يرمز إلى العلاقة بين اللّه والإنسان، وهي علاقة أُلْفَةٍ وَمَحبَّة واتّصال.
- فالألف - في عُرْفِ الصوفيّة - ترمز إلى ذات اللّهِ سبحانه وتعالى، فهو الأوّل الذي لا شيء قبله، وهو الخالق أصل الحبّ الحقيقيّ والجمال الخالص، واللاّم ترمز إلى الوجود الإنسانيّ، أو العالم المخلوق.
- علاقة العشق والمحبّة والألفة التي تقوم بين اللّهِ الخالق والإنسان المخلوق هي أكمل وأنقى صورة من صور الاتّصال والارتباط.
- لِكي يقرّب أبو الحسن الديلمي فكرة الاتّصال هذه إلى الأذهان شبّهها بصورة التحام حرفيْ الألف واللام في الألفبائية العربيّة. فهذان الحرفان -خلافا لبقيّة حروف الألفبائيّة العربيّة- يرسمان متعانقين وكأنهما حرف واحد، وذلك على النحو التالي : لا. ففي هذا الرسم يبدو كلّ جزء وكأنّه يبدأ من حيث ينتهي الآخر، وينتهي من حيث يبدأ الآخر، فبينهما في الصورة نوع من الاتّحاد.
- وهكذا تقوم علاقة المحبّة بين اللّهِ (الألف) الذي يألفه مخلوقه وبين المخلوق (اللاّم) الذي ينعطف وينجذب نحو خالقه (المألوف) في صورة تكاد تصل إلى نوع من الاتحاد الذي يقول به بعض غلاة (متطرّفي) الصوفيّة مثل الحلاّج.
- يُحتمل أن يكون عنوان الكتاب مقتبسًا من صوفيّين سابقين أمثال الحلاّج والتُّسْتُرِي . فهم الذين أُولِعوا بالبحث وراء استخدام الحروف، وما ترمز إليه من المعاني الصوفيّة.
- يشرح هذا الكتاب فكرة «المحبّة الإلهيّة». فاللّهُ يشمل الإنسان بالعطف «عطف الألف . . . على اللام ...»، فيجعله يميل إليه، وينشغل به عمّا سواه . ومع أنّ الإنسان يرى مظاهر الجمال في الدنيا، ويمارس الحبّ بمعناه العاديّ فإنّه يعود دائما إلى **أصل الحبّ** ومنبعه.
- يبدأ الكتاب ببيان الخطّة التي سيتبعها المؤلّف في تأليفه، ثمّ يقدّم الأدلّة على

جواز استخدام ألفاظ **العشق والمحبّة** بالنسبة إلى اللّـه بحيث يمكن أن يوصف اللّـه بأنه عاشق (يَعْشَقُ النَّاسَ) ومعشوق (يَعْشَقُه النَّاسُ) ومُحِبّ (يُحِبّ النَّاس) ومحبوب (يُحِبُّه النَّاس)، وكذلك يقدّم الأدلّة التي تشرح مزايا **الحبّ**، **والمحبوب، والمحبّ**، ويشرح سرّ تسمية الحبّ حبًّا ومعنى الكلمة . وهذه الموضوعات كلّها في الكتاب موضوعات تمهيديّة (مقدّمات).

- يدخل المؤلّف بعد ذلك في صميم الموضوع، فيدرس : **أصل المحبّة ومبدأها وجوهرها وحقيقتها**، كما يدرس أقوال الناس المختلفة في معنى المحبّة وبخاصة عند الأدباء، والصفات الحسنة للمحبّة، بمعناها الفلسفيّ والصوفيّ (المحبّة الفكريّة والروحيّة) .
- يأتي بعد ذلك في الكتاب أقوال من ذمّ المحبّة. ويقول الديلمي إنّ من يفعل ذلك يفعله لسبب عارض (طارئ) .أما أصل المحبّة، أي المحبّة في ذاتها، فلا يمكن أن تُذمّ أبدًا.
- القسم التّالي في الكتاب يتحدّث عن شواهد المحبّة (علاماتها)، وهي أنواع منها:

1- شواهد محبّة اللّـه لعبده (وهو النصّ الذي اخترناه هنا).

2- شواهد محبّة العبد للّـه.

3- شواهد محبّة المتحابّين في اللّـه.

4- شواهد محبّة الخواصّ من المؤمنين.

5- شواهد محبّة العوامّ من المسلمين.

6- شواهد محبّة كلّ ذي روح .

7- شواهد كمال المحبّة.

8- أخبار من مات من العشق.

9- أخبار من قتل نفسه من العشق.

10-أخبار من مات من المحبّين الإلهيّين من الأنبياء والأولياء الصالحين الذين يوالون أي يداومون ملاحظة اللّـه.

- يتّصف أسلوب الكتاب بما يلي :

1- السهولة النسبيّة، وبخاصّة إذا عرفنا أنه مرّ على تأليفه حوالي ألف سنة، وأنه يتناول موضوعا دقيقا متعلّقا بفلسفة المشاعر، وبالحياة الروحيّة للإنسان.

2- التنسيق الكامل بين أجزائه، والمنهج العلميّ السليم في الانتقال المنطقيّ من المقدّمات إلى النتائج،ومن الأسباب إلى المسبّبات، ومن البسيط إلى المركّب، ومن المُجمل إلى المُفصّل.

3- الشمول واستيعاب جوانب الموضوع الذي يتناوله، و تجميع كلّ النقاط الممكنة التي تدخل تحت الموضوع المتناول.

4- التحليل الكامل للعناصر المكوّنة للموضوع.

5- حججه الواضحة المدعومة دائما بالآيات القرآنية والأحاديث النبويّة وأخبار الصالحين.

-وأخيرا هذا الكتاب يعدّ من أهمّ ما أُلّف في موضوع الحبّ الإلهيّ. وقد طبع مرّتين في القاهرة : الأولى في أوائل الستّينات من القرن العشرين، والثانية التي نأخذ منها هذا النصّ هي بتحقيق ودراسة وترجمة إلى الانجليزية قام بها الدكتور حسن الشافعي والدكتور جوزيف بل.

3- عن النصّ :

- موضوع هذا النصّ « شواهد محبّة اللّه تعالى لعبده» .والمؤلّف يسلك إلى شرح هذا الموضوع أسلوب «التفصيل بعد الإجمال»، وهو أسلوب من أساليب البلاغة العربيّة معروف.

- يجمل المؤلّف هذا الموضوع في عشر نقاط هي :

1- أن تُحبّه (أي تحبّ اللّه) كما يُحبّك.

2- أن يُحَبّبَكَ إلى إخوانك.

3- أن يُوَفِّقَكَ في أمورك.

4- أن يَحْمِلَ عنك ثِقَلَ خِدْمَتِك.

5- أن يُعْطِيَكَ قَدْرَ حاجتك.

6- أن يُكْثِـرَ بلاءَكَ.

7- أن يُخْفيكَ ولا يُظْهرك.

8- أن يُضَيِّقَ عليك ولا يسامحك.

9- أن يُحَسِّنَ أخلاقك.

10- أن يُبَغِّضَ إليك دنياك.

- يأخذ المؤلّف في شرح هذه النقاط نقطة نقطة، ويتبع في شرحه طريقين: أحدهما منطقيّ **عقليّ**، والثاني **نقليّ** (أي يتبع في شرحه القرآن والحديث، والنصوص الدينيّة المعتمدة). أما النصوص الأدبيّة فالاستشهاد بها نادر.

- يكثر المؤلف من الأدلّة المأخوذة من الحديث النبويّ ومن القرآن الكريم والأحاديث القدسيّة (هي التي يرويها النبيّ (ص) عن ربّه وتكون بلفظ النبيّ) ثم القصص المرويّة عن الأنبياء والصالحين.

- سبب هذا العدد الكبير من هذه النصوص الدينيّة أن يوثّق حججه بأدلّة لا تقبل الشكّ، كما أنه يريد أن يقيم أساسا دينيّا لهذا الموضوع العاطفيّ، ويربط بين العقيدة والعاطفة برابطة متينة، وكذلك للردّ على من يتّهم الصوفيّة بأنهم يُدخلون في الدِّين آ راء ليس لها أساس من تعاليمه.

- يَتَدرّج النصّ في بيان علامات محبّة اللّه لمخلوقه تدرّجا يؤدّي في النهاية إلى الوضوح التّام، ويكشف عن ثقافة المؤلّف الفلسفيّة وعن اتّساع مجاله في الناحيتيْن الروحيّة والدينيّة.

- لغة النّص لغة قويّة متينة لكنّها بسيطة وليست معقّدة، ويغلب على معجمها المصطلح الصوفيّ مثل : المحبّة، النور، الاتّحاد، الفناء،الطاعة، الهوى، القلب، الحُسْن، الجمال، البهاء، اللّطف، الجلال، العُبوديّة، المودّة، المُريد، الوَلِيّ، الحال،

العفو، العتْب، الطّالب، المطلوب، العبادة، اللّذاذة، البلاء، المِحْنَة، المُرَاقبة، الخُلَّة.

- تتراوح جمل النصّ وفقراته بين القِصر والطول، وبعض النقاط العشر التي يقدّمها النص تحظى بشروح أطول ممّا يحظى به غيرها، وذلك حسبما يراه المؤلّف من حاجة بعض النقاط إلى مزيد من العناية أو مزيد من التأصيل (بيان الأصول) والتوثيق (ضرب الأمثلة والاستشهاد والكشف عن الأساس المنطقيّ أو الشرعيّ).
- يعتبر هذا النص من أهمّ النصوص التي تناولت موضوع **المحبّة الإلهيّة** بالشرح والتحليل، وهو بذلك يسهم في تحديد تلك النظريّة الأساسيّة في الفكر الصوفيّ الإسلامي، وهي نظريّة **العشق الإلهيّ**.

النّــصّ

أوّلُها أن تُحِبَّه كما يُحبّك، والثاني أن يحببك إلى إخْوانِكَ، والثالثُ أن يُوَفّقَكَ في أمورِك، والرابعُ أن يحملَ ثِقلَ خِدْمَتِك، والخامسُ أن يُعْطِيَكَ قَدْرَ حاجَتِك، والسادسُ أن يُكْثِرَ بَلاءَك، والسابعُ أنْ يُخْفِيَكَ ولا يُظْهِرَك، والثامنُ أن يُضَيِّقَ عَلَيْكَ ولا يُسَامِحَك، والتاسعُ أن يُحَسِّنَ أخْلاقَكَ، والعاشرُ أن يُبَغِّضَ إليكَ دُنْيَاك.

فأمّا قولُنا : **تحبُّه كما يحبُّك**. فهو أنّ اللّـه –**تعالى**– **إذا ألْبَسَ عبدَه نورَ محبَّتِه** نقلَه عن **صفتِه** إلى صفتِه، وأدْرجَ نِسْبَتَهُ **في** نِسْبَتِه **فاتّحَدَ**، فحينئذ لا فَرْقَ بَيْنَ المحبُوبِ ومُحِبِّه، ولا **انْقسامَ** من حيثُ **فَنَاؤُه** به: فَافْهَمْ فهذِه **المحبّةُ** هي التي قَالَ اللّـه–تعالى – لجبريلَ – عليه السلامُ – : «يا جبريلُ إنّ محبّتِي هيَ الدّليلُ عَلَيّ».

ورُوِيَ أنَّ رَسُولَ اللّـهِ– صَلَّى اللّـهُ عليهِ وسلَّمَ– دخلَ عَلَى عَمِّه أبِي طَالبٍ وهُو عَليلٌ، فقالَ لَهُ : يا ابْنَ أخِي ادْعُ لِي رَبّكَ الذِي تعبدُه **يَشْفِينِي**. **فدعَا لَهُ** رسول اللّـه– صلّى اللّـهُ عليهِ وسلّمَ– فَبرِئَ مِنْ ساعَتِه، فقالَ له أبو طالب يا ابْنَ أخِي ! أرَى ربَّكَ الذِي تعبُدُه يُطِيعُكَ. فقالَ : يا عَمّ وأنْتَ لو أطعْتَهُ **لأطاعَكَ**. وقَالَتْ عَائشةُ – رضي اللّـهُ

عَنْهَا – لرسولِ اللّـه – صلّى اللّـهُ عليه وسلّمَ – : إنّي أرَى ربّكَ يسارِعُ في **هَوَاكَ**. وقال بعضُ الحكماءِ : إذا أردْتَ أنْ تَعْرِفَ قَدْرَكَ عندَ اللّـه، **فانْظُرْ قَدْرَ اللّـه في قَلْبِكَ**.

وأما **قولُنا : يُحَبِّبُكَ إلى إخوانكَ، فلأنَّ المحبَّةَ من اللّـه– تعالَى– إذا حلَّتْ في مكانٍ لَطَّفَتْهُ وألْبَسَتْه من حُسْنِهَا وجَمَالِهَا وبَهَائِهَا مَا يَجْذِبُ القُلُوبَ بلُطْفه، فالقُلُوب تحبّه لجماله**، والعيونُ ترْمُقه لحُسْنه، **والنُّفُوسُ تَهَابُهُ لِجَلاله**. ولهذا قال– عليه السّلامُ–: «خِيَارُ **عباد اللّـه** الذينَ إذَا رُؤُوا ذُكِرَ اللّـهُ»، وذلكَ أنَّ طُلُوع نورِ ما ألْبَسَه الحقُّ لهمْ يَجْذِبُ كلَّ مَنْ نظَرَ إليهم إلى اللّـه.

وقيلَ : إنَّ موسى – عليه السّلامُ– لمَّا رَجَعَ من المُنَاجَاةِ [كلام ربّه في جَبَلِ الطُّورِ]، لَمْ يَنْظرْ إليهِ أحدٌ إلاّ مَاتَ، فَبَرْقَعَ وجْهَهُ أرْبعينَ يَوْمًا، وذلكَ بِقَدْرِ لُبْثِهِ في الطُّورِ في **المُنَاجَاة**. ومنْها قولُه تعالَى–: «وألْقَيْتُ عليْكَ مَحبَّةً منِّي»، وقولُه : «إنَّ الذِينَ آمَنُوا وعَمِلُوا الصَّالِحَاتِ سَيَجْعَلُ لَهُمُ الرَّحْمَنُ وُدًّا».

وأمَّا قَولُنا : **يُوَفِّقُه في جَميع أمُوره**، فلأنَّ المَحْبُوبَ مُرادٌ، والمُرادُ يَتَولَّى أمرَه مُريدُهُ، ولأنَّ المحبوبَ مُرَفَّهٌ والمُرَفَّهُ **مَحْفُوظٌ**. وأيْضا فإنّ **المُحبَّ** يَرْضَى لمحبُوبه المُسْتَحْسَنَ المَرْضِيَّ منْ كُلّ شيءٍ، لأنّه قد تولَّى سياستَه، وما أحسنَ حالَ مَنْ كَانَ الحقُّ سائسَهُ !

ومنْ قَولِه –عليه السّلامُ– : « إذا أحبّ اللّـهَ عبدٌ أقلَّ **طمعَهُ**، ونقَّى ثوبَه، وحبَّبَه إلى النّاس». وقال –عليه السلامُ – عن اللّـه : « لا يزالُ عبْدِي يتقرّبُ إليّ بالنّوَافلِ حتّى أُحبَّهُ، فإذا أحْبَبْتُهُ كنتُ **قلْبَهُ** الذي **يَعْقلُ** به ويدَهُ التي يَبْطشُ بها، وعيْنَه التي يُبْصرُ بها، وسمْعَه الذي يسمَعُ به، وكنتُ له يدًا، ومؤيِّدًا، فإذا صارَ بهذَا النعتِ اعتذرَ [اللّـه] لتَقْصيرِهِ [أي لتقصير العبد] كَما قالَ اللّـهُ تعالَى– : «ولقَدْ عهِدْنَا إلَى آدمَ منْ قَبْلُ **فَنسِيَ** ولَمْ نجدْ لَهُ **عزْمًا**»، ويُقدِّمُ لَهُ **العفْوَ** عَلى **العتْب** كقوْلِه– تعالَى – : «عفَا اللّـهُ عنْكَ لِمَ أذنْتَ لَهُمْ»، ويُمْدَحُ بما لَمْ يَفْعَلْ كقوْله :«وألْزَمَهُمْ كلمَةَ التَّقْوَى وَكَانُوا أحقَّ بِهَا وأهْلَهَا». وقدْ قيلَ في الشِّعْرِ (من بحرِ مخلّع البسيط) :

مَنْ لَمْ يَكُنْ لِلْوِصالِ أهْلاً   فَكُلُّ إحْسانِهِ ذُنُوبُ

وأمَّا قَوْلُنَا : **يحْمِلُ عنْه ثقل خدْمَته**، لأنَّ **المُحبَّ** إذا فَنيَ **بمحبُوبه** لم تبْقَ له **نفْسٌ** ولا **نُفوسيَّةٌ** تجدُ ثقل الخدْمَة، وأيْضًا فُهُو **مطلوبٌ** والمطلوبُ **مُرادٌ** والمُرادُ محْمُولٌ مُعافًى، وأيْضًا فإنّ **المُحبَّ طالبٌ** والطّالبَ مُريدٌ والمُريدَ مَتْعُوبٌ. ولهذا المعْنَى رُفِعَ مُحمّدٌ [إلى السّماء في ليلة الإسْراء والمعْراج] **ورأى ربّه**– تعالى – من غيْر تَعَبٍ، **وصَعِقَ** مُوسَى **وَخَرَّ وَتابَ**، لأنَّ محمّدًا كان مُرادًا وموسى مُريدًا، ومحمّدٌ لمْ يَطْلُبْ وموسى طَلَبَ، والبلاءُ موكَّلٌ [مرتبط] بالمَنْطق، ومنْهَا قالَ النَّبيّ – صلّى اللّهُ عليه وسلّم – لعبدِ الرَّحْمن بن سَمُرَةَ : «يا عبدَ الرَّحْمان لا تَسْأَلِ الإمَارَةَ، فإنّكَ إن أُعْطيتَها من غيْرِ مَسْأَلَةٍ أُعِنْتَ عليْهَا، وإن أُعْطيتَهَا عن مسألة وُكِلْتَ إليْهَا».

وكانَ أيوبُ السِّخْتيانِي يقول: اللّهم إن كنْتَ أذنْتَ لأحدٍ أن يصلِّيَ في **قبْره** فأْذَنْ لي. فكانَ أصحابُ الجصِّ يقولون: كنّا إذا عبَرْنا بقبْره في الأسْحارِ نَسْمَعُ قراءتَهُ منْ قبْرِه. كُلُّ ذلكَ لمَا كانَ يَسْتَلذُّ **بالخدْمَة** ويسْتَرْوحُ إلى **العبادة**. **وقيل إنّ عامرَ بْنَ عبْد الْقيْس لمَّا حضَرهُ الْموْتُ بكَى. فقيل له : ما يُبْكيكَ ؟ فقالَ : أبْكي علَى ظمَإِ الْهواجِرِ وقيامِ ليْلِ الشّتاءِ**. كلُّ هذا لأنَّ اللّهَ رَفعَ عنْهُمْ **ثقلَ الخدْمَة** وبدّلَهُمْ [منه] وجودَ **اللّذاذة لها**.

أمّا قَوْلُنا: **يُعْطيكَ قدْرَ حاجتكَ** (فـ) لعلْمه أنَّها تَضرُّكَ فَيَحْميكَ **الفضْلُ** منْهَا **صيانَةً** لكَ، ويُعطيكَ قدْرَ حاجتكَ **شَفقَةً** منْهُ علَيْك، كمَا يحْمي أحدُكُمْ سَقيمَهُ الماءَ، والسَّقيمُ يَحْتَمي من فَضْلِ الْمَاءِ لعلْمه أنّهُ يَضُرُّهُ، وأيضًا فإنّ **المُحبَّ** يُحبُّ **لحبيبه** ما يُحبّ لنَفْسه، واللّهُ منْذُ خلَقَ الدُّنْيا لَمْ يَنْظُرْ إليْهَا بُغْضًا لَها. وقَال – عليه السَّلامُ – : «لَوْ عَدلَتِ الدُّنْيا عنْدَ اللّهِ – تعالَى – قدْرَ جَناحِ بَعُوضَةٍ، مَا أَعْطَى منْهَا **الكافرَ** شَيْئًا».

وأمّا قولنا : **يُكْثرُ بَلاءَهُ ومحْنَتَهُ**، (فـ) كيْلا يَسْتَكنَ إليْهَا **غيْرَةً** منْه علَيْه، ولتَدُومَ **اسْتغَاثَتُهُ منْهَا** إليه، وليحْرِصَ علَى **الخُرُوجِ** منْهَا **والْقُدُوم** علَيْه. ومنْهَا قالَ– عليه السّلامُ– : «**الدُّنْيَا سجْنُ** المُؤْمنِ **وجَنَّةُ الْكَافرِ**»، لأنَّ المُؤْمنَ يُريدُ الاتّصالَ، والدُّنْيَا حَابسَتُه والمَحْبُوس مَسْجُونٌ .

وقَالَ– عليه السّلامُ– « إذا أحَبَّ اللّهُ **عبْدًا** ابْتلاهُ، فإذا أَحَبَّهُ الحبَّ البَالِغَ **اقْتَنَاهُ** ». قيلَ : وما اقْتَنَاهُ ؟ قالَ : «يُميتُ **أهْلَهُ** وَولَدَهُ ويُفرِّغُهُ **لعبَادَته** ». وقدْ قيلَ : يقولُ اللّهُ

تعالى : « مَنْ طَلَبَنِي **قَتَلْتُهُ** ومَنْ أَحبَّنِي **أَبْلَيْتُهُ** ومَنْ هَرَبَ مِنِّي أَحْرَقْتُهُ». وقالَ –عليه السّلامُ– : «نحنُ معاشرَ الأنبياءِ أكثرُ الناس بَلاءً ثمّ الصالِحُون، ثم الأمثلُ فالأَمْثَلُ، فمَنْ **ثَخُنَ** دينُه ثَخُنَ بَلاؤُهُ، ومن رَقَّ رَقَّ بَلاؤُهُ ».

وأمّا قولُنا : **يُخْفِيه عن خلْقِه،** (فـ) لأنّ **الخَلْقَ** لَوْ علِمُوا قَدْرَ محبّةِ **اللّه** لهُ لَعَبَدُوهُ، **فغارَ الحقُّ عليْه** أن يَشْهرَهُ لخلْقِه، ورفَقَ به أن يُبْلِيَهُ بقبُولهم لهُ. وقالَ –عليه السّلامُ–: « إنّ اللّهَ – تعالى– يُحبُّ **الأَتْقِياءَ الأَخْفِياءَ** الذينَ إذا غابُوا لَمْ يُفْقَدُوا، وإذا حَضَرُوا لم يُعْرَفُوا، **قُلُوبُهُمْ** مصابيحُ الدُّجَى، لو أقسَمَ [أحدهم] على اللّه **لأَبرَّهُ** ». وقِيلَ : لو قَسَّمَ ودَّهُ على أهلِ الأرضِ لَوسِعَهُمْ، وأَعْلَمْ أنَّ تِلْكَ المصابيحَ في **القلوبِ هي نورُ المحبّةِ.**

وأمّا قولُنا : **يُضايِقُه ولا يُسامِحُه** (فـ) لأنَّ المُخالَفَةَ من المحْبُوبِ في **مَشْهَدِ القُرْبِ** أصعبُ مِنْها منَ **الأجنبيّ في حَالِ البُعْدِ**، ولِهَذا المعْنَى أَخْرَجَ آدمَ من الجنّةِ بِزلّةٍ كانَتْ مِنْه نَعْمَلُ مِثْلَهَا نَحْنُ في اليومِ الواحِدِ أضعافًا ولا نُعَاتَبُ علَيْهَا.

و(مِنْه) قوْلُهُ تَعالَى: «وَذَا النُّونِ إِذْ ذَهَبَ مُغَاضِبًا فظَنَّ أَنْ لَنْ نقْدِرَ علَيْه». أي: ظَنَّ أَنْ لا نُضيِّقَ علَيْه في هذَا الْقَدْرِ ولا نُؤَاخِذَهُ بِه. كقولِه : « ومَنْ قَدرَ علَيْه رِزْقَهُ [أي مَنْ ضيّقَ] فَلْيُنْفِقْ ممَّا آتَاهُ اللّه».

وَأمَّا قولُنَا : **يُحسّنُ أَخْلاقَهُ،** (فـ) لأَنّه يَخْلَعُ عَلَيْه مِنْ حُبِّه **خلعًا**، ومِنْ أَخْلاقِه أَخْلاقًا، وَيُلْبِسُهُ مِنْ **نُورِه** نُورًا، ومِنْ **جَمَالِه جَمالاً**، وَمِنْ بهائِه بَهاءً، ومِنْ كرَمِه **كرَمًا**، وَمِنْ حِلْمِه **حلْمًا**، وَمِنْ **بِرِّه** بِرًّا، ومِنْ سَخَائِه **سَخَاءً**، وهكذا سائرُ الصفاتِ، فيتخلَّقُ بأَخلاقِ اللّه – تعالى–.

وَمِنْهَا قالَ اللَّهُ– تَعالَى– لِنَبيِّه– عليه السّلامُ– : « وإنَّكَ لَعَلَى خُلُقٍ عَظيم»، لأَنَّهُ تَخلَّقَ بأَخْلاقِه اللاّبِسَة لَهُ، قَالَ – عليه السَّلامُ –: « إنَّ للّه ثلاثمائةٍ وستّينَ **خُلُقًا.** من تخلَّقَ مِنْهَا بواحدةٍ دَخلَ الْجنّةَ » كيْفَ ومَنْ تَخلَّقَ الأَكْثَرَ أَوْ بالْكُلِّ ؟ ومِنْهَا قالَ – عليه السّلام – : « أَحبكُّمْ إلى اللّهِ أَحْسَنُكُمْ خُلُقًا » **لأنّهُ بقدْرِ محبّتِه لهُ يَخْلَعُ عليْه**، وبِمِقْدارِهَا يُؤثِّرُ فيه.

وأمَّا قَوْلُنَا : **يُبَغِّضُ إليهِ الدُّنْيَا**، (فـ) لأنَّ الدُّنيا بعيدةٌ مِنَ اللَّـهِ، والمُحِبُّ لا يُحِبُّ مَنْ أبْعَدَهُ مِنْ حَبِيبِه، ولأنَّها مَبْغُوضَةٌ إلى اللَّـه، **والْمَحْبُوبُ** يُوافِقُ حَبِيبَهُ فَيَبْغَضُهَا لِبُغْضِهِ لَها، ومِنْهَا قِيلَ : **حقيقةُ المحبَّةِ** أن تُحِبَّ ما يُحِبُّه **حَبِيبُكَ** وتُبْغِضَ مَا يُبْغِضُ حَبِيبُك.

ورُوِي في بعْضِ الأخْبَارِ أنّ اللَّـه –تعَالى – يقول : «اسْتَوْجَبَ المُتَوَكِّلُونَ عَلَى كَمَالِ مَحبتِّي ولَيْسَ لذلك **علمٌ ولا غايَةٌ**، كلَّما أذَقْتُهُمْ مِنْهَا علمًا رَفَعْتُ لَهم منْها علمًا لم يخطُرْ على بَالِهِمْ أولئِك الّذِينَ يَنْظُرونَ إلى الدُّنْيَا بِنَظَرِي إلَيْهَا».

فَهَذَا تفسيرُ أبْوابِ شَوَاهِدِ مَحبّةِ اللَّـهِ – تعالى– لِعَبْدِه.

الشـــروح

بلاءٌ : محنة تنزل بالمرء لِيُخْتَبَرَ بها.

يُسارع في هواك : يجيبك إلى ما تريده دون تأخير.

رَمَقَهُ : نظر إليه.

جلالٌ : عَظَمَةٌ.

بَرْقَعَ وَجْهَهُ : غَطَّاهُ بالبُرْقُع، وهو قِنَاعُ النِّسَاء والدوابِّ.

مُرادٌ : مَطْلُوبٌ.

نَوافِلُ : عبادات تطوُّعيّةٌ.

صَعِقَ : غُشِيَ عليه.

البَلاءُ مُوَكَّلٌ بالمنطق : المصائب مربوطة بما يقوله الإنسانُ.

وُكلْت إليها : تُرِكْتَ بدون مُساعدة.

أصحابُ الجِصّ: الذين يستخرجون الجِصّ من الجبل.

أَسْحَارٌ : مفرده سَحَرٌ، وَهو آخر اللّيل قُبَيْل الفجر.

هَوَاجِرُ : مفرده هاجِرَةٌ، وهي نِصْفُ النَّهار عند اشْتِدَاد الحَرِّ.

سَقِيمٌ : مَرِيضٌ.

استَكَنَ : خَضَعَ وذَلَّ.

الأَمْثَلُ فالأمثل : الأَحْسَن فالأحسَن.

ثَخُنَ : غَلُظَ وَصَلُبَ.

أَبَرَّ اللَّـهُ قَسَمَهُ : أجَابَهُ إلى مَا أَقْسَمَ عليه.

ذو النّون : صاحب الحوت، وهو النبيّ يونس بن متّى، الذي ابتلعه الحوت، وبقي في بطنه مدّة طويلة، ثم خرج سليمًا.

خَلَعَ عليه الشيء: أعطاه إيّاه.

التدريبات

1- أسئلة حول النصّ:

1- من هو الديلمي؟

2- إلى أيّ بلد يُنسب؟

3- متى ولد ؟ وأين نشأ؟

4- على من تعلّم الديلمي ؟

5- كم سنة صحب أستاذه ؟

6- ما البلدان التي تنقّل فيها الديلمي ؟

7- ما أنواع المعرفة التي حصّلها الديلمي في حياته؟

8- ما المجالات التي ألّف فيها الديلمي كتبه ؟

9- من أشهر العلماء الذين اتّصل بهم الديلمي ؟

10- بم تتميّز كتابات الديلمي ؟

11- ما أشهر الكتب التي ألّفها الديلمي ؟

12- ما عنوان كتاب الديلمي الذي أخذ منه النص الذي ندرسه ؟

13- ما معنى هذا العنوان ؟

14- هل ابتكر الديلمي هذا العنوان أم أخذه عن غيره ؟

15- ما الفكرة الأساسيّة التي يشتمل عليها الكتاب ؟

16- ما المواضيع التي يشتمل عليها الكتاب ؟

17- ما معنى «الحبّ» و «المحبوب» و «المحبّ» ؟

18- ما الصفات الحسنة للمحبّة بمعناها الصوفيّ ؟

19- هل يمكن أن تذمّ المحبّة في ذاتها ؟

20- ما معنى «السبب العارض»؟

21- ما أنواع شواهد الحبّة؟

22- ما الصفات التي يتّصف بها أسلوب كتاب الديلمي ؟

23- ما موضوع نصّنا هذا ؟

24- كم عدد النقاط التي تناولها هذا النص ؟

25- ما طريقة الديلمي في شرح هذه النقاط ؟

26- لماذا يُكثر الديلمي من الاستشهاد بالنصوص الدينيّة؟

27- ما نوع ثقافة المؤلّف التي يكشف عنها شرحه للنصوص ؟

28- ما نوع المصطلحات التي تتردّد في النصّ أكثر من غيرها؟

29- لماذا تختلف فقرات النصّ قصرا وطولا ؟

30- لماذا يعدّ هذا النّص من أهمِّ النّصوص التي تشرح نَظَرِيَّة الحبّ الإلهي ؟

31- ما معنى الحديث القدسيّ الذي يقول : «يا جبريل إنّ محبّتي هي الدليل عليّ»؟

32- ما الذي طلبه أبو طالب من النبيّ حين دخل عليه وهو مريض ؟

33- ماذا قال أبو طالب للنبيّ ردّا على ذلك ؟

34- وما الذي قاله النبيّ لعمّه ؟

35- هل استجاب اللّه لدعوة النبيّ لأبي طالب؟

36- ما الذي حدث للنبيّ موسى حين عاد من مناجاة ربّه؟

37- ما معنى أنّ موسى «برقع» وجهه؟

38- ما معنى البيت القائل :

مَنْ لَمْ يَكُنْ لِلْوِصَالِ أَهْلا فَكُلُّ إِحْسَانِهِ ذُنُوبُ

39- لماذا رأى محمّد ربّه دون تعب في حين صُعِق موسى حين رآه؟

40- لماذا يجب على الإنسان ألاّ يطلب «الإمارة» (الحكم)؟

41- لماذا بكى عامر بن عبد القيس لمّا حضره الموت؟

42- ما معنى الحديث القائل : «الدنيا سجن المؤمن وجنّة الكافر»؟

43- ما معنى الحديث القائل : «إذا أحبّ اللّه عبدا ابتلاه»؟

44- ما أنواع عباد اللّه الذين يبتليهم ؟ وكيف تتحدّد مراتبهم طبقا لهذا الابتلاء؟

45- ما معنى قوله تعالى في وصف النبي محمّد : «وَإِنَّكَ لَعَلَى خُلُقٍ عَظِيمٍ»؟

46- كيف تكون كراهيّة الدنيا دليلا على محبّة اللّه الإنْسَان؟

47- ما معنى هذه العبارة الواردة في الحديث : «إذا غابوا لم يُفْقَدُوا وإذا حضروا لم يُعْرَفُوا»؟

48- ما المقصود بعبارة : «قلوبُهم مصابيحُ الدُّجَى»؟

2- صواب أم خطأ؟

1- «الديلمي» نسبة إلى بلاد الديلم.

2- ولد الديلمي بمدينة أصفهان .

3- ليس تاريخ وفاة الديلمي معروفا بالضبط.

4- تشبه آراء الديلمي في التصوّف آراء الحلّاج ولكن في اعتدال.

5- كان الديلمي يكره التنقّل ويحبّ الاستقرار.

6- اشتهر الديلمي بحبّ التصوّف.

7- يهتمّ الديلمي بالتجارب الواقعيّة، والنقل عن الآثار المكتوبة.

8- الأصل العربي لكتاب «سيرة أبي عبد اللّه بن خفيف الشّيرازي» مفقود.

9- موضوع كتاب «عطف الألف المألوف على اللام المعطوف» هو الفلسفة الإسلاميّة.

10- للحروف الموجودة في عنوان الكتاب دلالة رمزية.

11- من يذمّ المحبّة يذمّها لسبب عارض، وأمّا أصل المحبّة فلا يمكن أن يُذمّ أبدا.

12- شواهد المحبّة- عند الديلمي -عشرون نوعا.

13- مضى على تأليف كتاب الديلمي حوالي ألف سنة.

14- يفتقد كتاب الديلمي التنسيق بين أجزائه.

15- لغة كتاب الديلمي صعبة جدّا.

16- كتاب الديلمي أهمّ كتاب ألّف في موضوع «العشق الإلهي».

17- موضوع النصّ الذي ندرسه شواهد المحبّة بين الناس.

18- يُجمل الديلمي شواهد المحبّة في عشر نقاط.

19- يكثر الديلمي في النصّ من الاستشهاد بالشعر.

20- لغة هذا النص قويّة لكنّها ليست معقّدة.

21- النصّ مليء بالمصطلحات الصوفيّة.

22- تختلف فقرات النصّ بين الطول والقصر.

23- يكثر في النص الاستشهاد بالآيات القرآنية.

24- إذا أحبّ اللّه عبدا حبّبه إلى إخوانه.

25- محبّة اللّه هي الدليل عليه.

26- يفهم من النص أنّ أبا طالب كان مسلما.

27- يقال إنّه لمّا رجع موسى من المناجاة لم ينظر إليه أحد إلاّ مات.

28- النوافل تقرّب الإنسان إلى اللّه.

29- رُفع محمّد إلى ربّه من غير تعب.

30 - من طلب ان يُوَلّى الحكم لا يُعينه اللّه عليه.

31 - قيل إنّ أيّوب السختياني كان يصلّي في قبره.

32- المحبّ يحبّ لحبيبه ما يحبّ لنفسه.

33- بكى عامر بن عبد القيس حين اقترب موته لأنّه كان يخاف الموت.

34 - المصائب دليل على أنّ اللّه يكره الإنسان.

35- الأنبياء أكثر الناس بلاء، ثم الصالحون، ثم الأمثل فالأمثل.

36- إذا أحبّ اللّه عبدا حسّن أخلاقه.

37- إذا أحبّ اللّه عبدا جعله يحبّ الدنيا.

38- يقول بعض الصوفيّة إنّ للّه ثلاثمائة وستّين خُلُقا.

39- من أدلّة محبّة اللّه للإنسان أن يجعله صاحب شهرة وجاه.

40- إذا أحبّ اللّه عبدا أجابه إلى طلبه.

41- عبارة المؤلّف في هذا النص ضعيفة جدّا.

42- هذا النصّ مفيد لكنّه صعب جدّا.

43- تكثر في هذا النص الآيات القرآنية والأحاديث القدسيّة والنبويّة.

3- أكمل الجمل الآتية بما يناسبها من الكلمات التالية :

نقطة - أولعوا - المقدّمات - تكشف - فضوله - حضر - ورث - يدي - أحسن - حيث - بغضا - كنت - معاشر - تسأل - يسارع.

1- طريقة المؤلّف في تناوله الموضوع ....عن ثقافة واسعة.

2- يشرح المؤلف الموضوع..........................نقطة.

3- تأثّر الديلمي بأفكار أستاذه و.......................عنه آراءه.

4- تعلّم على..........................شيخ من كبار الصوفيّة.

5- كان...........................دافعا له إلى التعلّم من كلّ التجارب التي مرّ بها.

6- الصوفيّة هم الذين.......................بالبحث وراء استخدام الحروف.

7- أسلوب الكتاب دقيق في انتقاله من....................إلى النتائج ومن الأسباب إلى.............

8- فحينئذ لا انقسام بين العبد وربّه من ....فناؤه فيه.

9- إني أرى ربّك.............................في هواك.

10- ما.....................حال من كان الحقّ سائسه.

11- فإذا أحببته ....قلبه الذي يعقل به.

12- لا................................الإمارة.

13- لمّا................................الموت بكى.

14- لم ينظر اللّهُ إلى الدنيا منذ خلقها ....لها.

15- نحن........................الأنبياء أكثر الناس بلاء.

لاحظ العبارة التالية :

فحينئذ لا انقسامَ بين العبد وربّه **من حيثُ فَنَاؤه** به.

- «حيث» **ظرف مكان مُبْهَم** (أي غير محدّد المعنى) ويجب أن يضاف إلى شيء بعده لكي يأخذ منه تحديد معناه.
- تضاف «**حيث**» إلى الجملة الاسميّة أو الجملة الفعليّة .

- في العبارة السابقة أضيفت حيث إلى جملة اسمية هي : «**فناوه به**». ومن أمثلة إضافة «حيث» إلى الجملة الاسمية أيضا : «حيث إنّ **المتَّهم بريءٌ إلى أن تَثْبُتَ إدَانَتُه** فمن الواجب ألاّ يُعَامَلَ مُعَامَلَة المُذْنِبِينَ».

ومن أمثلة إضافة حيث إلى الجمل الفعلية قوله تعالى : «اللّـهُ أَعْلَمُ حَيْثُ **يَجْعَلُ رِسَالَتَهُ**».

- تستخدم «حيث» في لغة القضاء في الوقت الحاضر مضافة إلى كلّ سبب من الأسباب التي يبني عليها القاضي حُكْمَه في قضيّة ما، فيقال مثلا: «حيثُ إنّ المتَّهم قد ضُبِطَ في مكان الجريمة، وحيث إنّ الشُّهودَ قد رأَوْه ممسكًا بالسكّين في يده، وحيثُ إنّه لم يُقَدّم شرحا لسبب وجوده في هذا المكان...الخ...الخ، فالمحكمة ترى كذا وكذا». ولهذا تسمّى الأسباب التي يقدّمها القاضي لحكمه «**حَيْثِيَّاتِ الحُكْمِ**».

ويحسن، في غير الأسلوب القضائيّ، الاستعاضة عن «حيث...» بتراكيب أخرى مثل: نَظَرًا إلى ...، بِمَا أَنَّ...

4- **أكمل العبارات التالية بما يناسبها:**

1- خاصم الحيوان الإ نسان من حيث إنّه.........................

2- الحيوان أقوى على الدفاع عن نفسه من حيث ....

3- ....من حيث كونه مؤسّس علم الاجتماع.

4- تعتبر رحلة ابن بطّوطة من أشهر الرحلات في التاريخ من حيث..........................

5- .... من حيث إنّها عطفت عليه وأرضعته.

6- ....من حيث اللّون والحجم.

7- ....من حيث تفوّقها على لغات البشر.

8- بلغ به الشبع بحيث أصبح ....

9- ....بحيث يخيفك ولا يظهر.

10- ....بحيث ....

لاحظ التعبيرات التالية:

نحن- **مَعَاشِرَ الأنْبِيَاءِ** - أَكْثَرُ النَّاسِ بلاءً.

- الجملة السابقة من نوع ما يسمّى «**بأسلوب الاختصاص**» .فقد ورد فيها ضمير المتكلّمين: «نحن» متبوعا بعبارة «**معاشرَ الأنبياء**» لكي تفسّر المقصود بالضمير أو تخصّص معناه. نلاحظ أن «معاشر الأنبياء» قد فصلت بين طرفي الجملة وهي : **نحن، وأكثر الناس بلاء.**

- يرد أسلوب الاختصاص دائما بعد ضمير المتكلّم- سواء أكان مفردا أم مثنّى أم جمعا- وذلك لتوضيح المقصود بضمير المتكلّم إذا كان ذلك ضروريا.

- الكلمة التي تشرح الضمير تكون منصوبة دائما مثل كلمة «**معاشرَ** » هنا.

- من أمثلة أسلوب الاختصاص أيضا :

* لنا -مَعْشَرَ الأنصارِ- مجدٌ مؤثَّلٌ   بإرضائِنا خيرَ البَريّةِ أحمدَا

(مؤثّل : ثابت -أحمد : اسم من أسماء النبيّ محمّد صلّى اللّه عليه وسلّم).

نَحْنُ- معاشرَ الأنبياء -لا نُورَثُ. ما تركناه صدقةٌ (حديث شريف).

* نحن -رئيسَ الدّولةِ -قرّرنا منحَ جائزةِ الدولةِ التقديرية إلى العالمِ الجليل...

5- **أكمل العبارات التالية بما يناسبها:**

1- الملاحظة والتجربة أنْ...

2- محبّة الخواصّ هي ....

3- يقال إنّ موسى بَرْقَعَ وجهه بعد...

4- إذا أردت أن تعرف قدرك عند اللّـه..

5- ما أَحْسَنَ حالَ من...

6- إذا أحبّ اللَّـه عبدا...

7- لا تسأل الإمارة فَإنَّكَ إنْ...

8- أخرج اللَّـه آدم من الجنة لأنّه.......................................

9- أَحَبُّكُمْ إلى اللَّـه...

10- نرتكب في اليوم الواحد كثيرا من المعاصي لكنّ اللَّـه.................

6- اشرح الكلمات التالية شرحا لغويا اعتمادًا على المعجم، ثم حاول تحديد مدلولاتها الاصطلاحية لدى الصوفية اعتمادًا على أحد المؤلفات المعنية بهذا الموضوع.

النور - الاتحاد - الفناء - الهوى - القلب - العبودية - الولي- الحال - المريد.

7- تعبير كتابي:

أكتب قصة حبيبين مشهورين في التراث العربي أو العالمي.

من الشعر العربي (14)

اقرأ واحفظ

البُوصِيري في مدح الرسول صلّى اللَّه عليه وسلم

(من بحر البسيط)

أَمِنْ تَذَكُّرِ جيرانٍ بِذِي سَلَمِ مَزَجْتَ دَمْعًا جَرى مِنْ مُقْلَةٍ بِدَمِ
أَمْ هَبَّتِ الريحُ مِنْ تِلْقَاءِ كَاظِمَةٍ وَأَوْمَضَ الْبَرْقُ في الظَّلْمَاءِ مِنْ إِضَمِ
فمَا لعَيْنَيْكَ إنْ قُلْتَ اكْفُفا هَمَتَا وَمَا لِقَلْبِكَ إنْ قُلْتَ اسْتَفِقْ يَهِمِ
أَيَحْسَبُ الصَّبُّ أَنَّ الحُبَّ مُنْكَتِمٌ مَا بَيْنَ مُنْسَجِمٍ منهُ ومُضطَرِمِ
لَوْلَا الهَوَى لَمْ تُرِقْ دَمْعًا عَلَى طَلَلٍ ولا أَرِقْتَ لِذِكْرِ الْبَانِ والعَلَمِ
فَكَيْفَ تُنْكِرُ حُبًّا بَعدَمَا شَهِدَتْ بِهِ عَلَيْكَ عُدُولُ الدَّمْعِ والسَّقَمِ(...)
مُحمَّدٌ سَيِّدُ الكَوْنَيْنِ والثَّقَلَيْـ ـنِ والفَرِيقَيْنِ مِنْ عُرْبٍ وَمِنْ عَجَمِ
هُوَ الحَبِيبُ الذي تُرْجَى شَفَاعَتُهُ لِكُلِّ هَوْلٍ مِنَ الأَهْوَالِ مُقْتَحَمِ
دَعَا إِلَى اللَّهِ فالمُسْتَمْسِكُونَ بِهِ مُسْتَمْسِكُونَ بِحَبْلٍ غَيْرِ مُنْفَصِمِ
فَاقَ النَّبِيِّينَ في خَلْقٍ وفي خُلُقٍ وَلَمْ يُدَانُوهُ في عِلْمٍ ولاَ كَرَمِ
وَكُلُّهُمْ مِنْ رَسُولِ اللَّهِ مُلْتَمِسٌ غَرْفًا مِنَ البَحْرِ أَوْ رَشْفًا مِنَ الدِّيَمِ
ووَاقِفُونَ لَدَيْهِ عِنْدَ حَدِّهِمُ مِنْ نُقْطَةِ الْعِلْمِ أَوْ مِنْ شَكْلَةِ الحِكَمِ
فَهْوَ الذي تمَّ معناهُ وصُورَتُهُ ثمَّ اصْطَفَاهُ حَبِيبًا بَارِئُ النَّسَمِ
مُنَزَّهٌ عَنْ شَرِيكٍ فِي مَحَاسِنِهِ فَجَوْهَرُ الحُسْنِ فيه غَيْرُ مُنْقَسِمِ (...)

فَمَبْلَغُ العِلْمِ فيهِ أنَّهُ بَشَرٌ وأَنَّهُ خَيْرُ خَلْقِ اللَّهِ كلِّهِمِ
وكُلُّ آيٍ أَتى الرُّسْلُ الكِرامُ بها فإِنَّما اتَّصَلَتْ مِنْ نُورِهِ بِهِمِ
فَإِنَّهُ شَمْسُ فَضْلٍ هُمْ كَواكِبُها يُظْهِرْنَ أَنْوارَها للنَّاسِ في الظُّلَمِ
أَكرمْ بِخَلْقِ نَبِيٍّ زانَهُ خُلُقٌ بالحُسْنِ مُشْتَمِلٍ بالبِشْرِ مُتَّسِمِ
كالزَّهْرِ في تَرَفٍ والبَدْرِ في شَرَفٍ والبَحْرِ في كَرَمٍ والدَّهْرِ في هِمَمِ (...)
سَرَيْتَ مِنْ حَرَمٍ لَيْلاً إلى حَرَمٍ كَمَا سَرى البَدْرُ في دَاجٍ مِنَ الظُّلَمِ
وَبِتَّ تَرْقَى إلى أَنْ نِلْتَ مَنْزِلَةً مِنْ قابِ قَوْسَيْنِ لَمْ تُدْرَكْ ولم تُرَمِ
وقَدَّمَتْكَ جَميعُ الأَنْبِياءِ بِهَا والرُّسْلِ تَقْديمَ مَخْدُومٍ عَلَى خَدَمِ
وأنتَ تَخْتَرِقُ السَّبْعَ الطِّباقَ بِهِمْ في مَوْكِبٍ كُنْتَ فيه صاحِبَ العَلَمِ (...)
يا أَكْرَمَ الخَلْقِ ما لي مَن أَلوذُ بِهِ سِواكَ عندَ حُلولِ الحادِثِ العَمِمِ (...)
يا رَبِّ واجعلْ رُجائي غَيْرَ مُنْعَكِسٍ لَدَيْكَ واجعلْ حِسابي غَيْرَ مُنْخَرِمِ
والْطُفْ بِعَبْدِكَ في الدَّارَيْنِ أنَّ لَهُ صَبْرًا مَتى تَدْعُهُ الأَهْوالُ يَنْهَزِمِ
وأْذَنْ لِسُحْبِ صَلاةٍ مِنْكَ دائِمَةً على النَّبيِّ بِمُنْهَلٍّ وَمُنْسَجِمِ
ما رَنَّحَتْ عَذَباتِ البانِ رِيحُ صَبًا وأَطْرَبَ العِيسَ حادي العِيسِ بالنَّغَمِ

الشاعر : الإمام محمّد بن سعيد الصّنهاجيّ (المغربيّ الأصل) البُوصِيري (المصري المنشإ). أقام بالإسكندريّة آخر حياته وتوفّي فيها، ودفن في قبره الذي بني عليه مسجده المسمّى باسمه. كانت ولادته سنة 608 هـ / 1212 م ووفاته سنة 696 هـ / 1227 م . هو أحد أئمّة الصوفيّة، اشتهر بقصيدته « البُرْدَة» أو « الكواكب الدرّيّة في مدح خير البريّة»، وهذه القصيدة مشهورة بمدح الرسول صلّى اللّه عليه وسلّم في كلّ أنحاء العالم الإسلامي، ومنها هذه الأبيات.

الشــروح

ذو سلم : اسم موضع.

المقلة: العين.

إضم: اسم واد .

همت العين : سكبت الدمع وصبّته.

هام القلب : تاه.

الصبّ : العاشق.

منكتم : مستور .

منسجم: سائل من الدمع.

مضطرم : مشتعل، متّقد.

طَلل : ما بقي من آثار الديار بعد رحيل أصحابها .

أراق الدمع : سكبه.

أرقت : امتنع عليك النوم ليلا.

البان : نوع من الشجر يشبّه به الحسان في الطول واللين .

الثقلان : الإنس والجن .

اقتحم : هجم، دخل عنوة.

هول: ج أهوال: المخيف.

منفصم : منقطع، منكسر.

رشف: مصّ.

ديم: ج: ديمة وهي المطر يدوم زمانه في سكون بلا رعد أو برق.

نسم: ج. نسمة وهي الإنسان.

مَبلغ العلم : غاية العلم.

متّسم : متّصف، له علامة.

سرى : مشى ليلا.

ترقى : تصعد.

قاب قوسين : كناية عن القرب.

لم ترم (من فعل رام يروم) لم تطلب.

السبع الطباق: السبع سماوات.

أَلُوذ به : ألجأ إليه.

الحادث العمم : يوم الحساب.

منهلّ : منسكب.

منسجم: سائل برفق.

رنّحت : أمالت .

عذبات: أغصان.

العيس: الإبل التي يخالط بياضها شقرة.

الحادي : سائق الإبل والحاثّ على سيرها بالغناء.

الدَّرْسُ السَّادِسَ عَشَرَ

خطبة النبيّ عليه الصّلاة والسّلام في حِجّة الوَدَاع

الخطابة فنّ عربيّ قديم، ساعد على ازدهاره في مجتمع الجزيرة العربيّة قبل الإسلام اعتماد العرب على المشافهة، أي التواصل عن طريق الكلمة المنطوقة. وساعد على ازدهاره أيضا وجود الحاجة إلى هذا النوع من الخطاب الجماعيّ في المناسبات التي اقتضتها طبيعة الحياة في هذا المجتمع، مثل الدعوة إلى الحرب (وقد كانت كثيرة الحدوث بين القبائل المختلفة)، ومفاوضات الصلح، والقدوم على الملوك والأمراء ورؤساء القبائل لطلب المساعدة، والتفاخر بالقبيلة ومنجزاتها في الأسواق والمحافل الأدبيّة. وبمجيء الإسلام اكتسبت الخطابة روحا جديدة، إذ أصبحت لسان الدعوة للدِّين، كما أصبحت ركنا من أركان بعض العبادات الإسلاميّة مثلما هو الحال في صلاة الجمعة والعِيدَيْن. والخطبة التي سندرسها قالها النبيّ محمّد صلّى اللّه عليه وسلّم في حِجّة الوَدَاع، لذلك تعتبر من الحديث النبويّ إلى جانب كونها نموذجا لفنّ الخطابة في التراث العربيّ.

مداخل إلى دراسة النّصّ

1- مناسبة النّصّ :

-قيلت هذه الخطبة في حِجّة الوَدَاع، وهي الحِجّة التي ودّع فيها النبيّ محمّد صلّى اللّه عليه وسلّم جموع المسلمين، فقد مات بعدها بقليل.

- كان خروج النّبيّ من المدينة، حيث كان يقيم منذ هجرته إليها، إلى مكّة، حيث يوجد البيت الحرام والأماكن المقدّسة الأخرى، يوم الخامس والعشرين من ذي القَعْدَة في السنة العاشرة من الهجرة (631 م) . وقد بلغ مكّة في اليوم الرابع من شهر ذي الحِجَّة.

- وفي اليوم الثامن من ذي الحِجَّة وصل مِنًى خارجَ مكّة، وفي اليوم التاسع وقف على جَبل عَرَفَات كما تقضي بذلك فريضة الحجّ، وهناك ألقى هذه الخطبة على جميع من أَدَّوْا معه فريضة الحجّ ذلك العام.

- يقدّر العدد الذي صحب الرسول في رحلته إلى مكّة في ذلك العام لأداء فريضة الحجّ بتسعين ألفا من المسلمين رجالا ونساء. وفي تقدير آخر كانوا مائة وأربعة عشر ألفا. وهذا الوفد الكبير يعكس عظمة قوّة المسلمين، واستقرار الإسلام، وسيادته على جزيرة العرب في ذلك الوقت المبكّر من تاريخ الدعوة الجديدة.

- اِتّخذ النبيّ من هذه المناسبة - كما كان يفعل دائما- فرصة ليعلّم المسلمين شعائر الحجّ وتعاليمه، فقد تنقّل في الأماكن المقدّسة، وشرح للصّحابة ما ينبغي عمله في الحجّ خطوة خطوة، وأجاب عن استفساراتهم.

- في اليوم التّاسع من ذي الحِجَّة وقف النبيّ والمسلمون على جبل عَرَفَة. والوقوف على عرفة هو المناسبة الوحيدة التي يجب أن يجتمع فيها جميع الحُجّاج معا في مكان واحد أثناء فريضة الحجّ.

- الوقوف بعَرَفَة أيضا هو ركن الحجّ الأساسيّ الذي لا يتمّ الحجّ ولا يحتسب للمسلم حجُّه إلاّ به، لذلك يقال : « الحَجّ عَرَفَة».

- اِجتمع لسماع خطبة النبيّ في ذلك اليوم المشهود عدد لم يجتمع لخطيب من قبله في الجزيرة العربيّة، لذلك اتّخذت وسائل للإبلاغ والاستماع بعضها يتّفق وتقاليد الخطابة المتوارثة عند العرب، وبعضها مستحدث اقتضته المناسبة الفريدة لهذه الخطبة.

- ألقى النّبي خطبته - كما كان يفعل الخطباء من قبله- من فوق ظهر ناقته. ولكي يتمكّن جميع الحاضرين من سماع كلامه اتّخذ لنفسه « مُبلِّغا» هو ربيعة

ابن أميّة بن خلف (والمُبلِّغ شخص يقف على مسافة مناسبة من الخطيب ويردّد كلامه لكي يصل إلى الذين لا يسمعون الخطيب مباشرة).

- كذلك تمّ إلقاء الخطبة مُجزَّأة وبطريقة تشبه الحوار أو الأسئلة التي تقدّم عليها أجوبة. فمثلا كان الرسول يقول لربيعة بن أميّة (المبلّغ) : قل : يا أيّها الناس إنّ رسول اللَّه صلّى اللّه عليه وسلّم يقول : « هل تدرون أيّ شهر هذا ؟» فيبلّغهم ربيعة ابن أميّة بهذا فيردّون عليه قائلين معا : « الشهر الحرام»، فيقول النبيّ : «إنّ اللَّه قد حرّم عليكم دماءكم وأموالكم...» إلى آخر ما سيأتي في النص.

- حوت هذه الخطبة تلخيصا لأوامر الدِّين ونواهيه بصفة عامة، كما قدّمت مناهج للسلوك الذي ينبغي للمسلم أن يتّبعه في حياته وصِلاَته بربّه وبالناس من حوله، لذلك فقد اعتبرت ختاما للرّسالة التي جاء بها النبيّ للبشريّة.

- في هذه المناسبة نزلت الآية القرآنية : « اليَوْمَ أَكْمَلْتُ لَكُمْ دِينَكُمْ وَأَتْمَمْتُ عَلَيْكُمْ نِعْمَتِي وَرَضِيتُ لَكُمُ الإِسْلاَمَ دِينًا». وحين سمع أبو بكر الصديق هذه الآية تأكّد من أنّ وفاة الرسول قد اقتربت، فما دامت الرسالة قد اكتملت فلا بدّ أن تكتمل معها حياة الرسول في هذه الدنيا.

- يسمّي بعض العلماء- للسّبب السابق- المناسبة التي قيلت فيها هذه الخطبة «حِجَّة الوَدَاع»، لأنّ النبيّ وَدَّعَ فيها المسلمين، فلم يلْقهم مجتمعين بعد ذلك أبدا، ويسمّيها البعض « حِجَّة الإسلام»، لأنّ الإسلام، بها، أصبح كاملا تامًّا، ويسمّيها البعض « حِجَّة البَلاَغ»، لأنّ النبيّ بلّغ فيها ما أمره اللَّه بتبليغه، ولأنّه كان يقول في خطبته بعد كلّ فقرة من فقراتها : « أَلاَ هَلْ بَلَّغْتُ ؟»، وبعد فترة صمت يقول : « اللّهُمَّ فَاشْهَدْ».

- بقي نصّ الخطبة شفويّا يُتداول بين الناس كغيره من أقوال الرسول صلّى اللّه عليه وسلّم وأحاديثه. فلمّا جاء عصر التدوين دُوِّنت هذه الخطبة في كتب الحديث باعتبارها حديثا نبويّا، كما دُوّنت في كتب الأدب باعتبارها نموذجا للخطابة العربيّة.

- وتُدرس هذه الخطبة باعتبارها نصّا أدبيّا لبلاغتها وفصاحتها وأسلوبها في التبليغ والإقناع، وتُدرس باعتبارها حديثا نبويّا لما فيها من أحكام وواجبات ووصايا دينيّة.

2- النّصّ بصفته حديثا نبويّا:

- للحديث النبويّ **معنى اصطلاحي** وهو: كلّ ما **قاله** النبيّ عليه السَّلام، أو **فعله**، أو **أَقرَّه** (وافق عليه).
- وخطبته في حِجَّة الوَدَاع هي أيضا حديث، لأنها اشتملت على أقوال وأفعال له.
- لذلك يصدق عليها ما يصدق على كلّ نصوص الحديث الشريف.
- والعناية بالحديث النبويّ قديمة جدّا، لكنّ أوّل محاولة شاملة لتدوينه هي محاولة ابن شهاب الزُّهْرِي (المتوفّى سنة 124 هـ / 741 م)، **فقد عني أشدّ عناية** بدراسة غزوات الرّسول (حروبه في سبيل الدعوة).
- تطوّرت هذه العناية بالحديث حتّى أصبحت عِلْمًا له أصوله ورجاله ومناهجه، وتفرّعت المناهج حتى أصْبَحت تخصّصات متعدّدة، فهناك ما يُسمّى **عِلْم السّنَد** (وهو دراسة سلسلة الناس الذين نقل عنهم الحديث حتى وصل إلينا)، وهناك **علم المتْن** (وهو فحص نصّ الحديث من داخله)، وهناك **علم الجَرْح** (وهو يتناول العيوب التي تمنع الثقة بِرَاوٍ من رُواة الحَدِيث)، و**عِلم التَّعْديل** (وهو يتناول الأمور التي تثبت بها عدالة راوي الحديث وتمام الثقة به) **وعلم غريب الحديث** (وهو علم متخصّص في شرح الأحاديث الغامضة من حيث ألفاظها ومعانيها).
- ويتشدّد علماء الحديث تشدّدا كبيرا في قبول الروايات المختلفة التي ينقلها الناس عن الرسول أو عن **الصحابة التابعين** وذلك قبل أن **يُدَوِّنُوا** أحاديثهم.
- ونصوص الأحاديث ذاتها تختلف باختلاف الذين نقلوها، فمنها الأحاديث **المُتواترة** (التي رواها عدد كثير لا يمكن أن يتّفقوا على الكذب)، وأحاديث **الآحاد** (التي رواها شخص واحد)، والأحاديث **الصّحيحة** (التي لم يحدث اضطراب في سلسلة روايتها)، ومنها أيضا الأحاديث **الضّعيفة**، وكذلك **الموضوعة** (أي **المخترعة المكذوبة التي لم يقلها النبيّ عليه السّلام**).
- **وهناك شروط دقيقة في علم الحديث يصير بها الشخص مُحدِّثًا** (أي مؤهَّلا لحمل الحديث وأدائه) أهمّها: **السَماع** من أستاذ، و**القراءة** على أستاذ، و**الإجازة**

(أي التصريح من أستاذ)، **والمراسلة** بين تلميذ وأستاذ، **والوصيّة** من أستاذ إلى تلميذ، وشروط أخرى كثيرة.

- وهناك كتب خمسة تعتبر أهمّ كتب الحديث المدوّنة التي وصلت إلينا هي كتب البخاريّ، ومسلم، وأبي داود، والنسائيّ، والترمذيّ، وبعضهم يجعلها ستّة بإضافة كتاب ابن ماجة، أو بإضافة كتاب مالك المسمّى المُوَطّأ.

3- **عن النصّ**:

- سبقت الإشارة إلى الطريقة الخاصّة التي أُلقيت بها هذه **الخطبة**، والتي نتج عنها التحام بين المتكلّم والسّامع عن طريق إشراك السّامع في سياق الحديث ممّا يهيّئه للاستيعاب . وقد خلع هذا على النص جوّاً من السلاسة والتدفّق.

- يبدأ النص بإشارة خاصة إلى أنّ حياة الرّسول قد تكون في نهايتها : «**فإنّي لا أدري لعلّي لا ألقاكم بعد عامي هذا بهذا الموقف أبدا**». ومن شأن هذا أن يجعل النفوس تتحرّك وتتعلّق **بالقائل** (الخطيب أو المتحدّث) **وبالقول** ذاته (الخطبة أو الحديث).

- يدخل الموضوع بعد ذلك في أهمّ ما يحرص عليه من **حرمة الدماء والأموال**. فقد أعطى الإسلام أبلغ عناية للنفس (الدم) والمِلكيّة (الأموال)، وجعلها تتصدّر الأمور **المُحَرَّمة** (أي التي لا يمكن التسامح في الاعتداء عليها بأي حال من الأحوال).

- يستمرّ النصّ في تناول الأمور ذات الأهميّة المتّصلة بالأموال، فيذكر أمرين :

1- وجوب أداء الأمانة إلى صاحبها، وهي مسألة ذات أهمّية قصوى في الإسلام لدرجة أنّه قد وردت فيها آية خاصّة في القرآن : « **إِنَّ اللَّـهَ يَأْمُرُكُمْ أَنْ تُؤَدُّوا الأَمَانَاتِ إِلَى أَهْلِهَا**».

2- تحريم الرِّبَا تحريما قاطِعا (والرِّبا أن تستغلّ حاجة الآخرين فتُقرِضهم مالاً بالفائِدة أي بزيادة على أصل المَبلَغ الذي اقترضوه).

- وبعد هذا الجزء المهمّ يعود النصّ إلى عنصر التأثير النفسيّ الذي كان قد بدأ به: وهو هذه المرّة يحذّر من الشّيطان (الذي يُغري الإنسان بالمعصية) وتأثيره في النفوس، وذلك قبل أن ينهى عن الرجوع إلى أمر كان معمولا به قبل الإسلام هو «النسيء».
- ويُقصد بالنسيء العادة التي جرى عليها العرب في الجاهليّة من تلاعبهم بنظام الأشهر، فكانوا يُغيّرون الأشهر الحُرم من عام إلى آخر حسب هواهم وأغراضهم الشخصيّة.

والأشهر الحرام (أو الحُرُم) هي ذو القعْدة وذو الحِجّة والمحرّم ورجب. وكان العرب في الجاهليّة يحرّمون كل أنواع القتال والمنازعات فيها، فيخرجون آمنين لتبادل التجارة وإقامة الأسواق التجاريّة والأدبيّة الشهيرة في عكاظ، ومجنة، وذي المجاز. غير أن المصالح الشخصيّة لبعض رؤساء القبائل كانت لا تتّفق مع هذا التحريم. وكذلك كانوا ينقلون التحريم من شهر إلى شهر آخر فيقولون مثلا: « هذا العام شهر « الْمُحَرّم» مباح والشهر الحرام هو « صفر». وقد عُرِف عملهم هذا باسم « النَّسِيء» أي التأخير، وهو ما ذمّه القرآن وعابهم عليه، بل جعله نوعا زائدا من أنواع الكفر، لما فيه من تغيير للشّرع من أجل الهوى والرّغبة الشخصيّة.

- جعل النص من تحريم النّسيء مدخلا لترتيب التقويم السنويّ **ترتيبا صحيحا**، فحدّد الأشهر الحُرُم تحديدا قاطعا، وسمّاها بأسمائها ومنع تغييرها منعا باتًّا، وذلك حتّى لا يحدث الخلط والتحايل اللّذان كانا قبل الإسلام.
- يخصّص النصّ بعد ذلك جانبا كبيرا لموضوع « المرأة في الإسلام» وهذا ليس غريبا، فالنساء نصف المجتمع. وقد نظم النصّ موقف الإسلام منهنّ كما يلي :

1- ما على النّساء للرّجال (واجباتهنّ).
2- ما على الرّجال للنّساء (حقوقهنّ).
3- وصيّة عامّة بحُسْنِ معاملة النّساء.

- تختتم الخطبة بالتذكير بكتاب اللّـه ووجوب الاستمساك به، وتأكيد تضامن المجتمع الإسلاميّ، والأُخُوَّة الإسلاميّة القائمة على أساس العدل الاجتماعي، والابتعاد عن **ظلم الآخرين** الذي هو **ظلم للنّفس** في واقع الحال.
- يمتاز هذا النصّ بسهولة الألفاظ، وذلك لأنه موجّه إلى **جماهير** واسعة من مستويات متعدّدة، وهذا من بين ما يميّزه عن النصوص الخطابية التي وصلتنا من عصر ما قبل الإسلام، والتي كانت حافلة بالألفاظ والتعابير الغريبة.
- ويمتاز كذلك بأن أفكاره واضحة، وأسلوبه متين، ونقاطه التي يتناولها متماسكة، فكلّ نقطة فيه تفضي إلى **تاليتها** دون اضطراب، وهو يربط بين أجزائه الأساسيّة بالتركيز على مشاعر المستمعين فيرتبطون بالخطبة، ويتابعون معانيها، ويتجاوبون معها.
- يتخلّل الخطبة الاستشهاد بالقرآن بالنصّ (حرفيًا) أحيانا مثل قوله عند الحديث عن تحريم الربا « لَكُمْ رُؤُوسُ أَمْوالِكُمْ لاَ تَظْلِمُونَ وَلاَ تُظْلَمُونَ»، ومثل «إِنَّمَا النَّسِيءُ زِيَادَةٌ في الْكُفْرِ يُضَلُّ بِهِ الّذِينَ كَفَرُوا يُحِلُّونَهُ عَامًا وَيُحَرِّمُونَهُ عَامًا لِيُوَاطِئُوا عِدَّةَ مَا حَرَّمَ اللـهُ فَيُحِلُّوا مَا حَرَّمَ اللّـهُ». والاستشهاد به بالمعنى أحيانا مثل : «وعَلَيْهِنَّ أَنْ لا يَأْتِينَ بِفَاحِشَةٍ مُبَيِّنَةٍ، فَإِنْ فَعَلْنَ فَإِنّ اللّـهَ أَذِنَ لَكُمْ أن تَهْجُرُوهُنَّ في المَضَاجِعِ وتَضْرِبُوهُنَّ...»، فكلّ هذا شرح وإشارة إلى آيات قرآنية.
- تعتبر خطبة النبيّ في حِجّة الوداع من أقدم النّصوص النّثريّة في الإسلام.

النّص

قَالَ ابْنُ إِسْحَاقَ :

ثُمَّ مَضَى رسولُ اللّـهِ صلَّى اللَّـهُ عليه وسلَّمَ عَلَى حَجِّهِ فَأَرَى النَّاسَ مَنَاسِكَهُمْ، وأَعْلَمَهُم سُنَنَ حَجِّهُمْ، وخَطَبَ النَّاسَ خُطْبَتَهُ الَّتِي بَيَّنَ فِيهَا مَا بَيَّنَ، فَحَمِدَ اللّـهَ وأَثْنَى عَلَيْه، ثمَّ قَالَ :

أيُّها النَّاس : اسْمَعُوا قوْلِي، فَإني لا أَدْري لَعلِّي لا أَلْقاكُمْ بَعْدَ عَامي هَذا بِهذا الْـموْقِفِ أبَدًا.

أَيُّها النَّاسُ، إنَّ دِماءَكُمْ وأَمْوالَكُمْ عليْكُمْ حَرامٌ إلى أنْ تَلْقوْا ربَّكُمْ، كَحُرْمَةِ يوْمِكُمْ هذَا، وَكَحُرْمَةِ شَهْرِكُمْ هذَا. وإنَّكُمْ ستلْقوْنَ ربَّكُمْ، فَيسْأَلُكُمْ عَنْ أَعْمالِكُمْ، وقَدْ بَلَّغْتُ، فَمَنْ كَانَتْ عِنْدَهُ أَمَانَةٌ فَلْيُؤَدِّها إلى مَنْ ائْتمَنَهُ عليْها، وَإنَّ كُلَّ رِبًا **مَوْضُوعٌ**، ولَكِنْ لَكُمْ رُؤُوسُ أَمْوالِكُمْ، لا تَظْلِمُونَ ولا تُظْلَمُونَ. قَضَى اللَّهُ أنَّهُ لا رِبَا، وَإنَّ رِبَا عبَّاسِ بْنِ عَبْدِ المُطَّلِبِ مَوْضُوعٌ كُلُّهُ.وإنَّ كُلَّ دمٍ كَانَ في الْجَاهِلِيَّةِ مَوْضُوعٌ. وإنَّ أوَّلَ دِمائِكُمْ أَضَعُ دَمَ ابْنِ رَبِيعَةَ بْنِ الحارِثِ بْنِ عَبْدِ المُطَّلِبِ، وَكَانَ مُسْتَرْضَعًا في بَنِي لَيْثٍ، **فقَتَلَتْهُ** هُذَيْلٌ، فَهُوَ أوَّلُ مَا أَبْدَأُ بِهِ مِنْ دِمَاءِ الْجَاهِلِيَّةِ.

أمَّا بَعْدُ أَيُّهَا النَّاسُ : فَإنَّ الشَّيْطَانَ قَدْ **يئِسَ** مِنْ أَنْ يُعْبَدَ بِأَرْضِكُمْ هذِهِ أَبدًا، ولَكِنَّه إنْ يُطَعْ فِيمَا سِوَى ذلك فَقَدْ رَضِيَ بهِ مِمَّا تَحْقِرونَ مِنْ أَعْمَالِكُمْ فَاحْذَرُوهُ عَلَى دِينِكُمْ.

أَيُّهَا النَّاسُ : إنَّ النَّسِيءَ زِيادَةٌ في الكُفْرِ يُضلُّ بِهِ الَّذينَ كفَرُوا يُحِلُّونَه عَامًا وَيُحَرِّمُونَهُ عَامًا، لِيُوَاطِئُوا عِدَّةَ مَا حَرَّمَ اللَّهُ، فَيُحِلُّوا مَا حرَّمَ اللَّهُ، وَيُحَرِّمُوا مَا أَحَلَّ اللَّهُ. وإنَّ الزَّمانَ قَدِ اسْتدارَ كَهَيْئَتِهِ يَوْمَ خَلَقَ اللَّهُ السَّمَواتِ والأَرْضَ، وإنَّ عِدَّةَ الشهورِ عِنْدَ اللَّهِ اثْنَا عشَرَ شَهْرًا، مِنْهَا أَرْبعَةٌ حُرُمٌ، ثَلاثَةٌ مُتَوالِيَةٌ، ورَجَبُ مُضَرَ، الَّذي بَيْنَ جُمَادَى وَشَعْبَانَ.

أمَّا بَعْدُ أَيُّهَا النَّاسُ، فَإنَّ لَكُمْ عَلَى نِسائِكُمْ حَقًّا، وَلَهُنَّ عَلَيْكُمْ حَقًّا، لَكُمْ عَلَيْهِنَّ أَنْ لا يُوطِئْنَ فُرُشَكُمْ أَحَدًا تَكْرَهُونَهُ، وَعلَيْهِنَّ أَنْ لا يَأْتِينَ بِفَاحِشَةٍ مُبيِّنَةٍ، فَإنْ فَعَلْنَ فَإنَّ اللَّهَ قَدْ أذِنَ لَكُمْ أَنْ تَهْجُرُوهُنَّ في الْمَضَاجِعِ وَتَضْرِبُوهُنَّ ضَرْبًا غَيْرَ **مُبرِّحٍ**، فَإنْ انْتَهَيْنَ فَلَهُنَّ رِزْقُهُنَّ وَكِسْوَتُهُنَّ بِالْمَعْرُوفِ، وَاسْتَوْصُوا بِالنِّسَاءِ خَيْرًا. فَإنَّهُنَّ عِنْدَكُمْ **عَوانٍ** لا يَمْلِكْنَ لأَنْفُسِهِنَّ شَيْئًا، وإنَّكُمْ إنَّما أَخَذْتُمُوهُنَّ بِأَمَانَةِ اللَّهِ، وَاسْتَحْلَلْتُمْ فُرُوجَهُنَّ بِكَلِمَاتِ اللَّهِ، فَاعْقِلُوا أَيُّهَا النَّاسُ قَوْلِي، فَإنِّي قَدْ بَلَّغْتُ، وَقَدْ تَرَكْتُ فِيكُمْ مَا إن اعْتَصَمْتُمْ بِهِ فَلَنْ تَضِلُّوا أَبَدًا، أَمْرًا بَيِّنًا، كِتَابَ اللَّهِ وسُنَّةَ نَبِيِّهِ.

أَيُّهَا النَّاسُ، اسْمَعُوا قَوْلِي وَاعْقِلُوهُ، تَعَلَّمُنَّ أَنَّ كُلَّ مُسْلِمٍ أَخٌ لِلْمُسْلِمِ، وَأَنَّ الْمُسْلِمِينَ إِخْوَةٌ، فَلَا يَحِلُّ لِامْرِئٍ مِنْ أَخِيهِ إِلَّا مَا أَعْطَاهُ عَنْ طِيبِ نَفْسٍ مِنْهُ، فَلَا تَظْلِمُنَّ أَنْفُسَكُمْ، اللَّهُمَّ هَلْ بَلَّغْتُ ؟

فَذُكِرَ لِي أَنَّ النَّاسَ قَالُوا: اللَّهُمَّ نَعَمْ. فَقَالَ رَسُولُ اللَّهِ صَلَّى اللَّهُ عليهِ وسلَّمَ: اللَّهُمَّ اشْهَدْ.

* * * *

قَالَ ابْنُ إِسْحَاق : وحَدَّثَنِي يَحْيَى بْنُ عَبَّادِ بْنِ عَبْدِ اللَّهِ بْنِ الزُّبَيْرِ عَنْ أَبِيهِ عَبَّادٍ قَالَ : كَانَ الرَّجُلُ الَّذِي يَصْرُخُ فِي النَّاسِ بِقَوْلِ رسولِ اللَّهِ صلَّى اللَّهُ عليهِ وسلَّمَ وهُوَ بِعَرَفَةَ، ربيعةُ بْنُ أُمَيَّةَ بْنِ خَلَفٍ قَالَ : يَقُولُ لَهُ رسولُ اللَّهِ صلَّى اللَّهُ عليهِ وسلَّمَ: قُلْ: يَا أَيُّهَا النَّاسُ، إِنَّ رسولَ اللَّهِ صلَّى اللَّهُ عليهِ وسلَّمَ يَقُولُ : هَلْ تَدْرُونَ أَيُّ شَهْرٍ هَذَا؟ فيَقُولُ لَهُمْ، فَيقولون : الشهرُ الحرامُ، فيقولُ : قلْ لهم : إنَّ اللَّهَ قد حرم عليْكُمْ دِماءَكُمْ وَأَمْوَالَكُمْ إلى أن تَلْقَوْا ربَّكُمْ كَحُرْمَةِ شَهْرِكمْ هذا، : ثُمَّ يَقُولُ : قُلْ : يَا أَيُّهَا النَّاسُ، إنَّ رسولَ اللَّهِ صلَّى اللَّهُ عليهِ وسلَّمَ يَقُولُ : هَلْ تَدْرُونَ أَيُّ بَلَدٍ هَذا ؟ قَالَ : فَيَصْرُخُ بِهِ، قَالَ : فَيَقولونَ : الْبَلَدُ الحَرَامُ، قَال : فيقولُ : قُلْ لَهُمْ : إِنَّ اللَّهَ قَدْ حرَّمَ عَلَيْكُمْ دِمَاءَكُمْ وَأَمْوَالَكُمْ إلى أَنْ تَلْقَوْا رَبَّكُمْ كَحُرْمَةِ بَلَدِكُمْ هَذا، قَال : ثم يقول: قُلْ : يَا أَيُّهَا النَّاسُ، إنَّ رسولَ اللَّهِ صلَّى اللَّهُ عليهِ وسلَّمَ يَقُولُ: هَلْ تَدْرُونَ أَيُّ يَوْمٍ هَذا؟ قَالَ : فيقوله لَهمْ . فيقُولُون : يومُ الحجِّ الأكْبَرِ، قَالَ : فيقولُ : قلْ لهمْ : إنَّ اللَّهَ قد حرَّم عليْكُمْ دِماءَكُمْ وَأَمْوَالَكُمْ إلى أن تَلْقَوْا رَبَّكُمْ كَحُرْمَةِ يَوْمِكُمْ هَذا .

الشَّـــرح

كُلّ رِبا موضوع : كلّ تَعامل أو إقراض بالفائدة حرام.

كلّ دم موضوع : الأخذ بالثأر على طريقة الجاهليّة باطلٌ.

واطأ : وافق وَطابَق.

رَجَب مُضَر : هو الشهر الذي بين جُمادى الثّانية وشعبان، وهو غير رجب ربيعة، وهي قبيلة كانت تحرّم رمضان.

مُبَرِّحٌ : شديد.

عَوان : مفردة عانية، وهي الأسيرة.

اعتصم به : امتنع به ولجأ إليه، تَمَسَّكَ به.

التدريبات

1- أسئلة حول النصّ :

1- ما الذي ساعد على ازدهار الخطابة عند العرب ؟

2- ما المناسبة التي أُلقيت فيها خطبة حِجّة الوداع ؟

3- متى خرج النبيّ صلّى اللّهُ عليه وسلّم من المدينة إلى مكّة ؟

4- ومتى وصل إلى منى ؟

5- أين ألقى النبيّ - عليه السّلام- هذه الخطبة ؟

6- كم رجلا خرج مع النبيّ إلى مكّة في حِجَّة الوَدَاع ؟

7- لماذا سُمِّيَتْ هذه الحِجَّة حِجَّة الوَدَاع ؟

8- علام تدلُّ كثرة عدد المسلمين في حِجَّة الوَدَاع؟

9- ما المقصود بشعائر الحجّ ؟

10- يقال « الحجّ عرفة». ما معنى هذه العبارة ؟

11- لماذا اعتبرت خطبة حجّة الوداع ختاما لما جاء به النبيّ ؟

12- ما الآية القرآنية الكريمة التي نزلت في هذه المناسبة ؟

13- لماذا فهم أبو بكر أنّ الرسول سيموت قريبا ؟

14- لماذا سُمِّيت حِجَّة الإسلام ؟

15- ولماذا سمّيت حِجَّة البلاغ ؟

16- كيف ألقى النبيّ هذه الخطبة ؟

17- لماذا كان من الضروريّ أن يكون مع الرسول مبلّغ ؟

18- من قام بدور المبلّغ ؟

19- ما الطريقة التي أُلقيت بها الخطبة ؟ وما دواعيها ؟

20- لماذا تدرس هذه الخطبة باعتبارها نصّا أدبيّا ؟

21- لماذا تدرس باعتبارها حديثا نبويّا ؟

22- ما الحديث النبويّ ؟

23- ما الفرق بين الحديث النبويّ والقرآن ؟

24- من أوّل من اهتمّ بتدوين الحديث الشريف ؟

25- ما علم السند ؟

26- ما علم المتن ؟

27- ما علم الجرح والتعديل ؟

28- ما علم غريب الحديث ؟

29- ما الفرق بين الصحابة والتابعين ؟

30- من هم الرواة ؟

31- ما الفرق بين الأحاديث المتواترة وأحاديث الآحاد ؟

32- ما الفرق بين الأحاديث الصحيحة والأحاديث الضعيفة والموضوعة ؟

33- ما الشروط الواجب توافرها ليصير الرجل محدّثا ؟

34- ما أهمّ كتب الحديث ؟ وما مميّزات كلّ منها ؟

35- لماذا بدأ الرسول خطبته بهذه العبارة : « فإِنّي لا أدري لعلّي لا ألقاكم بعد عامي هذا» ؟

36- ما معنى حرمة الدم ؟

37- ما معنى حرمة الأموال ؟

38- ما معنى أداء الأمانة ؟

39- ما الرّبا ؟ ولماذا حرّمه الإسلام ؟

40- ما النّسيء الذي حرّمه الإسلام ؟

41- ما موقف النبيّ من المرأة كما يُفهم من خطبته ؟

42- كيف خُتمت هذه الخطبة ؟

43- بم تمتاز هذه الخطبة ؟

2- صواب أم خطأ؟

1- يأتي الحديث النبويّ في مرتبة تلي القرآن الكريم.

2- حجّ النبيّ عليه السّلام قبل حجّة الوداع مرّات كثيرة.

3- ألقيت خطبة الوداع من عرفات يوم التاسع من ذي الحجّة .

4- كان عدد المسلمين الذين صحبوا الرسول في رحلته للحجّ أكثر من ثمانين ألفا.

5- لم تُدَوَّن أحاديث الرسول إلاّ في القرن الثاني الهجريّ.

6- التابعيّ هو الذي عاصر الرسول صلّى اللّه عليه وسلّم، وسمع منه.

7- «**علم السند**» هو العلم الذي يهتمّ بدراسة النصّ من داخله.

8- «**علم المتن**» هو الذي يهتمّ بدراسة أحوال الرّواة الذين نقلوا الحديث.

9- الصحابيّ هو الذي صحب الرسول وسمع منه بعض أحاديثه.

10- سمّيت « خطبة الوداع» بهذا الاسم لأن النبيّ ودّع فيها المسلمين وودّع الدنيا بعدها.

11- أبو بكر الصدّيق هو خليفة المسلمين الأوّل بعد وفاة الرسول.

12- «حجّة الوداع» و «حجّة الإسلام» و «حجّة البلاغ» تسميات لمسمًّى واحد.

13- «**علم الجرح**» و «**علم التعديل**» من العلوم ذات الصلة بالحديث النبويّ.

14- الأحاديث الموضوعة هي الأحاديث المكذوبة على النبيّ صلّى الله عليه وسلّم.

15- شروط التأهيل لرواية الحديث غير وسائل « **التحمّل**» ونقل العلم.

16- من أهمّ طرق التحمّل السماع والإجازة والقراءة على أستاذ.

17- كتاب « الموطّأ» كتاب جمع فيه البخاري أحاديث الرّسول.

18- الرِبا هو استغلال حاجة الآخرين وإقراضهم مالاً يُرَدُّ بفوائد.

19- الشهور الحرام هي الشهور التي يحرّم فيها القتال.

20- اهتمّت خطبة النبيّ اهتماما كبيرا بالإحسان للنساء.

3- ضع كلّ عبارة ممّا يأتي في موضعها المناسب :

جبل عرفات- مائة وأربعة عشر ألفا- شعائر الحجّ- حديث نبويّ- يصدق على- الأحكام الإسلامية- حرمة الدماء والأموال- أداء الأمانة لأصحابها- العدل الاجتماعيّ- الأشهر الحُرُم.

1- لا بدّ من الرجوع إلى القرآن والسنّة لاستنباط.. التي يحتاج إليها المسلمون.

2- ....فعل الرسول ما يصدق على قوله.

3- وقوف الحجّاج على..ركن أساسيّ من أركان الحجّ.

4- صحب النبيّ صلى الله عليه وسلّم في رحلته للحجّ.. من المسلمين.

5- أهمّ..الطّواف حول الكعبة، والسعي بين الصفا والمروة، والوقوف بعرفة.

6- اهتمّ القرآن بـ..وقد ذكر ذلك في آية من آياته.

7- تمتاز خطبة النبيّ في حجّة الوداع بأنّها.. وبأنّها نصّ أدبيّ في الوقت نفسه.

8- من أهمّ ما عني به الإسلام..من أجل حماية المجتمع واستقراره.

9- .... هي التي حُرّم فيها القتال، وهي رجب وذو القعدة وذو الحِجّة والمحرّم.

10- تقوم الأخوّة الإسلاميّة على أساس من .... والابتعاد عن ظلم الآخرين.

4- أكمل الجمل الآتية :

1- سُمِّيت خطبة النبيّ في حَجِهِ خطبة الوداع لأنها.............................

2- ألقى النبيّ خطبته المشهورة فوق.............................وكان ذلك في يوم.............................

3- الذي لا يقف بعرفة في حَجِّه.............................

4- تُعَدُّ خطبة النبيّ نصّا أدبيّا لأنّها.............................

5- الحديث النبويّ هو.............................

6- أوّل من اهتمّ بتدوين الحديث هو.............................

7- علم السّنَدِ هو دراسة.............................

8- علم المتْنِ هو.............................

9- علم الجَرْح هو.............................

10- رواة الحديث هم.............................

11- شروط المحدّث أن يكون.............................

12- أهمّ كتب الحديث المدوّنة خمسة هي:.............................

13- علم التعديل هو ....

14- اهتمّ الإسلام اهتماما كبيرا بـ.............................

15- الربا هو.............................وقد حرّمه.............................

16- كان العرب قبل الإسلام يستخدمون النّسيء وهو.............................

17- حقوق النّساء على الرّجال هي..

18- حقوق الرّجال على النّساء هي..

19- من كانت عنده أمانة ....

20- إنّ النّساء كالأسيرات لأنهنّ..

لاحظ هذا التعبير :

- **أمّا بَعْدُ** أَيُّهَا النَّاسُ **فَـ**إِنَّ الشيطانَ قَدْ يَئِسَ مِنْ أَنْ يُعْبَدَ بِأَرْضِكُمْ هَذِهِ أَبَدًا.
- **أمّا بَعْدُ** أَيُّهَا النَّاسُ **فَـ**إِنَّ لكم علَى نسائِكُم حقًّا ولَهنَّ علَيْكُمْ حَقًّا.
- « **أَمَّا بَعْدُ** » عبارة تستخدم عادة في الخُطَب وفي الرَّسَائِل للانتقال من المقدّمة إلى صميم الموضوع، فيقال مثلا : بسم الله الرحمن الرحيم. الحمد للّه ربّ العالمين. والصلاة والسلام على أشرف المرسلين. **أمّا بعد** فقد بلغني أنّه...
- تَأْتي عبارة « **أمّا بعْدُ** » متْبوعَة بـ « الفاء».

لاحظ أسلوب النداء التالي :

أيّها النّاس : يَا أَيُّها النَّاسُ

إذا كان المُنادى مُعَرَّفًا بـ « ال» مثل « الناس » استُعملت « **أيّها** » للمذكر و« **أيّتها** » للمؤنّث. مثال المؤنث قوله تَعالَى : يَا أَيَّتُهَا النَّفْسُ المُطْمَئِنَّةُ ارْجِعِي إِلَى رَبِّكِ رَاضِيَةً مَرْضِيَّةً.

5- أَسْنِد الجملة الآتية إلى غير الجمع، وغيّر ما يجب تغييره :

يَا أَيُّهَا النَّاسُ. تركت فيكم ما إن تمسّكتم به فلَنْ تضلّوا بعده أبدًا.

1- ....المؤمن.

2- ....المؤمنة.

3- .... المؤمنان.

4- .... المؤمنتان.

5- .... المؤمنات.

لاحظ العبارة التالية :

إنَّ الزمان قدِ استدار كهيئته يومَ خَلَقَ اللّـهُ السَّمَوَاتِ والأَرْضَ :

- في العبارة السابقة أُضيف ظرف الزمان « يوم» إلى الجملة الفعليّة: « خلق اللّـه السموات والأرض».

- كلمة « يوم» من الظروف المبهمة أي غير المحدّدة المعنى، ومثلها في ذلك الظروف الزمنيّة : حينَ، وقتَ، ساعةَ، منذُ، لَـحْظَةَ...الخ. والظروف المكانيّة: حَيْثُ، عِنْدَ، قُرْبَ.

- تضاف هذه الظروف إلى مَا بعدها لكي يتحدّد معناها. وما تضاف إليه يكون مفردا أو جملة اسمية أو جملة فعليّة.

- مثال المفرد : يومَ الخميسِ، وقتَ الصلاةِ، ساعَةَ الضُّحَى، منذُ عامٍ.

- مثال الجملة الاسميّة : **يَوْمَ هُمْ بَارِزُونَ لَا يَخْفَى عَلَى اللّـهِ مِنْهُمْ شَيْءٌ.**

- مثال الجملة الفعليّة : هذا يوم **يَنْفَعُ الصَّادِقِينَ صِدْقُهُمْ.**

6- حَوّل المضاف إليه المفرد إلى جملة فيما يأتي كما في النموذج:

أصحو من نومي سَاعَةَ **أَذَانِ الفَجْرِ.**

أصحو من نومِي سَاعَةَ **يُؤَذَّنُ لِلْفَجْرِ.**

1- خطب النبيّ خطبة الوداع يومَ **الوقوف بعرفة.**

2- تجب صلاة المغرب ساعةَ **غروب الشمس.**

3- صار يوسف أمينا على خزائن الدّولة بعد **خروجه من السّجن**.

4- تحين صلاة الظهر وقتَ **زوال الشمس** عن وسط السماء.

5- يبدأ الصّيام عند المسلمين حين رؤية **هلال رمضان**.

7- لخّص بأسلوبك أهمّ التعليمات التي وردت في خطبة الوداع.

8- تعبير كتابيّ :

كرّم الإسلام الإنسان ودافع عن حقوقه . اكتب نصًّا تبرز فيه مصدر تلاؤم تلك الحقوق مع ما جاء في الاعلان العالمي لحقوق الإنسان.

من الشعر العربي (15)

اقرأ واحفظ

كعب بن زهير في النّسيب والاعتذار ومدح الرسول

(من بحر البسيط)

بانت سُعاد، فَقَلْبِي اليومَ مَتْبُـــولُ، مُتيَّمٌ إثرَهَـــا، لم يُفْـــدَ، مَكْبُـــولُ
وما سُعَادُ، غداةَ البَيْنِ، إذْ رَحَلُـــوا، إلاّ أَغنُّ، غضيضُ الطَّرْفِ، مَكْحُولُ...
نُبِّئْـــتُ أنّ رَسُـول اللّـهِ أَوْعَـــدَني، والعفوُ عند رسـول اللّـهِ مأمـــولُ
مهلاً- هَدَاك الذي أعطاكَ نافلـةَ الـ قرآن فيـه مواعيـظٌ، وتفصيـــلُ-
لا تـأخُـذنّي بأقـوال الوُشاةِ، ولـــم أُذنبْ، وإن كَثُـرت فيَّ الأقَاويـــلُ
لقد أَقــومُ مَقَامًا لو يقــومُ بـــه، أرى وأسمعُ ما لو يَسْمَـعُ الفيـــلُ
لظَلَّ يُـــرعَدُ، إلاَّ أن يكُـــونَ لـــه من الرّسول، بـإِذنِ اللّـه، تَنْويـــلُ...
إنّ الرَّسُــولَ لَسَيْـفٌ يُستضَـــاءُ بِه، مُهَنَّدٌ، من سُيُـوف اللّـهِ، مَسْلُـــولُ
في عُصبَةٍ من قُرَيْشٍ قال قائِلُهـــم، ببطنِ مَكّـةَ، لمَّا أَسْلَمُـــوا : «زُولـوا»
زالوا، فَمَا زالَ أنكـاسٌ ولا كُشُــفٌ، عند اللّقـــاءِ، ولا ميـــلٌ مَعَازِيـــلُ
شُمُّ العرانيـــن، أبطـــالٌ، لَبوسُهـــم من نسج دَاودَ، في الهيْجَا، سَرابيلُ
بِيضٌ، سَوَابغُ قد شُكَّـتْ لها حلـــقٌ كأنه حلقُ القفعَـــاءِ، مَجْـــدولُ
لا يفـرَحـــون إذا نالـــت رماحهـم قومًا، وليسوا مَجَازيعًا إذا نِيلـوا،
يَمْشُون مشيَ الجِمالِ الزُّهْرِ، يَعصِمُهم ضربٌ إذا عَرَّدَ السـودُ التنابيـــلُ
لا يقعُ الطّعـنُ إلاّ في نُحـــورهـــمُ وما لهم عن حياض الموت تهليـلُ

الشاعر: كَعْب بن زُهَير بن رَبِيعَة المعروف بأبي سُلْمَى. من الشعراء المخضرمين الكبار. أسلم أخوه بُجير فلامه كعبٌ وهجا النبيّ والإسلام، فأُهْدِرَ دَمُهُ، فَأرْسَلَ إليه أخوه أن يقبل إلى النبيّ معتذرًا ففعل وأنشد قصيدته «بانت سُعادُ» في مسجد المدينة في السّنة التّاسعة للهجرة/630م كما يُستنْتَجُ مِن السِّيَرة النبَوِيَّة، ومنْ هذه القصيدة هذه المُنْتَخبات. توفّي حوالي سنة 26 هـ / 646 م.

الشـــروح

بانت : فارقت، ومنه البيْن المذكور في البيت الثاني.

متبول : من التّبل: الهُيام حتّى السُّقْمِ والضّعف

مُتَيَّمٌ: مُذَلّلٌ، ذَلَّله الحُبُّ

مكبول: مَقَيَّدٌ

أَغَنٌّ: صفةٌ لمحذوف تقديره الظّبي أو الغزال : الذي في صوته غُنَّة أي نبرة مستحبّة تجعل الصوت خارجا من اللهاة والأنف

غضيض الطّرف : فاتر النّظر، منكسر الأجفان

مكحول: إشارة إلى سواد أعين الغزلان

أوْعَدَ : هَدَّد

النافلة والنافل: ما يزيد على الواجب

التفصيل : التبسّط في الكلام

هداك... إلى آخر البيت : جملة اعتراضية.

يقوم به : فاعله الفيل المحذوف يفسره الظاهر. والمعنى: قمتُ مقامًا هائلاً لو قامه الفيل، فرأيتُ وسمعتُ ما رآه الفيل وسمعه، لظلّ.... وقد ذكر الفيل رغبة في التعظيم والتهويل لأنّ الفيل أضخم الحيوانات جُثّةً وأعظمها تأثيرا في أذهان العرب لما كثر بينهم من تداول أسطورة « الفيل»....

التنويل : العطاء، وأراد به هنا الأمان والعفو

يستضاء به : أراد شِدّة بريقه، وأنّه سيف هدى

مُهَنَّدٌ: منسوبٌ إلى الهند، أو مصنوع على مثال السيوف الهنديّة، وكانت أحسن السيوف عند العرب

قائلهم: يجمع الشرّاح على أن هذا القائل عمر بن الخطاب

زولوا : أمْرٌ من زال يزول:

ذهب، تحوّل، ويشير إلى الهجرة

أنكاس : جمع نِكْس : ضَعِيفٌ، جَبَانٌ

كُشُفٌ : جمع أكْشَف : الذي لا تِرْسَ مَعَهُ

مِيلٌ : جمع أمْيَل : الذي لا يُحسنُ الفروسية، الذي لا يثبت على السّرج

معازيل : جمع مِعْزَال : الخالي من السّلاح، والمعنى : لما قال قائلهم: «اذهبوا، هاجروا» هاجروا، وهم شجعان غير ضعاف ولا خالين من السّلاح

شُمٌّ: جمع أَشَمّ وشمَّاء : عالٍ، مرتفع

العرانين : جمع العِرنين: طَرَفُ الأَنْف. والشَّمَمَ في العِرْنين حِدّة فيه وارتفاع، وهو كِنَايةٌ عن الأَنَفَة وكِبرَ النّفس

الهيجا: الهيجاء، أي الحرْب

سرابيلُ : جمع سِرْبال : قميص، دِرْع

من نسج داود : كان العرب ينسبون سرد الدروع إلى النبيّ داود ....

سَوَابغ : جمع سابغة: طويلة، ضافية، فضفاضة

شُكّت: أُدخلت بعضُ حلقها في بعض، وهو دلالة على إحكام الصنعة ومناعة الدّرع

القفعاء: نبات ينبسط على وجه الأرض، به حلق مثل الخواتم، شبّه به حلق الدروع

نالت : أصابت

مجازيعُ: جمع مِجزاع : مبالغة من الجزع : الخوف يتداخله الحزن والاضطراب أو الإشفاق. والمعنى هو أنّه لكثرة ما تعوّد هؤلاء القوم أن يغلبوا أعداءهم تَراهم لا يفرحون إذا انتصروا عليهم. أمّا إذا غُلبوا فإنّهم لا يضطربون ولا يتضعضعون لثقتهم بالنصر المقبل

الزُّهر : جمع الأزهر والزهراء : الأبيض النّيّر، المشرق

يَعصِمهم : يمنعهم– **عَرَّد** : جَبِنَ، نكل، فَرَّ

التنابيل : جمع التّنبال : القصير

حياض : جمع حوْض : في الأصل، مجمع الماء، حياض الموت: المواقف الخطرة التي تسقي الموتَ من يقفها

تهليل : من هلّل الرّجل: جبن في حملته، هرب. والمعنى، أنهم لا ينهزمون فلا يقع طعن الأعداء في ظهورهم بل في نحورهم، ولا يجبنون لدى المواقف الخطرة.

الدَّرْسُ السَّابِعَ عَشَرَ

من « ألف ليلة وليلة »:

أبو محمّد الكَسلان

الأدب الشعبيّ- أو أدب العامّة- هو المقابل للأدب الرسميّ أو أدب الخاصّة. و في آداب الأمم جميعا هذان النّوعان.

وقد عَرَفَ التراث العربيّ الأدب الشعبيّ منذ القديم، فمن العصر الجاهليّ وصلتنا حكايات شعبيّة عن عنترة بن شدّاد وسيف بن ذي يزن وغيرهما. ثمّ تواترت القصص شعرا ونثرا مثل قصّة الأميرة ذات الهمّة، والسيرة الهلاليّة. ولبعض هذه القصص أساس تاريخيّ، وكثير منها أسطوريّ خرافيّ .والأدب الشعبيّ يمثّل روح الشعب في لهوه وجدّه، وفرحه وحزنه، وحياته اليوميّة، وسخريّته وتمرّده.

وتعتبر **ألف ليلة وليلة**، التي أخذنا منها هذا النصّ، أشهر كتاب في الأدب الشعبيّ العربيّ ولا شكّ، بل في الأدب الشعبيّ العالميّ كلّه.

مداخل إلى دراسة النصّ

1- عن القصص الشعبيّ:

- يختلف القصص الشعبيّ عن القصص «الرسميّ» بأنه **مجهول المؤلّف**. فنحن لا نعرف، على وجه التحديد، من صاحب قصة عنترة بن شدّاد أوسيف بن ذي يزن

مثلا. وهذا يوسّع من دائرة انتمائها إلى الشعب، ويفتح المجال للإضافة إليها، **وتحويرها** على نحو واسع.

- والأدب الشعبيّ **حافل** بروح الشعب التي تميل إلى المبالغة والتهويل وبخاصّة في ابتكار القصص الخرافيّة، وقصص السحر والشياطين، ونسبة الأفعال المستحيلة إلى الأبطال، بل وأيضا إلى الناس العاديّين.
- كثيرا ما يكون لأبطال الأدب الشعبيّ وجود سابق ملحوظ في أدب الخاصّة أو الأدب الرسميّ : فعنترة بن شدّاد مثلا، صاحب السّيرة الشعبيّة المتداولة والمعروفة لدى الطبقات الشعبيّة هو أيضا البطل التاريخيّ صاحب المعلّقة الشعريّة الشهيرة، وبطل المعارك التي دارت في العصر الجاهليّ بين عبس وذبيان، وعاشق عبلة بنت مالك سيّد قبيلته. وأبطال الحبّ العذريّ العفيف الذين حيكت حولهم الأساطير والقصص في الأدبيْن العربيّ والفارسيّ (أمثال مجنون ليلى، وقيس لبنى، وكُثَير عَزَّة، وجميل بُثَيْنَة) هم أيضا أصحاب قصائد ودواوين شعريّة تُنسب إليهم في الأدب الرسميّ.
- والجانب الشعبيّ من شخصيّة البطل أكثر خصوبة : فعنترة في الأدب الرسميّ– على كثرة بطولاته– محدود الصورة وقريب من الواقع.أمّا في الأدب الشعبيّ فهو بطل نموذجيّ متعدّد الجوانب، غير محدود القدرات، تتجمّع فيه أحلام الشعب وطموحاته.
- والقسم الشعبيّ من الشخصيّة هو القسم الأكثر خصوبة : فشعر الشعراء العذريّين له مستوى أدبيّ عاديّ، لكنّ قصص العذريّين هي التي أكسبتهم شهرة وذلك بما تحتوي عليه من الأساطير الشعبيّة والخوارق.
- يستخدم الأدب الشعبيّ الشخصيّات بحرّية تامّة، ويركّز على الطبقات الشعبيّة من رجال ونساء وأطفال، ولا يعطي للحكّام كلّ هذا التعظيم الذي قد نجده في الأدب الخاصّ.
- والقصص الشعبيّ متحرّر كذلك في حياته وفي تطوير أفعاله، فهو يدخل من حادثة إلى حادثة، ويتنقل من شخصيّة إلى شخصيّة دون اهتمام بما يسمّى **الحبكة الفنّيّة** أو **منطقيّة الأحداث**. وهو بذلك يعطي صورة لحياة الناس ولأحلامهم في الوقت نفسه.

- لغة القصص الشعبيّ فصيحة ومبسّطة إلى أبعد حدّ.وهي ضعيفة إذا قيست بلغة الأدب الرسميّ. وهذه البساطة اللّغويّة تكسبها حيويّة بالغة ودفئا يقرّبانها من لغة الحديث العاديّ.
- كثيرا ما يتضمّن القصص الشعبيّ أشعارا وحكما وإشارات إلى أحداث تاريخيّة وأخرى مُتَخَيَّلَة، وهذا يُضفي عليه أبعادا أدبيّة واسعة.
- تتحرّك شخصيّات الأدب الشعبيّ في مجال واسع لا يعرف الحدود، وإذا ضاقت بها حدود العالم المعروف مثل الجزيرة العربيّة وإفريقيا والعراق واليونان مدّت خيالها إلى بلدان أخرى أسطوريّة، وارتادت الطبيعة التي لم تطأها قدم من قبل.
- والقصص الشعبيّ معرض حيّ لمعتقدات الجماهير، ولأزياء طبقات المجتمع، وأذواق الناس في المأكل والمشرب وآداب المائدة وفي مستوى الجمال والقبح، وهو أيضا مرآة لأحلام الشعب وطموحاته ومخاوفه.
- في القصص الشعبيّ يعيش **الوهم** مع **الحقيقة** جنبا إلى جنب، دون أن يحسّ القارئ بالاضطراب أو التناقض.

2- **عن الكتاب** :

- لعلّ **كتاب ألف ليلة وليلة** (أو الليالي العربيّة كما يعرف في الغرب أحيانا) من أشهر كتب الأدب الشعبيّ في العالم، إن لم يكن أشهرها على الإطلاق .
- يقال إنّه في الأصل حكايات **هنديّة** انتقلت إلى **فارس**، وأُضيفت إليها بعض حكايات فارسيّة، ثم انتقلت هذه الحكايات كلّها إلى العربيّة، وأضيفت إليها، **على مرّ الأيّام**، حكايات من بغداد ومصر والشام، كما أُضيفت إليها نوادر وأشعار من كتب الأدب العربيّ.
- وربّما عاد تاريخ الحكايات البغداديّة إلى الفترة الواقعة ما بين القرن الرابع والسادس للهجرة (العاشر والثاني عشر للميلاد)، والحكايات المصريّة إلى القرنين السابع والثامن للهجرة (الثالث عشر والرابع عشر للميلاد).

- لم يأخذ الكتاب صورة نهائية في كلّ تاريخه، وذلك لخضوعه للإضافة والتعديل المستمرّيْن.
- أوّل طبعة عربيّة ظهرت له كانت في الهند : 1814 –1818م ، ثمّ طبع في مصر سنة 1835م ، ثُمَّ في أوربّا 1825– 1838م ، ثمّ في أنحاء أخرى من العالم.
- والكتاب لا يعرف له مؤلّف، **شأنه في ذلك شأن** الأدب الشعبيّ كلّه، ومع ذلك فلا بدّ أن يكون له، بالطبع،من ألّفه ورواه، ودوّنه، وعدّله وغيّره، وجمّعه، وبوّبه. ولكنّ الزمن تجاهل هؤلاء جميعا وبقي الكتاب.
- ومن أشهر من ترجمهُ إلى اللّغات الغربيّة (كلّيًا وجزئيًا) غالاند GALLAND إلى الفرنسية (1713م) وسكوت (1811م) ولين (1841م) وبورتين (1885م) وليتمان (1928م) وغابريللي (1949م). ولم تبق لغة مشهورة من لغات العالم إلّا وعرفت الآن **كتاب ألف ليلة وليلة** مترجما إليها.
- منذ أن ترجم الكتاب إلى اللغات الأوربيّة على نطاق واسع أصبح **مؤثّرا ثابتا** في الأدب الغربيّ، فهو يُقتَبس **ويُستوحَى** ويُختصَر، **ويُحوَّر** ويدخل في أشكال أدبيّة جديدة، وتعتمد عليه أعمال مسرحيّة وسينمائيّة وقصص أطفال **وما أشبه**.
- يشتمل **كتاب ألف ليلة وليلة** على موضوعات أساسيّة أهمّها :

أ- **قصص الخوارق** : وأحاديث السِّحر والسَّحَرَةِ وأخبار الكنوز والعفاريت والحيوانات التي تخطّط وتدبّر وتتكلّم.

ب- **موضوعات دينيّة** : معظمها إسلاميّة، وإشارات إلى الديانات السماوية الأخرى (اليهوديّة والنصرانيّة) وكذلك إلى المعتقدات غير السّماوية (مثل المجوسيّة وغيرها).

ج- **قصص الحيوانات** : كقصّة الحمار والثّور مع صاحب الزرع، وقصّة الطاووس والطاووسة... الخ.

د- **موضوعات اجتماعيّة** : تمثّل الحياة الاجتماعيّة للطّبقة المتوسّطة البغداديّة، أو الحياة الاجتماعيّة في البصرة أو في القاهرة. كذلك تصوّر هذه الناحية الحياة الاجتماعيّة للمحتالين واللّصوص.

هـ- **موضوعات تاريخيّة** : وأهمّ قصّة تاريخيّة في اللّيالي هي قصّة هارون الرشيد، وكذلك عمر النعمان. وهناك إشارات إلى شخصيّات تاريخيّة كثيرة، مثل الأمين والمأمون وعمر بن عبد العزيز وحاتم الطّائي وغيرهم.

و - **موضوعات تعليميّة** : مثل قصص الجواري العالمات، وقصص المواعظ المنتشرة في كلّ جوانب الكتاب.

- ويمكن أن نقوم بتقسيم آخر لمادّة الكتاب فنقول إنّ فيه :

1- قَصَص الحبّ 2 - قَصَصُ الجريمة 3 - قَصَص الرّحلات 4 - القصص الخرافيّ 5 - القَصَص التعليميّ.

- ففي الجانب الأوّل (قَصص الحبّ) نجد محبّين من **الفرس** (تاج الملوك ودنيا والحدّاد والمغنّية، وأردشير وحياة النفوس) ومن **التاريخ العربيّ** (المتلمّس وأميمة وعديّ بن زيد وهند) ومن **بغداد** (نور الدين وأنيس الجليس وعلي بن بكار وشمس النّهار) ومن **مصر** (ابراهيم وجميلة)...الخ.
- وفي الجانب الثّاني (قصص الجريمة) نجد قصّة التّفاحات الثلاث، واللّص والتاجر وغيرهما.
- وفي الجانب الثّالث (قصص الرّحلات) نجد السّندباد ورحلاته السبع، وعبد الله البرّي وعبد الله البحريّ، وأبو صير وأبو قير، وغير ذلك.
- وفي الجانب الرّابع (القصص الخرافيّ) نجد قصة علاء الدّين والمصباح السحريّ، وغيرها.
- وفي الجانب الخامس (القصص التعليميّ) نجد مدينة إِرَم ذات العماد، وطائر الرخّ وغيرهما.
- ويوجد في الكتاب أيضا كثير من الهزل، وصور لمجالس اللّهو والشراب، وهو حافل بالكلمات والمشاهد الجنسيّة الصريحة.
- والأسلوب القصصيّ العام في **كتاب ألف ليلة وليلة** يتلخّص في أنّ **القصّة الأصليّة** تبدأ، وتستمرّ قليلا، ثم تتفرّع منها **قصّة جانبيّة**، وتستمرّ، ثم تتفرّع

من هذه القصّة الثانية قصّة جانبيّة ثالثة، ولكنّ **الإطار العامّ** للقصّة الأصليّة في كلّ ذلك لا يُنسى، فبعد أن تنتهي كلّ القصص الفرعيّة، يعود **مجرى الحديث** إلى القصّة الأصليّة، لتصل إلى ختامها ثم تنشأ قصّة أصليّة جديدة وهكذا.

- ويعتمد تقسيم الكتاب **إلى ليال** على عنصر التشويق، وعادة ما تنتهي الليلة عند نقطة تجعل النفس **تتطلّع** إلى تكملة القصّة بشدّة، ولكنّ **الرّاوية** (شهرزاد) تُؤَجِّلُ البقيّة إلى اللّيلة التالية.

- وبَطَلاَ القصّة الأساسيّة، كما هو معروف، **شهرزاد** ذات الصيت، والملك **شهريار** الأقلّ شهرة : فشهريار –الذي خانته زوجته الأولى – أصبح حاقدا على كلّ النّساء، ونشأت عنده رغبة شاذّة في الانتقام منهنّ جميعا، فهو يتزوّج فتاة يبيت معها ليلة واحدة ثم يقتلها في الصباح. طلبت شهرزاد من أبيها الوزير أن يقدّمها زوجة للملك، وألّحت عليه فاضطرّ إلى القبول. وكان لدى شهرزاد خطّة لوقف مذبحة الملك لبنات جنسها، وقد استعانت على ذلك بما لديها من كنز لا يفنى من القصص والحكايات الغريبة.في الليلة الأولى بدأت قصّة ثم توقّفت مع الفجر عند نقطة مشوّقة منها، ووعدت بإتمامها في الليلة التالية. وفي الليلة التالية فعلت ما فعلته في الليلة السّابقة وهكذا، والملك في كل ذلك حريص على سماع بقيّة القصّة أكثر من حرصه على استمراره في عمليّة الانتقام. لقد تحوّل شهريار الملك، بالفنّ، من سفّاح أعماهُ الأخذ بالثأر إلى مستمع يدمن الاستماع إلى الأدب.

- في حالات قليلة جدّا تخرج **الرّاوية** عن السياق القصصيّ فتتحدّث إلى الملك شهريار في عبارة غير قصصيّة (دعاء له أو شرح لبعض الأشياء) أو تتحدّث إلى أختها التي كانت تجلس معهما حول الموضوع، لكنّها في **الأغلب الأعمّ من الوقت** تعيش داخل القصّة.

- وطريقة **السّرد القصصيّ** هي الطريقة الغالبة على الكتاب. وشهرزاد تبدو محايدة لا تتدخّل في سير القصّة، ولا تنصر شخصا على شخص، أو فكرة على فكرة.

- وتوزيع القصص على اللّيالي ليس توزيعا متساويًا :فبعض اللّيالي طويل يستوعب قدرا كبيرا من القصّة، وبعضها يشتمل على أكثر من قصّة قصيرة، وبعضها قصير لا تحكي فيه شهرزاد سوى قدر قليل من القصص.
- **ولغة الكتاب متعدّدة المستويات**: ففيها الكلمات العاميّة،وفيها الكلمات الفصيحة، وفيها الكلمات التي تحمل ظلالا محلّيّة، وفيها الأشعار والأمثال المقتبسة، ولكنّها في **نسيجها** العامّ لغة بسيطة، تعكس **صورة واقعيّة لحياة الشعب اليوميّة** في البيئة التي تحكي عنها، سواء أكانت بغداد أم القاهرة.

3- **عن النصّ** :

- يبدأ النصّ المختار لهذا الدرس من **كتاب ألف ليلة وليلة** (النّسخة المصريّة) من بداية اللّيلة الأولى بعد الثلاثمائة ويمتدّ في اللّيلتين الثانية والثالثة.
- وهذا النصّ نموذج من الكتاب يمثّله تمثيلا صحيحا :ففيه شخصيّات مهمّة تتردّد في اللّيالي مثل هارون الرشيد،وفيه إلى جانب ذلك تمثيل لطبقة التجّار (الشيخ أبو المظفّر)وتمثيل للطبقات الشعبيّة (أبو محمّد الكسلان وأمّه وآخرون)، وفيه جوّ السِّحر والخوارق الذي هو **محور** من المحاور الأساسيّة في اللّيالي .
- النصّ الذي سندرسه هو في الواقع **قصّة فرعيّة** تقع ضمن قصّة أوسع منها، وهما معا يقعان ضمن قصّة أوسع، كما تتفرّع من النصّ الذي إخترناه أيضا قصص جانبيّة.
- ومع أنّ القصّة التي يحكيها النصّ تقع ضمن قصص **الخوارق**، فإنّ فيها حسّا اجتماعيّا واضحا وهدفا تعليميّا و تربويّا أيضا. فالتاجر الكبير يعطف على الفقراء، ويقبل أن يجلب لهم ما يتاجرون به وينمّون به مالهم القليل، ومحمّد الكسلان لا تتحسّن حاله إلاّ بعد أن يتغلّب على كسله، ولو بالرغم عنه، فيسعى إلى طلب رزقه والجدّ والاجتهاد في العمل.
- يخرج التجّار في الحكاية من أزمة إلى أزمة، ويتطوّر الحدث تبعا لذلك من عقدة إلى حلّ ومن حلّ إلى عقدة. والمعلومات تقدّم إلى القارئ خلال كلّ ذلك في حرّيّة تامّة (انظر الكلام على القبائل التي تأكل لحوم البشر مثلا).

- تتدرّج القصّة نحو الخوارق مباشرة في حديث القرد، حين ينطق بلسان فصيح معترفا لصاحبه بأنّه ليس قردا في الحقيقة وإنّما هو مارد (شيطان) من الجِنّ. وتكون ذروة الخوارق في موضوع الطلسم الذي كان يحرس الفتاة من المارد (الذي هو القرد في الحقيقة)، ولا يفكّ الطلسم إلا بذبح الديك الذي كان يحرس هذا الطلسم.
- تتخلّل القصّة أشعارٌ بَسيطة ذات دلالة مهمّة على الأفكار التعليميّة التي تهدف إليها القصّة.فالنّصّ الشعريّ الوارد هنا يعكس ظاهرة اجتماعيّة هي **الإعلاء** (الرفع) من شأن المال.
- تنتهي القصّة بالإعلان عن مغزاها الأخلاقيّ، وهو **أن الجميل** (صنع المعروف) لا يضيع حتى لو كان في الجنّ، **فكيف به** إذا صُنع في الإنسان ؟
- كتب النصّ بعبارة واضحة، ولغته فصيحة لكنّها قريبة جدّا في روحها من لغة الناس التي قد نستمع إليها في الحياة العاديّة. ولا شك أنّ الحوار الذي يجري على لسان الشخصيّات في بساطة **وعفويّة** هو الذي يساعد على جعل هذه اللّغة أشبه **بصورة صوتيّة** (حكاية مسموعة) لِمَا يمكن أن يحدث في الحياة.
- يساعد على **إضفاء** البساطة على اللّغة أسلوب السّرد الذي يتنقّل في الأمكنة والأزمنة بحريّة، فقد انتقل بنا النصّ من البصرة إلى الصِّين، مارّا بالبحار والجزر، وعارضا حياة المقيمين والمسافرين، ومقدّما خلال ذلك شتّى الأفكار والانطباعات، والصور والعادات.
- وفي هذا النصّ مجموعة من اللّوازم (العبارات المتكرّرة) والكلام الحكميّ (المأثور) نذكر منها:

أ- «**بلغني أيّها الملك السعيد**» : وهي عبارة تفتح بها شهرزاد الحكاية كلّ ليلة من ليالي ألف ليلة وليلة.

ب- «حديثي عجيب وأمره غريب، لو كتب بالإبر على آماق البصر لكان عبرة لمن اعتبر»: وهو تعبير يرد كثيرا في الليالي ليشيع جوّا من التشويق واللّهفة على سماع ما سيأتي من القصّة.

ج- «وأدرك شهرزاد الصَّباح فسكتت عن الكلام المُباح» : وهي عبارة تتكرّر في ختام كلّ ليلة من الليالي، وقد أصبحت رمزا في الأدب العربيّ على قطع كل حديث قبل أوانه والنفوس مشتاقة إلى استمراره.

- يلاحظ أنّ النصّ المختار ينتهي في منتصف جملة لغويّة، وذلك تمشّيا مع طبيعته ذات النهاية المفتوحة، وأسلوبه القصصيّ القائم على **التشعّب** (التفرّع) الذي يوحي بالامتداد إلى ما لا نهاية.

النصّ

فلمّا كَانَت اللَّيْلَةُ الأُولى بعد الثَّلاثمائةِ

قالت بَلَغَني أيُّهَا المَلِكُ السَّعِيد أنّ أبا محمّد الكَسْلان، قال للخليفة : يا أميرَ المُؤْمنين، اسمعْ حديثي، فإنّه عجيب، وأمْرُه غَريب، لو كُتِب بالإبَر على آماقِ البَصَر، لَكَانَ عِبْرَةً لِمَن اعْتَبر. فقال الرّشيد : حَدِّثْ بما عِنْدَك، وأَخْبرني به يا أبا محمّد،فقال: اعْلَم يا أمير المؤمنين - أدام اللّـهُ لك العزّ والتمكين - أنّ أَخْبَارَ النّاسِ بِأَنّي أُعْرَفُ بالكسلان، وأنّ أبي لم يُخَلّفْ لي مَالاً، صِدْقٌ، لأنّ أبي لم يكُن إلاّ كما ذكرت، فإنّه كان حَجّاما في حَمَّام. وكنتُ وأنا في صِغَري أكسَلَ من يُوجَد على وَجْه الأرض. وبَلَغ من كَسَلِي أنيِّ إذا كُنْتُ نائما في أيّام الحرِّ وطلعتْ عليّ الشّمسُ أكسَلُ عن أن أقُومَ وأَنْتَقل من الشَّمْسِ إلى الظّل. وأقمتُ على ذلك خمسةَ عَشرَ عاما. ثم إنّ أبي تُوُفِّيَ إلى رحمة اللّـه تعالى، ولم يُخَلِّفْ شيئا، وكانت أمِّي تَخدِمُ النّاسَ، وتُطْعِمُني وتَسْقِيني، وأنا راقد على

وكانت أمِّي تَخدِمُ النّاسَ، وتُطْعِمُني وتَسْقِيني، وأنا راقد على جنبي.

جنبي، فاتُّفِقَ أنّ أمّي دخلت عليّ في بعض الأيّام، ومعها خَمْسَةُ دَراهِمَ من الفضّة، وقالت لي : يا ولدي، بلغني أنّ الشيخ أبا المُظَفَّر عزم على أن يسافر إلى الصِّين، وكان ذلك الشيخ يحبّ الفقراءَ، وهو من أهل الخير، فقالت أمّي يا ولدي، خُذْ هذه الخمسةَ دراهم، وامْضِ بنا إليه، ونسألُه أن يَشْتَرِيَ لك بها شيئا من بلاد الصِّين، لعلّه يحْصُل لك فيه ربحٌ من فَضْل اللّهِ تعالى، فكَسِلْتُ عن القيام معها، فأقْسمتْ باللّه إن لم أقُم معها أنّها لا تُطعمُني، وَلا تَسْقِيني، ولا تدخل عليّ، بل تتركُني أموت جوعا وعطشا. فلما سمعتُ كَلامَها، يا أمير المؤمنين، علمتُ أنها تفعل ذلك لِمَا تَعْلَمُ من كَسَلِي، فقلت لها: أَقْعِديني فأقْعَدَتْنِي، وأنا بَاكِي العين، وقلتُ ائْتِينِي **بمَداسِي**، فأتتني به فقلت : ضَعِيه في رجْلَيَّ، فوضعتْه فيهما، فقلت لها: احمليني حتى ترفعيني من الأرض، ففعلت ذلك، فقلت: اسْنُدِينِي حَتَّى أمشي، فصارت تسندني، ومازلت أَمْشِي وأتعثّر في أذيالي إلى أن وصلنا إلى ساحل البحر، فسلَّمنا على الشيخ، وقلت له : يا عمّ أنت المظفّر قال : **لبّيك**. قلت : خذ هذه الدراهم واشتر بها إليَّ شيئا من بلاد الصّين، عسى اللّهُ أن يربحني فيه، فقال الشيخ أبو المظفّر لأصحابه : أتعرفون هذا الشابّ؟ قالوا : نعم هذا يعرف بأبي محمّد الكَسْلان، وما رأيناه قطّ خرج من داره إلاّ في هذا الوقت، فقال الشيخ أبو المظفّر : يا ولدي هاتِ الدراهمَ على بركة اللّهِ تعالى. ثم أخذ منّي الدراهم وقال : بسم اللّه، ثم رجعتُ مع أمّي إلى البيت، وتوَجّه الشيخُ أبو المظفّر إلى السفر، ومعه جماعة من التّجار، ولم يزالوا مسافرين، حتى وصلوا إلى بلاد الصّين .ثمّ إنّ الشيخَ باع واشترى، وبعد ذلك توجّه إلى الرجوع هو ومن معه بعد قضاء أَغْرَاضِهم، وساروا في البحر ثلاثةَ أيام، فقال الشيخُ لأصحابه : قِفُوا بالمركب، فقال التّجار: وما حاجتُك، فقال : اعلموا أنّ الرسالَة التي معي لأبي محمّد الكسلان نسيتُها، فارجعوا بنا

حتى نشتريَ له شيئا ينتفع به، فقالوا له : سألناكَ بالله تعالى أن لاتردَّنا، فإنّنا قطعنا مسافةً طويلةً زائدةً، وحَصَل لنا في ذلك **أهوال** عظيمةٌ ومشقّةٌ زائدةٌ، فقال : لا بُدَّ لنا من الرجوع. فقالوا : خُذْ منّا أضعافَ ربْحِ الخَمسةِ دراهمَ ولا تردَّنا، فسمع منهم وجمعوا له مالاً جزيلاً، ثم ساروا حتى أشرفوا على جزيرة فيها خلْق كثير فأرسَوْا عليها، وطلع التجّار يشترون منها مُتَّجرًا من معادنَ وجواهرَ ولؤلؤ وغير ذلك، ثم رأى أبو المظفّر رجلا جالسا وبَيْنَ يديْه قرود كثيرة وبينهم قرد منْتوف الشّعر. وكانت تلك القرودُ كلّما غَفَل صاحبُهم يُمْسِكون ذلك القردَ المنتوف، ويضربونه، ويرْمونه على صاحبهم فيقوم يضربهم ويُقَيِّدُهم ويعذِّبُهم على ذلك، فتغتاظُ القرودُ كلّها من ذلك القردِ، ويضربونه .ثم إنّ الشيخ أبا المظفّر لمّا رأى ذلك القردَ حَزِن عليه، ورَفَقَ به، فقال لصاحبه : أتبيعنِي هذا القرد قال: اِشْتَرِ قال : إنّ معي لِصَبيّ يَتيم خمسةَ دراهمَ هل تبيعني إيّاهُ بها ؟ فقال له : بِعْتُك بارَكَ اللّهُ لك فيه، ثم تسلَّمَه وآقْبَضه الدراهمَ، وأخذ القردَ عبيدُ الشيخِ، وربطوه في المركب، ثمّ حلُّوا وسافروا إلى جزيرة أخرى، فأرْسَوْا عليها، فنزل الغطّاسون **الذين يغطِسُون على المعادن واللؤلؤ والجَوْهر وغير ذلك**، فأعطاهم التجّارُ دراهمَ أجرةً على الغِطاس، فغطسُوا، فرآهم القردُ يفعلون ذلك، فحلَّ نفسَه من رِبَاطه، ونطَّ من المركب وغَطَس معهم، فقال أبو المظفّر : لا حَوْلَ ولا قوّةَ إلا باللهِ العليِّ العظيم، قد عُدِم القرد منّا بِبَخْت هذا المسكين الذي أخذْناه له، ويئسوا من القرد. ثم طلع جماعةُ الغطّاسين وإذا بالقرد طلع معهم، وفي يديه نفائس الجواهِر، فرماها بين يَدَيْ أبي المظفّر، فتعجَّب من ذلك، وقال: إنّ هذا القردَ فيه سرّ عظيم. ثمّ حلُّوا وسافروا، إلى أن وصلوا جزيرةً فيها قومٌ يأكلون لحم بني آدم. فلمّا رأوهم ركبوا عليهم في القوارب، وأتَوْا إليهم، وأخذوا كلَّ من في المركب، وكتَّفوهم وأتوْا بهم إلى الملك، فأمرهم بذَبْح جماعة من التّجار، فذبحوهم، وأكلوا لحومَهم. ثم إنّ بقيّةَ التُّجّار بَاتُوا مَحْبوسين، وهم في نكَدٍ عظيم. فلما كان وقتُ اللَّيل قام القردُ إلى أبي المظفّر، وحلّ قيده. فلما رأى التّجار أبا المظفّر قد انحَلّ قالوا عسى الله أن يكون خلاصُنَا على يديك يا أبا المظفّر، فقال لهم : اعلموا أنّه ما خلّصني بإرادة الله تعالى إلاّ هذا القردُ. وأدرك شهرزاد الصباح، فسكتتْ عن الكلام المباح.

فلمّا كانت الليلةُ الثانية بعد الثّلاثِمائَةِ

قالت : بلغني أيّها الملك السّعيد، أنّ أبا المظفّر قال: ما خلّصني بإرادة الله تعالى إلاّ هذا القرد، وقد خَرَجْتُ له عن ألف دينار. فقال التّجار : ونحن كذلك كلّ واحدٍ منّا خرج له عن ألفِ دينار، إن خلَّصَنا، فقام القرد إليهم، وصار يَحُلُّ واحدا بعدَ واحد، حتّى حلّ الجميعَ من قيودهم، وذهبوا إلى المركب وطلعوا فيه. فوجدوها سالمة، ولم ينْقص منها شيء. ثم حلُّوا وسافروا، فقال أبو المظفّر : يا تجَّارُ أُوفُوا بالذي قلتم عليه للقرد فقالوا: سمعا وطاعة، ودفع كلّ واحد منهم ألْف دينار، وأخرج أبو المظفّر من ماله ألف دينار فاجتمع للقرد من المال شيء عظيم. ثم سافروا حتى وصلوا إلى مدينة البَصْرة، فتلقَّاهم أصحابُهم، حتى طلعوا من المركب، فقال أبو المظفّر : أين أَبُو محمّدٍ الكسلان؟ فبلغ الخبرُ إلى أمّي، فبينما أنا نائم إذْ أقْبَلَتْ عليّ أمّي وقالت: يا ولدي إنّ الشيخ أبا المظفّر قد أتى ووصل إلى المدينة، فقُمْ وتَوجَّهْ إليه، وسلِّمْ عليه، واسألْه عن الذي جاء به لك، فلعلّ الله تعالى يكون قد فتح عليك بشيء، فقلتُ لها احمليني من الأرض واسْنُديني حتى أخرجَ وأمشي إلى ساحل البحر. ثم مشيت وأنا أتعثّرُ في أذيالي، حتى وصلتُ إلى الشيخ أبي المظفّر، فلمّا رآني قال لي: أهلا بمن كانت دراهِمُه سببا لخَلَاصِي، وخلاص هؤلاء التّجارِ بإرادة الله تعالى. ثم قال لي: خُذْ هذا القردَ فإنّي اشتريتُه لك، وامْضِ إلى بيتك حتّى أجيءَ إليك. فأخذت القرد بين يديّ، ومضيت وقلت لنفسي : والله ما هذا إلا متَّجَرٌ عظيم. ثمّ دخلت بيتي، وقلتُ لأمّي : كلّما أنامُ تأمريني بالقِيام لأتَّجِرَ، فانظري بعينِك هذا المُتَّجَرَ. ثم جلستُ فبينما أنا جالس، وإذا بعَبِيد أبي المظفّر قد أقْبلوا عليّ وقالوا لي: هل أنتَ أبُو محمّدٍ الكسلان ؟ فقلت لهم : نعم. وإذا بأبي المظفّر أقبل خَلْفَهم، فقمتُ إليه وقَبَّلتُ يديه وقال لي : سرْ معي إلى داري، فقلت سمعًا وطاعةً، وسرت معه إلى أن دخلتُ الدارَ فأمر عَبِيدَه أن يحْضُروا بالمال، فحضروا به فقال : يا ولدي، لقد فتح اللَّهُ عليك بهذا المالِ من رِبْحِ الخمسةِ دراهمَ، ثم حملوه في صناديقه على رُؤوسهم، وأعطاني مفاتيحَ تلك الصناديق وقال لي: امْضِ قُدَّام العبيد إلى دارك فإنّ هذا المالَ كلّه لك.

فمضيتُ إلى أمّي فَفَرِحَتْ بذلك،وقالت : يا ولدي لقد فتح اللّـهُ عليك بهذا المالِ الكثير، فدعْ عنك هذا الكَسَلَ، وانزل السوقَ، وبِعْ واشْتَرِ، فتركتُ الكسل وفتحتُ دكّانا في السّوق، وصار القردُ يجلسُ معي على **مرتبتي**، فإذا أكلتُ يأكلُ معي، وإذا شربتُ يشرب معي .وصار كلَّ يوم من **بُكْرَة النّهار** يغيب إلى وقت الظهر، ثم يأتي ومعه كِيسٌ فيه ألف دينار، فيضعُه في جانبي، ويجلس.ولم يزَلْ على هذه الحالةِ مدّةً من الزمان حتى اجتمع عندي مالٌ كثير، فاشتريت، يا أميرَ المؤمنين، الأملاكَ **والرُّبُوعَ**، وغَرَسْتُ البساتين، واشتريت المماليكَ والعبيدَ والجَوارِيَ، فاتُّفِقَ في بعض الأيّام أنّني كنت جالسا والقردُ جالسٌ معي على المَرْتَبَة وإذا به التفت يمينا وشمالا فقلتُ في نَفْسي : أيُّ شيء خَبرُ هذا. فأَنْطَقَ اللّـهُ القرد بِلِسان فَصِيح، وقال :يا أبا محمّد. فلمّا سَمِعْتُ كلامه فَزِعْتُ فَزَعا شديدا، فقال لي : لا تَفْزَعْ أنا أُخْبِرُكَ بحالي، إنّي ماردٌ من الجنّ، ولكنّي جئتُك بسبب ضَعْفِ حالك وأنتَ اليوم لا تدري قَدْرَ مالك، وقد وقَعتْ لي عندك حاجةٌ وهي خيرُ لك، فقلت : ما هي.قال : أريد أن أزَوِّجك بصبيّة مثلَ البدر، فقلت له : وكيف ذلك، فقال لي : في غدٍ الْبَسْ قُماشَك الفاخرَ، واركبْ بغلَتَك بالسَّرْجِ والذَّهَبِ، وامْضِ إلى سُوق العلاّفين، واسألْ عن دكّان الشريف، واجلس عنده، وقل له : إني جئتُك خاطبا راغبا في ابنتِك .فإنْ قال لك : أنت ليس لك مال ولا حَسَب ولا نَسَب فادْفَعْ له ألفَ دينارٍ .فإن قال لك : زِدْني فَزِدْهُ ورغِّبْه في المال.فقال :سمعا وطاعة، في غد أفعل ذلك إن شاء الله تعالى.قال أبو محمّد : فلمّا أصبحتُ لبستُ أفخرَ قُماشي، وركبت البغلة بالسّرج والذهب، ثم مضيت إلى سوق العلاّفين، وسألت عن دكّان الشريف، فوجدتُه جالسا في دكّانه، فنزلت وسلَّمْتُ عليه، وجلست عنده .وأدرك شهرزاد الصباح فسكتت عن الكلام المباح.

فلمّا كانت الليلة الثالثةُ بعدَ الثّلاثِمِائةِ

قالت : بلغني أيّها الملك السعيد أنّ أبا محمّد الكسلان قال: فنزلت وسلّمت عليه، وجلست عنده، وكان معي عشرة من العبيد والمماليك، فقال الشريف: لعلّ لك عندنا حاجةً نفوز بقضائها. فقلت: نعم لي عندك حاجةٌ. قال : و ما حاجَتُك. فقلت: جئتك

خاطبا راغبا في ابنتك،فقال لي : أنت ليس لك مال ولا حسب ولا نسب.فأخرجتُ له كيسا فيه ألف دينار ذهبًا أحْمَرَ، وقلت له : هذا حَسَبِي ونَسَبِي. **وقد قال صلّى الله عليه وسلم** «**نِعْمَ الحَسَبُ المالُ**» وما أحسَنَ قَوْلُ من قال :

من كان يَمْلِك درهمينْ تعلّمتْ   شفتاه أنواعَ الكــلام فقــالا

وتقدّم الإخوانَ فاستمعوا لــه   ورأيته بين **الـوَرَى** مُخْتــالا

لولا دارهِمُه التي يزهو بهــا   لوجدْتَه في الناس أسْوأَ حــالا

إن الغنِيّ إذا تكلَّــم بالخــطأ   قالوا صَدَقت وما نطقت مُحالا

أمّا الفقيرُ إذا تكلّم صادقــا   قالوا كذبت وأبطلوا ما قــالا

إن الدراهمَ في المَواطن كلّهــا   تكسو الرجالَ مهابةً وجمــالا

فهْي اللسانُ لمن أراد فصاحةً   وهي السّلاحُ لمن أرادَ قتــالا

فلمّا سمع الشريفُ منه هذا الكلام، وفهم الشعر **والنّظام**، **طرق** برأسه إلى الأرض ساعة، ثم رفع رأسه وقال له : إن كان ولا بدّ فإنّى أريد منك ثلاثة آلاف دينار أخرى، فقلت: سمعا وطاعة، ثم أرسلتُ بعض المماليك إلى منزلي، فجاء لي بالمال الذي طلَبه، فلمّا رأى ذلك وصل إليه قام من الدكّان، وقال لغِلْمانه : اقفلوها. ثم دعا أصحابَه من السوق إلى داره، وكتب كتابي على بنْته، وقال لي بعد عشرة أيام أُدْخِلُك عليها. ثم مضيت إلى منزلي وأنا فرحان، فخلوت مع القرد وأخبرته بما جرى، فقال **نِعْمَ ما فَعَلْتَ**. فلما قرُب ميعاد الشرِّيف قال لي القرد : إنّ لي عندك حاجةً إن قضيْتَها لي فلك عندي ما شئت. قلتُ : وما حاجتك ؟ قال لي: إنّ في صدر القاعة التي تدخل فيها على بنتِ الشريف خزانةً، وعلى بابه حَلَقة من نُحاس، والمفاتيح تحت الحلق فخذْها وافتحْ البابَ تجدْ صُندوقا من حديد على أركانه أربعُ رايات من الطِّلَّسْم، وفي وسط ذلك طِشْت ملآن من المال، وفي جانبه إحدى عشرة حَيّة، وفي الطشت ديك **أفرق** أبيضُ مربوط، وهناك سكّين بِجَنْب الصندوق فَخُذِ السكينَ، واذبح بها الدّيك، وقطِّع الرّايات، وكُبّ الصندوق، وبعد ذلك اخرُجْ للعروسة وأَزِلْ بكارَتَها فهذه

حاجتي عندك. فقلت له : سمعًا وطاعةً. ثم مضيت إلى دار الشَّريف. دخلتُ القاعةَ، ونظرت إلى الخزانة التي وصفها لي القردُ، فلمّا خَلَوْتُ بالعروسة تعجَّبْت من حُسْنها وجمالها وقدّها واعتدالها لأنها لا تستطيع الألسُنُ أن تصف حسنَها وجمالَها، ثم فرحتُ بها فرحا شديدًا. لمّا كان نِصفُ الليل ونامت العروسةُ قمت أخذت المفاتيح، وفتحت الخزانة، وأخذت السكّين وذبحت الدّيك، ورميت الرّاياتِ، وقلبتُ الصندوقَ، فاستيقظت الصّبيّةُ فرأت الخزانة قد فُتحَتْ، والدِّيكَ قد ذُبِحَ، فقالتْ : لا حَولَ ولا قوّة إلا بالله العليّ العظيم، قد أخذني الماردُ. فَمَا استَتَمَّتْ كلامَها إلا وقد أحاط الماردُ بالدار، وخطف العروسة، فعند ذلك وقعت الضجّةُ، وإذا بالشريف قد أقبل، وهو **يلْطِم** وَجهَه وقال : يا أبا محمّد، ما هذا الفعلُ الذي فعلتَه معنا، هل هذا جزاؤُنا منك ! وأنا قد عَمِلْتُ هذا الطِّلَّسْمَ في هذه الخزانةِ خوفا على بنتي من هذا المَلْعُون، فإنّهُ كان يقصِدُ أخْذَ هذه الصبيّةِ من منذ ستّ سنين، ولا يقدر على ذلك. ولكن ما بَقِي لك عندنا مُقام، **فامض إلى حال سبيلِك**، فخرجت من دار الشريف، وجئت إلى داري،

وفتَّشْت على القرد فلم أجِدْه، ولم أرَ لَهُ أثرًا، فعلمت أنه هو المارد الذي أخذ زوجتي، وتحيّل عليّ حتّى فعلت ذلك بالطّلّسم والدِيك اللّذيْن كانا يمنعانِه من أخذها فندِمْت، وقطَّعْت أثوابي، ولطمت على وجهي، ولم تَسَعني أرض، فخرجت من **ساعتي** وقصدت **البرِيَّة** ولم أزَلْ سائرا إلى أن أمْسَى عليّ المساءُ، ولا أعْلَم أينَ أروحُ. فبينما أنا مشغولُ الفكر إذْ.

الشّــروح

آماق : مفرده أَمْقٌ. وأَمْقُ العينْ مُؤْقُها، وهو طرفها الذي يلي الأنف.

حجّام : محترف الحِجامة، وهي امتصاص دم المريض بالمِحْجَم علاجًا له.

مَدَاسٌ : ما يلبس في الرّجل من خُفّ وحذاء.

أَهْوَالٌ : مفرده هَوْل، وهو الفزع.

خرج له عن ألف دينار : تنازل له عن ألف دينار.

مُتَّجَرٌ : بضاعة يتاجر فيها.

بُكرة : أوّل النّهار إلى طلوع الشّمس.

رُبُوع: مفرده رَبْعٌ، وهو الدّار .

سوق العَلاّفين : سوق بائعي العلف أي طعام الحيوان.

الورَى : الخَلْقُ.

طرَقَ بَصَرَهُ إلى الأرض : أَطْرَقَ، أي أمال رأسه إلى صدره وسكت فلم يتكلّم لحيرة أو خوف أو نحوهما.

طِلَّسْمٌ : هو، في علم السِّحر، خطوط وأعداد يزعم كاتبها أنّه يربط بها روحانيّات الكواكب العلويّة بالطبائع السفليّة لجلب محبوب أو دفع أذى، وهو لفظ يونانيّ الأصل لكلّ ما هو غامض مبهم كالألغاز والأحاجي.

ديك أَفْرَقُ : ذو عُرْفين لانفراج بينهما.

لَطَمَ وَجْهَهُ : ضَرَبَ وجْهَهُ بالكفّ مبسوطة أو بباطن الكفّ.

التدريبات

1- أسئلة حول النص :

1. فيم يختلف الأدب الشعبيّ عن الأدب الرسميّ ؟
2. لماذا لا يعطي الأدب الشعبي للحكّام ما يعطيه لهم الأدب الخاصّ ؟
3. ماذا يعني استخدام الأشعار والحكم في الأدب الشعبيّ ؟
4. في أي مجال تتحرّك شخصيّات الأدب الشعبيّ ؟
5. لماذا نال كتاب ألف ليلة وليلة هذه الشهرة الواسعة ؟
6. ما الأصل الذي جاءت منه حكايات ألف ليلة وليلة ؟
7. ما الروافد التي غذّت المجرى الأصليّ للقصّة فيه ؟
8. ما تأثير ألف ليلة وليلة في الأدب الغربيّ ؟
9. لماذا اهتمّ أصحاب الثّقافات الأخرى بترجمة هذا الكتاب ؟
10. ما الموضوعات الأساسيّة التي دار حولها الكتاب ؟
11. ما الموضوعات الدينيّة التي اشتمل عليها ألف ليلة وليلة ؟
12. ما أَنواع القصص في ألف ليلة وليلة ؟
13. ما أهمّ القصص التاريخيّة في ألف ليلة وليلة ؟

14. ما القصّة الأصليّة التي تفرّعت منها القصص الجانبيّة في ألف ليلة وليلة ؟
15. لماذا قُسِّمَ الكتاب إلى ليال ؟
16. ما أهمّ خصائص البطل الرئيسيّ شهريار ؟
17. ما أهمّ خصائص البطلة الأساسيّة شهرزاد ؟
18. كيف استطاعت شهرزاد أن تنجو من القتل ؟
19. ما التحوّل الذي أصاب شخصيّة شهريار ؟
20. هل كان من الطبيعيّ أن تتساوى القصص في كلّ ليلة ؟ ولماذا ؟
21. ما أهمّ خصائص اللّغة المستعملة في القصص ؟
22. لماذا تتداخل القصص في ألف ليلة وليلة ؟
23. ما المقصود بقصص الخوارق ؟
24. ما أهمّ الموضوعات التاريخيّة في ألف ليلة وليلة ؟
25. فيم أفاد أسلوب السرد المباشر الذي اتّبعه كتاب ألف ليلة وليلة ؟
26. ما أشهر اللوازم في ألف ليلة وليلة ؟
27. ما مظاهر كسل أبي محمّد الكسلان ؟
28. كم درهما أعطى أبو محمّد الكسلان الشيخ أبا المظفّر ؟
29. كيف تضاعفت هذه الدراهم الخمسة ؟
30. من كان ذلك القرد الذي اشتراه أبو المظفّر ؟
31. على أيّ شيء كان يحتال هذا القرد ؟
32. كيف تزوّج أبو محمّد الكسلان بنت الشريف ؟
33. لماذا وضع الشريف الطّلّسم في داره ؟
34. بماذا تصف صنيع أبي محمّد الكسلان ؟
35. ما مظاهر الخرافة في هذه القصّة ؟

2- صواب أم خطأ ؟

1. الأدب الشعبيّ أدب معروف المؤلّف في كلّ عصر.
2. يحفل الأدب الشعبيّ بالخرافة والمبالغة والتهويل وقصص الجنّ والسحرة.
3. مجنون ليلى وكُثير عزّة وجميل بُثينة من الشعراء العذريّين.
4. لا يهتمّ الأدب الشعبيّ إلا بالأمراء والحكّام والطبقات العالية من المجتمع .
5. يعيش الوهم والحقيقة في الأدب الشعبيّ جنبا إلى جنب.
6. قصص ألف ليلة وليلة في أصلها حكايات هنديّة ترجمت إلى الفارسيّة.
7. القصص الشعبيّ لا يكشف عن معتقدات الجماهير ولا أذواقهم في الطعام ومستوى الجمال.
8. لم يترجم كتاب ألف ليلة وليلة إلى أيّة لغة غربيّة.
9. يحفل كتاب ألف ليلة وليلة بأحاديث السّحر والسّحرة وأخبار الكنوز والجنّ والحيوانات التي تتكلّم.
10. الشيخ أبو المظفّر يمثّل في القصّة الطبقة الشعبيّة الفقيرة .
11. لم يكن القرد في قصّة أبي محمّد الكسلان سوى مارد محتال.
12. لم ينفّذ أبو محمّد الكسلان التعليمات التي أوصاه بها القرد.
13. عمل الشريف الطّلّسم ووضعه في الخزانة خوفا على أمواله من اللصوص.
14. كان الطّلّسم والديك سحرا يمنع المارد من أخذ بنت الشريف.
15. كان القرد سببا في غنى أبي محمّد الكسلان.
16. كان أبو المظفّر تاجرا أمينا لم يطمع في شيء ممّا ائتمنه عليه الناس.
17. كانت رحلة الشيخ أبي المظفّر إلى سواحل إفريقيّة.
18. كانت شهرزاد تحكي قصّة كاملة كل ليلة.
19. الحِجامة امتصاص بعض دم المريض ليبرأ من مرضه.
20. اشترى الشيخ أبو المظفّر القرد المنتوف الشعر بمال اليتيم .

3- **أكمل ما يأتي :**

1. مِنْ أشهر قصص الأدب الشعبيّ العربيّ ....
2. الأدب الشعبيّ أدب ....
3. يميل الروح الشعبيّ إلى ....
4. من شعراء الحبّ العذريّ في التراث العربيّ ....
5. لا يعطي الأدب الشعبيّ الحكّام ....
6. لغة الأدب الشعبيّ ....
7. يكشف الأدب الشعبيّ بوضوح عن ....
8. يُعرف كتاب ألف ليلة وليلة أحيانا في أوربا باسم ....
9. يحتمل أن يكون تاريخ الحكايات البغدادية ....
10. الحكايات المصريّة في ألف ليلة وليلة ترجع إلى الفترة ....
11. مِنْ أشهر من ترجموا كتاب ألف ليلة وليلة ....
12. الموضوعات الأساسيّة التي يشتمل عليها كتاب ألف ليلة وليلة ....
13. تمثّل الموضوعات الاجتماعيّة ....
14. استطاعت شهرزاد بالفنّ أن تحوّل شهريار من ....
15. من الشخصيّات المشهورة في ألف ليلة وليلة ....
16. القرد في القصّة المختارة لم يكن سوى ....
17. البطل في القصّة المختارة هو ....

4- **أكمل بذكر اسم البلد أو المنطقة التي عاش فيها العشّاق الآتي ذكرهم:**

1. ابراهيم وجميلة محبّان من ....
2. نور الدين وأنيس الجليس محبّان من ....
3. تاج الملوك ودنيا عاشا في ....

4. الملتمّس وأميمة من ....

5. الحدّاد والمغنّية من ....

6. عديّ بن زيد وهند من ....

7. علي بن بكّار وشمس النهار من ....

8. أردشير وحياة النفوس من ....

9. جميل وبثينة من ....

10. قيس وليلى عاشقان من ....

لاحظ التراكيب التالية :

1. **فإذا أكلتُ يَأْكُلُ معي، وإذا شربتُ يشرب معي.**

2. **فبينما أنا جالس، وإذا بِعَبيدِ أبي المظفّر قد أقبلوا.**

- **في المثال رقم 1** : وردت «**إذا**» – كما درست في الجزء الثاني من هذا الكتاب – «**أداة شرط**» تفيد توقّف حدوث الجواب على حدوث الشرط في الزمن المستقبل.

- **وفي المثال رقم 2** : وردت «**إذا**» بمعنى مختلف ووظيفة مختلفة عن معناها ووظيفتها رقم 1 : فهي هنا **تفيد المُفَاجَأَةَ** (أي إنّ حدوث ما بعدها جاء مفاجأة بالنسبة إلى الموقف الذي كان قائما قبلها؛ فوصول عبيد أبي المظفّر كان مفاجأة تماما للمتحدّث أثناء جلوسه). وتسمى «**إذا**» هنا :**إذا الفُجائِيَّة**.

- إذا الفُجائيّة لا تأتي أبدا في أوّل الكلام (على العكس من إذا الشرطية). كذلك تكون الجملة التي بعدها من نوع الجملة الاسميّة، وقد يدخل عليها حرف **الباء** كما في هذا المثال.

5- عينّ (إذا) الفجائيّة و(إذا) الشرطيّة في الآيات القرآنية الآتية :

1. قال : ألقها يا موسى. فألقاها فإذا هي حيّة تسعى.

2. قال : بل ألقوا فإذا حبالُهم وعصيُّهم يخيَّلُ إليه من سحرهم أنّها تسعى.

3. وإذا أنعمنا على الإنسان أعرض ونأى بجانبه.

4. وإذا ذكروا لا يذكرون.

5. فإنّما هي زجرة واحدة فإذا هم ينظرون.

6. ثمّ إذا دعاكم دعوة من الأرض إذا أنتم تخرجون.

7. وآية لهم اللّيل نسلخ منه النهار فإذا هم مظلمون.

8. واقترب الوعد الحقّ فإذا هي شاخصة أبصار الذين كفروا.

9. وإذا بشّر أحدهم بالأنثى ظلّ وجهه مسودّا وهو كظيم.

10. فإذا نفخ في الصور فلا أنساب بينهم يومئذ ولا يتساءلون.

11. وإذا مسّ الإنسان ضرّ دعا ربّه منيبا إليه.

12. وإذا ذكر الله وحده اشمأزت قلوب الّذين لا يؤمنون بالآخرة، وإذا ذكر الّذين من دونه إذا هم يستبشرون.

13. فلما جاءهم بآياتنا إذا هم منها يضحكون.

14. فلمّا كشفنا عنهم العذاب إذا هم ينكثون.

15. وإذا أذقنا الناس رحمة من بعد ضرّاء مستهم إذا لهم مكر في آياتنا.

16. إنّ الّذين اتّقوا إذا مسّهم طائف من الشيطان تذكّروا فإذا هم مبصرون.

لاحظ هذا التعبير :

* **نِعْمَ** الحَسَبُ المالُ.

هذا التعبير يعرف **بأسلوب المدح**، وهو يتكوّن من:

1- **فعل المدح** : «نِعْمَ».

2- **الفاعل** : (الحَسَب). وقد يأتي اسم موصول مثل : نِعْمَ مَا فَعَلْتَ!

3- **المخصوص بالمدح** (المال).

- هناك فعل آخر للمدح هو «**حَبَّذَا**»، وهو يتكون من :**فعل المدح** (حَبّ) **وفاعله** (ذَا).

- مثل: حبّذَا المالُ.

- وهناك أسلوبٌ مواز لأسلوب المدح يسمّى **أسلوب الذمّ** مثل: بِئْسَ الخُلُقُ الكَذِبُ.

- **وفعل الذمّ** هو : بِئْسَ، **والفاعل** : الخُلُق، **والمخصوص بالذمّ**: الكَذِب.

- هناك فعل آخر للذمّ هو: «**لا حَبَّذَا**» : لا حبّذا الكذبُ.

- المخصوص بِالمَدْحِ أو الذمّ يمكن أن يتقدّم على فعل المدح أو الذمّ مثل: **المَالُ** نِعْمَ الحَسَبُ، **الكذبُ** بِئْسَ الخُلُقُ، وهو مبتدأ سواء تقدّم أو تأخّر. وجملة المدح أو الذمّ خبرٌ له.

لاحظ التركيب التالي :

أَتَبِيعُنِي إيّاه بها ؟

- في هذا التركيب الفعل «تبيع» متعدّ لمفعولين : **الأوّل** ضمير المتكلِّم المفرد، **والثاني** ضمير المفرد الغائب المذكّر. وقد ورد ضمير المتكلّم **متّصلا بالفعل** (ي) وورد ضمير الغائب **منفصلا عنه** (إيّاه).

- والقاعدة أنّه في مثل الحالة السابقة أي عندما يجتمع ضميران منصوبان فإنّ ترتيبهما يكون على الطريقة التالية :

1. إذا كان الضميران متّصلين فإنّ الأخصّ منهما يتقدّم على غيره مثل : أَعْطَيْتَنيهِ، وأعْطَيْتُكَهُ.

2. إذا كان أحدهما متّصلا والآخر منفصلا فلا يتحتّم اتّباع ترتيب معينّ.

فنقول: أتبِيعُني إيّاهُ (بتقديم الأخصّ)

وتقول : أتَبِيعُهُ إيّايَ (بتأخير الأخصّ)

3. إذا تساوى الضميران في درجة الخصوصيّة كأن يكونا ضميرَيْ متكلّم، أو ضميري مخاطب، أو ضميري غائب، فإنّ من الواجب فصل أحدهما مثل: البيتُ بِعتُه إيّاهُ.

- ضمير المتكلّم أخصّ من ضمير المخاطب، وضمير المخاطب أخصّ من ضمير الغائب.

6- غيّر الجمل الآتية طبقا للنموذج:

1- أ- أريتك الحقّ.

ب - الحقّ أريتكه. أو أريتك إيّاه.

2- أ- أنبأني الخبر السارّ.

ب-

3- أ- أخبرتهما الصّدق .

ب-

4- أ- ألزمتك العهد.

ب-

5- أ- كسانا النعمة .

ب-

6- أ- ألبسته ثوب الحقّ.

ب-

لاحظ هذا التركيب :

1- نحمد اللـه لأنّنا **نَجَوْنا من هذه الحادثة.**

2- نحمد اللـه أنّنا **نجَوْنا من هذه الحادثة.**

3- نحمد اللـه أن **خَلَّصَنا من هذه المشكلة.**

4- نحمد اللـه لِأَنْ **خلّصنا من هذه المشكلة.**

- في العبارات السابقة الجزء التالي للحرفين «أنَّ» و«أَنْ» علّة وسبب في المعنى لما قبلهما.
- يستفاد التعليل في الأمثلة السابقة من لام التعليل الموجودة في المثالين 1، 4، والمحذوفة أو المقدّرة في المثالين 2، 3.

7- **أكمل العبارات التالية حسب النموذج :**

أ- اشكر اللّـه ....

ب- أشكر اللـه أَنْ مَنَّ عليكَ بِنِعْمَةِ البَصر.

1- كان مفيدًا لك أن ....

2- .... أن كتبت رحلة ابن بطّوطة.

3- يسرُّني جدّا ....

4- .... أن نشأ علم الاجتماع.

5- دهش أبو محمّد الكسلان ....

6- .... أن فك الطّلّسم.

7- .... أن رزقنا علما ومعرفة.

8- لخّص قصّة أبي محمّد الكسلان فيما لا يقلّ عن عشرين سطرا بأسلوبك الخاص.

9- تعبير كتابيّ :

أكتب قصّة تستوحيها من الأدب الشعبي الشاسع ببلادك.

من الشعر العربي (16)

اقرأ واحفظ

عُمَرُ بنُ أَبِي ربيعةَ في الغزل

(من بحر الرمل)

ليتَ هِنْدًا أَنْجَزَتْنَا ما تعِدْ وشفَتْ أنْفُسَنَا ممّا تَجِدْ
واستبَدّتْ مَرّةً واحِدَةً إِنَّما العاجِزُ مَنْ لاَ يَسْتَبِدْ
زَعَمُوهَا سَأَلَتْ جارَاتِها وتعرَّتْ ذاتَ يَوْمٍ تَبْتَرِدْ
أَكَمَا يَنْعَتُنِي تُبْصِرْنَني عَمْرَكُنَّ اللَّهَ أَمْ لا يَقْتَصِدْ
فَتضاحَكْنَ وقد قُلْنَ لَهَا حَسَنٌ في كُلِّ عَيْنٍ مَنْ تَوَدْ
حَسَدٌ حُمِّلْنَهُ مِنْ شَأْنِهَا وقَديمًا كانَ في النَّاسِ الحَسَدْ
غَادَةٌ تَفْتَرُّ عَن أَشْنَبِهَا حِينَ تَجْلُوهُ أقاحٍ أَوْ بَرَدْ
ولَهَا عَيْنَانِ في طَرْفَيْهِما حَوَرٌ مِنْها وَفي الجِيدِ غَيَدْ
قُلْتُ : مَنْ أَنْتِ؟ فقالَتْ: أَنا مَنْ شفَّهُ الوَجْدُ وأَبْلاَهُ الكَمَدْ
نَحْنُ أَهْلُ الخَيْفِ مِنْ أَهْلِ مِنَى مَا لِمَقْتُولٍ قَتَلْنَاهُ قَوَدْ
قلتُ : أَهْلاً أَنتُمُ بُغْيَتُنَا فَتَسَمَّيْنَ فقالَتْ : أنا هِنْدْ
إنمَّا أهلُكِ جِيرَانٌ لَنَا إنّما نَحْنُ وَهُمْ شَيْءٌ أَحَدْ
حَدِّثُونَا أَنَّها لِي نَفَثَتْ عُقَدًا يا حَبَّذَا تِلْكَ العُقَدْ
كُلَّمَا قُلْتُ مَتَى مِيعَادُنَا ؟ ضَحِكَتْ هِنْدٌ وَقَالَتْ : بَعْدَ غَدْ

الشاعر : شاعر مِن سَراة القُرَشِيِّين عاش بين مكّة المكرمة والمدينة المنوّرة، في صدر الإسلام. واشتهر بالغزل ورقّة الأسلوب ولطف العواطف ومعابثة النساء. وُلد سنة 24هـ / 644 م وتُوفّي سنة 93 هـ / 711 م.

الشـــروح

أنجزتنا : وفت بالوعد

تجد : من الوجد وهو شدّة الحبّ

استبدّت: تحكّمت وظلمت

تبترد : تغتسل بالماء البارد

ينعتني : يصفني

عمركنّ الله: سألتكن بالله

لا يقتصد :يبالغ

غادة : فتاة ذات قوام معتدل

تفترّ : تبتسم

أشنبها : فمها العذب

تجلوه : تظهره بالابتسام

أقاح : زهر برّيّ هو زهر الأقحوان

برد : قطع الثلج التي تتساقط أحيانا مع المطر

حور : شدّة بياض العين مع شدّة سوادها

غيد : نعومة

شفّه الوجد: أمرضه الحبّ

الكمد : أحزان الحبّ

الخَيفْ: اسم مكان خارج مكّة

القَوَد : القصاص (أي الأخذ بالثأر، أو قتل القاتل)

بُغيتنا : مقصدنا وهدفنا

فتسمَّين : اذكرن أسماءكن

نفث عقدا : صنع له سحرا.

الدَّرْسُ الثَّامِنَ عَشَرَ

من «كتاب الجبر والمقابلة» لمحمّد بن موسى الخوارزميّ :

الجَبْـرُ في خِدْمَةِ مَصَالِحِ النّاس

الجبر اسم عربيّ لأحد العلوم الرياضيّة التي لا يستغني عنها المجتمع الذي نعيش فيه : فالمخترعات التي غيّرت تاريخ البشريّة وستغيّر حاضرها ومستقبلها تبدأ في صورة معادلة جبريّة. ولقد اسْتَعْمَل كلمة الجبر لأوّل مرة محمّد بن موسى الخُوارَزْميّ عندما أطلقها تسمية لهذا العلم الذي كان من روّاده، فازدهر هذا العلم وبقيت الكلمة اسمًا له في جميع لغات العالم.

مداخل إلى دراسة النّصّ

1- عن الكاتب :

- هو محمّد بن موسى الخوارزميّ.
- لا يعلم أحد على وجه التحقيق تاريخ ميلاد الخوارزميّ، وهذا ليس غريبا بالنسبة إلى من كان يولد في بيئات **لا تتّصل بأسباب الشهرة** من العلم أو الأدب أو السّلطان.
- ولكنّ الغريب حقّا أنّ أحدا لا يعرف أيضا على وجه التحقيق تاريخ وفاته ! وربّما كان السبب في ذلك راجعا إلى أنّ علم الجبر والعلوم الأخرى التي برع فيها الخوارزميّ لم تكن في ذلك الوقت المبكّر من بين العلوم التي يتّصل أصحابها بالجماهير اتّصالا مباشرا، وبالتالي بأسباب الشهرة الواسعة (قارن حالة

الخوارزميّ مثلا بحالة أبي يوسف مؤلّف كتاب الخراج وهو مجهول الميلاد مشهور الوفاة، وقارنه أيضا بابن سحنون مؤلّف كتاب آداب المعلّمين وهو مشهور الميلاد مشهور الوفاة).

- يذكر ابن النديم في كتاب الفهرست (وقد أُلّف عام 368هـ/987م) أنّ الخوارزميّ «كان منقطعا إلى خزانة الحكمة»، وهي مكتبة الخليفة العباسيّ المأمون، الذي حكم من سنة 198 إلى سنة 218 هـ (813 – 833م).

- كذلك يذكر الخوارزميّ نفسه في مقدّمة «**كتاب الجبر والمقابلة**»، الذي أخذنا منه النصّ الّذي سندرسه، أنّ تقريب الخليفة المأمون لأهل الأدب قد شجّعه على تأليف هذا الكتاب المختصر، الحاصر (الجامع) لِلَطيف (بسيط) الحساب وجَلِيله (صعْبه)، لما يلزم الناس من الحاجة إليه.

- من المرجعيْن السابقيْن نستطيع أن نستدلّ على فترة مؤكّدة من فترات اشتغال الخوارزميّ بالعلم، وهي فترة حكم الخليفة المأمون. أمّا عمر الخوارزميّ فيقدّره العلماء فيما بين عامي 164 و235 هـ/ 780 – 849 أو 850م.

- درس الخوارزميّ العلوم الرياضيّة الهنديّة واليونانيّة وعلوم الفلك وغيرها في مكتبة الخليفة المأمون ببغداد، وبرع في الهندسة والجغرافيا والتاريخ والموسيقى، ولمع في علم الرياضيّات والفلك حتى عيّنه المأمون رئيسا لبيت الحكمة.

- طوّر الخوارزميّ علم الجبر بوصفه علما مستقلاّ عن الحساب.

- اهتمّ في بداية أمره بالأبحاث النظريّة في علميْ الرياضيات والفلك، فأدّى ذلك إلى ابتكار علم حساب «**اللوغاريتمات**» التي أخذت اسمها من اسمه، ووضع لها الجداول التي لا تزال تُستخدم إلى الآن.

- اهتمّ الخوارزميّ أيضا بمشكلة عمليّة، وهي كيفيّة تقسيم المواريث بين من يستحقّون الإرث من أفراد عائلة الميّت. وتقسيم المواريث عمليّة معقّدة، ويرجع ذلك إلى اختلاف درجات القرابة وتعقّدها.

- كذلك اهتمّ الخوارزميّ بقضيّة تقسيم الأنصاب في التجارة والمعاملات. ونتيجة لهذا الاهتمام طوّر طريقة للتقسيم تتّصف بالدقّة والمرونة والشمول والبساطة في الوقت ذاته، وَسَمَّى هذه الطريقة **علم الجبر**.

- استطاع الخوارزميّ أن يلفت الأنظار إلى علمه الجديد (علم الجبر) حينما كان منهمكا في أعماله الفلكيّة ببغداد.

- لم يقتصر الخوارزميّ على أوّليّات علم الجبر، بل تجاوزها ووصل بهذا العلم إلى مرحلة استطاع معها أن يوجد نظاما لتحليل كلّ « معادلات الدرجة الأولى والثانية ذات المجهول الواحد» بطرق جبريّة وهندسيّة.

- ترك لنا الخوارزميّ أكثر من ثلاثين مؤلّفا منها : «رسالة عن الوحدة المستعملة في المساحات والحجوم»، و «رسالة عن النّسبة التّقريبيّة وقيمتها الرياضيّة»، و «كتاب صورة الأرض في المدن والبحار والجزر والأنهار»، و «كتاب جداول النجوم وحركتها»، و «كتاب زيج الخوارزميّ» وهو عبارة عن جداول فلكيّة تحدّد منازل (أي مواقع) الكواكب في السماء، وكيفية حسابها، و كتاب في التاريخ، وكتاب جمع فيه بين الحساب والهندسة والموسيقى والفلك، وهو كتاب يشتمل على خلاصة دراساته لأعلى اكتشافاته العظيمة كما يقول عنه أحد العلماء.

- كان الخوارزميّ أعظم رياضيّ، كما كان أَحَدَ الذين ساعدوا على تطوير المعرفة الإنسانيّة عبر التاريخ. وقد أطلق العالم جورج سارتون في كتابه المسمّى «مقدّمة في تاريخ العلوم» على النصف الأول من القرن التاسع الميلاديّ اسم «عصر الخوارزميّ». ويستطرد سارتون فيقول :

«وإذا أخذنا جميع الحالات بعين الاعتبار فإنّ الخوارزميّ يُعدّ بدون شك واحدا من أعظم الرياضيّين في كلّ العصور».

- سجّل التاريخ للخوارزميّ هذه المنزلة الرفيعة التي نعرفها، فقد أصبح اسمه كلمة دخلت قواميس أغلب لغات العالم. ففي اللغة الانجليزية مثلا تستخدم كلمة «Algorithm» – التي هي ولا شكّ تحريف لاسم الخوارزميّ – للدلالة على الطريقة الوضعيّة في حلّ المسائل الرياضيّة. كما يستخدم الشاعر الانجليزي تشوسر كلمة «Augrim» للدلالة على الصِّفر. كما أن علم الجبر في الإنجليزية

– بل في جميع لغات العالم – مشتقّ من الكلمة العربيّة الجبر، وهي التي استخدمها الخوارزميّ اسما لكتابه، والتي تعني في العربيّة «التكملة أو سدّ النقص».

– وفي اللاتينية كانت الأعدادُ : 1، 2 إلى 8، 9 تسمّى، إلى أوائل القرن الثامن عشر، «Algorismus»، وفي الإسبانية يُطلق على الأعداد أو الأرقام كلمة «Guarismo».

– أما حساب اللوغاريتمات «Algorism» فقد اشتقّ اسمه كاملا من اسم الخوارزميّ نفسه.

– ولعلّ أكبر شاهد على إمامة الخوارزميّ في علم الجبر تكرار استخدام معادلاته في جميع المؤلّفات الجبريّة منذ عصره إلى أوائل العصر الحديث. بل إنّ بعض هذه المعادلات لا تزال ترد في كتب الجبر إلى يومنا هذا ناطقة بفضل الخوارزميّ على علم الجبر.

2– **عن الكتاب** :

– عنوان الكتاب – كما سمّاه الخوارزميّ – «**كتاب الجبر والمقابلة**».

– هذا الكتاب أوّل ما أُلّف في اللّغة العربيّة في هذا الموضوع، وأوّل كتاب في تاريخ البشريّة يحمل اسم الجبر. ومن المرجّح أنّ الخوارزميّ ألّفه في العقد الأوّل من القرن الثالث الهجريّ (التّاسع الميلاديّ).

– كان سبب تأليف الكتاب كما ذكر المؤلّف هو تشجيع المأمون للعلماء على التأليف في الموضوعات الغامضة والصعبة، بغرض إيضاح غوامضها وتسهيل صعوباتها. يقول الخوارزميّ: «وقد شجّعني ما فضّل اللّهُ به الإمام المأمون أمير المؤمنين – مع الخلافة التي حاز له إرثها، وأكرمه بلباسها، وحلّاه بزينتها – من الرغبة في الأدب، وتقريب أهله، وإدنائهم وبسط كنفه لهم، ومعونته إيّاهم على إيضاح ما كان مستبهما، وتسهيل ما كان مستوعرا على أن ألّفت من كتاب الجبر والمقابلة كتابا مختصرا...».

- أمّا موضوع الكتاب فهو جمع مسائل الحساب صغيرها وكبيرها.
- يحدّد الخوارزميّ الغرض من تأليف الكتاب بأنّه تقديم طريقة واضحة ودقيقة في الوقت ذاته، يستطيع الناس أن يستخدموها بسهولة في قسمة «مواريثهم ووصاياهم، وفي مقاسمتهم وأحكامهم وتجارتهم، وفي جميع ما يتعاملون به بينهم من مساحة الأرضين، وكري الأنهار (تنظيفها للانتفاع بمياهها) والهندسة وغير ذلك من وجهه وفنونه».
- ترجم الكتاب من اللّغة العربيّة أوّل مرّة في القرن الثاني عشر الميلاديّ (أي بعد كتابته بثلاثة قرون)، وكان ذلك إلى اللّغة اللاّتينية، وقام بالترجمة عالم الرياضيات الأوروبي جرارد دي كريمون (1114م - 1187م) GÉRARD de CRÉMONE.
- نقل الخوارزميّ «العدد» بكتابه هذا من صفة البدائيّة الحسابيّة لكميّة محدودة إلى عنصر ذي علاقة لا نهاية لها من الاحتمالات، كما كانت خطوته التي خطاها من الحساب إلى الجبر خطوة من الكينونة (أي الوجود والثبات) إلى الملاءَمَة والمناسبة، أو بعبارة أخرى، نقل «العدد» من العالم السّاكن والمتناهي إلى العالم المتحرّك واللاّمتناهي.
- استخدم الخوارزميّ في كتابه مصطلحات فنّية خاصّة من ابتكاره هو، مثل **الجذر** (وهو ما يرمز إليه عادة بالرمز **س**) **والمال** (وهو س × س أو س تربيع أوس^2) **والعدد المفرد** (وهو الحد الخالي من س)، وهي مصطلحات يعرفها اليوم تلاميذ المدارس في جميع أنحاء العالم ويستخدمونها.
- اشتمل الكتاب على الموضوعات الأساسيّة التّالية :
- الجذر، والمال، والعدد، والضرب، والجمع، والنقصان، والقسمة، والمسائل الستّ، والمسائل المختلفة، وباب المعاملات، وكتاب الوصايا.
- إنّ كتاب الجبر والمقابلة للخوارزميّ كان له بالغ الأثر في تقدّم كلٍّ من علميْ الحساب والجبر في الشّرق والغرب، بل كان له دور كبير في تشكيل مسار التفكير البشريّ كلّه في فترة من فترات تطوّره. وبهذا لا يعتبر **كتاب الجبر والمقابلة** جزءا هامّا من التراث العربيّ وحده، بل جزءا من تراث الإنسانية جمعاء.

- صدر الكتاب في القاهرة عام 1939م بتحقيق ودراسة الدكتور علي مصطفى مشرفة، والدكتور محمد مرسي أحمد.

3- عن النـص :

- يبدأ النصّ الذي سندرسه مع بداية موضوع الكتاب، فيتحدّث أوّلا عن الأعداد ويقسمّها إلى **آحاد** (من الواحد إلى التسعة)، وعشرات (عشرة وعشرين وثلاثين إلى التسعين)، ومئات (مائة ومائتين وثلاثمائة إلى تسعمائة)، و**ألوف** (ألف وألفين وثلاثة آلاف إلى «غاية (نهاية) المُدْرَك من الأعداد».
- ثمّ يتحدّث النّصّ عن المكوّنات أو العناصر التي يُحْتاجُ إليها في حساب الجبر والمقابلة، أي في عمل المعادلات الجبريّة، فينصّ على أنّها ثلاثة أنواع : **جذور، وأموال، وعدد مفرد،** لا ينسب إلى جذر ولا إلى مال. ثم يُعَرِّف كلَّ واحد من هذه الثّلاثة.
- ينتقل النصّ بعد ذلك لبيان علاقات هذه الثّلاثة بعضها ببعض، فيبيّن أنّ كلّ واحد من هذه الثّلاثة قد يعْدِلُ (أي يساوي) الواحد الآخر؛ فهناك أموال تعدل جذورا، وأموال تعدل عددا، وجذور تعدل عددا.

النّصّ

أَلّفْتُ كتاب الجَبْر والمُقَابلة كتابا مختَصَرا حاصِرًا لِلَطيفِ الحسابِ وجليلِه، لِمَا يَلْزَم الناسَ من الحاجة إليه في مَواريثهم ووَصَاياهم، وفي مُقاسَمَتِهم وأحكامِهم وتجِاراتِهم، وفي جميع ما يتعلَّمون به بينهم من مساحة الأَرْضِين وكَرْيِ الأنهارِ والهندسة وغيرِ ذلك من وجوهه وفُنونه، مقدِّما لحسن النِّيَّة فيه وراجيا لأن يُنْزِلَه أهلُ الأدب بفضل ما اسْتُودِعُوا من نِعَم اللّه تعالى وجليلِ آلائه وجميلِ بَلائه عندَهم منزلتَه، وباللَّه توفيقي هذا وفي غيره، عليه توكَّلتُ وهو ربُّ العرش العظيم. وصلّى اللّه على جميع الأنبياء والمرسلين. وإنّي لما نظرتُ فيما يحتاج إليه الناس من الحساب

وَجَدْتُ جميعَ ذلك عددا، ووجدت جميع الأعداد إنما تَرَكَّبَتْ من الواحِدِ، والواحدُ داخل في جميع الأعداد. ووجدت ما يُلْفَظ به من الأعداد ما جاوز الواحدَ إلى العشرةِ يخرج مخرَجَ الواحد، ثم تُثنَّى العشرة وتُثَلَّث، كما فُعل بالواحد، فتكون منها العشرون والثلاثون إلى تمام المِائة. ثمّ تثنّى المائةُ وتُثَلَّثُ، كما فُعِلَ بالواحد وبالعشرة، إلى الألف، ثمّ كذلك تُرَدَّدُ الألف عند كل عَقْد إلى غاية المُدْرَك من العدد. ووجدتُ الأعدادَ التي يُحْتاج إليها في حِساب الجبر والمقابلة على ثلاثة ضروب : وهي **جُذُورٌ وأمْوال وعَدَدٌ مُفْرد** لا يُنْسب إلى جِذْر ولا إلى مال.

لمّا كان الخوارزميّ بصدد البحث في معادلات الدرجة الثانية، فقد بيّن الأنواع الثلاثة من الحدود التي تدخل في هذه المعادلات. **فالجذر** هو ما يرمز إليه في الجبر عادة بالرمز **س**، **والعدد المفرد هو الحدّ الخالي من س**. وقد بدأ بذكر المعادلات التي تحتوي على حدّيْن اثنيْن من هذه الحدود فعدّد أشكالها الثلاثة على الترتيب :

أس^2= ب س، أ س ^{2} = حـ، ب س = حـ

وشرح طريقة حلّ كلّ منها بأمثلة عديدة مقتصرا على الكمّيات الموجبة المحدودة.

فالجذر منها : كلُّ شيء مضروبٌ في نفسه من الواحد وما فَوْقَه من الأعداد وما دُونَه من الكُسور. **والمال** : كلّ ما اجتمَعَ من الجذر المضروبِ في نفسه. **والعَدَد المفردُ**: كلّ مَلْفُوظ به من العدد بلا نسبةٍ إلى جذر ولا إلى مال. فَمِنْ هذه الضروبِ الثلاثةِ ما يَعْدِل بعضُها بعضا وهو كقولك : أموالٌ تَعْدِلُ جُذُورًا، وأموالٌ تَعْدِلُ عددا، وجذورٌ تَعْدِلُ عددا.

فأمّا الأموالُ التي تعدل الجذور فمثلُ قولك مالٌ يعدل خمسةَ أجذاره، فجذر المال خمسةٌ، والمال خمسة وعشرون، وهو مثل خمسةِ أجذاره. وكقولك ثلث مال يعدل أربعة أجذارٍ، فالمال كلُّه يعدل اثنيْ عَشَرَ جِذْرًا وهو مِائةٌ وأَربعةٌ وأَرْبَعُونَ، وجذرُهُ اثْنَا عشَرَ.

ومثل قولك خمسةُ أموالٍ تعدل عشرةَ أجذارٍ، فالمال الواحدُ يعدل جِذرَيْن، وجذر المال اثنان، والمال أربعة وكذلك ما كثر من الأموال أو قلّ يُرَدُّ إلى مالٍ واحد. وكذلك يُفْعَل بما عَادَلها من الأجذار يُرَدُّ إلى مثل مايُرَدُّ إليه المال. وأمّا الأموال التي تعدل العدد فمثلا قَوْلُك مالٌ يَعدِلُ تسعة، فهو المالُ وجذره ثلاثةٌ، وكقولك خمسة أموال تعدل ثمانين، فالمال الواحد خُمْس الثمانين وهو ستَّةَ عَشَرَ، وكقولك نصف مال يعدل ثمانيةَ عَشَرَ، فالمال يعدل ستّةَ وكذلك جميع الأموال زائدُها وناقصُها تُردّ إلى مال واحد، وإن كان أقلَّ من مال زِيدَ عليها حتى تَكْمُلَ مالا تامًّا، وكذلك ما عادلها من الأعداد.

وأمّا الجذور التي تَعْدِل عددًا كقولك جذر يعدل ثلاثةَ من العدد، فالجذر ثلاثةٌ والمالُ الذي يكون منه تسعةٌ. وكقولك أربعة أجذارٍ تعدل عشرين، فالجذرُ الواحدُ يعدل خمسةَ والمالُ الذي يكون منه خمسةٌ وعشرونَ، وكقولك نصفُ جذرٍ يعدل عشرةً، فالجذر يعدل عشرين والمالُ الذي يكون منه أَرْبَعُمِائَة.

ووجدت هذه الضُّروبَ الثلاثةَ، التي هي الجذورُ والأموالُ والعَدَدُ، تقترنُ فيكون منها ثلاثةُ أجناسٍ مقترنةٌ وهي أموال وجذور تعدل عددا، وأموال وعدد تعدل جذورا، وجذور وعدد تعدل أموالا.

فأمّا الأموال والجذور التي تعدل العدد فمثلُ قولك مالٌ وعشرةُ أجذارِه يعدل تسعةً وثلاثينَ دِرهمًا، ومعناهُ : أيُّ مالٍ إذا زدت عليه مثلَ عشرةِ أجذارِه بلغ ذلك كلُّه تسعةً وثلاثين. فبابُه أن تُنَصِّفَ الأجذارُ وهي في هذه المَسْأَلَةِ خمسةٌ وعشرون، فتزيدَها على التسعة والثلاثين فتكونَ أربعةً وستّين، فتأخذَ جذرَها وهو ثمانية فتنقصَ منه نصفَ الأجذارِ وهو خمسةٌ فيبقى ثلاثةٌ وهو جذر المالُ الذي تريد والمال تسعةٌ. وكذلك لو ذكر ماليْن أو ثلاثة أو أقلّ أو أكثر فارْدُدْه إلى مالٍ واحدٍ وارددْ ما كان معه من الأجذار والعددِ إلى مِثْلِ ما رددْتَ إليه المالَ. وهو نحو قولك : مَالَانِ وعشرةُ أَجْذَارِ أحدهما درهما، ومعناه أيُّ ماليْن إذا جُمِعَا وزِيدَ عليهما مثلُ عشرةِ أجذارِ أحدِهما بلغ ذلك ثمانيةً وأربعين درهما، فينبغي أن تَرُدَّ المالين إلى مال واحد. وقد علمتَ أن مالا من مالين نِصفُهُمَا فاردُدْ كلّ شيء في المسألة إلى نصفه، فكأنّه قال : مالٌ وخمسةُ

أجذارٍ يَعدلُ أربعةً وعشرين درهما. ومعناه أيُّ مالٍ إذا زِدت عليه خمسةَ أجذاره بلغ ذلك أربعةً وعشرينَ. فَنَصِّفْ الأجذارَ فتكونُ اثنين ونصفا فاضرِبْها في مثلها فتكون ستَّةً وربعا، فزِدْها على الأربعةِ والعشرينَ فتكون ثلاثينَ درهما وربعا، فخُذْ جذرَها – وهو خمسة ونصفٌ – فأنْقِصْ منها نصفَ الأجذار – وهو اثنان ونصْفٌ – يبقى ثلاثة وهو جذرُ المال، والمال تسعةٌ. وكذلك لو قال : نِصْفُ مالٍ وخمسةُ أجذارِه بَلَغ ذلك ثمانيةً وعشرين درهما، فمعنى ذلك : أيُّ مالٍ إذا زدتَ على نصفه مثل خمسة أجذاره بلغ ذلك ثمانيةً وعشرين درهما، فترُيدُ أن تكمِّل مالَك حتى يبلغ مالا تامًّا، وهو أن تضعِّفَه فأضْعِفْه وأَضْعِف كلّ ما معك ممّا يعادلُه فيكونَ مالاً وعشرةَ أجذارٍ يعدل ستّةً وخمسينَ درهما، فنصِّف الأجذارَ تكون خمسةً، فاضرِبها في مِثلِهَا تكون خَمْسَةً وعشرين، فزِدْها على الستّةِ والخمسينَ تكون أحدا وثمانينَ، فخذ جِذرها– وهو تسعةٌ– فَأنْقِصْ منها نصفَ الأجذار– وهو خمسة– فيبقى أربعةٌ – وهو جذر المال الذي أَردتَ، والمالُ سِتَّةَ عَشَرَ، ونصفُه ثمانيةٌ، وكذلك فافْعَلْ بجميع ما جاءك من الأموالِ والجذورِ وما عَادَلَهَا من العدد تُصِبْ إن شاء اللّـهُ.

وأمّا الأموالُ والعَددُ التي تعدِل الجذورَ فنحوُ قولِك، مالٌ واحد وعشرون من العدد يعدل عشرَةَ أجذارِه، ومعناه : أيُّ مالٍ إذا زِدتَ عليه واحدا وعشرين درهما كان ما اجتَمَعَ مثلُ عشرة أجذار ذلك المال فبابُه أن تُنَصِّفَ الأجذار فتكون خمسة فاضربها في مثلِها تكون خمسةً وعشرين، فأنقِصْ منها الواحدَ والعشرين التي ذكر أنها مع المال فيبقى أربعةٌ، فخُذْ جذرَها – وهو اثنان – فأَنقِصْه من نصف الأجذار – وهو خمسة – فيبقى ثلاثة، وهو جذر المال الذي تريده والمالُ تسعةٌ.

وإن شئت فزِد الجذرَ على نصف الأجذار فتكون سبعةً، وجذر المال الذي تريده والمال تسعة وأربعون. فإذا وردت عليك مَسْأَلَة تُخرجك إلى هذا الباب فامتحنْ صوابَها بالزيادة، فإن لم تكن فهي بالنُّقْصَانِ لا محالَةَ، وهذا الباب يُعْمَل بالزيادة والنقصان جميعا، وليس ذلك في غيره من الأبواب الثلاثة التي يُحْتاج فيها إلى تنْصِيف الأجذار. واعلمْ أنك إذا نصَّفْت الأجذارَ في هذا الباب وضربتَها في مثلها فكان مبلغُ ذلك أقلَّ من الدراهم التي مع المال فالمسْأَلَةُ مستحيلةٌ.

تنبّه الخوارزميّ للحالة التي يستحيل فيها إيجاد قيمة حقيقية للمجهول، فقال إن المسألة تكون في هذه الحالة «مستحيلة». وقد بقي هذا اسمها بين علماء الرياضيات إلى أواخر القرن الثّامن عشر عندما بدأ البحث في الكمّيّات التخيّليّة على أيدي كاسبار فسل، وجان روبير أرجان.

وإن كان مثلُ الدراهم بعينها فجذرُ المال مثلُ نصفِ الأجذار سواءً لا زيادةَ ولا نقصانَ. وكلّ ما أتاك من مالين أو أكثَر أو أقلَّ فارددْه إلى مال واحد كنحو ما بيّنتُ لك في الباب الأوّل.

وأما الجذور والعدد التي تعدِلُ الأموالَ فنحوُ قولك : ثلاثة أجذار وأربعة من العدد تعدلُ مالاً. فبابُه أن تنصِّفَ الأجذارَ واحدًا ونصفًا، فاضْرِبْها في مثلِها فتكون اثنين وربعا، فزِدْها على الأربعة فتكون ستّةً وربعا، فخذ جذرَها – وهو اثنان ونصف– فزِدْه على نصف الأجذار – وهو واحدٌ ونصفٌ – فتكون أربعةً وهو جذر المالِ، والمال سِتّةَ عَشَرَ. كلّ ما كان أكثَر من مال أو أقلّ فارددُه إلى مالٍ واحد.

فهذه الستّةُ الضروبُ الذي ذكرتُها في صدر كتابي هذا وقد أتيتُ على تفسيرها. وأخبرت أنّ منها ثلاثةَ ضروبٍ لا تُصَنّفُ فيها الأجذارُ، وقد بيّنت قياسها واضطرارها. فأمّا ما تحتاجُ فيه إلى تصنيف الأجذارِ في الثلاثة الأبوابِ الباقية فقد وصفتُه بأبواب صحيحةٍ لكلّ باب منها صورةٌ يُسْتَدَلّ منها على العِلَّة في التّصْنِيفِ.

الشـــروح

أرضون : مفردها أَرْضٌ.

كَرْيُ الأنهار : إخراجُ الوَحَلِ والحمأ والأعشاب المائيّة من مجاريها.

عَقْدٌ : العَقْدُ من الأعداد هو العَشَرةُ والعِشرون إلى التّسعين.

عِلّةٌ : سَبَبٌ.

التدريبات

1- أسئلة حول النص :

1. ما أهميّة الجبر في الحاضر والمستقبل ؟
2. لماذا أهمل المؤرّخون تاريخ ولادة الخوارزميّ ؟
3. لماذا يُعَدُّ الخوارزميّ من روّاد العلم في عصره ؟
4. مَنْ عاصَرَ الخوارزميّ من الخلفاء العباسيّين ؟
5. ما اسم الكتاب الذي ألّفه الخوارزميّ وكان فيه رائدا ؟
6. ما الغرض الذي ذكره الخوارزميّ من تأليفه هذا الكتاب ؟
7. كم سنة قدّرها العلماء لحياة الخوارزميّ ؟
8. ما العلوم التي درسها الخوارزميّ وأهّلته لتحقيق اكتشافه ؟
9. أين تلقّى الخوارزميّ تعليمه ؟
10. مِمَّ انطلق اهتمام الخوارزميّ بعلم الجبر ؟
11. هل اكتفى الخوارزميّ بأوّليّات علم الجبر ؟ ولماذا ؟
12. ما أعلى منصب تولاّه الخوارزميّ في حياته ؟
13. كم مؤلّفًا ترك الخوارزميّ في التراث العربيّ الإنسانيّ ؟
14. ما أهمّ هذه المؤلفات وأبقاها أثرًا ؟
15. ماذا قال جورج سارتون عن الخوارزميّ ؟
16. بم ارتبط اسم الخوارزميّ في معظم لغات العالم ؟
17. ما الدّليل على أنّ الخوارزميّ كان إماما في علم الجبر ؟
18. لماذا عيّنه الخليفة المأمون رئيس بيت الحكمة ؟
19. متى تُرجم كتاب الخوارزميّ من اللّغة العربيّة أوّل مرّة ؟
20. من قام بهذه الترجمة ؟

21. ما الموضوعات الأساسيّة التي اشتمل عليها كتاب الخوارزميّ ؟

22. ما رأيك في طريقة الخورازميّ في عرض مسائله والتطبيق عليها ؟

23. هل تعتقد أنّ الخوارزميّ أحد عظماء التّاريخ ؟ لماذا ؟

24. لما ذا يؤلف العلماء الكتب من وجهة نظر الخوارزميّ ؟

25. ما الفرق بين «الجذر» و «المال» و «العدد» ؟

26. ما الذي يخرج مخرج الواحد من الأعداد ؟

27. ما العقود ؟

28. إلى كم نوع تنقسم الأعداد التي يُحتاج إليها في حساب الجبر ؟

29. ما مثال المال الذي يعدل جذره ؟

30. كيف تعدل خمسة أموال ثمانين ؟

31. ما الأموال التي تعدل عددا ؟

32. ما الجذور التي تعدل عددا ؟

2- صواب أم خطأ ؟

1. كانت أسرة الخوارزميّ من الأسر التي تتّصل بأسباب الشهرة.
2. أوّل من استخدم مصطلح «الجبر» هو محمّد بن موسى الخوارزميّ.
3. لا يعرف أحد على التحقيق تاريخ ميلاد الخوارزميّ.
4. كان الخليفة العباسيّ المأمون لا يشجّع العلماء على البحث والابتكار.
5. لم تكن للخوارزميّ اهتمامات إلّا بالرّياضيات وعلم الفلك.
6. المواريث توزّع على مستحقّيها بطريقة معقّدة لأنّ الناس لا يعرفون الحساب.
7. اخترع الخوارزميّ علم الجبر وطوّره استجابة لحاجة الناس إليه.
8. تسمية علم الجبر في كلّ لغات العالم مشتقّة من الكلمة العربيّة «الجبر».
9. كلّ معادلات الخوارزميّ صالحة للاستعمال في العصر الحديث.

10. الأعداد التي يُحتاج إليها في حساب الجبر والمقابلة خمسة ضروب.

11. العدد المفرد لا يُنسب إلى جذر ولا إلى مال.

12. مائة وأربعون جذرها اثنا عشر.

13. إذا كان المال أربعمائة فالجذر منه يساوي ثلاثين.

14. لم يكن كتاب الجبر والمقابلة أوّل كتاب في موضوعه في اللّغة العربيّة.

15. من الغريب أن تهمل المراجع التاريخيّة تاريخ وفاة الخوارزميّ.

16. المصطلحات التي استخدمها الخوارزميّ لم تكن من ابتكاره.

17. المخترعات التي غيّرت تاريخ البشرية بدأ معظمها في صورة معادلة جبريّة.

3- أكمل الجمل الآتية بما يناسبها :

1. مكتبة الخليفة العبّاسيّ المأمون كانت تسمّى ....

2. كتاب ابن النديم في التراجم يسمّى ....

3. حَكَم الخليْفة العباسيّ المأمون حوالي ....

4. العِلم الذي يدرس طريقة توزيع ممتلكات المتوفّى على وَرَثَتِهِ يسمّى ....

....

5. المستحقّون لممتلكات المتوفّى يسمّون ....

6. كانت للخوارزميّ أعمال فلكيّة في ....

7. الذي شجّع الخوارزميّ على البحث والابتكار هو ....

8. كلمة الجبر، قبل أن تكون مصطلحًا، تعني في العربيّة ....

9. القرن فيه عشرة ....

10. من ابتكارات الخوارزميّ في المصطلحات .... و..............................

11. العقد يساوي ....

12. الجذر هو كلّ شيء مضروب في ....

13. المال هو كلّ ما اجتمع من ....

14. العدد المفرد كلّ ملفوظ به من ....

15. لم تكن أسرة الخوارزميّ متّصلة بأسباب ....

16. إذا كان ثلث مال يساوي أربعة أجذار فالمال كلّه يساوي ....

17. إذا كانت أربعة أجذار تساوي عشرين فالجذر الواحد يساوي ....

18. قَسَّمَ الخوارزميّ الأعداد إلى ....

4- ضع كلّ تعبير ممّا يأتي في موضعه المناسب في الجمل التالية:

على وجه التّحقيق – الغريب حقًّا – بأسباب الشُّهرَة – منقطعا إلى – على الأقلّ – نظرًا إلى – نتيجة لِـ – يلفت الأنظار – بعين الاعتبار – من المرجّح أن.

1. إذا لم تتّصل أحوال الأسرة الاجتماعيّة .... فليس من المتوقّع أن يهتمّ أحد بمولد أبنائها أو وفاتهم.

2. لا يستطيع الباحث أن يحقّق شيئا مفيدا ما لم يكن .... البحث والاطّلاع .

3. لم يسجّل التّاريخ سنة ميلاد الخوارزميّ .... أنّ أسرته لم تكن مشهورة.

4. يعدّ الخوارزميّ ....مؤسّس علم الجبر بمعناه الحديث.

5. تطوّرت البشرّية تطوّرا ملحوظا .... ما قدّمه الخوارزميّ.

6. .... معاصري الخوارزميّ لم يدركوا تماما ما قدّمه إلى البشريّة كلّها.

7. إذا أخذت الحالة الثقافيّة .... سهل علينا معرفة سرّ نبوغ الخوارزميّ.

8. إذا لم تقبل هذا الرأي فـ... ناقش معي أسباب رفضك.

9. إنه لمن .... أن يهمل التاريخ سنة وفاة الخورازميّ العظيم.

10. استطاع الخوارزميّ أن .... إلى علمه في الشرق والغرب القديم والحديث.

5- اسْتعمِل كلّ تعبير ممّا يأتي في جملة مفيدة:

على وجه اليقين، على الأقلّ، على وجه التّحقيق، على الأكثر، على وجه العموم، بصفة خاصّة، على وجه الخصوص، بصفة عامّة، على وجه السّرعة، ولا شكّ، على وجه من الوجوه، مهما يكن من أمر.

6- أكمل الجمل التالية طبقا للنموذج:

أ- .... **بل** استطاع أن يوجد نظاما لتحليل كثير من المعادلات.

ب- لم يقتصر الخوارزميّ على أوّليّات علم الجبر بل استطاع أن يوجد نظاما لتحليل كثير من المعادلات.

1. لم تقتصر رحلة ابن بطّوطة على البلاد العربيّة بل ....

2. .... بل قدّمت له الحماية من الوحوش أيضا.

3. لم يقتصر ابن خلدون على إيجاد قوانين العمران الخاصّة بعصره بل ....

4. .... بل اشتملت على قصص الخوارق والسّحر أيضا.

5. لم ينقذ القرد أبا المظفّر وحده بل ....

6. ....بل أوجب أن تسلّم إليه نفقة طعامهم في أيديهم.

7. لم تقتصر الشّتائم المتبادلة في المقامة الديناريّة على المحسوسات بل...............

....

8. ....بل يوجد اللؤلؤ داخل الفم أيضا.

9. ....بل يأتي أثناء المنام أيضا.

7- حوّل من الصِّفة (النّعت) أو من التركيب الإضافيّ إلى البدل كما في النموذج:

أ- لم يترك كتاب الخوارزميّ شيئا من مسائل الحساب **الصغيرة والكبيرة**.

ب- لم يترك كتاب الخوارزميّ شيئا من مسائل الحساب **صغيرها وكبيرها**.

1. الناس **الفقراء والأغنياء** محتاجون إلى العمل.

2. الكتب **الجديدة والقديمة** مفيدة في تحصيل العلم والمعرفة.

3. يحتاج الطلّاب **الضعفاء والأقوياء** الى الرعاية والاهتمام.

4. ينبغي ان نهتمّ بالأمر **الجليل والحقير**.

5. قرأت **نصف كتاب** الخوارزمي في الجبر والمقابلة.

6. إنّ **بعض الدرس** مبنيّ على بعضه الآخر.

7. إنّ **أبواب الكتاب** وفصوله منظّمة تنظيما دقيقا.

8. كلّ الناس **الحاكمين والمحكومين** سواء أمام القانون.

9. يعتمد **بعض الناس** في شؤون الحياة على بعض.

10. أحبّ أكل الفاكهة **الحلوة والحامضة** فهي مفيدة جدّا.

8- حوّل من المصدر المؤوّل إلى المصدر الصريح كما في النموذج:

أ- الغريبُ حقّا أنّ **أحدا لا يعرف تاريخ** وفاةِ الخوارزميّ.

ب- الغريبُ حقّا **عَدَمُ مَعرِفَةِ أحدٍ تاريخَ** وفاةِ الخوارزمي.

1. يذكر ابن النَّديم في كتاب الفهرست أنّ الخوارزمي كان منقطعا إلى خزانة الحكمة.

2. يذكر الخوارزمي أنّ الخليفة شجّعه على تأليف كتاب الجبر والمقابلة.

3. نستطيع أن نستدلّ على فترة مؤكّدة من فترات اشتغال الخوارزميّ بالعلم.

4. استطاع الخوارزميّ أن يلفت الأنظار إلى علمه الجديد الذي اكتشفه.

5. استطاع الخوارزميّ أن يوجد نظاما لتحليل كلّ معادلات الدرجة الأولى والثانية ذات المجهول الواحد بطرق جبريّة وهندسيّة.

6. كان الخوارزميّ أحد الّذين ساعدوا على أن تتطوّر المعرفة الإنسانيّة عبر التاريخ.

7. من الأدلّة على عظمة الخوارزميّ أنّ اسم حساب اللوغاريتمات مشتقّ من اسمه نفسه.

8. إنّ من الغريب حقًّا أن تهمل المراجعُ التاريخيّة أن تسجِّلَ مناسبة وفاة الخوارزميّ.

9. من المرجّح أنّ الخوارزميّ قد ألّف كتابه في العقد الأوّل من القرن الثالث الهجريّ.

10. شجّعت معاملة المأمون الخوارزميّ على أن ألّف من كتاب الجبر والمقابلة كتابا مختصرا.

11. كان للخوارزميّ أبلغ الأثر في أن يتقدّم عِلمَا الحسابِ والجبرِ في العالَم كلِّه.

12. يبيِّن الخوارزميّ أنّ كلّ واحد من الجذر والمال والعدد يساوي الآخر.

9- أشار الخوارزميّ في نصّه إلى ثلاثة أسباب وثلاث طرائق للتأليف. اعرض كلّاً منها بأسلوبك الخاصّ.

10- تعبير كتابيّ:

ما هي، في رأيك، الفوائد التي يمكن أن يجنيها الآن دارِس التّراث العلميّ العربيّ؟ حرّر في ذلك صفحة.

من الشعر العربي (17)

اقرأ واحفظ

الطُّغرائِيّ في تمجيد العِلم والحثّ على طلبه

(من بحر البسيط)

بالعلْم والعقل لا بالمال والذّهب ... يزداد رفعُ الفتى قدرًا بلا طلبِ
فالعلمُ طوْق النُّهى يَزْهُو به شرفًا ... والجهلُ قيدٌ لَهُ يُبْليهِ باللّغب
كم يَرْفَعُ العلم أشخاصًا إلى رُتَبٍ ... ويخفض الجهل أشرافًا بلا أدب
العلمُ كنزٌ فلا تَفْنَى ذَخَائِرُهُ ... والمرءُ ما زاد علمًا زاد بالرُّتَب
فالعلمَ فاطلُبْ لكي يجديك جَوهره ... كالقوت للجسم لا تطلبْ غنى الذّهب

وقال في العِلم أيضا

(من بحر البسيط)

الناس من جهة التِّمثال أكفاءُ ... أبوهُمُ آدمُ والأمُّ حَوّاءُ
فإن يكن لهم في أصلِهم شرفٌ ... يُفاخِرون به فالطّينُ والماءُ
ما الفخرُ إلاَّ لأهلِ العِلم إنَّهُمُو ... على الهُدَى لِمَن استَهدى أدلاَّءُ
وقدرُ كلِّ امرئٍ ما كان يُحسنُه ... والجاهِلون لأهلِ العِلمِ أعدَاءُ
وإن أتيت بِجُودٍ في ذَوي نَسَبٍ ... فإنّ نِسبتَنا جُودٌ وعَلْيَاءُ
ففُزْ بعِلمٍ تعِشْ حيًّا به أبدًا ... النَّاسُ مَوْتَى وأَهلُ العِلمِ أحياءُ

الشاعر : هو مؤيّد الدين أبو اسماعيل الحسين بن علي بن محمّد المعروف بالطُّغرائِيّ. ولد بأصبهان من أسرة فارسيّة سنة 455 هـ/ 1063م. دخل بلاط السّلاجقة، وولي الوزارة للسّلطان مسعود بن محمّد السّلجوقيّ صاحب الموصِل. كان كاتبا وشاعرا يعترف له النّاس بالعلم والفضل، كما كان حسن الخَطّ. له ديوان شعر كبير أكثره في المدح، وخير ما فيه قصيدته المعروفة بـ «لاميّة العجم» الّتي عارض فيها قصيدة الشَّنفرَى المعروفة بـ «لامية العرب»، ومات الطغرائيّ مقتولا سنة 513 هـ/ 1120م.

الشروح

طوق : كلّ شيء مستدير، كلّ ما أحاط بشيء

النُّهَى : العَقْلُ

يُبْلِيه: يُعْيِيه أشدَّ الإِعْياء (من بلا ـ يبلو)

اللّغَبُ : التَّعبُ والإعياءُ

التِّمثال : الصّورة

أكفاء : متماثِلون، متساوون

استهدى : طَلَبَ الهُدى أي الرّشاد.

الدَّرْسُ التَّاسِعَ عَشَرَ

حُنيْن بن إسحاق يتحدّث عن :

طبيعة العين وتركيبها

نشأ طبّ العيون العربيّ – بالمعنى العلميّ للتسمية – في القرن الثالث الهجريّ (التاسع الميلاديّ) أيّام الخلفاء العباسيّين. في تلك الفترة ترجم الأطبّاء المُتَبَحِّرون في العلم مؤلّفات طبّيّة من اليونانيّة إلى السريانيّة والعربيّة. وكان هذا النشاط الواسع في الترجمة بتشجيع من الخلفاء، وبالأخصّ المأمون والمتوكّل على الله. وقد بلغ العلم العربيّ عمومًا أعلى مراتبه في أواخر القرن الرابع الهجريّ (العاشر الميلاديّ). ويوجد كتابان نفيسان يمثّلان الذّروة في طبّ العيون هما : **تذكرة الكحّالين** لعليّ بن عيسى من أهل بغداد، و**كتاب المنتخب في علاج أمراض العيون** لعمّار بن علي الموصليّ، الطبيب القاهريّ. ثم انتقل الطبّ العربيّ إلى أوربّا – بعد ترجمة كتبه إلى اللاتينيّة – فساعد على نشأة طبّ العيون في الغرب كما نعرفه اليوم. أما كتاب حنين بن إسحاق المُعَنْوَن **العشر مقالات في العين** الَّذي ألّفه في أوائل القرن الثالث الهجريّ، والذي أخذنا منه النصّ الذي سندرسه، فله أهمّيّته البالغة في تاريخ الطبّ العربيّ بصفة عامّة، وتاريخ طبّ العيون بصفة خاصّة، فهو أقدم كتاب في طبّ العيون أُلّف على الطريقة العلميّة، كما أنّه يمثّل البداية الحقيقيّة لطبّ العيون العربيّ.

مداخل إلى دراسة النّصّ

1- عن الكاتب :

- هو أبو زيد حُنَيْن بن إسْحَاقَ العبّادي.
- ولد سنة 194 هـ/ 809م في الحيرة بالعراق، من أب كان يشتغل بالصيدلة.
- بدأ دراسة الطبّ في مدرسة الطبّ الشهيرة بجُنديسَابُور (في خُوزِسْتان من أعمال فارسَ) .
- تتلمذ حُنين في ذلك العهد على يحيي بن مَاسَوَيْه (الذي قرأنا له نصّا في صفة اللؤلؤ)، ولكنّ حنينا كره من أستاذه ما كان عليه من غطرسة وتكبّر، فترك المدرسة كلّها.
- أمضى حُنين بعد ذلك سنوات عديدة في مكان مجهول أتقن خلالها اللّغة اليونانيّة، ثم قصد البصرة، وكانت في ذلك العهد أكبر مركز لعلوم اللّغة العربيّة وملتقى كبار علمائها. أصبح يجيد اليونانيّة والعربيّة إلى جانب الفارسيّة والسُّريانيّة اللّتين كان يعرفهما بحكم النشأة.
- توجّه إلى بغداد حوالي عام 211 هـ/ 826 م، ودخل في خدمة جبرائيل بن بَخْتَيْشُوع (المتوفّى سنة 214 هـ / 829 م)، وهو أشهر أفراد عائلة بختيشوع التي كان منها أطبّاء البلاط. وكان هو نفسه الطبيب الخاصّ للخليفة المأمون (المتوفَّى سنة 218 هـ / 833م). ومعروف أنّ هذا الخليفة العبّاسيّ كان يشجّع أعمال الترجمة من الكتب اليونانيّة الطبيّة والعلميّة إلى اللّغتين العربيّة والسُّريانيّة. وقد ترجم حُنين، وهو في السابعةَ عشرةَ من عمره، لجبرائيل كتاب جَالِينُوس «أصناف الحميات»، ثم كتابه «في القوى الطبيعيّة».
- سُرَّ جبرائيل بذكاء الفتى حنين وبكفاءته اللّغويّة فامتدحه عند الخليفة، فعيّنه الخليفة عميدا لبيت الحكمة، المعهد الذي أنشئ عام 215هـ / 830م، واختزنت فيه جميع المخطوطات اليونانيّة التي جمعها المأمون من أماكن كثيرة في امبراطوريّته الشّاسعة.

- قام حُنين بعد ذلك بترجمة عدد كبير من كتب الطبّ والفلسفة عن اليونانيّة، كما قام برحلات طويلة جاب فيها أرجاء العراق وسوريا وفلسطين ومصر سعيا للحصول على المخطوطات العلميّة اليونانيّة. وكان الخليفة نفسه وكبار رجال البلاط يدفعون نفقات هذه الرحلات وأثمان الكتب النادرة.
- في أيّام الخليفة المتوكّل على اللّه (232–247 هـ/ 846 – 861م) بلغ حُنين قمّة مجده مترجمًا وطبيبًا، لكنّه خلال هذا الوقت نفسه نُكِبَ بمصائب جرّها سوء ظنّ المتوكّل به، وذلك بسبب المكائد التي دبّرها له زملاؤه، ومنهم بختيشوع بن جبرائيل، وإسرائيل بن زكريّا، فحبسه المتوكل ظلمًا، ثم اكتشف براءته فأخرجه من السجن وكافأه.
- عاش حُنين بعد نكباته هذه عشرين عاما معظّمًا لدى الخلفاء : المنتصر بالله (المتوفّى عام 248 هـ / 862 م) والمستعين بالله (المتوفّى عام 251هـ / 865 م) والمُعتزّ بالله (المتوفّى عام 255هـ/ 868 م) والمُهْتَدِي بالله (المتوفّى عام 256 هـ 869 م) والمُعتمِد على الله (المتوفّى عام 279 هـ / 892 م). وتوفّي هو نفسه عام 264 هـ /877م، وعمره سبعون عاما.
- وممّا يؤسف له أنّنا لا نعلم الشيء الكثير عن طريقة العمل التي اتّبعها هذا العلاّمة في حياته العلميّة، كما لم يرد شيء عن أسلوب حياته اليوميّة سوى ما كتبه ابن خلّكان في كتابه (وفيات الأعيان) الذي ألّفه عام 654 هـ/ 1256 م حين قال: «كان حنين في كلّ يوم عند نزوله من الركوب يدخل الحمّام فيصبّ عليه الماء ويخرج فيلتفُّ في قطيفة ويشرب قدح شراب ويأكل كعكة ويتكئ حتى ينشف عرقه، وربّمَا نام ثمّ يقوم ويتبخّر ويقدّم له طعامه وهو فرّوج كبير مسمّن قد طبخ زيرباجا (أي الكمون، واللّفظ فارسيّ) ورغيف وزنه مائتا درهم، فيحسو من المرقة ويأكل الفرّوج والخبز وينام. فإذا انتبه شرب أربعة أرطال شرابا عتيقا. فإذا اشتهى الفاكهة الرّطبة أكل التفّاح الشاميّ والسفرجل. وكان ذلك دأبه إلى أن مات».
- كان حنين طبيبا ممتازا ذا حظوة عند الخلفاء، وقد نوّه المؤرّخون بمهارته الخاصّة في معالجة أمراض العين. ولكنّ أهمّ جانب من حياته العلميّة هو

تراجمه التي من بينها كلّ مؤلّفات جَالينُوس تقريبا، وقد ترجمها من اليونانيّة إلى السُّريانيّة والعربيّة.

- ترجم حُنين من كتب جالينوس خمسة وتسعين كتابا إلى السُّريانيّة، وتسعة وثلاثين إلى العربيّة، وراجع وأصلح ما ترجمه تلاميذه، وهي ستّة إلى السُّريانية، ونحو سبعين إلى العربيّة، كما راجع وأصلح معظم الخمسين كتابا التي كان قد ترجمها إلى السُّريانيّة أيّوب الرهاوي وسرجس الرأسعيني وسواهما من الأطباء المتقدّمين.

- كان أسلوب حنين في الترجمة رائعا ووافيا بالأصول اللّغوية للترجمة. وكان ينتقد بعنف تراجم المتقدّمين وتراجمه هو نفسه، التي قام بها عندما كان شابّا (وقد ترجم معظمها من جديد). وكان حنين وتلميذه الشهير حبيش يتجشّمان عناء كبيرا في التعبير عن معنى أصول الكتب اليونانيّة بقدر ما يستطيعان من الوضوح. وكانا يترجمان ترجمة حرفيّة حتّى لو ضحّيا في سبيل ذلك بجمال اللّغة وتنسيق أسلوبها، ومع ذلك فإنّ ترجمتهما تكشف عن تمكّن وثيق من اللّغة وحسن تصرّف في مذاهبها. ويتجلّى ذلك في سلاسة التوفيق بين اليونانيّة والعربيّة والدقّة المتناهية في التعبير مع الإيجاز.

- وإلى جانب هذه المترجمات الكثيرة، كان لحنين أيضا مؤلّفات باللّغتين السُّريانيّة والعربيّة، غير أنّنا لا نعلم إلاّ القليل جداًّ، عن مؤلّفاته بالسُّريانيّة. أمّا مؤلّفاته بالعربيّة فقد بلغت أكثر من مائة كتاب في مختلف فروع الطبّ. ولعلّ أهمّ هذه الكتب وأكثرها شهرة هو **كتاب العشر مقالات في العين**، وقد أخذنا منه النصّ الّذي سندرسه.

2- **عن الكتاب** :

- عنوان الكتاب هو **العشر مقالات في العين**.

- وصفه طبيب العيون ماكس مايرهوف عام 1928م بأنّه «أقدم كتاب في طبّ العيون أُلّف على الطريقة العلميّة».

- وصفه ابن أبي أصيبعة في كتابه «طبقات الأطبّاء» فقال: «هذا الكتاب يوجد في نسخه اختلاف كثير. وليست مقالاته على نسق واحد. فإنّ بعضها توجد مختصرة موجزة في المعنى الذي هي فيه. والبعض الآخر قد طوّل فيه وزاد عمّا يوجبه تأليف الكتاب. والسبب في ذلك أنّ كلّ مقالة فيه كانت بمفردها من غير التئام لها مع غيرها. وذلك لأنّ حنينا يقول في المقالة الأخيرة من هذا الكتاب: «إنّي كنت قد ألّفت منذ نيّف وثلاثين سنة في العين مقالات مفردة نحوْت فيها إلى أغراض شتّى سألني تأليفها قوم بعد قوم ...(قال) ثم إنّ حبيشا سألني أن أجمع له ذلك في تسع مقالات وأجعلها كتابا واحدا. وأن أضيف للتّسع مقالات الماضية مقالة أخرى أذكر فيها شرح الحال في الأدوية المركّبة التي ألّفها القدماء وأثبتوها في كتبهم لعلل العين. وهذا ذكر أغراض المقالات التي تضمّنها هذا الكتاب:

المقالة الأولى : يذكر فيها طبيعة العين وتركيبها.

المقالة الثانية : يذكر فيها طبيعة الدّماغ ومنافعه.

المقالة الثالثة : يذكر فيها العصب الباصر والروح الباصر، وفي نفس الإبصار كيف يكون.

المقالة الرابعة : يذكر فيها جملة الأشياء التي لا بدّ منها في حفظ الصحّة واختلافها.

المقالة الخامسة : يذكر فيها أسباب الأمراض الكائنة في العين.

المقالة السادسة : في علاجات الأمراض التي في العين.

المقالة السابعة : يذكر فيها قوى جميع الأدوية عامّة.

المقالة الثامنة : يذكر فيها أجناس الأدوية للعين خاصّة وأنواعها.

المقالة التاسعة : يذكر فيها مداواة أمراض العين.

المقالة العاشرة : في الأدوية المركّبة الموافقة لأمراض العيون.

ثم يضيف ابن أبي أصيبعة قائلا: «ووجدت مقالة حادية عشرة لحنين مضافة إلى هذا الكتاب يذكر فيها علاج الأمراض التي تعرض للعين بالتحديد (أي بالآلات الجراحيّة)».

- والمقالات كلّها هي في الواقع تلخيص لكتب جَالينُوس، وقد كتب حُنين في المقدّمة أنّه كتب هذا الكتاب « على ما بيّنه وشرحه جَالينُوس الحكيم».
- اتّبع حنين في تناوله موضوعه الطريقة التي اتّبعها اليونان من قبل وأوائل أطبّاء العرب الّذين جاؤوا بعده. وهذه الطريقة هي الكتابة عن المرض الواحد مرّات ثلاثا في فصول مقالات مختلفة. فأولا يتكلّم عن **تشخيص** المرض ثم عن **أعراضه** وأخيرا يتكلّم عن **علاجه**. أمّا الطريقة التي تتّبع في العصر الحاضر (ونعني بها وصف المرض وأعراضه وعلاجه في فصل واحد) فقد اتّبعت ابتداء من علي بن عيسى في القرن الرابع الهجريّ.
- يزدان الكتاب برسوم فريدة شائقة جدّا. ولا بدّ أنّها كانت ثمانية أو عشرة. وقد فقد بعضها ولم يبق منها إلا خمسة. وهذه الرسوم أرقى بكثير من تلك التي زُيِّنَتْ بها الكتب الأوروبيّة في القرون الوسطى.
- المصطلحات المقترضة من اليونانيّة إلى العربيّة شائعة بكثرة في الكتاب، وهي تدلّ على أنّه كان على علم بالمصطلحات العلميّة اليونانيّة.
- للغة الكتابِ وأسلوبه أهمِّية خاصّة؛ ذلك أنّ مؤلّفه حُنين بن إسحاق، بفضل ترجماته العلميّة، كان من أوائل الّذين طبعوا اللّغة العربيّة بطابع الأسلوب العلميّ على عهد العباسيّين.
- يرجّح محقّق الكتاب الدكتور ماكس مايرهوف أن تلاميذ حُنين ومن أتى بعده من أطبّاء العيون – ممّن تداولوا الكتاب وتناقلوه بالنسخ – قد أفسدوا عباراته الفصيحة. فمع أنّ لغة الكتاب تشيع فيها بعض خواصّ امتاز بها أسلوب حنين وتلميذه حبيش فإنها، في الوقت ذاته، تختلط بأسلوب عربيّ رديء، لا يمكن أن ينسب انحطاطه وسوقيّته إلاَّ إلى عبث الناسخين وحدهم.
- من الكلمات والعبارات التي تشيع في الكتاب – والتي هي من خصائص أسلوب حنين – ما يأتي: «ربمّا»، و«في بعض الأوقات»، و«في وقت من الأوقات»، و«ومثل ما»، و«مثل ذلك من أشياء ليس وفق – لكن»، و«بل – أيضا»، و«لعلّ» وغير ذلك.

- ومع ذلك فإنّ محقّق الكتاب يرى عدم نسبة الكتاب بصورته الّتي وصلت إلينا إلى حُنين على نحو قاطع، بل يفضّل استخدام عبارة «المنسوب إلى حُنين».
- لقد نال كتاب «العشر مقالات في العين» إعجاب جميع أطبّاء العيون العرب وغير العرب من الأطبّاء المتأخّرين. فليس هذا الكتاب بداية طبّ العيون عند العرب فحسب، بل هو أوّل كتاب في طبّ العيون يؤلّف على الطريقة العلميّة كما وصفه محقّقه طبيب العيون ماكس مايرهوف.

3- عن النصّ :

- النصّ الذي سندرسه هو عبارة عن المقالة الأولى من الكتاب، وهي تتناول تشريح العين، فتقرّر أنّ كلّ شيء في الجسم وفي العين أيضا قد خلق لفائدة معيّنة، وتكرّر أغلاط جَالينُوس التي شاعت وتردّدت مدّة تزيد على ألف وأربعمائة عام دون أن **ينقضها** أحد. فمثلا وضعت عدسة العين التي ترجمت إلى العربيّة تحت اسم (الرُّطوبة الجَليديَّة) في وسط المُقْلَة خطأً، وجعلتها عضو البصر الرئيسيّ. وقرّرت أن أغشية العين ورطوباتها (سوائلها) قد جعلت لحماية العين وتغذيتها. ولاحظت أنّ الشبكيّة إنما هي امتداد لنهاية عصب الإبصار (ولكنّ طبيعتها الحقيقية على اعتبار أنها عضو الإبصار الحقيقي كانت لا تزال مجهولة). ووصفت المقالة أيضا اتّصال الشبكيّة بالمخّ بواسطة عصب الإبصار. ولكن كان المظنون أنّ هذا العقب مجوّف لكي يسير فيه «روح البصر» أو «الروح النوريّ» من المخّ إلى العين والعدسة و«إنسان العين». وقدّمت المقالة أيضا وصفا للمخّ، ووصفت إنسان العين جيّدا بأنه ثقب في القزحيّة، ووصفت عضلات العين الستّ وصفًا جيّدًا، ولكنّ العضلة التي تسترجع المُقلَة أضيفت إليها مع أنّها لا توجد في عين الإنسان، ولكن في أنواع معيّنة من الحيوانات الثدييّة.
- تسبق النص فقرة – هي في الواقع مقدّمة للكتاب كلّه – تبينّ أنه يجب على من يريد أن يعرف طرق علاج أمراض العين أن يدرس طبيعتها وأجزاءها التي

تتركّب منها ووظيفة كلّ جزء وصلته بغيره من الأجزاء. وهذا هو ما فعله حُنين في كتابه.

النّــــص

المقدّمة :

أوّل ما بدأ به حُنين بنُ اسحاقَ أنّه قال : إنه يَنْبَغِي لمن أراد مَعْرِفَةَ عِلاجِ عِلَلِ العين أن يكون بطبيعتها عارفًا. وذلك لأنّ نَفْيَ الآلام والعلل عن كلّ عُضْو إنّما يكون بِردِّه إلى طبيعته التي خرج عنها، ومَعْرِفةُ طبيعة كلّ ما هو مُركَّب إنّما تكون بإحْكَام معرفةِ الأجزاء التي هو منها مُؤلَّف. فلذلك يجب على مَنْ أراد معرفةَ طبيعَةِ العينِ أن يعلم مِنْ كَمْ جزءٍ رُكِّبَتِ العينُ، وما فِعْلُ كلّ واحد منها، وما الحاجةُ إليه، وكيف هَيْئَتُه ومِن أين مَبْدَؤُه وأين مُنْتَهاه، وفي أيّ مَوْضِعٍ هو من العين، مع أسباب ذلك والاحتِجَاج فيه.

وأنا مُؤلّفٌ لكَ كتابا كما سألتَ أجمعُ لك فيه باختصارٍ جميعَ ما قدّمتُ ذكره، على ما بيَّنَه وشرحه جالِينُوسُ الحكيمُ، بِأَوْضَح ما أقْدِرُ عليه من القول وأَوْجزِهِ.

المقالة الأولى

في طبيعةِ العينِ وتركيبِها

اِعلَمْ أنّ كلَّ عضو من الأعضاء المركَّبةِ له فعْلٌ خاصّ به له أُعِدَّ وهُيِّئَ، وله أجْزَاء كثيرة مختلِفةٌ في حالاتها ولا يفعل ذلك الفعلَ بجميع أجزائه بل بوَاحدٍ منها.

وأمّا سائرُ الأجزاء فإنّما أُعِدَّتْ لذلك الجزء الذي به يكون الفعل. وكذلك نجد العين أنّها مُرَكَّبَةٌ من أجزاء كثيرة مُختلفة، وليس بجميع أجزائها يكون البصرُ بل بالرّطوبة الشبيهةِ بالجليد المسّماة باليونانّية (قريسطالويذاس) أو **الجَليديّة**. وأمّا سائرُ الرّطوبات التي في العين والطبقات وجميع ما سِوَى ذلك فإنّه إنّما خُلِقَ كلُّ

واحد منها لمنفعةٍ فيه للرّطوبة الجليديّة التي ذكرتُ. وسنبينّ ذلك لك إذا نحن شرحنا لك منفعةَ كلّ واحدٍ من أجزاء العين إن شاء اللّهُ تعالى.

الرطوبةُ الجليديّةُ – وأمّا الآن فنَبتدئُ بالقول في الرطوبة الجليديّة. فنقول إنها بيضاءُ صافيةٌ نَيِّرَة مستديرة ليست بمستحكِمَة الاستدارة بل فيها عَرْض، وهي في وسطِ العين كنقطة توهّمْنَاها في وسْط كُرَة. أما بياضُها ونورُها وصفاؤُها فتقبل الاستحالةَ من الألوان سريعا، وذلك لأنّ الشيءَ الأبيض الصافي النَّيِّرَ يُسْرِع إلى قبول الألوانِ كالزُّجاجة الصافية وما أشبَه ذلك.

وأمّا استدارتُها فلئلاّ يسرع إليها قبولُ الآلامِ، وذلك لأنّ كلّ شكل خلا المستديرَ تُسْرِع إليه الآفةُ لِما له من الزَّوايَا.

وأما عَرْضُها فلتقبل من المحسوس أجزاءً كثيرة، وذلك لأنّها لو كانت مستحكِمَةَ الاستدارة لما لقي منها المحسوسَ إلا أجزاء يسيرة، وأما الشّيء المُسَطَّح فإنّه يلقى ممّا يُمَاسُّه أكثرَ ممّا يلقى الشيء الكُرِيُّ المستدير.

وأمّا ما ذُكر من أنّ موضعَها في وسْط العين فذلك دليل على أن جميع ما سواها ممّا في العين إنما خُلِق لها، إمّا ليدفع عنها آفةً، وإما ليُؤدّيَ لها منفعةً. ولذلك أحاطت بها الأجزاءُ من كلّ جانب وصارت في الوسْط. والدليلُ أيضا على أنّ بهذه الرطوبةِ يكون البصرُ لا بغيرها من أجزاء العين أن الماءَ إذا حال بينها وبين المحسوسِ بَطَل البصرُ. فإذا أُزيل عنها بالقَدْح عَادَ البَصَرُ.

وهذه الرطوبةُ، أعني الجليديّةَ، بين رطوبتين، واحدةٍ من خَلْفها شبيهةٍ بالزجاج الذائب المسمّاة باليونانّية (أيلويذاس) أي الزجاجيّة، وأخرى من قُدَّامها شبيهةٍ ببياض البيْض وتسمّى باليونانيّة (أوويذاس) أي البيْضة. وخلف الرطوبة الزجاجيّة ثلاثُ طبقاتٍ: الطبقة الأولى تَحْوي الرطوبةَ الزجاجيّةَ وهي شبيهة بالشّبَكة، وتسمّى باليونانية (أمفيبليسطر ويذيس خيطن) أي حِجَابٌ شَبَكِيّ؛ والطبقة الثانية التي خلف الأولى وهي شبيهة بالمَشيمَة وتسمّى باليونانيّة (خوريوذيس خيطن) أي الطبقة المَشِيميَّة؛ والطبقة الثالثة خَلْفَ الثانية تَلِي العظمَ وهي صُلْبَة جَاسية ولذلك

تسمّى باليونانية (سقليروس) أي الغشاءَ الصُّلْب. وقُدَّامَ الرطوبة الشبيهة ببياض البيض ثلاثُ طبقات : الطبقةُ الأولى تحوي الرّطوبَةَ الشبيهةَ ببياضِ البيْضِ وهي شبيهة بالعِنَبَة، وفي لونها سوادٌ مع لون السَّماء يقال لها باليونانيّة (راغويذيس خيطن) أي العِنَبيَّة. وعلى هذه الطبقة طبقةٌ ثانية شبيهة بالذَّيل في لَوْنها وهيئَتها لأنّها مُركَّبة من أجزاءٍ إذا قُشِرَت بعضُها عن بعض وُجِدَت كالصَّفائح، ولذلك سُمِّيَتْ باليونانيّة (قيراطويذيس) أي القَرْنيّة. وتحيط بهذه الطبقة من خارجٍ طبقةٌ أخرى لا تغشِّيها يقال لها باليونانية (افيفافيقوس) أي المُلْتَحم، من أنّها غشاء يلتحم حول الطبقة القرنيّة ولا يغشّيها كما يغشّي سائرُ الطبقات بعضُها بعضا. لأنّه لو غشّاه لمنع البصر من أن يَنْفُذ وهي على هذا المثال : [انظر الرّسم]

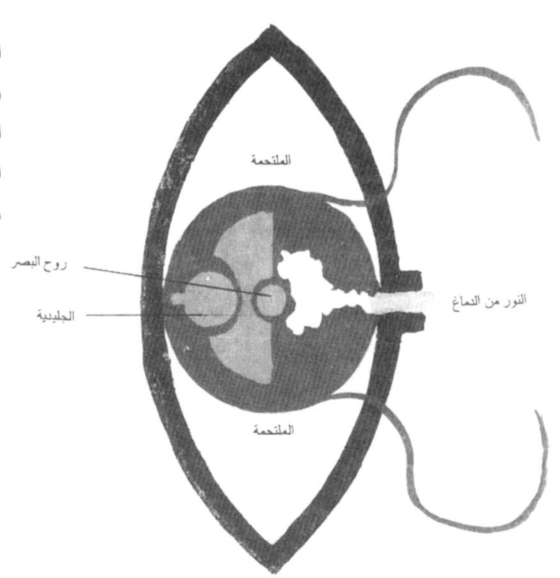

الرطوبة الجليدّية: (عدسة العين) في الوسط، وخلفها الرطوبة الزجاجيّة، وقدّامها أخرى هي البيضة، وحول كلّ منها طبقات يحيط بها من خارج الملتحمة.

وأنا مُبْتدئٌ بالإخبار عن منافعِ كلّ واحد من الرّطوبات والطَّبقات التي وَصَفنا، مع ابتدائها وكونِها ومنتهاها ومواضِعها. وقد كنت قدّمت في إخبارك أنّ الرطوبة الجليديّة في وسْط العينِ، وأنّ خلفها رطوبةً واحدةً وثلاثَ طبقاتٍ.

فنبتدئ بعون اللّـه بالإخبار عن منفعةِ الرُّطوبة التي خلف الجليديّة وهي الزُّجاجيَّةُ، وعن الثّلاثِ طبقاتٍ التي ذكرنا خلفَها. فنقول إنّ كلّ عضوٍ من أعضاء البدن لا بدّ

له من غِذاء. وذلك لأنّه لا بدّ له من أن يَنْقُص منه شيء بتَحَلُّل الحرارة الطبيعيّة من داخلٍ، وحرارة الهواء من خارج، فهو لذلك مضطَرٌّ لا محالةَ إلى ما يَخْلُف ما يتحلَّل منه، ولا يَخْلف ما يتحلّل منه إلاّ ما كانَ شبيهًا بما يتحلّل. وذلك شبيه بطبيعة العُضْو وكذلك بكون الغِذاء أعنِي أن يَقْبَل العُضوُ زيادةً شبيهةً بطبيعته، وليس يُمْكِنُ أن تكون الزّيادةُ بطبيعة العضو إلاّ أن يُحِيلَها العضوُ إلى طَبْعِه. وأسرعُ الأشياء في الاستِحالةِ إلى الشّيء ما كان أقربَها من طبعه. فلأنّ الرّطوبةَ الجليديّةَ احتاجت لا محالَةَ إلى غِذاء، وكانت هذه الرّطوبةُ على ما وصفنا من البياض والصّفاء والنّور، لم يمكن أن يكون غذاؤه من الدَّم بلا مُتَوَسِّط، فاحتاجت إلى متوسّط بين طبيعتها إلى طبيعة الدّم. وذلك هي الرطوبةُ الزجاجيّةُ لأنها أقربُ إلى البياض والصّفاء من الدّم. فلذلك صارت الرطوبةُ الجليديّة مُماسَّةً للرطوبة الزجاجيّة ليس بينهما حاجزٌ وهي مُغْرَقَةٌ فيها إلى نصفها.

الطّبقة الشبيهة بالشّبكة – وأمّا الطّبقة التي تَحْوِي هذه الرطوبةَ الزجاجيّة فإنها مُركَّبَة من شيئين : من عُصْبَةٍ مُجَوَّفَة يجري فيها الرُّوحُ الذي به يكون البَصَرُ، ومن عُرُوق وأَوْرِدةٍ. وقد ينبغي أن نُوقِفَ القولَ في هذا الموضع ونبتدئ بالكلام من أوّله.

القولُ على الدّماغ – اِعلم أنّ الدّماغ عينُ كلّ حِسٍّ وكلّ حركةٍ، ومنه تجري قوةُ الحسّ وقوة الحركة في العَصَب إلى جميع الأعضاءِ الحسّاسة والمتحرّكة. فالعينُ عضو حسّاس متحرّكٌ فلذلك يجيئُها من الدماغ عَصبَتان : أما الواحدةُ فصُلْبَةٌ بها تكون حركتُها. وأنا أذكرها من بعدُ إذا انتهى القولُ إلى العَضَل المحرّك للعين. وأمّا العَصَبةُ الأخرى فلَيِّنَةٌ مجوَّفة وليس في البدن عَصَبَةٌ مجوّفة سواها. وذلك لِمَا احتاجت إليه العينُ من الروح النفسانيِّ ليكون به البصرُ، وعلى الدّماغ حِجَابان يقال لهما باليونانيّة (مانينغس) (وفي أخرى مييننجس) أحدُهما رقيق لَيِّنٌ، والآخرُ غليظ صُلْب. فأمّا الرقيق الليّن فإنّه شبيه بالمَشِيمَة لكثرةِ ما فيه من الأَوْرِدَة والعُرُوق. ومنفعتُه للدّماغ أن يَغْذُوَهُ بما فيه من الأوردة والعروق وأن يُوقِيَه. وأمّا الغليظ الصُّلْب فإنه يوقي الدّماغ فقط ويحوطُه من آفةِ عَظْم الرأس المجاورِ له. وكلّ

عَصَبة تخرج من الدماغ فإنها مُغَشَّاة بِكلا الغشاءَيْنِ، حتّى تخرجَ من عظْم الرأس لهذه المنافعِ التي ذكرتُ بأعْيَانها، وكذلك العَصَبَةُ التي تجيء إلى العينين فإنها مغشّاةٌ بكلا الغشاءَيْنِ، فإذا نَظرت من الثُّقب الذي في العظم في قعْر العين فارقت بعضُها بعضا. وأما العَصَبة فإنها تَعْرُض وتتّسع فيها، وتأتيها العروقُ والأوردةُ من الغشاء الرقيقِ ويكون من ذلك الحجابُ الشَّبَكيُّ الذي يحوي الرّطوبةَ الزجاجيَّة ويلتحمُ في النِّصْفَ مِنَ الجليديّة. وهذا الحجاب يُؤَدّي، بالعروق والأوردة التي فيه، غذاءً إلى الرّطوبة الزجاجيّة، ويؤدِّي بالعَصَب الذي فيه الحسّ والروح النُورِيُّ الذي به يكون البَصرُ إلى الرّطوبة الجليديّة.

فأمّا الغشاءان اللّذان على العَصَبة فالرقيق منهما يسمَّى باليونانيّة (خوريويذيس) أي الشبيه بالمَشيمة وهو الذي يلي العَصَبةَ فإنه يحوي الطَّبَقةَ الشبكِيَّة ويلتحمُ بها في الموضع الذي تلتحم فيه الشّبكيَّةُ بالجليديَّة. ومنفعتُه أن يغذُوَ الشبكيّةَ بما فيه من الأوردة والعروق وأن يُوقِيَ ما يَحْوِيهِ. وأمّا الغشاءُ الغليظُ الصُّلْب فإنّه يُقَوِّي الغشاءَ الرقيقَ ويلتحمُ به أيضا في الموضع حيثُ يلتحمُ الذي يلتحمُ، ومنفعتُه أن يُوقيَ أيضا العينَ من آفةِ العَظْم الذي هو في جَوْفِه لئلاّ يَضْرِبَهَا بصَلَابتِه، وهو أيضا شبيهٌ بالرِّباط للعَيْن.

فهذا ما أردْنا شرحَه من القول في الرُّطوبةِ الزُّجاجيَّة التي خلف الرّطوبة الجليديّة والثّلاثِ الحُجُبِ خلفَها.

أمّا الرّطوبةُ التي قُدّامَ الجليديّةِ والثّلاث الحُجب التي قدَّامَها فهي على هذه الهيئة، وقد تقدَّمتُ بإعلامِكَ أنّ من الغشاءَيْنِ اللّذين على الدّماغ ينبتُ على العَصَبة التي تجيء إلى العين غشاءان إذا وَردا إلى العين فَارقا العَصَبَةَ وكان منهما طبقتان واحدةٌ تحوي الأخرى وتلتَحِمَان كلتاهُما على النّصفِ من الجليديّةِ في الموضع الذي يقال له باليونانية (أيرس) من أنَّه شبيه بالقوْس الذي يُرَى في السماء [وهو قوسُ قُزَح]. واعلم أنه فوق قِحْف الرأس حجابٌ يغشّيه نباتُه من الغشاء الصُّلْب الذي على الدماغ، والحجاب الذي ذكرنا أنه شبيه بالعِنَبَة نباتُه من الغشاء الرقيقِ الشّبيه

بـالمَشيمةِ الذي ذكرنـا أنـه يَلْتَحِم بـالطبقة الشبيهة بـالشَّبَكِيَّة. والحجاب الشبيهُ بـالقرن نباتُه من الغشاء الصُّلْبِ الذي ذكرنا أنه يلتحم بالحجاب الشّبيه بالمشيمة، والحجاب الخارجُ المسمّى باليونانيّة (افيقافيقوس) أي المُلْتَحِم نباتُه من الغشاء الذي فوق قِحْفِ الرّأس.

وأمّا الحجابُ القَرْنيُّ فإنّه إنّما خُلِقَ لِيَسْتُر الرّطوبةَ الجليديّة لِلِينها وسرعةِ الآفةِ إليها ممّا يَعْرِض من خارج. وهي رقيقةٌ بيضاءُ كثيفةٌ صُلْبَة، أمّا بياضها ورقّتها فَلِيَنْفُذَ فيها البصرُ ولا تمنعه مثلَ ما تمنعُه إذا غَلُظَتْ بالأثر. أمّا كثافتها وصلابتُها فاحتاجت إليهِمَا لرِقّتها.

وأمّا الطبقةُ العِنَبِيَّةُ فاحتيج إليها لثلاثِ خصالٍ : أمّا واحدةٌ فلتغذّيَ القرنيّة وذلك لأنّه لم يُمْكن أن يكونَ في القرنيّة من الأوردةِ والعروق ما يُكْتَفَى به لِتَغْتَذيَ منها لِرِقَّتها وصلابتِها وكثافتها. وأمّا الثانيةُ فلِتَحْجزَ بين الجليديَّة وبين القرنيّة لئلاّ يَضُرّ بها لِصَلابتها. وأمّا الثالثةُ فلتجمَعَ النّورَ بلونها. فصارت العِنَبِيَّة كثيرةَ الأوردة لتَغْذُوَ القَرْنِيَّةَ، وصارت لَيِّنَةً لئلا تَضُرّ بالجليديّة بملاقاتها لها. ولذلك صار لها من داخلٍ خَمْلٌ يتعلّق بها الماء إذا قدحناه. وأمّا من خارج فهي مَلساءُ لئلا تَضُرَّ بها القرنيَّةُ، وفي لونها سوادٌ مع لون السّماء لتَجْمَعَ النُّورَ الذي به يَكُون البَصرُ لئلاّ يتبدَّدَ من النور الخارج. وفي وسْطِها ثُقَبٌ لِيَنْفُذَ فيه النُّورُ إلى الهواء خارجَ ويلقى المَحْسُوسَ. وفي جوف العنبيَّة الرّطوبةُ التي تشبه بياضَ البَيْض وروحٌ مُضيءٌ نَيِّرٌ لهما مَنْفَعَةٌ عَامِّيّة أن يفرّقا بين الرّطوبة الجليديّة والطّبقة القرنيّة لئلا يَضُرَّ بها، وللرّطوبة البيضيّة منافعُ خاصِّيَّة أن تُنَدِّيَ وتغذِّيَ الرطوبة الجلديّة لئلا يُجَفِّفَها الهواء، وأن تندِّيَ وتغذِّيَ الطبقة العنبيَّة لئلا تَجِفَّ وتصْلُبَ إذا لاقتها. وأمّا الروح النيِّرُ فإنّ به يكون البَصَرُ إذا اتّصل بالنّور الخارج. وبين الرُّطوبَة الجليديّة إلى الرطوبة الشبيهة ببياضِ البيْض على النّصف من الجليديّة قشرٌ رقيق جدًا شبيه بقشر البَصلَة وبنسْجِ العنكبوت لِيوقيهَا من العنبيّة ومن الآفاتِ العارضة من خارج. ولذلك زعم قَوْمٌ أنَّ طبقاتِ العين سبعةٌ وَآخرون ستّةٌ وآخرون خمسةٌ وآخرون أربعةٌ وآخرون ثلاثةٌ وآخرون اثنتانِ. والاختلافُ بينهم لا في المعنى بل في اللفظ. فأمّا الذين قالوا

إنّ طبقات العين سبعةٌ فَعَدُّوا الطبقة الشبكيّة والطبقة المشيمِيّة والصُّلْبة والغِشَاء الذي على نِصْف الجليديّة من خارج والعنبيّة والقرنيّة والملتحمة. وأسماؤها باليونانية الشبكيّة (امفيبليس طرويذيس) والمشيميّة (خوريويذيس خيطون) والصُّلْبة (سقليروس خيطون) والعنكبوتيّة (اراخنويذيس خيطون) والمُلتَحِمة (افيفافيقوس). وأمّا الذين زعموا أن طبقات العين ستّةٌ فإنهم قالوا ذلك من طريق أنّهم لم يروا أن يُسَمُّوا الشبكيّة حِجابًا لأنّ الطبقة عندهم إنما مَنْفَعَتُها أن تُوقِي ما هي عليه مُطْبِقة وليس منفعة الشبكيّة أن تُوقِيَ. وأمّا الّذين قالوا خمسةٌ فلم يَرَوْا أيضا أن يُسَمُّوا الغشاءَ الذي على نصف الجليديّة حجابًا، وقالوا إنه جزء منها. وأمّا الّذين قالوا أربعةٌ فلم يرَوْا أيضا أن يسمّوا المُلتحِمةَ حِجابا لأنّه إنّما هو شبيهٌ بِرِبَاطِ العين من خارج، وليس يَغْشَى الحجابَ الذي يَلْتَحِم به كسائر الحجب. وأمّا الّذين قالوا إنها ثلاثةٌ فإنّهم قالوا أيضا إنّ العِنبيّة والمشيميّة طبقةٌ واحدةٌ لأنّ العنبيّة كما ذكرنا نباتُها من المشيميّة. وأمّا الّذين قالوا إنّ طبقات العين اثنتانِ فقالوا أيضا إن الصُّلبة والقرْنيّة طبقةٌ واحدةٌ لأنّ نبات القرنيّةِ من الصُّلْبَة وهي على هذا المثالِ الذي يأتي.

فهذا ما أردنا إيضَاحه من أمر طبقات العين لئلّا يَظُنَّ ظانٌّ أنّ بين الأوّلِينَ اختلافا في طبقات العين ورُطوبتِها. وقد أوضحتُ لك منافعَ جميع رطوباتِ العين وطبقاتِها مع ابتداء نباتِها ومنتهاها ومواضِعِها وهيئتها خلا الطبقةَ الخارجيّةَ التي تُسَمَّى المُلتحِمة. فإنّي تركت ذكرَها على عمد لِتَقَدُّم ذكرِ ما تحتها قبْل ذِكرِها وهي العضلاتُ التي تحرِّكُ العَينَ.

عَضَل العينِ والجَفْن

اعلم أن العينَ احتاجت إلى عَضَل يحرِّكُها لتُحَاذِيَ ما ترى، وذلك أنّ فيها تِسْعَ عضلاتٍ. ثلاثة منها في أصل العَصَبة التي يجري فيها النورُ إلى العين لتشُدَّها وتثبِّتَها، وبعضٌ قالوا اثنتان وبعض قالوا واحدة. فواحدة في اللِّحاظ تحرّكها إلى ناحية الصُّدْغ. وواحدة في المَاقِ تحرّك العين إلى ناحيةِ الأنف. وواحدة من فوقٍ تحرّكها إلى فوق. وأخرى من أسفل تحرّكها إلى أسفل. واثنتان فيهما عِوَجٌ من فوق

ومن أسفل يديران العينِ. وحركةُ هذا العَضَلِ من العَصَبة الصُّلْبَةِ التي ذكرناها آنفا أنها تجيء إلى العَيْن. وفوقَ هذه العضل الحجابُ الذي يُسمّى باليونانيّة (افيفافيقوس) وهو يُغَشِّي بياض العين كُلَّه وينتهي عند السوادِ ويلتحمُ بالقرنيّة. ومَنفعتُه أن يَرْبط العَينَ بالعظمِ، وأن يغطِّيَ العَضَلَ الذي في العين. وتركيب الجَفْن أيضا من هذا الحجاب، والجَفْن الأعلى يتحرّك بثلاثِ عضلاتٍ اثنتان يُحرّكَانِه إلى أسفلَ وواحدةٌ إلى فوق. وأمّا الجَفنُ الأسفلُ فلا حركةَ له.

(تمّت المقالة الأولى في تركيب العين لحُنين بن إسحق).

وتركيب العضل على هذا المثال: [انظر الرّسم]

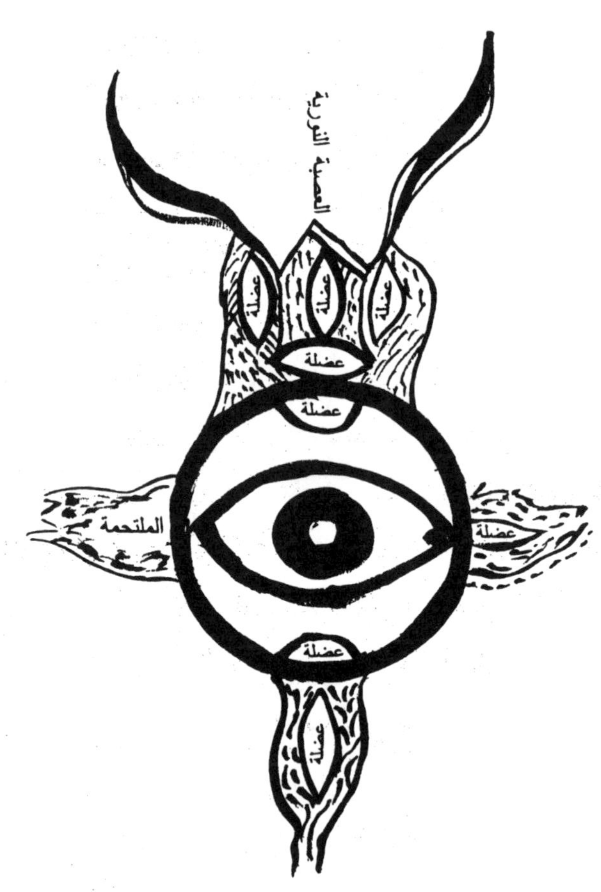

الشّـروح

استِحالَةٌ : تَغَيـُّرٌ.

قَدْحٌ : من قَدَحَ الطبيبُ العَيْـنَ : أَخْرَجَ منـها المـاءَ الأبيضَ الضّـارَّ .

جاسٍ : صُلْبٌ غَلِيظٌ.

ذَبْلٌ : جِلْدُ السّلحفاة البـرّيّة أو البحريّة أي عَظْمُها.

متوسّط : وسيط .

الدّماغ عَيْـنُ كُلِّ حسّ: المُخُّ مركز إدراك المحسوسات.

قِحْفٌ : أَحَدُ أَقْحَافٍ ثمانية تُكوّن عُلبة عظميّة هي الجمجمة، وفيها الدّماغ.

خَمْلٌ : أَهْدَابٌ وَشُعَيْرَات.

نَدًى : بَلَّلَ.

لِحَاظٌ : مؤَخَّرُ العَيـنِ ممّا يلي الصُّدْغَ.

مَاقٌ : طَرَفُ العينْ ممّا يلي الأنف؛ وهو مجرى الدّمعِ.

التدريبات

1- أجب عن الأسئلة الآتية :

1. ما لقب حنين ؟ وما كنيته ؟
2. أين وُلد حنين ؟ وماذا كانت مهنة أبيه ؟
3. ما علاقة حنين بيحيى بن ماسويه ؟ وماذا كان رأي حُنين في ابن ماسويه؟
4. أين درس حنين الطبّ ؟ وأين درس اللّغة اليونانيّة ؟ وأين درس اللّغة العربيّة؟
5. ماذا كانت صلة حنين بجبرائيل بن بختيشوع ؟ وماذا كانت وظيفة هذا الأخير؟
6. ما الكتب التي ترجمها حنين وهو في السابعة عشرة من عمره ؟

7. من أنشأ بيت الحكمة ؟ وما كان الغرض من إنشائه ؟
8. لماذا قام حنين برحلات كثيرة ؟ ومن موّل هذه الرحلات ؟
9. في أيّ عهد أصابت حنينا النكبات ؟ ومن كان سببها ؟
10. كيف خرج حنين من السِّجن ؟ وكيف كانت حاله في السنوات العشرين الأخيرة من حياته ؟
11. ماذا كان طعام حنين المفضّل ؟ ماذا كان شرابه ؟ ومتى كان يأكل ؟ ومتى كان يشرب ؟ وأي أنواع الفاكهة كان يفضّل ؟
12. كم كتابا لجالِينوسَ ترجمه حنين إلى السُّريانية ؟ وكم كتابا منها ترجم إلى العربيّة ؟ وكم كتابا مترجما إلى السريانية والعربيّة راجع وأصلح ؟
13. ماذا كان حنين يفضّل في الترجمة: جمال الأسلوب أم الدقّة العلميّة ؟
14. كم كتابا ألّف حنين بالعربيّة ؟ وكم كتابا ألّف بالسريانيّة ؟
15. ما أهمّ مؤلّفات حنين ؟ ومن نشر هذا الكتاب ؟ ومتى ؟ وأين ؟
16. لماذا نجد بعض مقالات الكتاب طويلا وبعضها قصيرا ؟
17. بعد كم سنة من كتابة المقالات قام حنين بجمعها في كتاب ؟ ومن طلب من حنين أن يفعل ذلك ؟
18. ما موضوع المقالة الحادية عشرة ؟
19. ما المقالة التي يتحدّث فيها عن طبيعة المخّ وتركيبه ووظائفه ؟
20. ما المقالة التي يتحدّث فيها عن طرق المحافظة على الصحّة ؟
21. من أين استقى حنين موضوعات مقالاته ؟
22. ما الطريقة التي اتّبعها حنين في وصف الأمراض وطرق علاجها ؟ وما الفرق بينها وبين الطريقة المتّبعة في العصر الحديث ؟ ومتى بدأ العمل بالطريقة الأخيرة ؟
23. كمْ عدد الرسوم التوضيحيّة الأصليّة في الكتاب ؟ وكم رسما بقي لنا الآن ؟

24. عَلاَمَ تدلّ كثرة المصطلحات اليونانية في الكتاب ؟

25. ما العبارات التي يمتاز بها أسلوب حنين ؟

26. أين توجد «عدسة العين» في رأي حنين ؟ وكيف وصف حنين «عصب الإبصار»؟ وكيف وصف «إنسان العين» ؟

27. كم عضلة في العين حسب حنين ؟ وكيف كان حنين مخطئا في حديثه عن العضلة التي تسترجع المقلة ؟

28. من أين استمد الأطبّاء العرب معلوماتهم في التشريح ؟

29. ما موضوع المقدّمة التي يبدأ بها الكتاب ؟

30. بماذا يكون البصر في رأي حنين ؟

31. لماذا كانت الرطوبة الجليدية (عدسة العين) بيضاء صافية نيّرة ؟

32. كم رطوبة خلف العدسة ؟ وكم رطوبة أمامها ؟ وما اسم كلّ من هذه الرطوبات؟

33. كم طبقة خلف الرطوبة الزجاجيّة ؟ وما اسم كل طبقة ؟

34. كم طبقة أمام الرطوبة الشبيهة ببياض البيض ؟ وما اسم كلّ طبقة ؟

35. ما وظيفة الرطوبة الزجاجيّة في رأي حنين ؟

36. ما وظيفة الدماغ عند حنين ؟ وكم عصبة تصل منه إلى العين ؟ وما طبيعة كلّ عصبة ؟ وما وظيفتها ؟

37. كم حجابا على الدماغ ؟ وما طبيعة كلّ حجاب ؟ وما وظيفته ؟

38. كم غشاء يغطّي العصبة التي تأتي للعين ؟ وأين تتفرّع هذه العصبة ؟ وما وظيفة الغشاء الرقيق ؟ وما وظيفة الغشاء الغليظ الصّلب ؟ ومن أين تأتي العروق والأوردة إلى العصبة ؟

39. ما وظيفة الحجاب القرنيّ (قرنيّة العين) في رأي حنين ؟ ولماذا كانت رقيقة بيضاء وكثيفة صلبة في الوقت ذاته ؟

40. لماذا تحتاج القرنيّة إلى أن تغتذي من الطبقة العنبيّة ؟ وما الذي يحجز بين الجليديّة والقرنيّة ؟ ولماذا كان من الضروريّ الحجز بينهما ؟ وَلِمَ كانت الطبقة العنبيّة كثيرة الأوردة وليّنة في الوقت ذاته ؟ ولماذا كان في لونها سواد ؟ ولماذا كان في وسطها ثقب؟

41. ما وظيفة الروح النّيّر ؟ وماذا يحدث عندما يتّصل بالنور الخارج ؟

42. كم رأيا في عدد طبقات العين ؟ وما الفرق بين من يقول إنها أربع ومن يقول إنها ستّ ؟ وما حقيقة الخلاف في هذه القضيّة ؟

43. كم عضلة في العين ؟ ولماذا تحتاج إلى عضلات ؟ وما وظيفة عضلة اللحاظ ؟ وما وظيفة عضلة المآق ؟ وما وظيفة العضلتين المعوجّتين ؟ وكم عضلة تحرّك الجفن الأعلى ؟

2- أكمل الجمل الآتية اعتمادا على ما سبق:

1. كره حنين الصفات الشخصية لـ..

2. تعلّم حنين اللّغة العربيّة في بيئة ....

3. أحد الأطبّاء الذين دبّروا المكائد لحنين هو ابن الطبيب ....

4. اختزنت المخطوطات اليونانيّة الطبيّة التي جمعها المأمون في ....

5. ترجم حنين من كتب جالينوس ....

6. السبب في طول بعض المقالات وقصر بعضها الآخر في الكتاب الذي أخذنا منه النصّ أنّ حنينا ....

7. يتناول حنين جراحة العيون في المقالة ....

8. يتناول حنين موضوعه كالتالي : ....

9. الطريقة التي تتّبع في كتب الطبّ حاليّا في تناوُل موضوع ما هي كالتالي :

....

10. كانت الرسوم التي يزدان بها الكتاب ....

11. الرسوم التي يزدان بها الكتاب أرقى من ....

12. من الأغلاط التي نقلت عن جالينوس في طبّ العيون أنّ ....
وأنّ.......................... وأنّ...

13. العضلة التي تسترجع العين ....

14. يجب على من يريد معرفة طرق علاج أمراض العين ....

15. الرطوبة الجليديّة ....

16. تجد الألوان قبولا سريعا في ....

17. تقبل عدسة العين من المحسوس ....

18. تقع الرطوبة الجليديّة بين ....

3- كوّن أسئلة تكون إجابتها العبارات التالية بالضبط طبقا للنموذج :

كان يشتغل بالصيدلة .

ماذا كان عمل والد حنين بن اسحق ؟

1. يحيى بن ماسويه.
2. في صفة اللؤلؤ.
3. ما كان عليه من غطرسة وتكبّر.
4. في مكان مجهول.
5. وهو في السابعة عشرة من عمره.
6. سعيًا وراء الحصول على المخطوطات العلميّة.
7. حبّه التّفاح الشاميّ والسفرجل.

8. أكل التفّاح الشاميّ والسفرجل.

9. تكشف عن تمكّن وثيق من اللغة.

10. أكثر من مائة كتاب في مختلف فروع الطبّ.

11. طبيب العيون ماكس مايرهوف.

12. يذكر فيها مداواة أمراض العيون.

13. نعني بها وصف المرض وأعراضه وعلاجه في فصل واحد.

14. برسوم فريدة شائقة.

15. على عهد العباسيّين.

16. في بيت الحكمة.

17. عبارة «المنسوب إلى حنين».

18. مدّة تزيد على ألف وأربعمائة عام.

19. في وسط المقلة.

20. لكي يسير فيه روح البصر.

21. ثقب في القُزَحِيَّة.

22. في أنواع معيّنة من الحيوانات الثدييّة.

23. على ما بيّنه وشرحه جالينوس الحكيم.

24. لتقبل الاستحالة من الألوان سريعا.

25. خلف الرطوبة الزجاجية.

4- استعمل كلاّ من الكلمات والعبارات التالية في جملة :

1. ربّما.

2. في بعض الأوقات.

3. في وقت من الأوقات.

4. مثل ما.

5. بل... أيضا.

6. لعلّ .

7. كما سألت.

8. من الخارج.

9. على عمد.

10. أمّا الأولى.

11. لئلاّ.

12. وأمّا الآن.

5- **تعبير كتابيّ :**

بيّـن أهمّ خصائص المنهج العلميّ لدى العلماء العرب والمسلمين اعتمادًا على ما درستَ في هذا النصّ وعلى ما قرأتَ من نصوص أخرى.

من الشعر العربي (18)

اقرأ واحفظ

نزار قبّاني في «غرناطة»

(من بحر البسيط)

في مدخل «الحمراء» كان لقاؤنـــا ما أطيـبَ اللّقيــا بلا ميعــادِ
عينانِ ســوداوانِ في حَجَرَيْهِمــا تتوالــدُ الأبعــادُ من أبعــادِ
هل أنتِ إسبانيــةٌ ... ساءَلتُــهــا قالت : وفي غرناطـةِ ميــلادِي
غرناطة ! وصَحَتْ قــرونٌ سبعــةٌ في تَـيْنِـكَ العَيْنيْنِ .. بعد رُقــادِ
وأُمَيّــةٌ رَايَاتُــهــا مرفوعــةٌ وجيادُها موصــولــة بجيــادِ
ما أغربَ التاريــخ كيف أعــادني لِحفيدةٍ سمــراءَ .. من أحفــادِي
وجــهٌ دِمشقــيٌّ رأيت خلالَــهُ أجفانَ بَلقيسٍ وجيــدَ سُعــادِ
ورأيت منزلنــا القديــم وحجــرةً كانت بها أُمّــي تمدّ وســادي
والياسمينــةَ رُصِّعــت بنُجومهــا والبَحْــرَةَ الذهبيّــةَ الإنشــاد...
ودمشقُ أين تكــونُ ؟ قلتُ تَرَيْنَهــا في شَعرِكِ المنساب نهــرَ سَـوَادِ
في وجهك العربيّ، في الثّغر الّـذي مازال مُختزِنا شُموس بــلادي
في طيبِ «جنّات العريفِ» ومائهــا في الفُلّ، في الرّيحان، في الكَبَّادِ
سَارت معي والشَّعْرُ يَلْهَثُ خلفهَــا كسنابــلِ تُركت بغيــرِ حَصــاد
يتألّق القُرطُ الطّويــلُ بجِيدهــا مثلَ الشمــوع بلَيْلَــةِ الميــلادِ
ومشيتُ مثل الطّفِل خلفَ دَليلَتــي وورائِيَ التاريــخُ كــوْمُ رَمــادِ

الزّخرفـاتُ أكادُ أسمـع نبضهـا   والزركشاتُ على السُّقوف تنادِي
قالت : هنا الحمراءُ زَهْوُ جُدودِنـا   فاقرأ على جدرانهـا أَمْجَـادِي
أمجادُها !! ومسحتُ جُرحا نازِفًـا   ومسحتُ جُرحا ثانيًـا بفـؤادي
يا لَيْتَ وارثتي الجميلــةَ أدركتْ   أنّ الـذين عَنَتْهُـمُ أجـدادِي...
عانقـتُ فيها عنـدما وَدَّعْتُهـا   رَجُلاً يُســمَّى طارقَ بْنَ زيـادِ

الشاعر: نزار قبّاني من أَشهر الشعراء العرب في النصف الثاني من القرن العشرين. ولد بدمشق سنة 1922م ودفن بها إثر وفاته بلندن سنة 1998م. اشتهر بأنّه «شاعر المرأة» كما اشتهر بشعره السياسيّ. له دواوين كثيرة منها «الرسم بالكلمات» الذي يتضمّن هذه القصيدة.

الشـروح

الحمراء : بلاط أمراء بني الأحمر في مدينة غرناطة بالأندلس. بناه محمّد بن الأحمر في القرن الثالث عشر الميلاديّ ثم وسّعه وزيّنه خلفاؤه. يعتبر بلاط الأسود والقاعات الملاصقة من آيات الفنّ الإسلاميّ في الأندلس

جنّة العريف: قصر في غرناطة قرب قصر الحمراء مشهور بحدائقه الغنّاء

طارق بن زياد : قائد أصله بربرّي توفي سنة 102هـ / 720 م. فتح الأندلس تحت إمرة موسى بن نُصيْر سنة 93 هـ/ 711 م في عهد الخليفة الأمويّ السّادس الوليد بن عبد الملك (86 – 97 هـ / 705 – 715 م).